ଦଶ ଶିଖଗୁରୁ - ଜୀବନୀ ଓ ଦର୍ଶନ

ଦଶ ଶିଖଗୁରୁ - ଜୀବନୀ ଓ ଦର୍ଶନ

ମୂଳ ଇଂରାଜୀ -

ଦାଦା ଜେ.ପି. ଭାସୱାନୀ

ଅନୁବାଦ:

ଚିତ୍ତ ରଞ୍ଜନ ପଟ୍ଟନାୟକ

ବ୍ରଜ କୁମାର ଶତପଥୀ

ବ୍ଲାକ୍ ଇଗଲ୍ ବୁକ୍ସ

ଭୁବନେଶ୍ୱର, ଓଡ଼ିଶା

BLACK EAGLE BOOKS

Dublin, USA

ଦଶ ଶିଖଗୁରୁ - ଜୀବନୀ ଓ ଦର୍ଶନ

ମୂଳ ଇଂରାଜୀ - **ଦାଦା ଜେ.ପି. ଭାସୱାନୀ**

ଅନୁବାଦ: **ଚିତ୍ତ ରଞ୍ଜନ ପଟ୍ଟନାୟକ, ବ୍ରଜ କୁମାର ଶତପଥୀ**

ବ୍ଲାକ୍ ଇଗଲ୍ ବୁକ୍ସ : ଭୁବନେଶ୍ୱର, ଓଡ଼ିଶା • ଡବ୍‌ଲିନ୍, ଯୁକ୍ତରାଷ୍ଟ୍ର ଆମେରିକା

BLACK EAGLE BOOKS

USA address:
7464 Wisdom Lane
Dublin, OH 43016

India address:
E/312, Trident Galaxy, Kalinga Nagar,
Bhubaneswar-751003, Odisha, India

E-mail: info@blackeaglebooks.org
Website: www.blackeaglebooks.org

First International Edition Published by
BLACK EAGLE BOOKS, 2025

DASA SIKHGURU- JIBANEE O DARSHAN
by **Dada JP Vaswani**
Translated by Chitta Ranjan Pattanaik, Braja Kumar Satpathy

Translation Copyright © **Chitta Ranjan Pattanaik, Braja Kumar Satpathy**

All rights reserved. No part of this publication may be reproduced, stored in a retrieval system, or transmitted, in any form or by any means, electronic, mechanical, photocopying, recording or otherwise without the prior permission of the publisher and writer.

Cover & Interior Design: Ezy's Publication

ISBN- 978-1-64560-692-5 (Paperback)

Printed in the United States of America

ଉତ୍ସର୍ଗ

ସ୍ୱର୍ଗୀୟା ସ୍ନେହଶୀଳା ପତ୍ନୀ ଭାନୁପ୍ରିୟାଙ୍କୁ
ସପ୍ରେମ ଉତ୍ସର୍ଗ ।

ବ୍ରଜ କୁମାର ଶତପଥୀ

ପ୍ରାକ୍‌କଥନ

ସବୁ ସମୟରେ ସବୁଯୁଗରେ ବିଶ୍ୱଗୁରୁମାନଙ୍କର ମହାବାକ୍ୟର ସ୍ୱତଃସ୍ଫୁର୍ତ୍ତ ପ୍ରବାଦ ଜନଜୀବନକୁ ସ୍ପର୍ଶ କରିଛି । ଏହି ସ୍ପର୍ଶରେ ବ୍ୟକ୍ତିଗତ ଜୀବନରେ ରୂପାନ୍ତରଣ ଆସିଛି, ସାମାଜିକ-ସାଂସ୍କୃତିକ ଜୀବନ ବିବର୍ତ୍ତିତ ହୋଇଛି ଏବଂ ବିଶ୍ୱଚେତନା ସଂପ୍ରସାରିତ ହୋଇଛି । ଐଶ୍ୱରୀୟ ସଂକଳ୍ପ ଫଳରେ ଏସବୁ ସମ୍ଭବ ହେଉଥିଲେ ମଧ୍ୟ ଅଳ୍ପ କେତେକ ଦିବ୍ୟପୁରୁଷଙ୍କ ସାରସ୍ୱତ ଯୋଜନା ଏ ପ୍ରକ୍ରିୟାକୁ ତ୍ୱରାନ୍ୱିତ କରିଥାଏ । ଗୁରୁଦେବ ବାସ୍‌ୱାନୀ ସେହିପରି ଜଣେ ବିଶ୍ୱବିଶ୍ରୁତ ଆଧ୍ୟାତ୍ମିକ ଅଗ୍ରଦୂତ । ସବୁପ୍ରକାର ଧାର୍ମିକ ଚେତନା ମଧ୍ୟରେ ରହିଥିବା ଐକ୍ୟ ଏବଂ ବିଶ୍ୱର ବିଭିନ୍ନ ଗୋଷ୍ଠୀ ମଧ୍ୟରେ ସଂପ୍ରୀତିର ଯେଉଁ ଅନ୍ତଃସଲୀଳ ପ୍ରବାହମାନ, ସେ ଦିଗରେ ଆମର ମାନସିକତାକୁ ଗତିଶୀଳ କରିଛନ୍ତି ସାଧୁ ବାସୱାନୀ । ପୁଣି ଏହି ଦିବ୍ୟ ପ୍ରୟାସ ପ୍ରସାରିତ ରୂପ ନେଇଛି ଦାଦା ଜେ.ପି. ବାସୱାନୀଙ୍କ ରଚନା ଓ ସମ୍ଭାଷଣ ମାଧ୍ୟମରେ ।

ଦାଦା ଜେ.ପି. ବାସୱାନୀଙ୍କ ରଚନାର ପରିସର କେବଳ ପରିବ୍ୟାପ୍ତ ନୁହେଁ, ଏହା ଏପରି ଏକ ଜୀବନିକାରେ ପରିପୂର୍ଣ୍ଣ ଯେ ଏଥିରେ ଅବସାଦକର ସବୁପ୍ରକାର ଜଡ଼ତା ନିଃଶେଷ ହୋଇଥାଏ । ଏହା କେବଳ ଉଚ୍ଚତର ଦର୍ଶନର କଥା ନୁହେଁ, ଏଥିରେ ଦୈନନ୍ଦିନ ଜୀବନର କମନୀୟ ମାର୍ଗଦର୍ଶନ ପ୍ରତିବିମ୍ବିତ । ଏହି ଅମୂଲ୍ୟ ରଚନା ମଧ୍ୟରୁ ବେଶ୍ କେତୋଟି ଓଡ଼ିଆ ଭାଷାରେ ଅନୂଦିତ ହୋଇଛି । ବର୍ତ୍ତମାନ ବାସୱାନୀଙ୍କ ସମସ୍ତ ରତ୍ନଗର୍ଭା ରଚନା ମଧ୍ୟରୁ ଏକ ଅନବଦ୍ୟ ସମ୍ଭାର "ଦଶ ଶିଖ୍ ଗୁରୁ : ଜୀବନୀ ଓ ଦର୍ଶନ" ଆମର ପଠନ-ବଳୟରେ ଉପଲବ୍ଧ ହେବାର ସୁଯୋଗ ଆସିଛି । ସମ୍ଭବତଃ ଏହା ଆକସ୍ମିକ ସଂଯୋଗ ନୁହେଁ । ସମଗ୍ର ବିଶ୍ୱରେ ଗୁରୁ ନାନକ ଯେଉଁ ମାନବପ୍ରୀତିର ଅମର ବାଣୀ ଶୁଣାଇଛନ୍ତି ଏବଂ ସେହି ସମ୍ମିଳିତ ସ୍ୱରରେ ଯେଉଁ ଦଶ ଜଣ ଗୁରୁଙ୍କର ସମ୍ପୃକ୍ତି ରହିଛି, ତାହାର ଏକ ସାରସ୍ୱତ ଚିତ୍ର ପ୍ରଦାନ କରିଛନ୍ତି ଦାଦା ଜେ.ପି. ବାସୱାନୀ ।

ସେହି ଗୁରୁମାନଙ୍କ ଜୀବନର ଦୀପ୍ତିମନ୍ତ ଝଲକ ଓ ବାର୍ତ୍ତା ଓଡ଼ିଆ ଅନୁବାଦରେ ସ୍ଥାନ ପାଇଛି । ଅତୀତରେ ଦାଦା ଜେ.ପି. ବାସୱାନୀଙ୍କର ସଂଖ୍ୟାଧିକ ରଚନାର ଓଡ଼ିଆ ଅନୁବାଦ କରିଥିବା ଶ୍ରୀଯୁକ୍ତ ବ୍ରଜକୁମାର ଶତପଥି ଏବଂ ଶ୍ରୀ ଚିତ୍ତ ରଞ୍ଜନ ପଟ୍ଟନାୟକ ଆମକୁ ଏହି ମହାଭାଗ୍ୟ ସୁଯୋଗ ଦେଇଛନ୍ତି ।

ପ୍ରଜ୍ଞାପୁରୁଷ ରୂପେ ଦାଦା ଜେ.ପି. ବାସୱାନୀ ଆମ ସମସ୍ତଙ୍କର ନମସ୍ୟ । ତାଙ୍କ ରଚନାର ଏକ ଅନନ୍ୟତା ହେଉଛି ଜଟିଳ ଦର୍ଶନକୁ ସରଳ ଶୈଳୀରେ ପ୍ରକାଶ କରିବା । ଦାଦା ବାସୱାନୀଙ୍କର ପ୍ରତିଟି ରଚନାରେ ଏ ବୈଶିଷ୍ଟ୍ୟ ପ୍ରତିଫଳିତ । ଆଲୋଚିତ ପୁସ୍ତକଟିର କଳେବର ମଧ୍ୟରେ ଏ ସ୍ୱାତନ୍ତ୍ର୍ୟ ପରିଦୃଷ୍ଟ ହୁଏ । ଆମର ଭୌଗୋଳିକ ପରିବେଶରେ ଆମେ ବହୁଳଭାବରେ ଶିଖ୍ ଭାଇଭଉଣୀମାନଙ୍କୁ ଦେଖୁଥିଲେ ମଧ୍ୟ ଏ ଜୀବନଶୈଳୀର କେତୋଟି ଲୁକ୍‌କାୟିତ ଅଥଚ ତାତ୍ପର୍ଯ୍ୟପୂର୍ଣ୍ଣ ଦିଗ ଦାଦା ବାସୱାନୀ ଆମ ପାଖରେ ଉପସ୍ଥାପନ କରିଛନ୍ତି । 'ଶିଖ' ଶବ୍ଦର ମୂଳ ଉତ୍ସ "ଶିଷ୍ୟ" କହିବା ମାଧ୍ୟମରେ ଗୁରୁଙ୍କ ପ୍ରତି ଭକ୍ତି ଓ ଆନୁଗତ୍ୟ ଯେ ମୂଳମନ୍ତ୍ର, ଏହା ସ୍ପଷ୍ଟ କରିଛନ୍ତି ।

ଶିଖଧର୍ମର ଦଶଜଣ ଗୁରୁ । ସେମାନଙ୍କ ଜୀବନଚର୍ଯ୍ୟାର ବିଶିଷ୍ଟ ଅଂଶ ଏବଂ ଉପଦେଶର ସ୍ୱାତନ୍ତ୍ର୍ୟ ବର୍ଣ୍ଣନା କରିବା ସଙ୍ଗେ ସଙ୍ଗେ ତହିଁରେ ଯୋଗସୂତ୍ର ରକ୍ଷାକରି ଏହା ଭିତ୍ତିଭୂମି ଉପରେ ମଧ୍ୟ ଆଲୋକପାତ କରାଯାଇଛି । ଏହି ଜୀବନଶୈଳୀର ଉଦ୍‌ବର୍ତ୍ତନ ସଂପର୍କରେ ସୂଚନା ଦେବା ବେଳେ ଏକେଶ୍ୱର ମତବାଦ ଓ ନାମସ୍ମରଣର ପ୍ରାଧାନ୍ୟ ବର୍ଣ୍ଣନା କରାଯାଇଛି । କହିବା ଅନାବଶ୍ୟକ ଯେ ହିନ୍ଦୁଧର୍ମର ଭକ୍ତି ପରମ୍ପରା, ଇସ୍‌ଲାମୀୟ ଚିନ୍ତାଧାରାର ଏକେଶ୍ୱରବାଦ ଓ ସୁଫି ଚିନ୍ତନର ତଲ୍ଲୀନତା ଶିଖଧର୍ମରେ କିପରି ସମନ୍ୱିତ ହୋଇଛି, ତାହାର ପ୍ରାଂଜଳ ଚିତ୍ର ବାସୱାନୀ ଦେଇଛନ୍ତି ।

ଆରମ୍ଭରେ ମର୍ମସ୍ପର୍ଶୀ ଶୈଳୀରେ ଆଦିଗୁରୁ ନାନକଙ୍କ ଜୀବନୀ ଓ ମାର୍ଗଦର୍ଶନ ବର୍ଣ୍ଣିତ ହୋଇଛି । ଜାତିଧର୍ମବର୍ଣ୍ଣ ନିର୍ବିଶେଷରେ ସମଗ୍ର ମାନବଜାତି ପାଇଁ ନିଃସର୍ତ୍ତ ପ୍ରେମପ୍ରଦାନକାରୀ ଦିବ୍ୟବ୍ୟକ୍ତିତ୍ୱ ରୂପେ ଆମର ଅନ୍ତର୍ଜଗତରେ ରେଖାପାତର ସମସ୍ତ ସମ୍ଭାବନା ସୃଷ୍ଟି କରିଛନ୍ତି । ବର୍ଣ୍ଣନାର ଏକ କମନୀୟତା ହେଉଛି ପାଠକର ମନ ଓ ହୃଦୟକୁ ଜୟ କରିବାର ଶୈଳୀ । ଉଦାହରଣ ସ୍ୱରୂପ, ନାନକଙ୍କ ବାଲ୍ୟଜୀବନର କେତେକ ଘଟଣା ଉଲ୍ଲେଖ କରିଛନ୍ତି । ଗୋଟିଏ ଘଟଣାରେ ନାନକଙ୍କ ଶିକ୍ଷକ ଗୋଟିଏ ସ୍ଲେଟ୍‌ରେ କିଛି ବର୍ଣ୍ଣମାଳା ଲେଖିଦେଇ ନାନକଙ୍କୁ ଦେଇଥିଲେ । ନାନକ ପ୍ରଶ୍ନକଲେ : ହୃଦୟରେ ପ୍ରେମ ବା ସଂପ୍ରୀତି ନ ଥାଇ କେବଳ ଅକ୍ଷର ଚିହ୍ନିଲେ କି ଲାଭ ? ଜୀବନରେ ଆଦ୍ୟଭାଗରୁ ନାନକଙ୍କର ଏହି ମନ୍ତବ୍ୟରୁ ସୂଚିତ ହୁଏ ଯେ ମାନବପ୍ରୀତି ହିଁ ତାଙ୍କ ଚିନ୍ତନର ମୂଳକେନ୍ଦ୍ର । ଏହିପରି ବହୁ ଘଟଣାର ଅବତାରଣା ମାଧ୍ୟମରେ

ପାଠକପାଠିକାଙ୍କୁ ଆପଣାଇନେବାର ଯେଉଁ ସାମଗ୍ରୀ ରହିଛି, ତାହା ଅତୁଳନୀୟ । ଅବଶ୍ୟ ଛୋଟ ଛୋଟ ଘଟଣାର ବର୍ଣ୍ଣନା ମଧ୍ୟରେ ଗୁରୁଙ୍କ ଦିବ୍ୟ ଉପଦେଶ ଦିଗହରା ହୋଇନାହିଁ । ଶିଖଧର୍ମର ପ୍ରବର୍ତ୍ତକ ଗୁରୁନାନକଙ୍କ ମୂଳବାର୍ତ୍ତାର ସୌନ୍ଦର୍ଯ୍ୟ ଅତୁଟ ରହିଛି । ସବୁଧର୍ମର ସନ୍ଥଙ୍କ ପ୍ରତି ସମ୍ମାନ, ଗୁରୁଭକ୍ତି, ବିନୟଭାବ, ଶୁଦ୍ଧତାପୂର୍ଣ୍ଣ ଜୀବନ ଓ ପ୍ରଲୋଭନମୁକ୍ତ ଜୀବନଶୈଳୀର ପ୍ରାଧାନ୍ୟ ସ୍ପଷ୍ଟରୂପେ ପ୍ରକାଶ ପାଇଛି ।

ଅନୁରୂପ ଭାବରେ ଦ୍ୱିତୀୟ ଗୁରୁ "ଗୁରୁ ଅଙ୍ଗଦ"ଙ୍କ ଜୀବନୀ ଓ ଆଦର୍ଶ ବର୍ଣ୍ଣନା କରାଯାଇଛି । ଏହି ଗୁରୁଙ୍କର ନାମ କିପରି ଭାବରେ "ଗୁରୁ ଅଙ୍ଗଦ" ବୋଲି ନାମିତ ହେଲା, ତାହାର ବର୍ଣ୍ଣନା ଅତୀବ ଚମତ୍କାର । ଏହି ତରୁଣଜଣକ ତୀର୍ଥଯାତ୍ରାର ଅଭିପ୍ରାୟ ନେଇ ଭ୍ରମଣ କରୁଥିବା ସମୟରେ ଗୁରୁଦର୍ଶନର ଇଚ୍ଛା ନେଇ ଗୁରୁ ନାନକଙ୍କ ପାଖକୁ ଆସିଛନ୍ତି । କ୍ରମଶଃ ଭକ୍ତିର ବନ୍ଧନରେ ନିମଜ୍ଜିତ ହୋଇ ସେ କେବଳ ତୀର୍ଥଗମନ ପରିତ୍ୟାଗ କରିନାହାଁନ୍ତି, ଗଭୀର ସେବା ମନୋଭାବ ନେଇ ଗୁରୁଙ୍କ ପାଖରେ ଅଟକି ରହିଛନ୍ତି । ତ୍ୟାଗପୂତ ଭାବରେ ସେବା କରିଚାଲିଛନ୍ତି । ଦିନେ ରାତିରେ ଧର୍ମଶାଳାର କାନ୍ଥ ଭାଙ୍ଗିଯାଇଛି ଏବଂ ଗୁରୁନାନକ ଏହାର ତୁରନ୍ତ ପୁନର୍ନିର୍ମାଣ ପାଇଁ ଆଦେଶ ଦେଇଛନ୍ତି । ନାନକଙ୍କ ପୁତ୍ରମାନେ ଏ କାର୍ଯ୍ୟ ପରିଦିନ ସକାଳେ କରାଯିବାର ଯୋଜନା କଲେ ମଧ୍ୟ ସେ କଷ୍ଟକରି କାର୍ଯ୍ୟଟି ସମ୍ପୂର୍ଣ୍ଣ କରିଥିଲେ । ଗୁରୁନାନକ ଅତ୍ୟନ୍ତ ପ୍ରୀତ ହୋଇ ନାମଦେଲେ "ଅଙ୍ଗଦ"; ନିଜ ଶରୀରର ଏକ ଅଂଶ ବିଶେଷର ପ୍ରତୀକ । ଗୁରୁ ଅଙ୍ଗଦଙ୍କ ବାର୍ତ୍ତାରେ ନିଃସ୍ୱାର୍ଥ ସେବାର ମହତ୍ତ୍ୱ, ପରିଶ୍ରମଶୀଳତାର ଗରିମା ଏବଂ ଶରଣାଗତିର ଉତ୍କର୍ଷ ସ୍ଥାନ ପାଇଛି । ଜଣେ ଧନୀକ ପରିବାରରେ ଜନ୍ମିତ ଏହି ଯୁବକ ଏକ ବିଳାସବ୍ୟସନପୂର୍ଣ୍ଣ ଜୀବନରୁ ସରଳ ଓ ନିରାଡ଼ମ୍ବର ଜୀବନକୁ ଓହ୍ଲାଇ ଆସିଥିଲେ । ଚାକଚକ୍ୟପୂର୍ଣ୍ଣ ଜୀବନ ବିରୁଦ୍ଧରେ ଗୁରୁଅଙ୍ଗଦଙ୍କର ଜୀବନଦର୍ଶନ ଏକ ତୀବ୍ର ପ୍ରତିବାଦର ସ୍ୱର ପରି ମନେହୁଏ ।

ତୃତୀୟ ଗୁରୁ "ଗୁରୁ ଅମରଦାସ"ଙ୍କ ସମ୍ପର୍କରେ ଆଦ୍ୟବର୍ଣ୍ଣନା ମଧ୍ୟ ଖୁବ୍ ହୃଦ୍ୟ । ଗୁରୁ ନାନକଙ୍କ ସତ୍‌ସଙ୍ଗ ଶୁଣିବା ପାଇଁ ଆସିଥିବା ଅଳ୍ପବୟସର ଗୋଟିଏ ବାଳକକୁ ଦେଖି ଗୁରୁ ନାନକ ବିସ୍ମୟ ପ୍ରକାଶ କଲେ । କହିଲେ : ତୋ ପରି ପିଲାଟିଏ ଏ ସମୟରେ ଶେଯରେ ଶୋଇ ରହିବାର କଥା । ମାତ୍ର ବାଳକଜଣଙ୍କ କହିଲା : "ମହାଶୟ ! ମୁଁ ଆମ ଘର ପାଇଁ ଚୂଲିର ଜାଳେଣି ହିସାବରେ କାଠିକୁଟା ସଂଗ୍ରହ କରେ । ମୁଁ ଦେଖିଛି ଯେ ଅଗ୍ନି ସଂଯୋଗ ସମୟରେ ଛୋଟ କାଠିକୁଟା ତୁରନ୍ତ ଜଳିଯାଏ । ସେହିପରି ମୁଁ ଭାବୁଛି ଯେ ମୃତ୍ୟୁର ସମୟ ଆସିଲେ ମୁଁ ଶୀଘ୍ର ମୃତ୍ୟୁକବଳରେ ପଡ଼ିବି । ତେଣୁ ମୁଁ କିପରି ମୃତ୍ୟୁକୁ ଜୟକରି ପାରିବି, ସେଥିପାଇଁ ଏଠାକୁ ଆସିଛି ।" ଗୁରୁ

ନାନକ ଅତୀବ ପ୍ରୀତ ହୋଇ ଶିଷ୍ୟ ରୂପେ ଗ୍ରହଣ କଲେ । ଗୁରୁ ଅମରଦାସଙ୍କ ଉପଦେଶରେ ଶୃଙ୍ଖଳିତ ଜୀବନ ଓ ଆତ୍ମସଂଯମର ମହତ୍ତ୍ୱ ବିସ୍ତାରିତ ରୂପ ନେଇଛି ।

ଲକ୍ଷ୍ୟ କରିବାର କଥା ଯେ ଗୁରୁର ସମ୍ମାନ ପାଇବା ପୂର୍ବରୁ କୌଣସି ଏକ ଦିବ୍ୟତାର ଝଲକ ବ୍ୟକ୍ତିକୁ ଗୁରୁର ମହତ୍ତ୍ୱପୂର୍ଣ୍ଣ ସୋପାନକୁ ନେଇଯାଏ । ଶୃଙ୍ଖଳା ଓ ଆତ୍ମସଂଯମ ତୃତୀୟ ଗୁରୁ ଅମରଦାସଙ୍କ ଜୀବନରେ ବିଶିଷ୍ଟ ଭୂମିକା ନେଇଥିବାସ୍ଥଳେ ଚତୁର୍ଥ ଗୁରୁ, ଗୁରୁ ରାମଦାସଙ୍କ ଜୀବନରେ ସେବା ମନୋଭାବ ଅଭୂତପୂର୍ବ ପରିବର୍ତ୍ତନ ଆଣିଥିଲା । ବାଲ୍ୟବସ୍ଥାରେ ପିତୃମାତୃହୀନ ଏହି ବାଳକ ଜେଜେମା' ଦେଇଥିବା ଚଣା ବିକିବା ସମୟରେ ଦରିଦ୍ର ଲୋକମାନଙ୍କୁ ଦେଖି ବିଗଳିତ ହୋଇଉଠିଥିଲେ । ନିଜକୁ ଅଭୁକ୍ତ ରଖି ଅନ୍ୟମାନଙ୍କୁ ଖାଦ୍ୟ ଦେଇ ସେ 'ରାମନାମ' ଗାଇ ଉଠିଲେ । ଗୁରୁ ଅଙ୍ଗଦଙ୍କ ଶିଷତ୍ୱ ଗ୍ରହଣ କରି ସେ ଚତୁର୍ଥ ଗୁରୁ ରୂପେ ପୂଜ୍ୟପାଦ ହୋଇଉଠିଲେ । ଗୁରୁ ଅମରଦାସ ଯେଉଁ ଦିବ୍ୟତାର କଥା କହିଛନ୍ତି, ତାହା ହେଉଛି ନାମସ୍ମରଣର ମହତ୍ତ୍ୱ । ଗୁରୁ ରାମଦାସଙ୍କର ଅନ୍ୟ ଏକ ବିଶିଷ୍ଟତା ହେଉଛି ଯେ ସେ ଶିଖସମ୍ପ୍ରଦାୟର ସେବକମାନଙ୍କୁ ଗୁରୁବାଣୀର ବ୍ୟାପକ ପ୍ରସାର ପାଇଁ ଆହ୍ୱାନ ଦେଇଥିଲେ ।

ପର୍ଯ୍ୟାୟକ୍ରମେ ଆଧାତ୍ମିକ ସତ୍ୟର ପଥଦ୍ରଷ୍ଟା ରୂପେ ପଞ୍ଚମ ଗୁରୁ ଗୁରୁ ଅର୍ଜନ ଦାସ, ଷଷ୍ଠ ଗୁରୁ ଗୁରୁ ହରଗୋବିନ୍ଦ, ସପ୍ତମ ଗୁରୁ ଗୁରୁ ହର ରାୟ, ଅଷ୍ଟମ ଗୁରୁ ଗୁରୁ ହରକ୍ରିଷ୍ଟାନ୍, ନବମ ଗୁରୁ ଗୁରୁ ତେଗ ବାହାଦୂର ଏବଂ ଦଶମ ଗୁରୁ ଗୁର ଗୋବିନ୍ଦ ସିଂହ ଯଶସ୍ୱ ଜୀବନର ବାଲ୍ୟକାଳୀନ ସଂଘର୍ଷ ଏବଂ ଉଚ୍ଚତର ମୂଲ୍ୟବୋଧର ପ୍ରଶିକ୍ଷଣର ରୂପାୟନ କରାଯାଇଛି । ଦାଦା ଜେ.ପି. ବାସୱାନୀଙ୍କ ଲେଖନୀରେ ପଞ୍ଚମ ଗୁରୁଙ୍କର ଧ୍ୟାନ ସମ୍ପର୍କିତ ଭାବନା, ଷଷ୍ଠ ଗୁରୁଙ୍କ ମାନବୀୟ ଅଧିକାର ଦିଗରେ ତତ୍ପରତା, ସପ୍ତମ ଗୁରୁଙ୍କର ନିରବତା ଓ ସୁଚିନ୍ତନ ସଂପର୍କରେ ବାର୍ତ୍ତା, ଅଷ୍ଟମ ଗୁରୁଙ୍କର ନାମସ୍ମରଣର ପ୍ରାଧାନ୍ୟ ଓ ନବମ ଗୁରୁଙ୍କର ନିର୍ଭୀକତାର ମୂଲ୍ୟବୋଧକୁ ପ୍ରାଂଜଳ ଭାବରେ ଏବଂ ପରିଶେଷରେ ଦଶମ ଗୁରୁ ଗୁରୁ ଗୋବିନ୍ଦ ସିଂହଙ୍କ ବିଚାରଧାରାର ନିର୍ଯ୍ୟାସ ଦିଆଯାଇଛି ।

ବିଭିନ୍ନ ଗୁରୁଙ୍କର ମୁଖନିଃସୃତ ମୂଲ୍ୟବୋଧରେ ବିରୋଧ ନ ଥିଲେ ମଧ୍ୟ କିଛି ପରିମାଣରେ ଭିନ୍ନତା ଥାଇପାରେ । ଉପଦେଶାବଳୀର ଆତ୍ମୀୟକରଣ ସମୟରେ ଯେପରି ଜଟିଳତା ସୃଷ୍ଟି ନ ହୁଏ, ସେଥିପାଇଁ ଜ୍ଞାନତପସ୍ୱୀ ଜେ.ପି. ବାସୱାନୀ ଏକ ଏକତ୍ରୀକରଣର ସୂତ୍ର ଦେଇଛନ୍ତି । ତାହା ହେଉଛି ସଂଯୋଗ ସୂତ୍ର । ସମୟର କ୍ରମରେଖା ଅନୁଯାୟୀ ପ୍ରଥମ ଗୁରୁ, ଦ୍ୱିତୀୟ ଗୁରୁ ଏବଂ ଦଶମ ଗୁରୁ ଥାଇପାରନ୍ତି । ମାତ୍ର ଚିରନ୍ତନତା ଦୃଷ୍ଟିରୁ କାଳଜୟୀ ଏବଂ କ୍ରମଜୟୀ ହେଉଛି "ଗୁରୁଗ୍ରନ୍ଥ ସାହିବ" । ଗୁରୁ ନିର୍ଘୋଷିତ ସମସ୍ତ

ବାଣୀର ଉତ୍ସ ହେଉଛି ଏହି ଗ୍ରନ୍ଥ । ସବୁ ଆଦର୍ଶର ମୂଳଭିତ୍ତି ହେଉଛି ଏହି ଗ୍ରନ୍ଥ । ସବୁ ଗୁରୁମାନଙ୍କର ପରିପ୍ରକାଶ ହେଉଛି ଏହି ଗ୍ରନ୍ଥ ।

ଏହା ସ୍ପଷ୍ଟ ଯେ ଦଶମଗୁରୁଙ୍କ ପରେ ଗୁରୁ ପରମ୍ପରା ଶେଷ ହେଉଛି ଭାବି ବସିବା ଏକ ଭ୍ରମାତ୍ମକ କଥା । ଦଶମଗୁରୁଙ୍କ ପରେ ଶରୀରଧାରୀ ଗୁରୁଙ୍କ ସ୍ଥିତି କଥା କୁହାଯାଇ ନାହିଁ, ଏହା ସତ୍ୟ । କିନ୍ତୁ ଗ୍ରନ୍ଥ ସାହିବ ହିଁ ଏକ ଅଖଣ୍ଡ, ଅନ୍ତହୀନ ଓ ନିରବଚ୍ଛିନ୍ନ ଗୁରୁ ପରମ୍ପରାର ବାହକ ରୂପେ ଆମ ପାଖରେ ଚିର ଉପସ୍ଥିତି ।

ଆମର ପରମ ସୌଭାଗ୍ୟ ଯେ ପ୍ରାତଃସ୍ମରଣୀୟ ସାଧୁ ବାସୱାନୀ ଏବଂ ଦାଦା ଜେ.ପି. ବାସୱାନୀଙ୍କ ଅମୃତସ୍ପର୍ଶ ଆମକୁ "ଦଶ ଶିଖ ଗୁରୁ : ଜୀବନୀ ଓ ଦର୍ଶନ" ସଦ୍‌ଗ୍ରନ୍ଥଟି ଆମ ହାତରେ ଟେକି ଦେଇଛନ୍ତି । ଆମର ଅବଗାହନକୁ ସହଜ ଓ ସୁଖଦ କରିବା ପାଇଁ ଶ୍ରୀ ବ୍ରଜକୁମାର ଶତପଥୀ ଓ ଶ୍ରୀ ଚିତ୍ତ ରଞ୍ଜନ ପଟ୍ଟନାୟକ ଏହାର ଓଡ଼ିଆ ଭାଷାନ୍ତର କରିଛନ୍ତି । ଏ ପୁସ୍ତକର ଅନୁସୃଜନ ପାଇଁ ଶ୍ରମସ୍ୱୀକାର କରିଥିବା ଏହି ଲେଖକଦ୍ୱୟଙ୍କର ଜୀବନର ଶ୍ରୀବୃଦ୍ଧି ପାଇଁ ସମବେତ ଭାବରେ "ୱାହେଗୁରୁ"ଙ୍କ ପାଖରେ ଆମର ପ୍ରାର୍ଥନା ନିବେଦିତ ରହୁ ।

ପ୍ରଫେସର୍ ଫକୀର ମୋହନ ସାହୁ
ପି.ଏଚ୍.ଡ଼ି (କୁଇନ୍ସ, କାନାଡ଼ା)
ପରିଦର୍ଶକ ପ୍ରଫେସର, XIM ବିଶ୍ୱବିଦ୍ୟାଳୟ
ଉତ୍କଳ ବିଶ୍ୱବିଦ୍ୟାଳୟର, ମନୋବିଜ୍ଞାନ ବିଭାଗର
ପୂର୍ବତନ ପ୍ରଫେସର ଓ ବିଭାଗୀୟ ମୁଖ୍ୟ

ସୂଚିପତ୍ର

୧ -	ଶିଖ୍ ଧର୍ମର ପ୍ରତିଷ୍ଠାତା - ଗୁରୁ ନାନକ	୧୫
୨ -	ଦ୍ୱିତୀୟ ଗୁରୁ - ଗୁରୁ ଅଙ୍ଗଦ	୩୫
୩ -	ତୃତୀୟ ଗୁରୁ - ଗୁରୁ ଅମର ଦାସ	୪୮
୪ -	ଚତୁର୍ଥ ଗୁରୁ - ଗୁରୁ ରାମ ଦାସ	୬୧
୫ -	ପଞ୍ଚମ ଗୁରୁ - ଗୁରୁ ଅର୍ଜନ ଦେବ	୭୫
୬ -	ଷଷ୍ଠ ଗୁରୁ - ଗୁରୁ ହର ଗୋବିନ୍ଦ	୯୦
୭ -	ସପ୍ତମ ଗୁରୁ - ଗୁରୁ ହର ରାୟ	୧୦୫
୮ -	ଅଷ୍ଟମ ଗୁରୁ - ଗୁରୁ ହରକ୍ରିଶନ	୧୧୪
୯ -	ନବମ ଗୁରୁ - ଗୁରୁ ତେଗ୍ ବାହାଦୁର	୧୨୫
୧୦-	ଦଶମ ଗୁରୁ - ଗୁରୁ ଗୋବିନ୍ଦ ସିଂ	୧୪୫
୧୧-	ଅନନ୍ତ ଗୁରୁ - ଗୁରୁ ଗ୍ରନ୍ଥ ସାହିବ	୧୬୨

ଶିଖ ଧର୍ମର ପ୍ରତିଷ୍ଠାତା - ଗୁରୁ ନାନକ

ଉପକ୍ରମଣିକା :

ଭାରତର ଆଧ୍ୟାତ୍ମିକ ଗୁରୁମାନଙ୍କ ଆକାଶରେ ଜାଜ୍ୱଲ୍ୟମାନ ତାରକାମାନଙ୍କ ମଧ୍ୟରୁ ଗୁରୁ ନାନକ ହେଉଛନ୍ତି ଅନ୍ୟତମ । ତାଙ୍କର ବ୍ୟକ୍ତିତ୍ୱ ଏତେ ଉଜ୍ଜ୍ୱଳ ଯେ ଲୋକମାନେ ତାଙ୍କୁ ଦେଖି ସ୍ୱତଃ ପ୍ରବୃତ୍ତ ଭାବରେ ନତମସ୍ତକ ହେଉଥିଲେ । ଏହି ପୃଥିବୀର ଅମା ଅନ୍ଧକାର ଭିତରେ ସେ ଏକ ନୈସର୍ଗିକ ଆଲୋକ ପରି ପ୍ରତୀୟମାନ ହେଉଥିଲେ ଏବଂ ସେହି ଆଲୋକ ଏବେ ମଧ୍ୟ ଲକ୍ଷ ଲକ୍ଷ ଲୋକଙ୍କର ହୃଦୟକୁ ଆଲୋକିତ କରୁଛି । ଏହା ହେଉଛି ପ୍ରେମ ଏବଂ ବିଶ୍ୱାସର ଆଲୋକ, ଏହା ହେଉଛି ଏକ ଈଶ୍ୱର, ଯାହାକି ଚିରନ୍ତନ ସତ୍ୟ ତାଙ୍କଠାରେ ଦୃଢ଼ ଭକ୍ତିର ଆଲୋକ ।

ଗୁରୁନାନକ ତାଙ୍କର ଅନାବିଳ ପ୍ରେମ ସମସ୍ତଙ୍କୁ ବିତରଣ କରୁଥିଲେ - ହିନ୍ଦୁ, ମୁସଲମାନ, ଭାରତୀୟ, ଆରବୀୟ, ପାରସୀ ଏବଂ ଆଫଗାନୀ ସମସ୍ତଙ୍କ ଭିତରେ ସେ ଗୋଟେ ନୈସର୍ଗିକ ମାନବିକତାର ବୈଭବ ଦେଖି ପାରିଥିଲେ ।

ସେ ଜଣେ ସଦ୍‌ଭାବନାର ଗୁରୁ ଥିଲେ । ମୁଁ ତାଙ୍କୁ ପ୍ରଣାମ କରୁଛି, ଲକ୍ଷ ଲକ୍ଷ ଲୋକଙ୍କ ହୃଦୟର ବିଜେତା ଭାବରେ, ଭାରତର ଇତିହାସରେ ଏବଂ ମାନବ ଜାତିର ଇତିହାସରେ ଶ୍ରେଷ୍ଠ ଆଧ୍ୟାତ୍ମିକ ଆଲୋକବର୍ତ୍ତିକାମାନଙ୍କ ମଧ୍ୟରୁ ଅନ୍ୟତମ ହିସାବରେ ।

ଶୈଶବ ଏବଂ ପ୍ରାରମ୍ଭିକ ଜୀବନ:

ଗୁରୁ ନାନକ ୧୫ ଏପ୍ରିଲ ୧୪୬୯ ମସିହାରେ ରାଏ ଭୋଜି ତଲଓ୍ୱାଣ୍ଡି, ବର୍ତ୍ତମାନର ନାନ୍‌କାନା ସାହେବ, ନାମକ ଗ୍ରାମରେ ଜନ୍ମ ଗ୍ରହଣ କରିଥିଲେ, ଯାହାକି ଲାହୋର (ପାକିସ୍ଥାନ)ର ଦକ୍ଷିଣ ପଶ୍ଚିମରୁ ୪୦ ମାଇଲ୍ ଦୂରରେ ଅବସ୍ଥିତ । ତାଙ୍କର

ମାତାଙ୍କ ନାମ ଥିଲା ତ୍ରିପ୍ତା ଦେବୀ । ସେ ଜଣେ ଧାର୍ମିକ ମହିଳା ଥିଲେ ଏବଂ ନାନକଙ୍କ ପାଇଁ ତାଙ୍କର ଭଲ ପାଇବା ଥିଲା ଅସୀମ । ତାଙ୍କ ବାପାଙ୍କ ନାମ ଥିଲା କଲ୍ୟାଣ ଦାସ ମେହେଟା, ଯାହାଙ୍କୁ ଲୋକମାନେ ସ୍ନେହରେ କାଲୁ ବୋଲି ଡାକୁଥିଲେ । ସେ ରାଏ ଭୁଲାର ଗାଁର ମୁସଲମାନ ଜମିଦାରଙ୍କ ହିସାବ ରକ୍ଷକ (Accountant) ଭାବରେ କାମ କରୁଥିଲେ । ନାନକ ଜନ୍ମ ହେଲାବେଳକୁ ସେହି ଦମ୍ପତିଙ୍କର ପୂର୍ବରୁ ଗୋଟେ ଝିଅ ଥିଲା । ସେମାନେ ତାକୁ ନାନକୀ ବୋଲି ଡାକୁଥିଲେ ।

ତଲୱାଣ୍ଡିର ଅବସ୍ଥିତି ପଞ୍ଜାବର କେନ୍ଦ୍ର ସ୍ଥଳ, ରବି ଏବଂ ଚେନାବ ନଦୀ ଦ୍ୱୟର ମଧ୍ୟରେ ଥିଲା । ଉତ୍ତର ପଶ୍ଚିମ ପର୍ବତମାଳାଦେଇ ଭାରତକୁ ଆସିଥିବା ଦୁଇଟି ପ୍ରଧାନ ମାର୍ଗ, ଏହାର ବହୁତ ନିକଟରେ ଥିଲା । ଶତାବ୍ଦୀ ଶତାବ୍ଦୀ ଧରି ବ୍ୟବସାୟୀ, ପରିବ୍ରାଜକ, ତୀର୍ଥଯାତ୍ରୀ, ଆକ୍ରମଣକାରୀ ଏବଂ ଅନ୍ୟ ପ୍ରବାସୀମାନେ ଏହି ମାର୍ଗ ଦେଇ ଭାରତ ଆସିଥିଲେ ଏବଂ ସେମାନଙ୍କ ପଛରେ ବିଭିନ୍ନ ଜାତିର, ବିଭିନ୍ନ ସଭ୍ୟତାର ଏବଂ ଜନଜାତିମାନଙ୍କର ଚିହ୍ନ ଛାଡ଼ି ଯାଇଥିଲେ । ତଲୱାଣ୍ଡି ଯାହା ଜନଗହଳୀଠାରୁ ଦୂରରେ ଏକ ନିକାଞ୍ଚନ ସ୍ଥାନରେ ଥିଲା, ତାହା ଆକ୍ରମଣକାରୀ ସୈନ୍ୟ ବାହିନୀ ଏବଂ ତାକୁ ପ୍ରତିହତ କରୁଥିବା ଜନଜାତିଙ୍କ ମଧ୍ୟରେ ଯୁଦ୍ଧ ଫଳରେ ତେରଥର ଧ୍ୱଂସ ହୋଇ ସେହି ଧ୍ୱଂସାବଶେଷର ପାଉଁଶ ଭିତରୁ ତେରଥର ପୁଣି ଗଢ଼ି ଉଠିଥିଲା । ଆମେ ଯେଉଁ ସମୟର କଥା କହୁଛୁ ସେତେବେଳେ ତଲୱାଣ୍ଡିର ଧ୍ୱଂସ ସ୍ତୁପ ଭିତରୁଯେ ତାହାର ପୁନରୁତ୍‌ଥାନ କରିଥିଲେ ସେ ହେଉଛନ୍ତି ରାୟ ଭୋଏ, ଜଣେ ରାଜପୁତ ଜମିଦାର ଏବଂ ଗାଁର ମୁଖିଆ ଯେ କି ଧର୍ମ ପରିବର୍ତ୍ତନ କରି ମୁସଲମାନ ହୋଇ ଯାଇଥିଲେ । ତାଙ୍କ ଦ୍ୱାରା ପୁନନିର୍ମିତ ଗାଁଟିର ନୂତନ ନାମ 'ନାନ୍‌କାନା ସାହେବ', ଯାହାକି ତାଙ୍କର ମହାନ ପୁଅଙ୍କ ନାମରେ ନାମିତ ହୋଇଥିଲା, ଆଜି ପର୍ଯ୍ୟନ୍ତ ତିଷ୍ଠି ରହି ପାରିଛି । ଭୋଏଙ୍କ ପୁଅ, ରାଏ ଭୁଲାର, ତାଙ୍କ ପିତାଙ୍କର ଗାଁ ଏବଂ ଜମିଦାରୀ ଉତ୍ତରାଧୀକାରୀ ସୂତ୍ରରେ ପାଇଥିଲେ ଏବଂ ତାଙ୍କ ଚେଷ୍ଟାରେ ସେ ଗାଁର ଅଧିକ ସମୃଦ୍ଧି ଏବଂ ଉନ୍ନତି ହୋଇପାରିଥିଲା । ରବି ନଦୀର ପାର୍ଶ୍ୱରେ ବସବାସ କରୁଥିବା କ୍ଷତ୍ରିୟ ପରିବାରମାନେ ଆସି ସେଠାରେ ମୁସଲିମ ଭଟିମାନଙ୍କ ପାଖରେ ବସବାସ କରିବା ଆରମ୍ଭ କରିଦେଇଥିଲେ । କଲ୍ୟାଣ ଦାସ ସେମାନଙ୍କ ଭିତରୁ ଜଣେ ଥିଲେ । ତାଙ୍କ ପିତାଙ୍କ ପରି ସେ ମଧ୍ୟ ଧନୀ ମୁସଲମାନ ଭଟି ଜମିଦାର ମାନଙ୍କର ହିସାବ କିତାବ ରଖୁଥିଲେ ଏବଂ ତାଙ୍କର ନିଜର ମଧ୍ୟ ଜମିଜମା ଏବଂ ଗୋସମ୍ପଦ ଥିଲା ।

ସେହି ପରିବାରରେ ଏହି ଯୁଗପୁରୁଷ ଜନ୍ମ ଗ୍ରହଣ କରିଥିଲେ ଯିଏ ଯୁଗଯୁଗ

ଧରି ଲକ୍ଷ ଲକ୍ଷ ଲୋକଙ୍କ ମାର୍ଗଦର୍ଶକ ହୋଇ ପାରିଥିଲେ । କୁହାଯାଏ ଯେ ମାଟିରେ ତିଆରି ହୋଇଥିବା ଘରଟି ଶିଶୁ ପୁତ୍ରର ଜନ୍ମ ସମୟରେ ଏକ ନୈସର୍ଗିକ ସ୍ୱର୍ଣ୍ଣାଭ ଆଲୋକରେ ଉଦ୍‌ଭାସିତ ହୋଇ ଉଠିଥିଲା ଏବଂ ସେ ଗାଁର ଧାଈ ଯିଏ କି ଶିଶୁଟିର ଜନ୍ମ କରାଇବାରେ ସାହାଯ୍ୟ କରିଥିଲା, କହିଥିଲା ଯେ ଶିଶୁଟି ଜନ୍ମ ହେଲା ପରେ ତାକୁ ଦେଖି ସ୍ମିତହାସ୍ୟ କରିଥିଲା ।

ଜଣେ ପୁରୁଷ ଉତ୍ତରାଧିକାରୀଙ୍କ ଜନ୍ମକୁ ନେଇ କାଲୁ ଅତ୍ୟନ୍ତ ଆନନ୍ଦିତ ହୋଇଥିଲେ ଏବଂ ତୁରନ୍ତ ଶିଶୁଟିର ଜନ୍ମ କୁଣ୍ଡଳୀ ତିଆରି କରିବା ପାଇଁ ଲାଗି ପଡ଼ିଥିଲେ । ଜନ୍ମ ସମୟରେ ନକ୍ଷତ୍ର ସଂରଚନାକୁ ବିନ୍ୟାସ କରିବାକୁ ଗ୍ରାମର ପୁରୋହିତ ପଣ୍ଡିତ ହରଦୟାଲଙ୍କୁ ଡକାଯାଇଥିଲା । ସେ ବିଶ୍ୱାସ କରିପାରୁ ନଥିବା କାଲୁଙ୍କୁ ଭବିଷ୍ୟବାଣୀ ଶୁଣାଇଥିଲେ ଯେ, ତାଙ୍କ ପୁତ୍ର ଏକ ସାମିଆନା ତଳେ ବସିବେ ଏବଂ ତାଙ୍କୁ ହିନ୍ଦୁ ଏବଂ ତୁର୍କମାନେ ସମାନ ଭାବରେ ସମ୍ମାନିତ କରିବେ । ସେ ପୁଣି କହିଥିଲେ ଯେ, ତାଙ୍କ ପୁଅ ଏକ ନିରାକାର ଭଗବାନଙ୍କୁ ମାନିନେବେ ଏବଂ ଉପାସନା କରିବେ ଏବଂ ଅନ୍ୟମାନଙ୍କୁ ଏହା କରିବାକୁ ପ୍ରବର୍ତ୍ତାଇବେ । "କାଲୁ ! ମୋର ଗୋଟିଏ ଦୁଃଖ ରହିଗଲା ଯେ, ମୁଁ ତାଙ୍କର ଏହି ବୈଭବ, ପ୍ରତିଷ୍ଠା ଦେଖିବା ପାଇଁ ବଞ୍ଚି ରହିପାରିବି ନାହିଁ ।" ଏହା କହିବା ପରେ ସେ ମା'ଙ୍କର ବିରୋଧ ସତ୍ତ୍ୱେ ନବଜାତ ଶିଶୁଟିକୁ ତାଙ୍କ ଆଗକୁ ଆଣିବାକୁ ଜିଦ୍ କରିଥିଲେ । ସେ ତାଙ୍କର ଦୁଇହାତକୁ ସମ୍ମାନର ସହ ଯୋଡ଼ିକରି ଶିଶୁଟିକୁ ନିଜର ଶ୍ରଦ୍ଧାଞ୍ଜଳି ଜଣାଇଥିଲେ ।

ଶିଶୁଟିର ପ୍ରାରମ୍ଭିକ ଦିନଗୁଡ଼ିକର ଚମତ୍କାର ବିବରଣୀ 'ମେହେରବାନ ଜନମସାଖୀ'ରେ ଦିଆଯାଇଛି (ଗୁରୁଙ୍କ ଜୀବନ ଏବଂ ଜନ୍ମର ସ୍ଥାନୀୟ ବିବରଣୀ, ଯାହା ପ୍ରାଚୀନ ପାଣ୍ଡୁଲିପିରୁ ଆମ ପାଖକୁ ଆସିଛି) । ଯେତେବେଳେ ତାଙ୍କ ବୟସ ପ୍ରାୟ ଏକମାସ ସେତେବେଳେ ସେ ତାଙ୍କୁ ଧରିଥିବା ବ୍ୟକ୍ତିଙ୍କ ଉପରେ ଧ୍ୟାନ ଦେଇ ପାରୁଥିଲେ, ଯେତେବେଳେ ସେ ତିନି ମାସର ହୋଇଥିଲେ ସେତେବେଳେ ସେ ତାଙ୍କ ବେକକୁ ସିଧା ରଖି ପାରୁଥିଲେ, ଚାରିମାସର ହୋଇଥିଲାବେଳେ ସେ ଦରୋଟି ଭାଷାରେ କହିବା ଆରମ୍ଭ କରିଥିଲେ । ଯେତେବେଳେ ତାଙ୍କୁ ସାତ ମାସ ସେତେବେଳେ ସେ ପ୍ରକୃତରେ ବସିବାକୁ ଲାଗିଥିଲେ, ଆଠ ମାସରେ ସେ ଗୋଟିଏ ଆଣ୍ଠୁ ପକାଇ ଧୀରେ ଧୀରେ ଗତି କରିବାକୁ ଲାଗିଥିଲେ ଏବଂ ଦଶ ମାସରେ ସେ ଗୁରୁଣ୍ଡି ଥିଲେ ଏବଂ ନିଜ ଗୋଡ଼ରେ ଠିଆ ହୋଇ ପାରିଥିଲେ । ଦୁଇ ବର୍ଷରେ ହେଲାବେଳେ ସେ ତାଙ୍କ ବୟସର ପିଲାମାନଙ୍କ ସାଙ୍ଗରେ ଖେଳିବାକୁ ଲାଗିଥିଲେ । ତାଙ୍କର ପ୍ରିୟ ଖେଳ ଥିଲା ପରିବାରର ପୁରୁଣା ନଥିପତ୍ର ଏବଂ ପାଣ୍ଡୁଲିପି ସଂଗ୍ରହ କରି

ସେଗୁଡ଼ିକୁ ଗୋଟେ ରେଶମ କନାରେ ଗୁଡ଼ାଇ ତାଙ୍କର କାଖ ତଳେ ସେ ପୁଟୁଳିକୁ ଜାକି ଚାଲିବା । ବେଳେବେଳେ ସେ ପୁଟୁଳି ଖୋଲୁଥିଲେ ଏବଂ ବିସ୍ମିତ ବନ୍ଧୁମାନଙ୍କ ସମ୍ମୁଖରେ ତାକୁ ପଢ଼ିବାର ଛଳନା କରୁଥିଲେ ।

ଆଜିର ଅନେକ ପିତାଙ୍କ ପରି କାଲୁଙ୍କର ମଧ୍ୟ ନିଜ ପିଲାଙ୍କ ପାଇଁ କିଛି ଅଭିଳାଷ ଥିଲା । ସେ ଚାହୁଁଥିଲେ ଯେ ତାଙ୍କ ପୁଅ ଲେଖିବା, ପଢ଼ିବା ଏବଂ ହିସାବ କରିବା ଶିଖୁ ଏବଂ ଗାଁର ରାଜସ୍ୱ ଅଧିକାରୀ ଭାବରେ ତାଙ୍କ ପଦର ଉତ୍ତରାଧିକାରୀ ହେବା ପାଇଁ ପର୍ଯ୍ୟାପ୍ତ ଶିକ୍ଷା ଲାଭ କରୁ । ତାଙ୍କର ଖୁସିର ସୀମା ନ ଥିଲା ଯେତେବେଳେ ସେ ଅନୁଭବ କଲେ ଯେ ନାନକ ପ୍ରକୃତରେ ବହୁତ ବୁଦ୍ଧିମାନ ପିଲା । ତାଙ୍କୁ ଏକ ବିଦ୍ୟାଳୟକୁ ପଠା ଯାଇଥିଲା ଯେଉଁଠାରେ ତାଙ୍କୁ ହିନ୍ଦୀ ଶିକ୍ଷା ଦିଆଯାଇଥିଲା, ଗାଁର ପଣ୍ଡିତ ତାଙ୍କୁ ସଂସ୍କୃତ ଶିକ୍ଷା ଦେଇଥିଲେ ଏବଂ ଜଣେ ମୌଲବୀ ତାଙ୍କୁ ଆରବୀ ଏବଂ ପାର୍ସି ଭାଷା ଶିକ୍ଷା ଦେଇଥିଲେ ।

ବିଦ୍ୟାଳୟର ଶିକ୍ଷକ, ପାଣ୍ଡା ଗୋପାଳ, ସ୍ଲେଟରେ ବର୍ଣ୍ଣମାଳାର କିଛି ଅକ୍ଷର ଲେଖି ନାନକଙ୍କୁ ଶିଖିବାକୁ ଦେଇଥିଲେ । ଶିଶୁ ନାନକ ତାଙ୍କ ଶିକ୍ଷକଙ୍କୁ ପଚାରିଥିଲେ, "ବିନା ପ୍ରେମରେ ଏହି ବର୍ଣ୍ଣମାଳା ଜ୍ଞାନର କୌଣସି ମହତ୍ତ୍ୱ ଅଛି କି ?"

ଏହା ତ ପରମ ସତ୍ୟ ଯେ ପ୍ରେମ ବିନା ଜ୍ଞାନ ଶୂନ୍ୟ ଏବଂ ଫମ୍ପା । ବିନା ପ୍ରେମରେ ଜ୍ଞାନର କୌଣସି ମହତ୍ତ୍ୱ ନାହିଁ ।

ସୃଷ୍ଟିକର୍ତ୍ତା ଏବଂ ତାଙ୍କ ସୃଷ୍ଟି ବିଷୟରେ ମୋତେ କୁହନ୍ତୁ । କାରଣ ତାଙ୍କ ବିଷୟରେ କିଛି ଜ୍ଞାନ ଆହରଣ କରିବା ବିନା ସମସ୍ତ ଶିକ୍ଷା ବୃଥା ଅଟେ ଏବଂ ତାଙ୍କୁ ଜାଣିବା ପାଇଁ, ତାଙ୍କୁ ହୃଦୟଙ୍ଗମ କରିବା ପାଇଁ ଆମେ ତାଙ୍କୁ ପ୍ରେମ କରିବା ଆବଶ୍ୟକ ।

ବାଳକ ନାନକଙ୍କ କଥା ଗୁଡ଼ାକ ତାଙ୍କ ଶିକ୍ଷକଙ୍କୁ ସ୍ତମ୍ଭୀଭୂତ କରିଥିଲା । ଶିକ୍ଷକ ତାଙ୍କ ପିତାଙ୍କୁ ସାକ୍ଷାତ କରି କହିଥିଲେ- "ତୁମର ପୁଅ ମୋ ଠାରୁ ବହୁତ ବୁଦ୍ଧିମାନ । ମୋ ଦ୍ୱାରା ଯେତିକି ସମ୍ଭବ ମୁଁ ତାକୁ ନିଶ୍ଚୟ ଶିଖାଇବି କିନ୍ତୁ ମୁଁ ଜାଣି ପାରୁଛି ଯେ, ସେ ଯାହା ଶିଖିବାକୁ ଚାହୁଁଛି ମୁଁ ତାହା ଶିଖାଇବାକୁ ସକ୍ଷମ ନୁହେଁ, କାରଣ ସେ ଜଣେ ମହାନ ସାଧୁ ।"

ତଥାପି, ବାଳକ ନାନକଙ୍କ ପିତା ତାଙ୍କ ପୁଅ ଉପରେ ପ୍ରକୃତରେ ଖୁସି ନଥିଲେ । ସେ ବାଳକର ଜ୍ଞାନ ଏବଂ ଧାରଣାକୁ ପ୍ରଶଂସା କରିବାରେ ଅସମର୍ଥ ଥିଲେ । ପିତା ଯାହା ଚାହୁଁଥିଲେ ତାହା ହେଲା, ତାଙ୍କ ପୁଅ ଚତୁର, ପରିଶ୍ରମୀ ହେଉ, ଗଣନା କରି ଶିଖୁ ଏବଂ ଖାତା ପତ୍ର ହିସାବ ଠିକ୍ ଭାବରେ କରୁ ଏବଂ ବଡ଼ ହୋଇ ସେ ଧନ, ଖ୍ୟାତି ଲାଭ କରୁ ଏବଂ କ୍ଷମତା ଆହରଣ କରୁ । ତେଣୁ ନିଜ ପୁଅକୁ ତାଙ୍କର

ନିରନ୍ତର ପରାମର୍ଶ ଥିଲା ଜଣେ ସମୃଦ୍ଧ ବ୍ୟବସାୟୀ ହୋଇ ନିଜର ବ୍ୟବସାୟ ପ୍ରତିଷ୍ଠା କରିବା ପାଇଁ । କିନ୍ତୁ ପୁଅ ତାଙ୍କ ନିଜ ଦୁନିଆରେ ହଜି ଯାଇଥିଲା । ଏପରିକି ତା'ର ଆଖିଗୁଡ଼ିକ ସେହି ସର୍ବଶକ୍ତିମାନଙ୍କ ପ୍ରତି ପ୍ରବଳ ପ୍ରେମରେ ପ୍ଲାବିତ ହୋଇ ଯାଉଥିଲା ।

ଦିନେ ବାଳକ ନାନକଙ୍କୁ ଏକ ସୁନା ମୁଦି ଉପହାର ଦିଆଯାଇଥିଲା । ଆମେ ଜାଣୁ, ପିଲାମାନେ ସୁନାପରି ଚମକଦାର ଏବଂ ମୂଲ୍ୟବାନ ଜିନିଷ ଦ୍ୱାରା ଆକର୍ଷିତ ହୋଇଥାନ୍ତି କିନ୍ତୁ ବାଳକ ନାନକଙ୍କ କ୍ଷେତ୍ରରେ ତାହା ହୋଇ ନ ଥିଲା । ସୁନା ମୁଦି ନାନକଙ୍କ ପାଇଁ ପିତ୍ତଳ ସଦୃଶ ଥିଲା । ବାଳକ ନାନକ ସୁନା ମୁଦି ପିନ୍ଧି ନିଜ ଘରୁ ବାହାରି ଆସିଥିଲେ । ସେହି ସମୟରେ ଜଣେ ସନ୍ୟାସୀ ତାଙ୍କୁ ଭେଟିଥିଲେ । ସେ ସନ୍ୟାସୀ ବହୁତ ଭୋକିଲା ଥିଲେ । ସେ କହିଥିଲେ ଯେ, ସେ କିଛିଦିନ ହେଲା ଭୋକ, ଶୋଷରେ ଅଛନ୍ତି । ଏହା ଶୁଣି ବାଳକ ନାନକ ବିନା ଦ୍ୱିଧାରେ ନିଜର ସୁନା ମୁଦିଟିକୁ ସନ୍ୟାସୀଙ୍କୁ ଦାନ କରିଥିଲେ ଏବଂ କହିଥିଲେ ଯେ, ଏହି ମୁଦିକୁ ବିକ୍ର କରି କିଛି ଖାଦ୍ୟ କିଣି ଖାଇବାକୁ । ସେ ମଧ୍ୟ ସନ୍ୟାସୀଙ୍କୁ ପ୍ରେମ ଏବଂ ଭକ୍ତି ସହ ପ୍ରଭୁଙ୍କ ନାମ ଜପ କରିବାକୁ ଅନୁରୋଧ କରିଥିଲେ ।

ଯେତେବେଳେ ତାଙ୍କ ଭଉଣୀ ନାନକୀଙ୍କୁ ତେର ବର୍ଷ ହୋଇଥିଲା ସେତେବେଳେ ତାଙ୍କର ବିବାହ ଜୟରାମଙ୍କ ସାଙ୍ଗରେ ହୋଇ ଯାଇଥିଲା । ଜୟରାମ ଜଣେ ଶିକ୍ଷିତ ଏବଂ ସଂସ୍କୃତି ସମ୍ପୂର୍ଣ୍ଣ ଯୁବକ ଏବଂ ଲୋଧୀ ରାଜ୍ୟପାଳଙ୍କର ଜଣେ ଅଧିକାରୀ ଥିଲେ ଏବଂ ସବୁବେଳେଟିକସ ଆଦାୟ ପାଇଁ ତାଙ୍କ ଗ୍ରାମକୁ ଆସୁଥିଲେ । ନାନକ ଏବଂ ତାଙ୍କ ଭିଣୋଇଙ୍କ ମଧ୍ୟରେ ପାରସ୍ପରିକ ସ୍ନେହପୂର୍ଣ୍ଣ ସମ୍ପର୍କ ଗଢ଼ି ଉଠିଥିଲା । ତାଙ୍କ ଭଉଣୀଙ୍କୁ ସେ ବହୁତ ସମ୍ମାନ ଦେଉଥିଲେ ଏବଂ ଭଲ ମଧ୍ୟ ପାଉଥିଲେ କାରଣ ସେ ପରିବାରର ଅନ୍ୟ ସଦସ୍ୟମାନଙ୍କ ଅପେକ୍ଷା ତାଙ୍କ ପ୍ରକୃତିକୁ ଭଲ ଭାବରେ ବୁଝି ପାରିଥିଲେ ଏବଂ ପିଲାଦିନରୁ ତାଙ୍କର ଐଶ୍ୱରୀୟତାକୁ ଅନୁଭବ କରିଥିଲେ ।

ଯେତେବେଳେ ନାନକଙ୍କୁ ଏଗାର ବର୍ଷ ବୟସ ହୋଇଥିଲା ସେତେବେଳେ ତାଙ୍କ ପିତା ତାଙ୍କର ଏକମାତ୍ର ପୁତ୍ର ପାଇଁ ଯଜ୍ଞୋପବିତ ଧାରଣ ସମାରୋହର ଆୟୋଜନ କରିଥିଲେ । ସମାରୋହ ପାଇଁ ବିସ୍ତୃତ ବ୍ୟବସ୍ଥା କରାଯାଇଥିଲା ଏବଂ ସମଗ୍ର ଗାଁକୁ ନିମନ୍ତ୍ରଣ କରାଯାଇଥିଲା । ଏକ ହୋମ ଅଗ୍ନି ପ୍ରଜ୍ୱଳିତ ହୋଇଥିଲା, ଧୂପ, ଦୀପ ସହିତ ପୁରୋହିତଙ୍କ ଦ୍ୱାରା ପବିତ୍ର ମନ୍ତ୍ର ଉଚ୍ଚାରଣ ହୋଇଥିଲା । ଉପବୀତଟି କାନ୍ଧରେ ପକେଇବାକୁ ଯାଉଥିଲା ବେଳେ ନାନକ ପୁରୋହିତଙ୍କୁ ଅଟକାଇ ସ୍ୱତଃପ୍ରବୃତ୍ତ ଭାବରେ କହିଥିଲେ –

"ଏହି ସୂତ୍ରର ତୁଳାଗୁଡ଼ିକ ଦୟାର ହେଉ, ସନ୍ତୁଷ୍ଟି ସୁତା ହେଉ, ସଂଯମ ତା'ର ଗଣ୍ଠି ହେଉ ଏବଂ ସତ୍ୟ ତାହାର ମୋଡ଼ ହେଉ । ହେ ପୁରୋହିତ ! ଯଦି ତୁମର ଏମିତି ସୂତ୍ର ଅଛି ତେବେ ମୋତେ ଦିଅ । ଏହା ଛିଣ୍ଡି ଯିବ ନାହିଁ, ମଇଳା ହେବ ନାହିଁ, ଜଳିଯିବ ନାହିଁ କିମ୍ବା ହଜି ଯିବ ନାହିଁ । ନାନକ କୁହନ୍ତି, ଯେଉଁମାନେ ଏହିପରି ଉପବିତ ପରିଧାନ କରିବାର ସୁଯୋଗ ପାଆନ୍ତି ସେମାନେ ଭାଗ୍ୟବାନ ।"

ଉଭୟ ପୁରୋହିତ ଓ ଗ୍ରାମବାସୀ ଏହା ଦେଖି ଆଶ୍ଚର୍ଯ୍ୟଚକିତ ହୋଇ ଯାଇଥିଲେ । ପୂର୍ବରୁ ଏପରି କଥା କେବେ ଶୁଣାଯାଇ ନଥିଲା ଯେ ଧାର୍ମିକ ଖାତ୍ରି ପରିବାରର ଜଣେ ବାଳକ ପଇତାକୁ ପ୍ରତ୍ୟାଖାନ କରିବ, ଯାହା ହିନ୍ଦୁ ଧର୍ମର ଏକ ପୁରାତନ ତଥା ଧାର୍ମିକ ପରମ୍ପରା ଥିଲା । କାଲୁ ତାଙ୍କ ପୁଅର ମନୋଭାବରେ ଗଭୀର ଭାବରେ ବିବ୍ରତ ହୋଇ ପଡ଼ିଥିଲେ ।

ସେ ତାଙ୍କ ପୁଅର ଭବିଷ୍ୟତ ପାଇଁ ଚିନ୍ତିତ ଥିଲେ । ପୁଅର ଭବିଷ୍ୟତ ବୃତ୍ତି ଏବଂ ଜୀବିକା ନିର୍ବାହ ବିଷୟରେ ସେ ପ୍ରାୟତଃ ତାଙ୍କ ସାଙ୍ଗରେ ଦୀର୍ଘ ସମୟ ଧରି ଆଲୋଚନା କରୁଥିଲେ । ଯେତେବେଳେ ପିତା ବିଭିନ୍ନ ବୃତ୍ତି ବିଷୟରେ ପରାମର୍ଶ ଦେବାକୁ ଚେଷ୍ଟା କରୁଥିଲେ, ସେତେବେଳେ ନାନକ ଏକ ଅଲଗା ଦୁନିଆରେ ବାସ କରୁଥିବା ପରି ଲାଗୁଥିଲେ ।

ପିତା ପୁତ୍ରକୁ ବୁଝିବାରେ ପୁରାପୁରି ଅସମର୍ଥ ଥିଲେ । ହତାଶ ହୋଇ ସେ ନାନକଙ୍କୁ କହିଥିଲେ- "ପୁଅ ! ଏହା ଜଣା ପଡୁଛି ଯେ, ତୁମେ ତୁମ ଜୀବନରେ ସମ୍ପୂର୍ଣ୍ଣ ଅସଫଳ ହେବ । ତୁମେ କ'ଣ ସମାଜରେ ପ୍ରତିଷ୍ଠିତ ହେବାକୁ ଚାହୁଁ ନାହଁ? ତୁମକୁ ଧନ ରୋଜଗାର ପାଇଁ କିଛି ହେଲେ କରିବାକୁ ପଡ଼ିବ । ତୁମେ କାହିଁକି ଚାଷ କାର୍ଯ୍ୟ କରୁ ନାହଁ? ଜଣେ ଚାଷୀ ହୁଅ ଏବଂ ବିଲରେ ହଳ କର । ନାନକ ତାଙ୍କ ପ୍ରତିକ୍ରିୟାରେ କହିଥିଲେ-

"ଶରୀରକୁ କ୍ଷେତ କରିଦିଅ, ଉତ୍ତମ କାର୍ଯ୍ୟକୁ ମଞ୍ଜି ଏବଂ ସତ୍ୟକୁ ଜଳ ହିସାବରେ ପ୍ରୟୋଗ କର, ନିଜ ମନକୁ କୃଷକ କରିଦିଅ, ପ୍ରଭୁଙ୍କ ନାମର ବୀଜ ରୋପଣ କର, ଉତ୍ତମ କର୍ମର ପ୍ରେମ ସହ ମଞ୍ଜିଗୁଡ଼ିକ ଅଙ୍କୁରିତ ହେବ ।"

ବୋଧହୁଏ, ପୁତ୍ର ଏକ ଦୋକାନ କରିବାକୁ ଚାହୁଁଛନ୍ତି । ତେଣୁ ପ୍ରସ୍ତାବ ପିତା ଭାବରେ ଦେଇଥିଲେ, କିନ୍ତୁ ପୁଅ ଉତ୍ତର ଦେଲେ -

"ଏହି ଦୁର୍ବଳ ଶରୀରକୁ ତୁମର ଦୋକାନରେ ପରିଣତ କରିଦିଅ ଏବଂ ପ୍ରକୃତ ପବିତ୍ର ନାମର ପୁଣ୍ୟ ଦ୍ରବ୍ୟ ସେଥିରେ ଗଚ୍ଛିତ ରଖ ।"

ବାପା ନିଜ ପୁଅକୁ ସାଂସାରିକ ପ୍ରସଙ୍ଗ ଆଡ଼କୁ ଆକର୍ଷିତ କରିବା ପାଇଁ

ପାରୁ ପର୍ଯ୍ୟନ୍ତ ଚେଷ୍ଟା କରିଥିଲେ । ସେ ନାନକଙ୍କୁ ଗୋରୁପଲ ଚରାଇବାକୁ ପଡ଼ିଆକୁ ନେଇ ଯିବାକୁ କହିଥିଲେ । ନାନକ ମଇଁଷିମାନଙ୍କୁ ସେମାନଙ୍କ ଇଚ୍ଛାନୁସାରେ ଚରିବାକୁ ଛାଡ଼ି ଦେଇଥିଲେ ଏବଂ ନିଜେ ଧ୍ୟାନରେ ବସି ଯାଇଥିଲେ । ମଇଁଷିଗୁଡ଼ିକ ପାଖ କ୍ଷେତ ଭିତରକୁ ପଶିଯାଇ ଅମଳ ପାଇଁ ପ୍ରସ୍ତୁତ ପାଚିଲା ଗହମକୁ ଆନନ୍ଦରେ ଖାଇବାକୁ ଲାଗିଥିଲେ । ଫଳରେ ସମଗ୍ର କ୍ଷେତଗୁଡ଼ିକ ସେମାନଙ୍କ ଦଳା ଚକଟାରେ ପୂରାପୂରି ନଷ୍ଟ ହୋଇଯାଇଥିଲା ।

ଋଷୀଙ୍କର ହତାସ କ୍ରନ୍ଦନ ଶବ୍ଦରେ ନାନକ ତାଙ୍କ ଭାବନା ରାଜ୍ୟରୁ ଜାଗ୍ରତ ହୋଇଥିଲେ । "ମୁଁ ବରବାଦ ହୋଇଗଲି, ମୁଁ ବରବାଦ ହୋଇଗଲି ।" ସେମାନେ ନିରାଶ ହୋଇ ଚିତ୍କାର କରୁଥିଲେ । କ୍ଷତି ପ୍ରଭାବିତ ଋଷୀଙ୍କର ଦୁଃଖ ଦେଖି ନାନକଙ୍କ ହୃଦୟ ଦୟାରେ ତରଳି ଯାଇଥିଲା । "ନିରାଶ ହୁଅ ନାହିଁ, ନିରାଶ ହୁଅ ନାହିଁ ।" ସେ କହିଥିଲେ, "ଭଗବାନ ନିଶ୍ଚିତ ଭାବରେ ତୁମ କ୍ଷେତ ଉପରେ ତାଙ୍କର ଆଶୀର୍ବାଦ ଢାଳିଦେବେ ।" ଭଟ୍ଟି ଜମିଦାର ସେଇ ପାଖରେ ରାଗିକରି ଥିଲେ ଏବଂ ତାଙ୍କ ଅଭିଯୋଗ ସହିତ ସିଧା ସଳଖ ରାଏ ଭୁଲାରଙ୍କ ନିକଟକୁ ଯାଇଥିଲେ । "ମୁଁ ବରବାଦ ହୋଇଯାଇଛି, ଆଜ୍ଞା ।" ସେ କାନ୍ଦି କାନ୍ଦି କହିଥିଲେ । "ମୋ ଫସଲ ସମ୍ପୂର୍ଣ୍ଣ ନଷ୍ଟ ହୋଇଯାଇଛି । ମୁଁ ନ୍ୟାୟ ଋହୁଁଛି ।"

ରାଏ ଭୁଲାର ଜଣେ ବାସ୍ତବବାଦୀ ଏବଂ ଦୟାଳୁ ମୁଖିଆ ଥିଲେ । ସେ କାଲୁଙ୍କୁ ଡକାଇଥିଲେ ଏବଂ ତାଙ୍କୁ କହିଥିଲେ ଯେ ସେ ନାନକଙ୍କୁ ବିନା ଦଣ୍ଡରେ ଛାଡ଼ି ଦେବେ କିନ୍ତୁ ଋଷୀଙ୍କର କ୍ଷତିପୂରଣ ଭରଣା କରିବାକୁ ପଡ଼ିବ । କ୍ଷୟକ୍ଷତିର ଆକଳନ କରିବା ପାଇଁ କ୍ଷତିଗ୍ରସ୍ତ କ୍ଷେତ୍ରକୁ କିଛି ଲୋକଙ୍କୁ ପଠା ଯାଇଥିଲା । ସେମାନେ ଫେରିଆସି ଜଣାଇଥିଲେ ଯେ, ସେମାନେ କୌଣସି ପ୍ରକାର କ୍ଷତି ହେବାର ଦେଖି ପାରିଲେ ନାହିଁ । ଯଦି ବା ମଇଁଷିମାନେ କେଉଁଠାରେ ଦଳାଚକଟା କରି କ୍ଷତି କରିଥିବେ ତା'ହେଲେ ତାହା ନିଶ୍ଚୟ ଅନ୍ୟ କେଉଁ ସ୍ଥାନରେ ହୋଇଥିବ ।

ଅଭିଯୋଗକାରୀ ଆଶ୍ଚର୍ଯ୍ୟ ହୋଇଯାଇଥିଲେ । ସେ କହିଥିଲେ, "ଆଜ୍ଞା ! ମୁଁ ମିଥ୍ୟାବାଦୀ ନୁହେଁ । ମୁଁ ମୋ ନିଜ ଆଖିରେ ମୋର ସମ୍ପୂର୍ଣ୍ଣ ଫସଲ ଭୂମିରେ ମିଶିଯିବାର ଦେଖିଥିଲି ଏବଂ ମଇଁଷିମାନେ ପ୍ରଚୁର ପରିମାଣରେ ଗହମ ଖାଇ ଆରାମରେ ପାକୁଳି କରୁଥିଲେ । ମୁଁ ଜାଣେ ନାହିଁ, ମୁଁ ଆପଣଙ୍କ ନିକଟକୁ ଆସିବା ପରେ କ'ଣ ଚମତ୍କାର ହୋଇଛି ।"

ଆଜି ମଧ୍ୟ ଆପଣ ନାନ୍‌କାନ ସାହେବର ସେହି କ୍ଷେତରେ ଏହି ଆଶ୍ଚର୍ଯ୍ୟଜନକ

ଘଟଣାର ସ୍ମୃତିରେ ଏକ ପବିତ୍ର ପୀଠ ଦେଖିବାକୁ ପାଇବେ ଯାହା ଲିଆରା ସାହେବ ବା ପବିତ୍ର କ୍ଷେତ୍ର ନାମରେ ଜଣାଶୁଣା ।

ଅନ୍ୟ ଏକ ଘଟଣାରେ, ଯେତେବେଳେ ରାଏ ଭୁଲାର ଘୋଡ଼ା ଉପରେ ସବାର ହୋଇ ଚାକରମାନଙ୍କ ସହ ଫସଲ ନିରୀକ୍ଷଣ କରୁଥିଲେ, ସେ କ୍ଷେତ ମଝିରେ ଫଣା ଟେକି ଏକଦମ୍ ନିଶ୍ଚଳ ଭାବରେ ରହିଥିବା ଗୋଟେ ନାଗ ସାପକୁ ଦେଖି ଚମକି ପଡ଼ିଥିଲେ । ସେ ନିଜ ଲୋକମାନଙ୍କ ସହ ସେହି ନାଗ ସାପ ପାଖକୁ ଯାଇଥିଲେ ଏବଂ ଅତ୍ୟନ୍ତ ଆଶ୍ଚର୍ଯ୍ୟ ହୋଇ ଦେଖିଥିଲେଯେ ସେହି ପଡ଼ିଆ ଭିତରେ ଗଭୀର ନିଦ୍ରା ଯାଇଥିବା ନାନକଙ୍କୁ ସେହି ସାପର ଫଣା ଆଶ୍ରୟ ଦେଇଥିଲା । ଲୋକମାନଙ୍କର ଆସିବା ଶବ୍ଦ ଶୁଣି, ନାଗ ସାପଟି ଚୁପଚାପ ଚାଲି ଯାଇଥିଲା । ଭୁଲାର ନାନକଙ୍କୁ ନିଦରୁ ଉଠାଇଥିଲେ ଯିଏ କି ଆଖି ମଳିମଳିଉଠି ଠିଆ ହୋଇ ଯାଇଥିଲେ ଏବଂ ଜମିଦାରଙ୍କୁ ଦୁଇହାତ ଯୋଡ଼ି ଅଭିବାଦନ କରିଥିଲେ । ରାଏ ଭୁଲାର ବାଳକକୁ ଆଲିଙ୍ଗନ କରିଥିଲେ ଏବଂ ତା'ର କପାଳରେ ଚୁମ୍ବନ ଦେଇଥିଲେ । ସେ ତାଙ୍କ ସାଥୀମାନଙ୍କୁ କହିଥିଲେଯେ "ଭଗବାନଙ୍କ କୃପା ଏହି ଯୁବକ ଉପରେ ରହିଛି । ସେ ପ୍ରକୃତରେ ଜଣେ ଆଶୀର୍ବାଦ ପ୍ରାପ୍ତ ବ୍ୟକ୍ତି ।" ଯାହା ସେ ଦେଖିଲେ ସେଥିରେ ବିହ୍ୱଳିତ ହୋଇ, ସେ ତାଙ୍କ ଘୋଡ଼ା ଉପରେ ଆଉ ଚଢ଼ି ନ ଥିଲେ ବରଂ ଘରକୁ ଚାଲି ଚାଲି ଯାଇଥିଲେ । କାଲୁଙ୍କୁ ଡକାଇ ସେ କହିଥିଲେ, "ତୁମର ପୁଅ ଏହି ଗାଁର ଗର୍ବ ଏବଂ ଗୌରବ ହେବ । ତୁମର ମାନସମ୍ମାନ ବଢ଼ିଯିବ, ମୋର ମଧ୍ୟ ସମ୍ମାନ ବଢ଼ିଯିବ କାହିଁକି ନା ସେ ଏହିଠାରେ ଆମମାନଙ୍କ ମଧ୍ୟରେ ଜନ୍ମ ନେଇଛନ୍ତି ।"

ଏହାପରେ ପିତା ତାଙ୍କୁ ଏକ ଦୋକାନର ଦାୟିତ୍ୱରେ ଅବସ୍ଥାପିତ କରିଥିଲେ । କିନ୍ତୁ ପୁଅ ସାଧୁ, ଗରିବ ଏବଂ ଅସହାୟ ଲୋକମାନଙ୍କ ମଧ୍ୟରେ ଖାଦ୍ୟ ସାମଗ୍ରୀ ବାଣ୍ଟି ଦେଇଥିଲେ । ଯେତେବେଳେ ବାପା ଏହାର ପ୍ରତିବାଦ କରିଥିଲେ ସେତେବେଳେ ନାନକ ତାହାର ଉତ୍ତର ଦେଇଥିଲେ- "ମୋର ଦୋକାନ ସମୟ ଏବଂ ଶୂନ୍ୟର ସମାହାରରେ ନିର୍ମିତ ହୋଇଛି । ଏହି ଦୋକାନରେ ସତ୍ୟ ଏବଂ ଆତ୍ମନିୟନ୍ତ୍ରଣ ପରି ସାମଗ୍ରୀ ରହିଥାଏ । ମୁଁ ସବୁବେଳେ ମୋର ଗ୍ରାହକ ସାଧୁ ଏବଂ ମହାତ୍ମାମାନଙ୍କ ସହିତ କାରବାର କରିଥାଏ ଯାହାଙ୍କ ସଂସ୍ପର୍ଶରେ ଆସିବାଟା ବାସ୍ତବିକ ବହୁତ ଲାଭଦାୟକ ।"

ବାପା ଯେତେ ଚେଷ୍ଟା କଲେ ମଧ୍ୟ ସେ ନିଜ ପୁଅକୁ ବାସ୍ତବିକ ଜୀବନଧାରାକୁ ଆଣି ପାରିଲେ ନାହିଁ । ପ୍ରକୃତରେ ଗୋଟେ ଘଟଣାରେ ସେ କହିଥିଲେ "ଉଦୀୟମାନ ସୂର୍ଯ୍ୟଙ୍କର କିରଣକୁ ଧରି ରଖିବା କ'ଣ ସହଜ ହେବ ?"

ଦିନେ କାଲୁ ତାଙ୍କ ପୁଅକୁ କୋଡ଼ିଏଟଙ୍କା ଦେଇଥିଲେ ଏବଂ ଏକ ଲାଭଜନକ

ବିନିଯୋଗ କରିବାକୁ ତାଙ୍କୁ ନିକଟସ୍ଥ ବଜାରକୁ ପଠାଇଥିଲେ । ସେ ନିଜ ପୁଅକୁ ପରାମର୍ଶ ଦେଇଥିଲେଯେ, "ତୁମେ ଯେଉଁ ଜିନିଷ ପସନ୍ଦ କରୁଛ କିଣ ଏବଂ ଆସିକରି ଭଲ ଲାଭରେ ସ୍ଥାନୀୟ ଲୋକଙ୍କୁ ବିକ୍ରୟ କର ।" ଯେତେବେଳେ ସେ ନାନକଙ୍କୁ ତାଙ୍କର ଜଣେ ସହକାରୀ 'ବାଲା', ଯେ କି ନାନକଙ୍କର ସହପାଠୀ ଥିଲେ, ସହ ବିଦାୟ ଦେଇଥିଲେ, ସେ କହିଥିଲେଯେ- "ତୁମେ ଭଲ ମୁଲଚ୍ଛଲ କରି ନିଶ୍ଚିତ ହେଲାପରେ ଯାହାକିଛି କରିବ ।" ବାଟରେ ନାନକ ଦଳେ ସନ୍ୟାସୀଙ୍କୁ ଦେଖିଥିଲେ ଯେଉଁମାନେ ଭୋକିଲା ଥିଲାପରି ଦେଖାଯାଉଥିଲେ । ବାଲାଙ୍କୁ ତାଙ୍କ ଉପରେ ନଜର ରଖିବା ପାଇଁ ପଠାଯାଇଥିଲା । ତାଙ୍କର ବିରୋଧ ସତ୍ତ୍ୱେ, ନାନକ ଖାଦ୍ୟ ପଦାର୍ଥ କିଣିବାରେ ସବୁଟଙ୍କା ଖର୍ଚ୍ଚ କରିଦେଇଥିଲେ ଏବଂ ସନ୍ୟାସୀମାନଙ୍କୁ ସେମାନେ ତୃପ୍ତ ହେଲା ପର୍ଯ୍ୟନ୍ତ ଖାଇବାକୁ ଦେଇଥିଲେ । ସେମାନେ ଖୁସି ଅନୁଭବ କରିଥିଲେଏବଂ ନାନକଙ୍କୁ ବହୁତ ଆଶୀର୍ବଦ ଦେଇଥିଲେ । ଏହି ଭିତରେ କାଲୁଙ୍କର ରାଗକୁ ଡରିକରି ବାଲା ଘଟଣା ସ୍ଥଳରୁ ଦୌଡ଼ି ପଳାଇଥିଲେ ।

ଯେତେବେଳେ ପିତା ତାଙ୍କୁ ପଚ୍ଚରିଥିଲେଯେ ସେଟଙ୍କା କେଉଁଥିରେ ବିନିଯୋଗ କରିଛନ୍ତି, ନାନକ ଉତ୍ତର ଦେଇଥିଲେ- "ମୁଁ ସବୁଠାରୁ ଲାଭଜନକ ମୁଲଚ୍ଛଲ କରିଛି । ମୁଁ ଗରିବ ସନ୍ୟାସୀମାନଙ୍କୁ ଖାଇବାକୁ ଦେଇଛି ଯେଉଁମାନେ ଭୋକରେ ମରିବାକୁ ବସିଥିଲେ । ଏହାଠାରୁ ଆଉ କ'ଣ ଭଲ ମୂଲଚ୍ଛଲ କରିପାରିଥାନ୍ତି, ବାପା ?"

କେବଳ ନାନକୀଙ୍କ ହସ୍ତକ୍ଷେପ ଏବଂ ଜମିଦାରଙ୍କ ଆଗମନ ହିଁ କାଲୁଙ୍କୁ ନିୟନ୍ତ୍ରଣ କରିପାରିଥିଲା- ଦୁହେଁ କାଲୁଙ୍କୁ ବୁଝାଇବାକୁ ଚେଷ୍ଟା କରିଥିଲେ ଯେ ନାନକ ଜଣେ ସାଧାରଣ ଯୁବକ ନୁହନ୍ତି ଏବଂ ସେ ଏକରୁ ଅଧିକ ଦିଗରେ ଅନନ୍ୟ ଥିଲେ । ରାଏ ଭୁଲାର ନାନକ ନଷ୍ଟ କରି ଦେଇଥିବା କୋଡ଼ିଏଟଙ୍କାକୁ ଫେରସ୍ତ ଦେବାକୁ ମଧ୍ୟ ପ୍ରସ୍ତାବ ଦେଇଥିଲେ ।

ତଲୱାଣ୍ଡିରେ ନାନକଙ୍କ ଦିନ ବର୍ତ୍ତମାନ ଶେଷ ହେବାକୁ ଯାଉଥିଲା । ଜୟରାମ ତାଙ୍କ ଶ୍ୱଶୁରଙ୍କୁ ଏକ ଭଦ୍ର ଚିଠି ପଠାଇ ନାନକଙ୍କୁ ତାଙ୍କ ଭଉଣୀଙ୍କ ପରିବାର ସହିତ ରହିବାକୁ ସୁଲତାନପୁର ପଠାଇବାକୁ ଅନୁରୋଧ କରିଥିଲେ । ଯଦି ପରିବାରର କେହି ଜଣେ ସଦସ୍ୟ ନାନକଙ୍କୁ ଭଲ ଭାବରେ ବୁଝି ପାରିଥିଲା ସେ ଥିଲେ ତାଙ୍କ ଭଉଣୀ ନାନକୀ । ତାଙ୍କର ସ୍ୱାମୀ ଜୟରାମ ସୁଲତାନପୁର ନବାବଙ୍କ ପାଖରେ ଚ୍ଚକିରୀ କରୁଥିଲେ । ଜୟରାମ ନାନକଙ୍କୁ ରାଜକୀୟ ଗୋଦାମରେ ମୋଦି (ଜଣେ ବ୍ୟକ୍ତି ଯେ ଡାଲି ଚ୍ଚଉଳ ଦୋକାନ ଚଳାନ୍ତି) ଦାୟିତ୍ୱରେ ନିଯୁକ୍ତ କରିବାକୁ ବ୍ୟବସ୍ଥା କରିଥିଲେ ।

ସଂସାର ତ୍ୟାଗ କେବେହେଲେ ନାନକଙ୍କ ଲକ୍ଷ୍ୟ ନ ଥିଲା । ସେ ଏହା ମଧ୍ୟ

ଜାଣିଥିଲେ ଯେ, ଗାଁରେ ପାରମ୍ପରିକ ବୃତ୍ତିରେ ତାଙ୍କର ଅସମର୍ଥତା ତାଙ୍କ ପରିବାର ପାଇଁ ଚିନ୍ତାର ବିଷୟ ପାଲଟିଛି । ସୁଲତାନ ପୁରରେ ସେ ନିଜର ନୂଆ ଚାକିରୀରେ ଅତ୍ୟନ୍ତ ନିଷ୍ଠା ଏବଂ ପ୍ରତିବଦ୍ଧତା ସହ କାର୍ଯ୍ୟ ସମ୍ପାଦନ କରୁଥିଲେ । 'ଜନମସାଖୀ' (ଗୁରୁ ନାନକଙ୍କ ଜୀବନୀ) ସୁଲତାନପୁରରେ ତାଙ୍କର ନିତ୍ୟକର୍ମ ବିଷୟରେ ବର୍ଣ୍ଣନା କରିଛି । ସେ ବିନ୍ ନଦୀରେ ଗାଧୋଇବା ପାଇଁ ସୂର୍ଯ୍ୟୋଦୟ ପୂର୍ବରୁ ଶଯ୍ୟାତ୍ୟାଗ କରୁଥିଲେ, ସେ ଧ୍ୟାନରେ କିଛି ସମୟ ଅତିବାହିତ କରୁଥିଲେ ଏବଂ ତା'ପରେ ସାଧାସିଧା ଭୋଜନ ପରେ ମୋଦିଖାନା ବା କେନ୍ଦ୍ରୀୟ ଗୋଦାମରେ କାମରେ ଯୋଗ ଦେଉଥିଲେ । ସେଠାରେ ସେ ମନ ଲଗାଇ ତାଙ୍କ ଉପରେ ନ୍ୟସ୍ତ ହୋଇଥିବା ଦାୟିତ୍ୱ ପୂରଣ କରୁଥିଲେ । ସୁଲତାନଙ୍କ ପାଇଁ କାମ କରୁଥିବା ଲୋକମାନଙ୍କୁ ସେମାନଙ୍କ ପ୍ରାପ୍ୟ ବାବଦରେ ରାସନ ଓଜନ କରି ଦେଉଥିଲେ । ଗରିବମାନେ ତାଙ୍କ ପାଇଁ ବିଶେଷ ପ୍ରିୟ ଥିଲେ, କାରଣ ସେ ସେମାନଙ୍କୁ ବହୁତ ଦୟା ଏବଂ ସୌଜନ୍ୟ ସହିତ ବ୍ୟବହାର କରୁଥିଲେ ।

ଦିନେ ଯେତେବଳେ ସେ ଶସ୍ୟ ମାପୁଥିଲେ ସେତେବେଳେ ସେ ତ୍ରୟୋଦଶ ବା ତେର ଗଣନାରେ ପହଞ୍ଚିବା ପରେ ଯେପରି ନିଜ ଭିତରେ ହଜି ଯାଇଥିଲେ । ତେରା, ତେରା, ତେରା ସେ ବାରମ୍ବାର ତାହାକୁ ପୁନରାବୃତ୍ତି କରି କରି (ତୁମର, ତୁମର, ହେ ପ୍ରଭୁ ସମସ୍ତେ ତୁମର) ଏକ ଉନ୍ମାଦ ପୂର୍ଣ୍ଣ ସମାଧିକୁ ଚାଲି ଯାଇଥିଲେ, ଯେଉଁଥିରୁ ତାଙ୍କ ସାଥୀମାନେ ତାଙ୍କୁ ଜାଗ୍ରତ କରିଥିଲେ ।

ବର୍ତ୍ତମାନ ସୁଦ୍ଧା ନାନକ ନିଜର ଗୋଟେ ଭଡ଼ା ଘରକୁ ଚାଲି ଆସିଥିଲେ ଯେଉଁଠାରେ ସେ ବାଲା ଏବଂ ମର୍ଦାନାଙ୍କ ସହ ରହୁଥିଲେ । ସେମାନେ ତାଲୱାଣ୍ଡିରୁ ତାଙ୍କର ପିଲା ଦିନର ସାଙ୍ଗ ଥିଲେ ଯାହାଙ୍କୁ ତାଙ୍କ ପିତା ତାଙ୍କ ଉପରେ ନଜର ରଖିବାକୁ ଏବଂ ତାଙ୍କର ସବୁ ଖବର ପଠାଇବାକୁ ପଠାଇଥିଲେ । ତାଙ୍କ ମଧ୍ୟରୁ ବାଲା ଜଣେ ସମର୍ପିତ ଶିଷ୍ୟ ଏବଂ ଗୁରୁଙ୍କର ସମର୍ଥ ସହାୟକ ହୋଇପାରିଥିଲେ । ସେ ମଧ୍ୟ ଗୁରୁଙ୍କର 'ଜନମସାଖୀ' ଲେଖିବାରେ ପ୍ରଥମ କେତେ ଜଣଙ୍କ ମଧ୍ୟରେ ଅନ୍ୟତମ ଥିଲେ । ଆଉ ମର୍ଦାନା, କେବେ ହେଲେ ନାନକଙ୍କ ସଙ୍ଗ ପରିତ୍ୟାଗ କରି ନଥିଲେ - ଏହି ଶୈଶବର ବନ୍ଧୁ ନାନକଙ୍କର ଆଜୀବନ ସାଥୀ ହୋଇସାରିଥିଲେ ।

ଭାଇ ମର୍ଦାନା ତଲୱାଣ୍ଡିର ଏକ ସଙ୍ଗୀତ ପରିବାରରୁ ଆସିଥିଲେ । ନାନକଙ୍କ ସେବକ ଏବଂ ବିଶ୍ୱସ୍ତ ଭକ୍ତ ହେବା ବ୍ୟତୀତ ତାଙ୍କୁ ନାନକଙ୍କ ନୈସର୍ଗିକ ସଙ୍ଗୀତରେ ରେବେକ (ଏକ ମଧ୍ୟଯୁଗୀୟ ତାରଯୁକ୍ତ ବାଦ୍ୟଯନ୍ତ୍ର) ବଜାଇ ସହଯୋଗ କରିବାର ସୁଯୋଗ ମିଳିଥିଲା । ମର୍ଦାନା ଜଣେ ସଙ୍ଗୀତଜ୍ଞ ଥିଲେ । ସେ ଲୋକମାନଙ୍କୁ ପ୍ରେରଣା ଦେବା ପାଇଁ ଗୁରୁଙ୍କର ଗୀତଗୁଡ଼ିକୁ ଗାଇବା ଶିଖି ନେଇଥିଲେ ।

ନାନକଙ୍କୁ ଭଲ ଦରମା ଦିଆଯାଉଥିଲା, କିନ୍ତୁ ରୋଜଗାର କରୁଥିବା ଅଧିକାଂଶ ଅର୍ଥ ସେ ଦାନ କରିଦେଉଥିଲେ । କାରଣ ତାଙ୍କର ଆବଶ୍ୟକତା ବହୁତ କମ୍ ଥିଲା । ଏହା ବିଶ୍ୱାସ କରାଯାଏ ଯେ, ନାନକ ନବାବଙ୍କ ସେବାରେ ପ୍ରାୟ ଦଶ ବର୍ଷରୁ ଅଧିକ ଥିଲେ । ସେ ଏତେ ଭଲ କାମ କରିଥିଲେ ଯେ, ସମସ୍ତେ ତାଙ୍କ ଉପରେ ସନ୍ତୁଷ୍ଟ ଥିଲେ ଏବଂ କହୁଥିଲେ "କେମିତି ମଣିଷ ! କେମିତି ପୁରୁଷ !"

ଊଣେଇଶ ବର୍ଷ ବୟସରେ ନାନକ ସୁଲକ୍ଷ୍ମୀଙ୍କୁ ବିବାହ କରିଥିଲେ, କାରଣ ପରିବାର ଲୋକେ ଅନୁଭବ କରିଥିଲେ ଯେ, ବିବାହ ଏବଂ ପାରିବାରିକ ଜୀବନ ହୁଏତ ତାଙ୍କୁ ବଦଳାଇ ଦେବ । ନାନକୀ ଏବଂ ଜୟରାମ ଏହି ସମ୍ବନ୍ଧ ସ୍ଥିର କରିଥିଲେ ଯାହାକୁ କାଲୁ ଅନୁମୋଦନ କରିଥିଲେ । ସୁଲକ୍ଷ୍ମୀ ଜଣେ ଭଦ୍ର ଏବଂ ଧାର୍ମିକ ଝିଅ ଥିଲେ ଏବଂ ସେ ତାଙ୍କର ନଣନ୍ଦ ନାନକୀଙ୍କର ପ୍ରେମ ଏବଂ ସମର୍ଥନ ଜୀବନସାରା ପାଇଥିଲେ । ନାନକଙ୍କର ଦୁଇଟି ପୁତ୍ର ସନ୍ତାନ ଜାତ ହୋଇଥିଲେ, ଶ୍ରୀଚନ୍ଦ (୧୪୯୪) ଏବଂ ଲକ୍ଷ୍ମୀଚନ୍ଦ (୧୪୯୬) ।

ଏକ ବିଶ୍ୱସ୍ତ ଶିଷ୍ୟ ମଣ୍ଡଳୀ ନାନକଙ୍କ ସହିତ ସଂଲଗ୍ନ ହୋଇଯାଇଥିଲେ । ସେମାନେ ନାନକଙ୍କର ଅନ୍ତରର ଉଜ୍ଜ୍ୱଳତା, ସରଳ ଜୀବନଯାପନ ଶୈଳୀ, ପ୍ରାର୍ଥନା ଏବଂ ନିଷ୍ଠାପର ଭକ୍ତି ଓ ସଚ୍ଚୋଟ କାର୍ଯ୍ୟପ୍ରତି ପ୍ରତିବଦ୍ଧତା ଦ୍ୱାରା ଆକର୍ଷିତ ହୋଇଥିଲେ । ନାନକଙ୍କ ଘରେ ନିୟମିତ ପ୍ରାର୍ଥନା କରାଯାଉଥିଲା । ସୁଲକ୍ଷ୍ମୀ ଜଣେ ଭଲ ଆତିଥ୍ୟ ପ୍ରଦାନକାରୀ ମହିଳା ଥିଲେ ଏବଂ ପରମ ଖୁସିରେ ସମସ୍ତ ଭକ୍ତମାନଙ୍କ ପାଇଁ ଖାଦ୍ୟ ରାନ୍ଧୁଥିଲେ ଆଉ ସେମାନଙ୍କୁ ନିଜ ହାତରେ ପରିବେଷଣ କରୁଥିଲେ । ମୁସଲମାନ ଏବଂ ହିନ୍ଦୁମାନେ ନାନକଙ୍କ ମଣ୍ଡଳୀରେ ସାନ୍ତ୍ୱନା ଏବଂ ଆଧ୍ୟାତ୍ମିକ ସୁଖ ପାଇ ପାରୁଥିଲେ । ମନସୁଖ ନାମକ ଲାହୋରର ଜଣେ ଭ୍ରମଣକାରୀ ବ୍ୟବସାୟୀ, ନାନକଙ୍କ ଭଜନ ଦ୍ୱାରା ଏତେ ମାତ୍ରାରେ ପ୍ରଭାବିତ ହୋଇଥିଲେ ଯେ, ସେ ଗୀତଗୁଡ଼ିକ ଲିଖିତ ଆକାରରେ ନେଇଯାଇଥିଲେ ଏବଂ ଲାହୋରରେ ଏକ ସଙ୍ଗତ ପ୍ରତିଷ୍ଠା କରି ସେ ତାଙ୍କ ବନ୍ଧୁ ଏବଂ ସାଥୀ ଭକ୍ତମାନଙ୍କୁ ନାନକଙ୍କ ପାଦ ପାଖରେ ଯାହା ସବୁ ଶୁଣିଥିଲେ ପ୍ରାଞ୍ଜଳ ଭାବରେ କହିଥିଲେ ।

ଏବେ ଗୁଜବ ପ୍ରଚାର ହେବାକୁ ଲାଗିଲା । ଉଚ୍ଚ କର୍ତ୍ତୃପକ୍ଷଙ୍କ ସହ ନାନକଙ୍କର ଉତ୍ତମ ପ୍ରତିଷ୍ଠା ବିଷୟରେ ଈର୍ଷାପରାୟଣ ବ୍ୟକ୍ତିଙ୍କର କାନକୁହା ଆରମ୍ଭ ହୋଇଯାଇଥିଲା, ତାଙ୍କର ଦାନ ଏବଂ ସେବା ବିଷୟରେ ଦୀର୍ଘ ସମୟଧରି ଆଲୋଚନା କରାଯାଉଥିଲା । ଜାତି ଓ ଧର୍ମ ପ୍ରତି ତାଙ୍କର ସାମାନ୍ୟ ସମ୍ମାନ ନ ଥିବାରୁ କିଛିଲୋକ ତାଙ୍କ ପ୍ରତି ଅଧିକ ସନ୍ତୁଷ୍ଟ ନ ଥିଲେ । ନବାବଙ୍କ ନିକଟରେ ଅଭିଯୋଗ କରାଯାଇଥିଲା ଯେ ସେ ଦାୟିତ୍ୱରେ

ଥିବା ରାଜକୀୟ ଗୋଦାମର ଖାଦ୍ୟ ପଦାର୍ଥ ଆତ୍ମସାତ କରିଛନ୍ତି । କିନ୍ତୁ ଯେତେବେଳେ ଜଣେ ଅଧିକାରୀଙ୍କୁ ଗୋଦାମ ଯାଞ୍ଚ କରିବାକୁ ପଠା ଯାଇଥିଲା, ସେ ସୂଚନା ଦେଇଥିଲେ ଯେ, ଗୋଦାମଗୁଡ଼ିକ ପୂର୍ଣ୍ଣ ଏବଂ ହିସାବପତ୍ର ସମ୍ପୂର୍ଣ୍ଣ ସଠିକ୍ ଥିଲା । ବାସ୍ତବରେ ସଚ୍ଚୋଟ ଅଧିକାରୀ ଜଣକ ଜାଣିବାକୁ ପାଇଥିଲେ ଯେ ନାନକଙ୍କର କିଛିଟଙ୍କା ପାଇବାର ଅଛି କାରଣ ସେ ତାଙ୍କର କିଛି ଦେୟ ସଂଗ୍ରହ କରିବାରେ ବିଫଳ ହୋଇଥିଲେ ।

ଲକ୍ଷ୍ୟର ଆରମ୍ଭ

ଦିନେ ସକାଳେ ଲୋକମାନେ ନାନକଙ୍କୁ ନଦୀରେ ଗାଧୋଇବା ପାଇଁ ଯାଉଥିବାର ଦେଖିଥିଲେ ଯାହାକି ତାଙ୍କର ଦୈନନ୍ଦିନ ଅଭ୍ୟାସ ଥିଲା । କେହି ତାଙ୍କୁ ନଦୀରୁ ବାହାରକୁ ଆସିବାର ଦେଖି ନ ଥିଲେ । ତାଙ୍କର ପୋଷାକ ପତ୍ର ନଦୀ କୂଳରେ ପଡ଼ି ରହିଥିଲା ଯେଉଁଠାରେ ସେ ତାହା ଛାଡ଼ି ଥିଲେ, କିନ୍ତୁ ତାଙ୍କର କୌଣସି ଚିହ୍ନ ନଥିଲା । ସୁଲକ୍ଷ୍ମୀ ଦୁଃଖରେ ଭାଙ୍ଗି ପଡ଼ିଥିଲେ । ନବାବ ନିଜେ ଘଟଣାସ୍ଥଳକୁ ଆସିଥିଲେ ଏବଂ ତାଙ୍କ ମତ୍ସ୍ୟଜୀବୀମାନଙ୍କୁ ଜାଲ ପକାଇବାକୁ ଆଦେଶ ଦେଇଥିଲେ । ମୃତ ଶରୀର ନଦୀର ତଳମୁଣ୍ଡରେ ଲାଗିଥିବି କି ନାହିଁ ସେ ବିଷୟରେ ସେ ନିଶ୍ଚିନ୍ତ ହେବାକୁ ଚାହୁଁଥିଲେ । ଜୟରାମ ବିବ୍ରତ ହୋଇ ପଡ଼ିଥିଲେ । କେବଳ ନାନକୀ ଅବିଚଳିତ ଥିଲେ । “ମୋ ଭାଇ ନିଶ୍ଚୟ ଫେରି ଆସିବେ ।” ସେ ଜୋର ଦେଇ କହିଥିଲେ ।

ନାନକ ତିନିଦିନ ଧରି ନିଖୋଜ ଥିଲେ । ତୃତୀୟ ଦିନର ଶେଷ ଭାଗରେ ସେ ପୁନର୍ବାର ଦେଖା ଦେଇଥିଲେ । ତାଙ୍କର ଚକ୍ଷୁଦ୍ୱୟ ଏକ ଅଦ୍ଭୁତ ଆଲୋକରେ ଝଲସି ଉଠୁଥିଲା । ତାଙ୍କର ଏକ ଅଦ୍‌ଭୁତ ଦର୍ଶନ ହୋଇଥିଲା । ସେହି ଦର୍ଶନରେ ସେ ଏକ ଆଲୋକ ଉତ୍ସର ଉପସ୍ଥିତିରେ ଥିଲେ ଏବଂ ସେ ଏକ ସ୍ୱର ଶୁଣି ପାରିଥିଲେ ଯାହା ତାଙ୍କୁ କହିଥିଲା- “ନାନକ, ମୁଁ ତୁମ ସହିତ ଅଛି । ମୋର ନାମ ପୁନରାବୃତ୍ତି କର ଏବଂ ଅନ୍ୟମାନଙ୍କୁ ମୋର ନାମ ପୁନରାବୃତ୍ତି କରିବାକୁ କୁହ, ଲୋକମାନଙ୍କ ସହ ମିଶ ଏବଂ ସେମାନଙ୍କୁ ରାସ୍ତା ଦେଖାଅ ।”

ଗୁରୁ ନାନକ, ଯେଉଁ ନାମରେ ସେ ଏବେ ଜଣାଶୁଣା, ଫେରି ଆସିଥିଲେ କିନ୍ତୁ ଗୋଟେ ନିର୍ଜନ ସ୍ଥାନରେ ଧ୍ୟାନ କରିବାକୁ ଚାଲି ଯାଇଥିଲେ । ଯେତେବେଳେ ସେ ଆଖି ଖୋଲିଥିଲେ, ସେ ଏହି ଶବ୍ଦଗୁଡ଼ିକ ପ୍ରଥମେ ଉଚ୍ଚାରଣ କରିଥିଲେ- “କୌଣସି ହିନ୍ଦୁ ନାହାନ୍ତି କି କୌଣସି ମୁସଲମାନ ନାହାନ୍ତି ।”

ଆଜି ଆମମାନଙ୍କ ଭିତରୁ ଅନେକ ହୁଏତ ସମାନତାର ଏବଂ ଭ୍ରାତୃତ୍ୱର ଏକ

ଆଦର୍ଶବାଦୀ ଏବଂ ଉତ୍ତମ ବକ୍ତବ୍ୟ ଭାବରେ ସେହି ଅଭିବ୍ୟକ୍ତିର ମହତ ମୂଲ୍ୟବୋଧକୁ ପ୍ରଶଂସା କରିପାରନ୍ତି । କିନ୍ତୁ ସେହି ଦିନରେ, ଏହି ଘୋଷଣା କେବଳ ଚକିତ, କ୍ରୋଧ, ଅବିଶ୍ୱାସ ଏବଂ ବିସ୍ମୟରେ ଗ୍ରହଣ କରାଯାଇଥିଲା । ଏହାର ଅର୍ଥ କ'ଣ ହୋଇପାରେ ? ଜଣେ କିପରି ଦୁଇଟି ଜାତି ଦୁଇଟି ଧର୍ମ ଭିତରେ ଥିବା ପାର୍ଥକ୍ୟକୁ ମନା କରିପାରିବେ ? ତାହା କେବଳ ପରସ୍ପରଠାରୁ ପୁରାପୁରି ଭିନ୍ନ ନୁହନ୍ତି ବରଂ ପରସ୍ପର ସହ ତିକ୍ତ ବିବାଦରେ ଲିପ୍ତ ଅଛନ୍ତି । ଖୁବ୍ କମ୍ ଲୋକ, ବିବୃତ୍ତିର ପ୍ରକୃତ ମହତ୍ୱ ବୁଝି ପାରିଥିଲେ । ଗୁରୁ ଗୁରୁତ୍ୱର ସହ କହି ଥିଲେ ଯେ, ପରିଶେଷରେ ଭଗବାନଙ୍କ ଚକ୍ଷୁରେ ଜଣେ ବ୍ୟକ୍ତିର ଯୋଗ୍ୟତା ତା'ର ଧର୍ମ ନିରୁପଣ କରେ ନାହିଁ ବରଂ ତା'ର କର୍ମ ହିଁ ନିରୁପଣ କରିଥାଏ ।

ଜଣେ କ୍ରୋଧୀ ମୌଲବୀ ଗୁରୁ ନାନକଙ୍କୁ ତାଙ୍କ ବିବୃତ୍ତିର ବାଖ୍ୟା କରିବା ପାଇଁ ନବାବଙ୍କ ନିକଟକୁ ଅଣାଯିବାକୁ ଜିଦ୍ ଧରିଥିଲେ- "ସେ ହିନ୍ଦୁ ଏବଂ ମୁସଲମାନଙ୍କୁ କିପରି ସମାନ କରିବାକୁ ସାହସ କଲେ ?" ସେ ଗର୍ଜନ କରିଥିଲେ । ନବାବ ଦୌଲତ ଖାନ ଜଣେ ଜ୍ଞାନୀ ବ୍ୟକ୍ତି ଥିଲେ । ସେ ନାନକଙ୍କୁ ରାଜ ଦରବାରକୁ ଆଣିଥିଲେ ଏବଂ ଗୁରୁଙ୍କୁ ସମ୍ମାନ ଜଣାଇବା ପାଇଁ ସେ ତାଙ୍କୁ ନିଜ ସିଂହାସନରେ ବସାଇଥିଲେ । ସେ ତାଙ୍କ ଅନୁଗାମୀମାନଙ୍କୁ ବୁଝାଇଥିଲେ ଯେ ନାନକ ନିଶ୍ଚିତ ଭାବରେ ଜଣେ ଫକୀର, ଏକ ବିକଶିତ ଆତ୍ମା ଯାହାଙ୍କର କଥା ସାଧାରଣ ଲୋକମାନେ ସହଜରେ ବୁଝି ପାରିବେ ନାହିଁ । କିନ୍ତୁ ତାଙ୍କର କାଜୀ, ଇସଲାମ ନିୟମର ବାଖ୍ୟାକାରୀ, ଦାବି କରିଥିଲେଯେ ନାନକ ତାଙ୍କର ନିର୍ଦ୍ଦୋଷତା ପ୍ରମାଣ କରିବା ପାଇଁ ସେମାନଙ୍କ ଅପରାହ୍ନ ପ୍ରାର୍ଥନାରେ ଯୋଗ ଦିଅନ୍ତୁ ।

ଗୁରୁ ନାନକ ଶାନ୍ତ ଭାବରେ ଚୁପ୍‌ଚାପ୍ ସେମାନଙ୍କ ସାଙ୍ଗରେ ଯାଇଥିଲେ । କାଜୀ ପ୍ରାର୍ଥନା ସେବା ଆରମ୍ଭ କରିବାବେଳେ ଗୁରୁ ଠିଆ ହୋଇ ରହିଥିଲେ ଏବଂ ଅନ୍ୟମାନଙ୍କ ସହିତ ଆଣ୍ଠୁମାଡ଼ି ବସି ନଥିଲେ । ମୌଲବୀ ଅଭିଯୋଗ କରିଥିଲେ - "ତାଙ୍କର ଅହଙ୍କାରକୁ ଦେଖନ୍ତୁ । ନବାବ ! ସେ ଆମ ପ୍ରାର୍ଥନାରେ ଯୋଗ ଦେଉ ନାହାନ୍ତି ।"

ଗୁରୁ ନାନକ ଉତ୍ତର ଦେଇଥିଲେ- "ମୁଁ କେଉଁ ପ୍ରାର୍ଥନାରେ ଯୋଗ ଦେବାକୁ ଆଶା କରାଯାଉଥିଲା ? ଅବଶିଷ୍ଟ ଲୋକମାନେ ଈଶ୍ୱରଙ୍କ ସ୍ତୁତିରେ ନତମସ୍ତକ ହୋଇଥିବାବେଳେ, କାଜୀଙ୍କ ମନ ତାଙ୍କ ମୂଲ୍ୟବାନ ଘୋଡ଼ୀ ଉପରେ ଥିଲା ଯିଏକି ଯେ କୌଣସି ମୁହୂର୍ତ୍ତରେ ତା ପିଲାକୁ ଜନ୍ମ କରିବ । ସେ ଆଶା କରୁଥିଲେ ଯେ ଘୋଡ଼ୀଟି ବର୍ତ୍ତମାନ ସୁଦ୍ଧା ସୁରକ୍ଷିତ ଭାବରେ ବାଛୁରୀକୁ ଜନ୍ମ କରି ସାରିଥିବ ।"

କାଜୀ ଲଜ୍ଜାରେ ମସ୍ତକ ଅବନତ କରି ସ୍ୱୀକାର କରିଥିଲେ ଯେ ଏହା ପ୍ରକୃତରେ ସତ୍ୟ ଅଟେ । ତା'ପରେ ଗୁରୁ ନିମ୍ନଲିଖିତ ଶବ୍ଦଗୁଡ଼ିକ ଉଚ୍ଚାରଣ କରିଥିଲେ ।

"ମୁସଲମାନ ବୋଲି କହିବା ଏତେ ସହଜ ନୁହେଁ

ଯଦି କେହି ଜଣେ ଅଛନ୍ତି ତେବେ ଜାଣିରଖ

ସେ ପ୍ରଥମେ ନିଜ ବିଶ୍ୱାସର ଆଭିମୁଖ୍ୟ ଗ୍ରହଣ କରିବା ଉଚିତ ଏବଂ

ସମସ୍ତ ଗର୍ବରୁ ନିଜକୁ ମୁକ୍ତ ରଖିବା ଉଚିତ ।

ସେ ଜଣେ ମୁସଲମାନ ଯିଏ ଧର୍ମର ପ୍ରତିଷ୍ଠାତାଙ୍କ ଦ୍ୱାରା ପ୍ରଦର୍ଶିତ ପଥ ଅନୁସରଣ କରନ୍ତି ।

ଯିଏ ଜୀବନ ଏବଂ ମୃତ୍ୟୁ ବିଷୟରେ ଚିନ୍ତାକୁ ଲିଭାଇ ଦିଏ

ଯିଏ ପରମେଶ୍ୱରଙ୍କ ଇଚ୍ଛାକୁ ସର୍ବୋପରି ଗ୍ରହଣ କରିଥାଏ ।

ଯାହାର ସୃଷ୍ଟି କର୍ତ୍ତାଙ୍କ ଉପରେ ବିଶ୍ୱାସ ଅଛି ଏବଂ ସେ ନିଜକୁ ଆଲ୍ଲା (ସର୍ବଶକ୍ତିମାନ)ଙ୍କ ନିକଟରେ ସମର୍ପଣ କରିଥାନ୍ତି ।

ଯେତେବେଳେ ସେ ସମସ୍ତଙ୍କ ପାଇଁ ଶୁଭେଚ୍ଛା ପ୍ରତିଷ୍ଠା କରନ୍ତି,

ହେ ନାନକ ! ସେତେବେଳେ ତାଙ୍କୁ ଏକ ମୁସଲମାନ କହନ୍ତି ।"

ଯେତେବେଳେ ଗୁରୁ ଏହି ଶବ୍ଦଗୁଡ଼ିକ ଉଚ୍ଚାରଣ କରିଥିଲେ ସେତେବେଳେ ସୟିଦମାନେ (ଇସଲାମିକ ପ୍ରଫେଟ ମହମ୍ମଦଙ୍କର ବଂଶଜ), ଶେଖମାନଙ୍କ ପୁତ୍ରମାନେ, ମୁଫ୍‌ତି (ମୁସ୍‌ଲିମ ଧାର୍ମିକ ନିୟମ ବିଶେଷଜ୍ଞ), ନିଜେ ନବାବ, ମୁଖିଆମାନେ ଏବଂ ନେତାମାନେ ସମସ୍ତେ ଆଶ୍ଚର୍ଯ୍ୟ ହୋଇ ଅନାଇ ରହିଥିଲେ । ଶେଷରେ ନବାବ କହିଲେ- "କାଜୀ ! ନାନକ ପରମ ସତ୍ୟରେ ପହଞ୍ଚି ଯାଇଛନ୍ତି - ଅନ୍ୟ କୌଣସି ପ୍ରଶ୍ନ କେବଳ ବୃଥା ହୋଇପାରେ ।" ସମସ୍ତ ଲୋକ, ହିନ୍ଦୁ ଏବଂ ମୁସଲମାନ, ନବାବଙ୍କୁ କହିବାକୁ ଲାଗିଲେ ଯେ "ଭଗବାନ ନାନକଙ୍କ ଓଠରେ କଥା କହିଥିଲେ ।"

ଏବେ ଗୁରୁଙ୍କ ଜୀବନର ଲକ୍ଷ୍ୟ ସ୍ପଷ୍ଟ ହୋଇଯାଇଥିଲା । ସେ ଅନୁଭବ କରିଥିଲେ ଯେ, ବର୍ତ୍ତମାନ ତାଙ୍କ ପାଇଁ ସମୟ ଆସିଛି ତାଙ୍କ ସଂସାରିକ କର୍ତ୍ତବ୍ୟରୁ ନିଜକୁ ଦୂରେଇ ନେବାପାଇଁ ଏବଂ ଲୋକମାନଙ୍କ ମଧ୍ୟକୁ ଯାଇ ସେମାନଙ୍କ ଆଗରେ ଈଶ୍ୱରଙ୍କ ଗୀତ ଗାଇବା ପାଇଁ । ସେ ତାଙ୍କ ପରିବାରକୁ ବିଦାୟ ଦେଇଥିଲେ । ସେ ତାଙ୍କ ପ୍ରିୟ ଭଉଣୀଙ୍କୁ ପ୍ରତିଜ୍ଞା କରିଥିଲେ ଯେ, ଯେତେବେଳେ ସେ ତାଙ୍କୁ ଦେଖିବାକୁ ତାଙ୍କ ହୃଦୟରୁ ଇଚ୍ଛା କରିବେ, ସେତେବେଳେ ସେ ତାଙ୍କ ପାଖକୁ ସୁଲତାନପୁର ଫେରି ଆସିବେ । ନାନକୀ ଏବଂ ଜୟରାମ ସନ୍ତାନହୀନ ଥିଲେ । ସୁଲକ୍ଷ୍ମୀ ତାଙ୍କର ବଡ଼ ପୁଅକୁ ସେମାନଙ୍କ ପାଖରେ ଛାଡ଼ି ଛୋଟ ପୁଅ ସହ ତାଙ୍କର ପିତାମାତାଙ୍କ ପାଖକୁ ଚାଲିଯାଇଥିଲେ ।

ଏକ ଯାଯାବର ପ୍ରଚାରକ ଭାବରେ ତାଙ୍କର ବିସ୍ତୃତ ଯାତ୍ରା ଆରମ୍ଭ କରିବା ପୂର୍ବରୁ, ଗୁରୁ ନାନକ ନିଜ ଲୋକଙ୍କଠାରୁ ବିଦାୟ ନେବାପାଇଁ ନିଜ ଘର ତଲୱାଣ୍ଡିକୁ ଫେରିଥିଲେ। ରାଏ ଭୁଲାର ବର୍ତ୍ତମାନ ବହୁତ ବୃଦ୍ଧ ହୋଇ ଯାଇଥିଲେ। ତାଙ୍କର ନିଜ ପିତା ମାତା ତାଙ୍କ ଠାରୁ ଅଲଗା ହେବା ପାଇଁ ଅରାଜି ଥିଲେ କାରଣ ସେମାନଙ୍କର ମଧ୍ୟ ବହୁତ ବୟସ ହୋଇ ଯାଇଥିଲା। ସେ ନାନକଙ୍କୁ ତାଙ୍କ ପରିବାର ପ୍ରତି କର୍ତ୍ତବ୍ୟ ବିଷୟରେ ମନେ ପକାଇ ଦେଇଥିଲେ। ତାଙ୍କର ଅନନ୍ୟ ଢଙ୍ଗରେ ଗୁରୁ ନାନକ ଉତ୍ତର ଦେଇଥିଲେ :

"କ୍ଷମା ମୋର ମାତା ଏବଂ ସନ୍ତୁଷ୍ଟି ମୋର ପିତା। ସତ୍ୟ ହେଉଛି ମୋର ମାମୁଁ ଏବଂ ପ୍ରେମ ମୋର ଭାଇ। ସ୍ନେହ ହେଉଛି ମୋର ସମ୍ପର୍କୀୟ ଏବଂ ଧୈର୍ଯ୍ୟ ମୋର ଝିଅ, 'ଶାନ୍ତି' ହେଉଛି ମୋର ନିରବଚ୍ଛିନ୍ନ ମହିଳା ସାଥୀ ଏବଂ ବୁଦ୍ଧି ମୋର ଚାକରାଣୀ। ଏହିପରି ମୋର ସମସ୍ତ ପରିବାର ଗଠିତ ଯାହାର ସଦସ୍ୟମାନେ ମୋର ନିରନ୍ତର ସହଯୋଗୀ। କେବଳ ଏକମାତ୍ର ଭଗବାନ-ସମଗ୍ର ବିଶ୍ୱବ୍ରହ୍ମାଣ୍ଡର ସୃଷ୍ଟିକର୍ତ୍ତା-ହେଉଛନ୍ତି ମୋର ସ୍ୱାମୀ। ଯିଏ ତାଙ୍କୁ ପରିତ୍ୟାଗ କରିବ ସେ ଜନ୍ମ ଏବଂ ମୃତ୍ୟୁର ଚକ୍ରରେ ପେଶି ହେଉଥିବ ଏବଂ ବିଭିନ୍ନ ଭାବରେ ଯନ୍ତ୍ରଣା ଭୋଗୁଥିବ।"

ଗୁରୁ ନାନକ ବର୍ତ୍ତମାନ ଏକ ଦୀର୍ଘ ଏବଂ କଷ୍ଟଦାୟକ ଯାତ୍ରା ଆରମ୍ଭ କରିବା ପାଇଁ ଘରୁ ବାହାରିଥିଲେ। ପ୍ରାୟତଃ ପାଦରେ ଚାଲି ଚାଲି ସେ ଏକତା, ସଦ୍‌ଭାବ ଏବଂ ପ୍ରେମର ବାର୍ତ୍ତା ପ୍ରଚାର କରିଥିଲେ ଯାହାକୁ ସେ ତାଙ୍କର ଈଶ୍ୱରୀୟ ଦର୍ଶନରେ ପାଇଥିଲେ। ସେ ବହୁ ଦୂର ସ୍ଥାନକୁ ଯାତ୍ରା କରିଥିଲେ। ସେ ମକ୍କା, ବାଗ୍‌ଦାଦ୍, ଆଫଗାନିସ୍ଥାନ, ସିଲୋନ (ଶ୍ରୀଲଙ୍କା), ତିବ୍ବତକୁ ଯାଇଥିଲେ। ସେ କାଶ୍ମୀର ସହ ସମଗ୍ର ଭାରତ ଭ୍ରମଣ କରିଥିଲେ। ସେ ଯେଉଁଠାକୁ ଯାଉଥିଲେ, ଲୋକମାନଙ୍କ ଆତ୍ମାକୁ ଜାଗ୍ରତ କରାଉଥିଲେ। ଈଶ୍ୱରଙ୍କ ନିକଟରେ ପହଞ୍ଚିବାର ପଥ ସେ ରାଜକୁମାରଙ୍କୁ ଏବଂ କୃଷକଙ୍କୁ, ହିନ୍ଦୁ ଏବଂ ମୁସଲମାନଙ୍କୁ, ଶିକ୍ଷିତ ଏବଂ ଅଶିକ୍ଷିତଙ୍କୁ ବତାଇ ଦେଉଥିଲେ। ତାଙ୍କର ଏକମାତ୍ର ସାଥୀ ଥିଲେ ସର୍ବଦା ବିଶ୍ୱସ୍ତ ମର୍ଦାନା। ସେ ମର୍ଦାନାଙ୍କ ସହ ୧୫୦୬ ମସିହାରେ ପୁରୀ ଆସିଥିଲେ।

ଏହି ଯାତ୍ରା ପ୍ରାୟ ତେଇଶିବର୍ଷ ଧରି ଚାଲିଥିଲା। ଏହି ଭ୍ରମଣ ସମୟରେ ସେ ବିଭିନ୍ନ ପ୍ରକାରର ଲୋକଙ୍କୁ ଭେଟିଥିଲେ। ସେ ସବୁଠାରୁ ଗରିବ ଘରେ ଆତିଥ୍ୟ ଗ୍ରହଣ କରୁଥିଲେ। ସେ ସରଳ କୃଷକ ମାନଙ୍କୁ ତଥା ଦେଶର ଉଚ୍ଚ ଏବଂ ଶକ୍ତିଶାଳୀ ଲୋକମାନଙ୍କୁ ଭେଟିଥିଲେ। ବେଳେବେଳେ ସେ ଥଣ୍ଡା ରାତିରେ ଉନ୍ମୁକ୍ତ ଆକାଶ ତଳେ ଶୋଇ ଯାଉଥିଲେ। ସେ ମେଳା ଓ ଉତ୍ସବରେ ଭାଗ ନେଉଥିଲେ ଏବଂ

ଅଶିକ୍ଷିତ ଓ ଜ୍ଞାନୀ ମାନଙ୍କ ସହ ମିଶୁଥିଲେ । ସେ ଛୋଟ ଦୋକାନୀମାନଙ୍କ ସହ ସେମାନଙ୍କ ଦୋକାନରେ କଥା ହେଉଥିଲେ । ସେ ମଣ୍ଡଳୀ ପ୍ରତିଷ୍ଠା କରି ତାଙ୍କର ସାରଗର୍ଭକ ଏବଂ ଶକ୍ତିଶାଳୀ ଅଭିବ୍ୟକ୍ତିରେ ସେମାନଙ୍କୁ ମନ୍ତ୍ରମୁଗ୍ଧ କରିଦେଉଥିଲେ । ସେ ମନ୍ଦିର ଏବଂ ମସ୍‌ଜିଦ୍ ପରିଦର୍ଶନ କରୁଥିଲେ । ସେ ଯେଉଁମାନଙ୍କୁ ଭେଟୁଥିଲେ ସେମାନଙ୍କୁ ଦୟା ଏବଂ କରୁଣା ପ୍ରଦାନ କରୁଥିଲେ ।

ଏହି ମହାନ୍ ଗୁରୁଙ୍କ ଜୀବନର ଅନେକ ପ୍ରେରଣାଦାୟକ ଘଟଣାଗୁଡ଼ିକ ମଧ୍ୟରୁ ମୁଁ ଅଳ୍ପ କେତେକ ଘଟଣା ଆପଣମାନଙ୍କୁ ବର୍ଣ୍ଣନା କରିବି ।

ତାଙ୍କର ଯାତ୍ରା ସମୟରେ ଗୁରୁ ନାନକ ତାଙ୍କର ବନ୍ଧୁ ତଥା ଅନୁଗାମୀ ମର୍ଦ୍ଦନାଙ୍କ ସହ ସୟଦପୁରରେ ପହଞ୍ଚିଥିଲେ । ସେମାନେ ଲାଲୁ ନାମକ ଜଣେ ଗରିବ ବଢ଼େଇଙ୍କ କବାଟ ବାଡ଼େଇଥିଲେ । ଲାଲୁ ତାଙ୍କର କାଠ କାମରେ ବ୍ୟସ୍ତ ଥିଲେ । ଗୁରୁ ନାନକ ପୁଣି ଥରେ ଠକ୍ ଠକ୍ କଲେ ଏବଂ ପଚାରିଲେ- "ଲାଲୁ ତୁମେ କ'ଣ କରୁଛ ?" "କାଠ ଖଣ୍ଡଗୁଡ଼ିକ ଯୋଡୁଛି" - ଲାଲୁ ନିଜର କାର୍ଯ୍ୟ ଜାରିରଖି ଉତ୍ତର ଦେଲେ ।

"ତୁମେ କେତେଦିନ ପର୍ଯ୍ୟନ୍ତ ଏମିତି ମରାମତି କରିବ ? ଜୀବନର କ'ଣ କିଛି ଉତ୍ତମ ଉଦ୍ଦେଶ୍ୟ ନାହିଁ ?" ଗୁରୁ ଏକ ମର୍ମସ୍ପର୍ଶୀ ସ୍ୱରରେ ପଚାରିଲେ । "ମୋ ପାଖକୁ ଆସ । ମୁଁ ତୁମକୁ ଦେଖାଇଦେବି କେମିତି ନିଜକୁ ସଂଶୋଧନ କରିହେବ ।"

ଲାଲୁ ତାଙ୍କର ଉପକରଣ ଛାଡ଼ି ଚାଲି ଆସିଥିଲେ ଏବଂ ଗୁରୁଙ୍କ ପାଦତଳେ ପଡ଼ି ଯାଇଥିଲେ । ସେ ସମ୍ପୂର୍ଣ୍ଣ ଭାବେ ନିଜକୁ ଗୁରୁଙ୍କ ପାଖରେ ଉତ୍ସର୍ଗ କରି ଦେଇଥିଲେ । ଗୁରୁ ନାନକ ତାଙ୍କ ସହିତ କିଛି ସମୟ ରହିଥିଲେ ।

ଜଣେ ଐଶ୍ୱରୀୟ ବ୍ୟକ୍ତି ନିମ୍ନ ଜାତିର ବଢ଼େଇ ଘରେ ରହିଥିବାର ଖବର ସୟଦପୁରରେ ଜଙ୍ଗଲ ନିଆଁ ପରି ବ୍ୟାପି ଯାଇଥିଲା । ସୟଦପୁରର ସବୁଠାରୁ ଶକ୍ତିଶାଳୀ ବ୍ୟକ୍ତି ମଲିକ ଭାଗୋ ଏଥିରେ ବହୁତ ରାଗି ଯାଇଥିଲେ । ତାଙ୍କୁ ଗରିବ ଏବଂ ନିମ୍ନ ଶ୍ରେଣୀର ଲୋକମାନଙ୍କ ଉପରେ ଅତ୍ୟାଚାର କରିବାକୁ କୁହାଯାଇଥିଲା । ତାଙ୍କ ଦ୍ୱାରା ଗୋଟେ ବଳିଦାନ ଭୋଜି ଆୟୋଜନ କରାଯାଇଥିଲା ଏବଂ ସେଥିରେ ଯୋଗ ଦେବପାଇଁ ନାନକଙ୍କୁ ନିମନ୍ତ୍ରଣ କରାଯାଇଥିଲା । ଗୁରୁ ନିମନ୍ତ୍ରଣକୁ ପ୍ରତ୍ୟାଖାନ କରିଥିଲେ ।

ଏହି ଉତ୍ସବରେ ଯୋଗ ଦେବା ପାଇଁ ଗୁରୁଙ୍କୁ ପୁନର୍ବାର ଅନୁରୋଧ କରିବାକୁ ଏକ ସ୍ୱତନ୍ତ୍ର ପ୍ରତିନିଧି ପଠାଯାଇଥିଲା । ଗୁରୁ ନାନକ ବଳିଦାନ ଭୋଜୀକୁ ଆସିଥିଲେ କିନ୍ତୁ କୌଣସି ଖାଦ୍ୟ ଗ୍ରହଣ କରିବାକୁ ମନା କରିଦେଇଥିଲେ । "ମୋ ଖାଦ୍ୟକୁ ତୁମେ କେମିତି ପ୍ରତ୍ୟାଖାନ କରିପାରୁଛ ଏବଂ ଏକ ନିମ୍ନଜାତିର ବଢ଼େଇଙ୍କ ଖାଦ୍ୟ ଗ୍ରହଣ କରିପାରୁଛ ?" ମଲିକ୍ ଭାଗୋ କ୍ରୋଧାନ୍ୱିତ ହୋଇ ପଚାରିଥିଲେ ।

ଗୁରୁ ଶାନ୍ତ ଭାବରେ ଉତ୍ତର ଦେଇଥିଲେ- "ମୁଁ କୌଣସି ଧର୍ମ କିମ୍ବା ଜାତିକୁ ସ୍ୱୀକାର କରେ ନାହିଁ। ମୁଁ ଗରିବ ଲୋକଙ୍କୁ ଅତ୍ୟାଚାର କରି ମିଳିଥିବା ଖାଦ୍ୟ ଗ୍ରହଣ କରି ପାରିବି ନାହିଁ।" ଏବଂ ସେ ପୁଣି କହିଥିଲେ- "ହେ ମଲିକ ! ଯେତେବେଳେ ଲାଲୁଙ୍କ ଶୁଖିଲା ରୁଟିରେ କ୍ଷୀର ଥାଏ, ତୁମର ସ୍ୱାଦିଷ୍ଟ ଭୋଜନରେ ଦଳିତର ଲହୁ ଥାଏ। ତେବେ ତୁମେ ମୋତେ ଦେଉଥିବା ଖାଦ୍ୟ ମୁଁ କେମିତି ଖାଇବି ?"

ଭାଗୋ ତାଙ୍କ ଭୁଲକୁ ଅନୁଭବ କରିପାରିଥିଲେ ଏବଂ ସାଙ୍ଗେ ସାଙ୍ଗେ ଗୁରୁ ନାନକଙ୍କ ପାଦତଳେ ପଡ଼ି ଯାଇଥିଲେ। ଗୁରୁଙ୍କର ତାଙ୍କ ପ୍ରତି ଦୟାର ଉଦ୍ରେକ ହୋଇଥିଲା ଏବଂ ସେ କହିଥିଲେ- "ଦଳିତମାନଙ୍କ ମଧ୍ୟରେ ତୁମର ସମ୍ପତ୍ତି ବଣ୍ଟନ କରିଦିଅ ଏବଂ ଏକ ନୂତନ ଜୀବନ ଯାପନ କର।"

ତାଙ୍କର ଯାତ୍ରା ଗୁରୁଙ୍କୁ ଦେଶର ଅନେକ ସ୍ଥାନକୁ ନେଇ ଯାଇଥିଲା। ତାଙ୍କର ଶିଷ୍ୟ ମର୍ଦାନା ସବୁବେଳେ ତାଙ୍କ ସହିତ ଯାଉଥିଲେ। ଥରେ ସେମାନଙ୍କ ଯାତ୍ରା ସମୟରେ, ଚମ୍ବଲ ଉପତ୍ୟକାର ଡାକୁମାନେ ତାଙ୍କର ପଥ ଅବରୋଧ କରିଥିଲେ। ଏହି ଡକାୟତମାନେ ବୃତ୍ତିଗତ ଅପହରଣକାରୀ ଥିଲେ ଯେଉଁମାନେ ବନ୍ଦୀ ଯାତ୍ରୀମାନଙ୍କୁ ଦାସ ଭାବରେ ବିକ୍ରି କରୁଥିଲେ। ଜଣେ ଡକାୟତ ଗୁରୁ ନାନକଙ୍କ ଉଜ୍ଜ୍ୱଳ ଚେହେରାକୁ ଦେଖି ପାରିଥିଲା - ସେ ଗୁରୁଙ୍କ ପ୍ରତି ଆକର୍ଷିତ ହୋଇଥିଲା ଏବଂ ନିଜକୁ ନିଜେ ଭାବୁଥିଲା ଯେ ଯଦି ଏହି ବ୍ୟକ୍ତିଙ୍କୁ ବିକ୍ରୟ କରାଯାଏ ତେବେ ସେ ତାଙ୍କ ପାଇଁ ଅତ୍ୟଧିକ ମୂଲ୍ୟ ପାଇପାରିବ।

ଡକାୟତ ଗୁରୁ ନାନକଙ୍କୁ ପ୍ରତାରଣା କରିବାକୁ ଚିନ୍ତା କରିଥିଲା। କିନ୍ତୁ ଜଣେ ପବିତ୍ର ଏବଂ ଜ୍ଞାନୀ ଲୋକଙ୍କୁ କିଏ ପ୍ରତାରଣା କରିପାରିବ ? ଗୁରୁ ସେ ଡକାୟତକୁ ତା'ର କୌଶଳ ଖେଳିବାକୁ ଦେଇଥିଲେ। ଡକାୟତ ଗୁରୁ ନାନକଙ୍କୁ ଅପହରଣ କରି ଦୂରକୁ ନେଇ ଯାଇଥିଲା। ମର୍ଦାନା ପଛରେ ରହି ଯାଇଥିଲେ। ଚାଲିଯିବା ପୂର୍ବରୁ ଗୁରୁ ନାନକ ମର୍ଦାନାଙ୍କୁ କହିଥିଲେ - "ମୁଁ ଗୋଟେ ଯାତ୍ରାରେ ଯାଉଛି ଏବଂ ଯଥାଶୀଘ୍ର ପାରିବି ଫେରି ଆସିବି। ସେହି ସମୟ ଭିତରେ ତୁମକୁ ଏଠାରେ ଅପେକ୍ଷା କରିବାକୁ ପଡ଼ିବ। ସେ ତାଙ୍କୁ ନିକଟସ୍ଥ ଅନେକ ସବୁଜ ଜଙ୍ଗଲ ବିଷୟରେ କହିଥିଲେ ଯେଉଁଠାରୁ ସେ ତାଙ୍କର କ୍ଷୁଧା ମେଣ୍ଟାଇବା ପାଇଁ ଫଳ ପାଇପାରିବେ। ଶୀଘ୍ର ଫେରି ଆସିବେ ବୋଲି ମର୍ଦାନାକୁ ନିଶ୍ଚିତ କରାଇ ନାନକ ଡକାୟତଙ୍କ ସହ ତାଙ୍କ ଦୀର୍ଘ ଯାତ୍ରାରେ ବାହାରିଥିଲେ।

ତାଙ୍କୁ ଚମ୍ବଲରେ ଥିବା ଡକାୟତଙ୍କ ଘରକୁ ଅଣାଯାଇଥିଲା। ଗୁରୁ ନାନକ ଏବଂ ତାଙ୍କର ଝଲସି ଉଠୁଥିବା ମୁଖମଣ୍ଡଳକୁ ଦେଖି ଡକାୟତଙ୍କ ସ୍ତ୍ରୀ ଚମତ୍କୃତ

ହୋଇଥିଲେ ଏବଂ ତାଙ୍କୁ ପୁଅ ଭାବରେ ଗ୍ରହଣ କରିବାକୁ ଇଚ୍ଛା କରିଥିଲେ । କାରଣ ତାଙ୍କର କୌଣସି ସନ୍ତାନ ସନ୍ତତି ନ ଥିଲେ । ତାହା ଉପରେ ଡକାୟତ ଉତ୍ତର ଦେଇଥିଲେ "ମୁଁ ଯଦି ତାଙ୍କୁ ବଜାରରେ ବିକ୍ରି କରିଦେବି ତେବେ ମୁଁ ବିପୁଳ ପରିମାଣରଟଙ୍କା ରୋଜଗାର କରିପାରିବି । ଏହି ସୁନ୍ଦର ବାଳକକୁ ପୁଅ ଭାବରେ ଗ୍ରହଣ କରି ମୁଁ ଏତେ ପରିମାଣରଟଙ୍କା କାହିଁକି ହରାଇବି ? ମୁଁ ଆଉ ଜଣେ ବାଳକକୁ ଆଣିଦେବି ଯାହାକୁ ତୁମେ ପୁଅ ଭାବରେ ଗ୍ରହଣ କରିପାରିବ । ଏହି ସମୟ ଭିତରେ ତୁମେ ଏହି ଯୁବକଙ୍କ ଦ୍ୱାରା ତୁମର କିଛି କାମ କରାଇପାରିବ ।"

କିଛି ଦିନ ବିତିଗଲା ଏବଂ ହଠାତ୍ ସହରରେ ଭୟଙ୍କର ଦୁର୍ଭିକ୍ଷ ଦେଖାଯାଇଥିଲା । ଆକାଶରେ ଘନ ବାଦଲ ଛାଇ ଯାଇଥିଲା, ପାଗରେ ଝଡ଼ ତୋଫାନର ଆଭାସ ଦେଖାଯାଇଥିଲା, କିନ୍ତୁ ବୁନ୍ଦାଏ ବର୍ଷା ହୋଇ ନଥିଲା । ଲୋକମାନେ ବିବ୍ରତ ହେଲେ କାହିଁକିନା ଜଳ ଏବଂ ଖାଦ୍ୟ ବିନା ବଞ୍ଚି ରହିବା କଷ୍ଟସାଧ୍ୟ ଥିଲା । ସେମାନେ ମୃତ୍ୟୁର ନିରନ୍ତର ଛାୟାରେ ବାସ କରୁଥିଲେ । ଡକାୟତଙ୍କ ସ୍ତ୍ରୀ ନୈତିକ ସମର୍ଥନ ପାଇଁ ଗୁରୁ ନାନକଙ୍କ ପାଖକୁ ଯାଇଥିଲେ । ସେ ଅନୁଭବ କରିଥିଲେ ଯେ, ତାଙ୍କ ଘରେ ରହୁଥିବା ଚିତାକର୍ଷକ ଯୁବକ ଜଣକ ଜଣେ ସଚ୍ଚୋଟ ବ୍ୟକ୍ତି, ଜଣେ ଭଲ ମଣିଷ । ସେ ଭାବିଥିଲେ - "ସର୍ବଶକ୍ତିମାନ ଈଶ୍ୱରଙ୍କ ନୈସର୍ଗିକ ଆଲୋକ ତାଙ୍କ ଆଖିରେ ଚମକୁଛି । ତାଙ୍କର ଜୀବନଶୈଳୀ ଆଧ୍ୟାତ୍ମିକ ମାର୍ଗରେ ପରିଚାଳିତ । ସେ ଅତି ସକାଳୁ ପ୍ରାୟ ଭୋର ୩ଟା କିମ୍ବା ୪ଟା ସମୟରେ ଶଯ୍ୟା ତ୍ୟାଗ କରନ୍ତି ଏବଂ ତାଙ୍କର ସୁମଧୁର ଆଉ ପ୍ରାଣବନ୍ତ ସ୍ୱରରେ କୀର୍ତ୍ତନ ଗାନ କରିଥାନ୍ତି ।" ଗୁରୁ ନାନକଙ୍କ କୀର୍ତ୍ତନ ଶୁଣି ତାଙ୍କ ମନ ମୁଗ୍ଧ ହୋଇଯାଉଥିଲା, ତାଙ୍କ ମନ ପ୍ରାଣରେ ଶାନ୍ତିର ମହକ ଭରି ଯାଉଥିଲା ଯଦିଓ ସେ ତାଙ୍କର ଭାଷା ବୁଝିବାରେ ଅସମର୍ଥ ଥିଲେ - ଆହୁରି ମଧ୍ୟ ସେ ତାଙ୍କର ମତାମତ ରଖିଥିଲେ - "ମୁଁ ଭାବୁଛି ଏହି ଯୁବକ ଜଣକ ଆମମାନଙ୍କୁ ଏହି ବିପଦପୂର୍ଣ୍ଣ ଜୀବନରୁ କୌଣସି ନା କୌଣସି ବାଟ ଦେଖାଇ ମୁକ୍ତ କରିପାରନ୍ତି ।" ସେହି ଅନୁସାରେ ସେ ତାଙ୍କର ଡକାୟତ ସ୍ୱାମୀ ଏବଂ ତାଙ୍କ ସାଙ୍ଗମାନଙ୍କ ସହ କଥା ହୋଇଥିଲେ । ସେମାନେ ଗୁରୁ ନାନକଙ୍କ ପାଖକୁ ଯାଇଥିଲେ ଏବଂ ସେମାନଙ୍କ ଉପରେ ଆସିଥିବା ବିପଦରୁ ରକ୍ଷା କରିବା ପାଇଁ ଅନୁରୋଧ କରିଥିଲେ ।

ଗୁରୁ ନାନକ ସେମାନଙ୍କୁ କହିଥିଲେ, "ମୋର ବନ୍ଧୁଗଣ ! ତୁମ ସହିତ ଯାହା ଘଟୁଛି ତାହା ତୁମମାନଙ୍କ କର୍ମର ଫଳ, ତୁମର ନିଷ୍ଠୁର ତଥା ମନ୍ଦ କାର୍ଯ୍ୟର ପ୍ରତିକ୍ରିୟା । ତୁମେ ସରଳ, ନିରୀହ ଲୋକମାନଙ୍କୁ ଅପହରଣ କରି ସେମାନଙ୍କୁ ଦାସତ୍ୱର ଶୃଙ୍ଖଳରେ ବାନ୍ଧି ଦେଉଛ । ତୁମେମାନେ ଗରିବ ଏବଂ ନିରୀହ ଲୋକମାନଙ୍କ ଦୁଃଖର କାରଣ

ହୋଇଛ । ତୁମର ଏହି ଅମାନୁଷିକ କାର୍ଯ୍ୟ ହେଉଛି ଦୁର୍ଭିକ୍ଷର କାରଣ ଯାହା ତୁମମାନଙ୍କୁ କଷ୍ଟ ଦେଉଛି ।”

ଗୁରୁ ନାନକଙ୍କ କଥା ସମସ୍ତଙ୍କୁ ସତର୍କ କରିଦେଇଥିଲା । ସେମାନେ ନିଜ ନିଜକୁ ପ୍ରଶ୍ନ କରିବା ଆରମ୍ଭ କରିଦେଇଥିଲେ – “ବର୍ତ୍ତମାନର ପରିସ୍ଥିତିକୁ ସୁଧାରିବା ପାଇଁ ଆମେ କିଛି କରିପାରିବା କି ? ଆମେ ମରିଯିବା କି ?”

ଗୁରୁ ନାନକ ସେମାନଙ୍କୁ କହିଥିଲେ, “ଭଗବାନ ନ୍ୟାୟବାନ ଅଟନ୍ତି ଏବଂ ସେ ମଧ୍ୟ ଦୟାଳୁ ଅଟନ୍ତି । ଯଦି ତୁମେ ଅନୁତାପ କରି ଭଗବାନଙ୍କୁ କ୍ଷମା ଏବଂ କରୁଣା ମାଗିବ ତେବେ ସେ ତୁମର ପାପ କ୍ଷମା କରିପାରିବେ । କିନ୍ତୁ ଗୋଟିଏ ସର୍ତ୍ତରେ – ତୁମେମାନେ ଆଉ ପାପ କରିବ ନାହିଁ ଏବଂ ତୁମର କୁ-ଉପାର୍ଜିତ ଧନକୁ ଗରିବ ଏବଂ ଦଳିତଙ୍କ ସେବାରେ ନିୟୋଜିତ କରିଦେବ ।”

ଡକାୟତମାନେ ଗୁରୁ ନାନକଙ୍କୁ ଅନୁରୋଧ କରିଥିଲେ ସେମାନଙ୍କୁ ଦିଗ୍‌ଦର୍ଶନ ଦେବାକୁ । ମହାନ ଗୁରୁ ଉତ୍ତର ଦେଇଥିଲେ, “ଦାସମାନଙ୍କୁ ମୁକ୍ତ କରିବା ହେଉଛି ତୁମର ପ୍ରଥମ କାର୍ଯ୍ୟ । ଗରିବ ଓ ଅଭାବୀ ଲୋକମାନଙ୍କ ସେବାରେ ତୁମର ସମସ୍ତ ଅସତ୍ ଉପାୟରେ ଅର୍ଜିତ ଧନ ବ୍ୟୟକର । ତୁମେ ଏହା କରିବା ପରେ, ଆମେ ଭଗବାନଙ୍କୁ ଭିକ୍ଷା ମାଗିବା ତାଙ୍କର କ୍ଷମା ପାଇଁ ଏବଂ ତାଙ୍କର କରୁଣା ପାଇଁ ପ୍ରାର୍ଥନା କରିବା । ମୁଁ ନିଶ୍ଚିତ ଯେ, ସେହି ପରମ ଦୟାଳୁ ଆମ ଉପରେ ଦୟା କରିବେ ।”

ଡକାୟତମାନେ ନିଜ ନିଜ ଭିତରେ ପରାମର୍ଶ କରିଥିଲେ ଏବଂ ସେମାନଙ୍କୁ ଯାହା କରିବାକୁ କୁହାଯାଇଥିଲା ତାହା ହିଁ କଲେ । ତା'ପରେ ସେମାନେ କୀର୍ତ୍ତନରେ ଗୁରୁ ନାନକଙ୍କ ସହିତ ଯୋଗ ଦେଇଥିଲେ – ହଠାତ୍ ସେମାନେ ଦେଖିଲେ ଯେ ପାଗ ବଦଳିଗଲା ଏବଂ ଶୁଖିଲା ପୃଥିବୀ ଉପରେ ମେଘମାନେ ବର୍ଷା କରିବା ଆରମ୍ଭ କରିଦେଇଥିଲେ । ଦୁର୍ଭିକ୍ଷର ଦିନ ସମାପ୍ତ ହୋଇଯାଇଥିଲା । ନଦୀ, ହ୍ରଦ ଏବଂ କୂଅଗୁଡ଼ିକ ପାଣିରେ ପରିପୂର୍ଣ୍ଣ ହୋଇଯାଇଥିଲା ଏବଂ ଲୋକମାନେ ଖୁସିରେ ନାଚି ଉଠିଥିଲେ ।

କୁହାଯାଇଥାଏ ଯେ ଯେତେବେଳେ ଗୁରୁ ନାନକ ମକ୍କାରେ ପହଞ୍ଚିଥିଲେ, ସେ ପବିତ୍ର ମନ୍ଦିର ଆଡ଼କୁ ପାଦ ରଖି ବିଶ୍ରାମ ନେଇଥିଲେ । ସେତେବେଳେ ଜଣେ ମୁସଲମାନ ପୁରୋହିତ ଭଗବାନଙ୍କୁ ଅସମ୍ମାନ ପ୍ରଦର୍ଶନ କରିଥିବାରୁ ରାଗିକରି ଗୁରୁଙ୍କୁ ଭର୍ତ୍ସନା କରିଥିଲେ । ଗୁରୁ ଉତ୍ତର ଦେଇଥିଲେ – “ଦୟାକରି ଭଗବାନ ବିଦ୍ୟମାନ ନ ଥିବା ସ୍ଥାନକୁ ମୋ ପାଦଦେଖାଇ ଦିଅନ୍ତୁ ।” ଗୁରୁ ନାନକଙ୍କ ଦ୍ୱାରା ସ୍ଥାପିତ ଅନେକ ଦାର୍ଶନିକ ଭିତ୍ତିଭୂମି ମଧ୍ୟରେ, ତାଙ୍କର ମକ୍କାଗସ୍ତ ସମୟରେ ବର୍ଣ୍ଣିତ ଈଶ୍ୱରଙ୍କର ଚରିତ୍ର

ଚିତ୍ରଣ ସର୍ବାଧିକ ସ୍ୱୀକୃତିପ୍ରାପ୍ତ । ଏହା ୧୪୩୦ ପୃଷ୍ଠା ବିଶିଷ୍ଟ ଶିଖ୍ ପବିତ୍ର ଗ୍ରନ୍ଥ 'ଗୁରୁ ଗ୍ରନ୍ଥ ସାହିବ'ର ପ୍ରାରମ୍ଭିକ ଲେଖା ଅଟେ । ଅନୁବାଦ ନିମ୍ନଲିଖିତ ପ୍ରକାରେ -

ଏଠାରେ କେବଳ ଗୋଟିଏ ଭଗବାନ ଅଛନ୍ତି । ସେ ହେଉଛନ୍ତି ସର୍ବୋଚ୍ଚ ସତ୍ୟ, ଚରମ ବାସ୍ତବତା, ସୃଷ୍ଟିକର୍ତ୍ତା । ଭୟବିନା, ଶତ୍ରୁବିନା, ଅନନ୍ତ ସମୟ ହେଉଛି ତାଙ୍କର ପ୍ରତିଛବି । ତାଙ୍କର ଜନ୍ମ ନାହିଁ, ନିଜେ ନିଜର ସୃଷ୍ଟିକର୍ତ୍ତା । ତାଙ୍କରି ଅନୁଗ୍ରହରୁ ହିଁ ଏହା ପ୍ରକାଶ ହେଉଛି । ତାଙ୍କ କଥା ଶୁଣିବାକୁ ଆସିଥିବା ମକ୍କାର ବିଶ୍ୱସ୍ତ ଲୋକମାନଙ୍କୁ ନାନକ କହିଥିଲେ :-

ତୁମର ମସ୍‌ଜିଦ୍‌କୁ ପ୍ରେମକର
ପ୍ରାର୍ଥନାର ଗାଲିଚ଼ ତୁମର ଆନ୍ତରିକତା ହେଉ
ସୁନ୍ନତ ତୁମର ନମ୍ରତା ହେଉ
ସୌଜନ୍ୟତା ତୁମର କାବା ହେଉ
ସତ୍ୟ ତୁମର ବିଶ୍ୱାସ ହେଉ
ଭଗବାନଙ୍କ ଇଚ୍ଛା ତୁମର ମାଳା ହେଉ ।

ଗୁରୁ ନାନକଙ୍କ ଜୀବନ ଏହିପରି ଅନେକ ଘଟଣାରେ ପରିପୂର୍ଣ୍ଣ ହୋଇଥିଲା । ଦୀର୍ଘ ତେଇଶ ବର୍ଷ ଧରି ଏହି ମହାନ୍ ଗୁରୁ ଗୋଟେ ସ୍ଥାନରୁ ଅନ୍ୟ ସ୍ଥାନକୁ ଗମନ କରିଥିଲେ । ସେ ଯେଉଁଠିକୁ ଯାଉଥିଲେ ସେଠାରେ ସାନ୍ତ୍ୱନା ଏବଂ ସହୃଦୟତାର ବିସ୍ତାର କରୁଥିଲେ ଏବଂ ଲୋକମାନଙ୍କୁ ପବିତ୍ର ନାମ ଗାନ କରିବାକୁ, ଜୀବନର ସମସ୍ତ ଅବସ୍ଥା ଏବଂ ପରିସ୍ଥିତିରେ ଆନନ୍ଦରେ ରହିବାକୁ ଏବଂ ଗରିବ ଓ ସାଥୀହୀନ, ଅବାଞ୍ଛିତ ଓ ପ୍ରତ୍ୟାଖ୍ୟାତ ଲୋକମାନଙ୍କୁ ପ୍ରେମର ସେବା ପ୍ରଦାନ କରିବାକୁ କହିଥିଲେ ।

ଦ୍ୱିତୀୟ ଗୁରୁ - ଗୁରୁ ଅଙ୍ଗଦ

ଥରେ ଗୁରୁଦେବ ସାଧୁ ଭାସୱାନୀ ତାଙ୍କର ଅପୂର୍ବ ଗୀତିକାର ସୌନ୍ଦର୍ଯ୍ୟମୟ ଶବ୍ଦରେ କହିଥିଲେ -

ଜାଗ୍ରତ ଲୋକମାନେ, ହାୟ ! ଜାଗ୍ରତ ନୁହନ୍ତି
ଏବଂ ଶୋଇଥିବା ଲୋକମାନେ ଶୋଇଥାନ୍ତି
ଯେ ପର୍ଯ୍ୟନ୍ତ ସେମାନଙ୍କ ଉପରେ,
ଆଲୋକିତ ହୋଇନାହିଁ ତୁମର ଆଲୋକ ରେଖାରେ
ଜାଗ୍ରତ ଅନେକଙ୍କୁ କୁହାଯାଏ, କିନ୍ତୁ ସେମାନେ ଜାଗ୍ରତ ନୁହନ୍ତି
କିମ୍ବା ଶୋଇଥିବା ବ୍ୟକ୍ତିମାନେ ପ୍ରକୃତରେ ଜାଗ୍ରତ ନୁହନ୍ତି
ଯେ ପର୍ଯ୍ୟନ୍ତ ସେମାନେ ଶିଖନ୍ତି ନୀରବରେ ଏବଂ ପ୍ରେମରେ
ଈଶ୍ୱରଙ୍କ ନାମ ସଂକୀର୍ତ୍ତନ ଗାଇବାରେ ।

ଆମକୁ ଜାଗ୍ରତ କରିବା ପାଇଁ ଆମ ଭିତରୁ ଅଧିକାଂଶ ଲୋକ କାହାକୁ ନା କାହାକୁ ଆବଶ୍ୟକ କରନ୍ତି, ଏକ ବିକଶିତ ଆତ୍ମା, ଏକ ଜାଗରୁକ ଆତ୍ମା - ଗୁରୁ । ଗୁରୁ ହେଉଛନ୍ତି ସର୍ବଶ୍ରେଷ୍ଠ ଜାଗରଣକାରୀ। ସାଧୁ ଭାସଓ୍ୟାନୀ କହିଛନ୍ତି, "ଗୁରୁ ହେଉଛନ୍ତି ଏକ ଲିଫ୍ଟ ପରି ଯେ କି ଆମକୁ ଉଚ୍ଚତର ସୋପାନକୁ ଉଠାଇ ନେଇଥାନ୍ତି, ଲିଫ୍ଟ ଯାହା ଛୋଟ ପିଲାମାନଙ୍କୁ ଈଶ୍ୱରଙ୍କ ରାଜ୍ୟକୁ ନେଇ ପାରନ୍ତି ।"

ଜାଗରୁକତା ମନୋନୀତ ଆତ୍ମା ମାନଙ୍କୁ ବିଭିନ୍ନ ଉପାୟରେ ଆସିଥାଏ । ଗୁରୁ ତାଙ୍କ ଅନୁଗ୍ରହରେ ଶିଷ୍ୟଙ୍କୁ ନିଜ ପାଖକୁ ଏକ ରହସ୍ୟମୟ ଢଙ୍ଗରେ ଡାକିଥାନ୍ତି ଏବଂ ମନୋନୀତ ବ୍ୟକ୍ତିଙ୍କ ଆତ୍ମା ଏକ ସ୍ପର୍ଶ, ଏକ ଚାହାଣି, ଏକ ଶବ୍ଦ ଦ୍ୱାରା ମଧ୍ୟ ପରିବର୍ତ୍ତିତ ହୋଇଥାଏ ।

ଏପରିକି ଏପରି ଜାଗରଣ ଖାଦୁରର ସମୃଦ୍ଧ ରେଶମ ବ୍ୟବସାୟୀ ଭାଇ ଲେହନାଙ୍କୁ

ଆସିଥିଲା । ପୂଜ୍ୟ ଗୁରୁ ନାନକ ତାଙ୍କୁ ତାଙ୍କର ଗୁରୁ ଦାୟିତ୍ୱ ବହନ କରିବାକୁ ଡାକିଥିଲେ ଏବଂ ତାଙ୍କର ସମ୍ପୂର୍ଣ୍ଣ ଭକ୍ତି, ତୀବ୍ର ପ୍ରତିବଦ୍ଧତା, ସଂପୂର୍ଣ୍ଣ ସମର୍ପଣ ଏବଂ ବିନାଦ୍ୱିଧାର ବିଶ୍ୱାସନୀୟତା ପାଇଁ ଭାଇ ଲେହନା ଗୁରୁ ନାନକଙ୍କ ଦ୍ୱାରା ଶିଖ୍ ଧର୍ମର ଦ୍ୱିତୀୟ ଗୁରୁ ହେବା ପାଇଁ ମନୋନୀତ ହୋଇଥିଲେ ଏବଂ ଗୁରୁ ଅଙ୍ଗଦ ଭାବରେ ପରିଚିତ ହୋଇଥିଲେ ।

ଶୈଶବ ଏବଂ ପ୍ରାରମ୍ଭିକ ଜୀବନ

ଲେହନା ୧୫୦୪ ମସିହାରେ ପଞ୍ଜାବର ମୁକ୍ତସର ନିକଟ ସରାଇ ନାଗା (ମାଟେ ଦି ସରାଇ) ନାମକ ଛୋଟ ଗାଁରେ ଜଣେ ସମୃଦ୍ଧ ବ୍ୟବସାୟୀ, ଭାଇ ଫେରୁ ମଲ ଏବଂ ତାଙ୍କ ପତ୍ନୀ ମାତା ରାମୋଙ୍କ ଠାରୁ ଜନ୍ମ ଗ୍ରହଣ କରିଥିଲେ । ତାଙ୍କର ଜେଜେବାପା ବାବା ନାରାୟଣ ଦାଶ ଟ୍ରେହାନ ଥିଲେ ଯାହାଙ୍କର ପୈତୃକ ଘରେ ଲେହେନା ବଡ଼ ହୋଇଥିଲେ । ତାଙ୍କ ମାତାଙ୍କ ଠାରୁ ସେ ଦେବୀ ଦୂର୍ଗାଙ୍କ ପ୍ରତି ଅତ୍ୟଧିକ ଭକ୍ତି ଗ୍ରହଣ କରିଥିଲେ, ଏବଂ ଏହା କୁହାଯାଇଛି ଯେ ସେ ଜ୍ୱାଳାମୂଖୀ, ହିମାଳୟରେ ଅବସ୍ଥିତ ମନ୍ଦିରକୁ ଯେଉଁଠାରେ ଆଦି ଶକ୍ତି ନଅଟି ଅଗ୍ନିଶିଖା ରୂପରେ ପୂଜା ପାଉଥିଲେ, ଅନେକ ଥର ଯାତ୍ରା କରିଥିଲେ ।

ଭାଇ ଲେହେନା ୧୫୨୦ ମସିହାରେ ମାତା ଖିଭିଙ୍କୁ ବିବାହ କରିଥିଲେ । ସେମାନଙ୍କର ଦୁଇଟି ପୁତ୍ର ଦାସୁ ଏବଂ ଦାତୁ, ଏବଂ ଦୁଇଟି ଝିଅ ଆମ୍ରୋ ଏବଂ ଅନୋଖି ଥିଲେ । ବାବରଙ୍କ ସୈନ୍ୟବାହିନୀ ଦ୍ୱାରା ଆକ୍ରମଣ ସମୟରେ ସେମାନଙ୍କ ପରିବାର ପୈତୃକ ଗ୍ରାମ ଛାଡ଼ିବାକୁ ବାଧ୍ୟ ହୋଇଥିଲେ । ଏହି ନିର୍ବାସନ ପରେ ସେମାନେ ବିଜ୍ ନଦୀ କୂଳରେ ଥିବା ଖାଦୁର ଗ୍ରାମରେ ବସବାସ କଲେ ଏବଂ ବହୁତ ଉନ୍ନତି କରିଥିଲେ ।

ଗୁରୁଙ୍କ ସମ୍ବନ୍ଧରେ ଏକ ପରମ୍ପରା ଆମକୁ କହିଥାଏ ଯେ, ସେ ପ୍ରକୃତରେ ଖାଦୁରର ମୂଖ୍ୟ ପୂଜାରୀ ଥିଲେ, ଯେଉଁଠାରେ ସମସ୍ତ ବ୍ୟକ୍ତି, କେବଳ ଜଣେ ବ୍ୟକ୍ତିଙ୍କୁ ଛାଡ଼ି, ଧାର୍ମିକ ହିନ୍ଦୁଥିଲେ ଏବଂ ମା ଦୂର୍ଗାଙ୍କର ଉପାସକ ଥିଲେ । ସେହି ବ୍ୟତିକ୍ରମ ଜଣକ ଭାଇ ଯୋଦ୍ଧା ଥିଲେ ଯେ କି ଜଣେ ଶିଖ୍ ଭକ୍ତ ଥିଲେ ଏବଂ ପ୍ରତିଦିନ ଅତ୍ୟନ୍ତ ଭକ୍ତିପୁତ ଭାବରେ ଗୁରୁ ନାନକଙ୍କ ଭଜନ ପାଠ କରୁଥିଲେ । ଲେହନା ସେହି ଭଜନ ଦ୍ୱାରା ଗଭୀର ଭାବରେ ପ୍ରଭାବିତ ହୋଇଥିଲେ ଏବଂ ସେମାନଙ୍କର ଉତ୍ପତ୍ତି ବିଷୟରେ ଯୋଦ୍ଧାଙ୍କୁ ପଚାରିଥିଲେ । ତାଙ୍କୁ ପ୍ରଥମ ଶିଖ୍ ଗୁରୁଙ୍କ ବିଷୟରେ କୁହାଯାଇଥିଲା ଏବଂ ଗୁରୁ ନାନକଙ୍କୁ ଭେଟିବା ପାଇଁ ତାଙ୍କ ହୃଦୟରେ ଏକ ଆକାଂକ୍ଷାର ବତୀ ପ୍ରଜ୍ୱଳିତ ହୋଇ ଉଠିଥିଲା ।

ଗୁରୁଙ୍କ ସହିତ ସାକ୍ଷାତ

ପ୍ରକୃତ ଆକାଂକ୍ଷା ଧାର୍ମିକ ପଥରେ ନେଇଥିବା ପ୍ରଥମ ପଦକ୍ଷେପ ନୁହେଁ କି ? ଗୁରୁଙ୍କ ଶବାଦ୍ (ଶିଖ ମାନଙ୍କର ଭଜନ) ସହିତ ସାକ୍ଷାତକାରର କିଛିଦିନ ପରେ, ଲେହନା ସାଥୀ ଭକ୍ତମାନଙ୍କର ଏକ ଦଳର ନେତୃତ୍ୱ ନେଇ ତାଙ୍କର ବାର୍ଷିକ ତୀର୍ଥଯାତ୍ରା ଜ୍ୱାଳାମୁଖୀ ଅଭିମୁଖେ ଯାତ୍ରା କରିଥିଲେ । ସେମାନେ କରତାରପୁର ସହର ଦେଇ ଯାଇଥିଲେ, ଯେଉଁଠାରେ ସେହି ସମୟରେ ଗୁରୁ ନାନକ ବାସ କରୁଥିଲେ । ଗୁରୁଙ୍କ ବିଷୟରେ ଶୁଣିଲା ପରେ, ଲେହନା ନିଷ୍ପତ୍ତି ନେଇ ଥିଲେ ଯେ ତୀର୍ଥ ଯାତ୍ରାରେ ଯିବା ପୂର୍ବରୁ ସେ ଗୁରୁଙ୍କ ଦର୍ଶନ କରିବେ । କିନ୍ତୁ ଈଶ୍ୱରଙ୍କର ଭାଇ ଲେହନାଙ୍କ ପାଇଁ ଅଲଗା ଯୋଜନା ଥିଲା । ଗୁରୁଙ୍କରଟିକେ ଚାହାଣି, ତାଙ୍କ ସହିତ କିଛି ବାର୍ତ୍ତାଳାପ, ଏବଂ ଲେହନା ତାଙ୍କ ଜୀବନର ଅର୍ଥ, ତାଙ୍କ ଅସ୍ତିତ୍ୱର ଉଦ୍ଦେଶ୍ୟ ପାଇ ପାରିଥିଲେ ! ସେ ଘୋଷଣା କରିଥିଲେ ଯେ ତାଙ୍କ ତୀର୍ଥ ଯାତ୍ରାର ଉଦ୍ଦେଶ୍ୟ ପୂରଣ ହୋଇଯାଇଛି, ସେ ଆଉ ଆଗକୁ ଯାତ୍ରା କରିବେ ନାହିଁ । ସେ ମାଲିକଙ୍କର ଚୁମ୍ବକୀୟ ଆକର୍ଷଣର ପ୍ରଭାବ ଭିତରକୁ ଆସିଯାଇଥିଲେ ଏବଂ ସେ ତାଙ୍କର ପାଦତଳେ ପଡ଼ି ନିଜ ହୃଦୟର ଗଭୀରତମ ପ୍ରଦେଶରୁ ପ୍ରାର୍ଥନା କରିଥିଲେ "ମାଲିକ, ମୋତେ ଶିଷ୍ୟ ଭାବରେ ଗ୍ରହଣ କରନ୍ତୁ ।"

"ତୁମର ନାମ କ'ଣ ?" ଗୁରୁ ପଚାରିଲେ ।

"ଲେହନା", ସେ ନମ୍ରତାର ସହ ଉତ୍ତର ଦେଲେ ।

"ସ୍ୱାଗତ ଲେହନା", ଗୁରୁ ସ୍ମିତ ହାସ କରି କହିଲେ - "ତୁମେ ଶେଷରେ ମୋ ପାଖକୁ ଆସିଯାଇଛ ! ବର୍ତ୍ତମାନ ମୁଁ ତୁମକୁ ତୁମର ଲେହନା ଦେବି" (ପଞ୍ଜାବୀରେ ଲେହନାର ଅର୍ଥ "ଆଦାୟ କରାଯିବାକୁ ଥିବା ଦେୟ"।) ଗୁରୁ ଏହିପରି ଭାବରେ ନିଜର ଏବଂ ତାଙ୍କର ପ୍ରଥମ ଉତ୍ତରାଧିକାରୀଙ୍କ ମଧ୍ୟରେ କର୍ମଗତ ସମ୍ପର୍କକୁ ସୁଚିତ କରିଥିଲେ ।

ଲେହନାଙ୍କୁ ସେତେବେଳେ ମାତ୍ର ଅଠେଇଶ ବର୍ଷ ହୋଇଥିଲା । ସେ ତାଙ୍କର ସାଥୀ ମାନଙ୍କୁ କହିଥିଲେ ଯେ, ସେ ସେମାନଙ୍କ ସାଙ୍ଗରେ ଆଉ ଆଗକୁ ଯାତ୍ରା କରିବେ ନାହିଁ, କାରଣ ତାଙ୍କର ଅନୁସନ୍ଧାନ ଶେଷ ହୋଇଯାଇଥିଲା । ସେ ଗୁରୁଙ୍କ ଉପସ୍ଥିତିରେ ଯାହା ଖୋଜୁଥିଲେ ତାହା ପାଇଗଲେ, ଏବଂ ଗୁରୁଙ୍କ ଆଦେଶ ଏବଂ ତାଙ୍କ ସଙ୍ଗତ (ଶିଖ ଭକ୍ତ ମାନଙ୍କ ସମାବେଶ)ର ସେବାରେ ନିଜକୁ ସଂପୂର୍ଣ୍ଣ ଭାବେ ସମର୍ପଣ କରିଦେଲେ । କୌଣସି କାର୍ଯ୍ୟ ତାଙ୍କ ପାଇଁ ଅତ୍ୟନ୍ତ ନିମ୍ନ କିମ୍ବା ଛୋଟ ନ ଥିଲା । ସେ ବାସନ କୁସନ ମାଜିଲେ, ସେ ପଙ୍ଖାର ଦଉଡ଼ିଟାଣିଥିଲେ, ସେ ଭାର ବହନ କରିଥିଲେ । ସେ ଏହି ସାମାନ୍ୟ କାର୍ଯ୍ୟଗୁଡ଼ିକ ପାଇଁ ପ୍ରତିବଦ୍ଧ ରହିଥିଲେ ଏବଂ ସେମାନଙ୍କୁ ନମ୍ରତା

ଓ ନିଷ୍ଠାର ସହ ସମ୍ପାଦନ କରୁଥିଲେ । ଏହି ସବୁ ପବିତ୍ର ପରିଶ୍ରମ ତାଙ୍କ ଅନ୍ତରାତ୍ମାକୁ ଶୁଦ୍ଧ କରିପାରିଥିଲା ଏବଂ ତାଙ୍କ ମନ, ହୃଦୟକୁ ଦିବ୍ୟ ଆଲୋକରେ ଉଦ୍‌ଭାସିତ କରିଥିଲା । ସେ କରତାରପୁରରେ ତାଙ୍କର ଆଧ୍ୟାତ୍ମିକ ଘର ପାଇ ପାରିଥିଲେ ଏବଂ ଗୁରୁଙ୍କର ଅତ୍ୟନ୍ତ ପ୍ରିୟ ଭାଜନ ହୋଇ ପାରିଥିଲେ । ତଥାପି ସେ ନିଜ ପାଇଁ ଏକ ପ୍ରତିଷ୍ଠିତ ସ୍ଥାନ ଖୋଜିବା ପରିବର୍ତ୍ତେ ପୃଷ୍ଠଭୂମିରେ ରହିବାକୁ ପସନ୍ଦ କରିଥିଲେ ।

କରତାରପୁରରେ ତିନିବର୍ଷ ରହିଲା ପରେ, ସେ ନିଜର ପରିବାର ପାଖକୁ ତଥା ଘରକୁ ଫେରିବାକୁ ଗୁରୁଙ୍କର ଅନୁମତି ନେଇଥିଲେ । ଖାଲି ସେତିକି ନୁହେଁ, ତିନିବର୍ଷ ପୂର୍ବେ ସେ ତାଙ୍କ ତୀର୍ଥଯାତ୍ରାରେ ଯିବା ପରେ ସେମାନେ ତାଙ୍କ ଠାରୁ କୌଣସି ଖବର ପାଇ ନଥିଲେ କିମ୍ୱା ତାଙ୍କୁ ଦେଖି ନ ଥିଲେ । ସେମାନେ କେବଳ ଜାଣିଥିଲେ ଯେ, ଲେହନା ଦେବୀଙ୍କ ପାଖକୁ ତୀର୍ଥଯାତ୍ରା ପରିତ୍ୟାଗ କରି ଦେଇଛନ୍ତି ଏବଂ କରତାରପୁରରେ ରହିଯାଇଛନ୍ତି ।

ସେ ନିଜ ଗାଁକୁ ଫେରିବା ପରେ ତାଙ୍କ ନିଜ ଲୋକମାନେ ତାଙ୍କ ଭିତରେ ଘଟିଥିବା ପରିବର୍ତ୍ତନ ଦେଖି ଆଶ୍ଚର୍ଯ୍ୟ ହୋଇଯାଇଥିଲେ । ପ୍ରକୃତରେ, ତାଙ୍କର ଚାରିପାଖେ ଏକ ଆଲୋକର ବଳୟ ଦେଖାଯାଇଥିଲା ପରି ଲାଗୁଥିଲା । ସମସ୍ତ ଗ୍ରାମବାସୀ ତାଙ୍କୁ ଆଲିଙ୍ଗନ କରିଥିଲେ, ସମସ୍ତଙ୍କ ଆଖି ଅଶ୍ରୁପ୍ଳାବିତ ହୋଇଯାଇଥିଲା । ଗାଁର ମୁଖିଆ, ତଖତ ମଲ, ପ୍ରକୃତରେ ତାଙ୍କର ପାଦ ଛୁଇଁଥିଲେ ଏବଂ ତାଙ୍କୁ କହିଥିଲେ, "ତୁମେ ଏକ ପବିତ୍ର ପୁରୁଷଙ୍କ ପାଖରୁ ଆସିଛ ଏବଂ ଆଧ୍ୟାତ୍ମିକ ସ୍ତରରେ ତୁମେ ବହୁତ ଉଚ୍ଚସ୍ତରକୁ ଉଠି ପାରିଛ ! ଆମେମାନେ ତୁମ ପାଖରେ ନତମସ୍ତକ ହୋଇ ଲାଭବାନ ହେବୁ ।"

ଏହାର କିଛିଦିନ ପରେ ଲେହନା କରତାରପୁର ଫେରି ଆସିଥିଲେ । ଗୁରୁଙ୍କ ସହିତ ତାଙ୍କର ଦ୍ୱିତୀୟ ସାକ୍ଷାତ ମଧ୍ୟ ସମାନ ଭାବରେ ଗୁରୁତ୍ୱପୂର୍ଣ୍ଣ ଥିଲା । ସେହି ପ୍ରାରମ୍ଭିକ ଦିନଗୁଡ଼ିକରେ, ଭାଇ ଲେହନା ଜଣେ ଧନୀ, ପ୍ରତିଷ୍ଠିତ ବ୍ୟବସାୟୀଙ୍କ ପୁତ୍ର ହୋଇଥିବାରୁ ବୁଖାରାର ପ୍ରସିଦ୍ଧ ମୂଲ୍ୟବାନ ହଳଦିଆ ସିଲ୍‌କର ପୋଷାକ ପରିଧାନ କରୁଥିଲେ । ଏହି ସୁସଜ୍ଜିତ, ଆକର୍ଷକ ପୋଷାକରେ ସେ ଗୁରୁଙ୍କୁ ସାକ୍ଷାତ କରିବାକୁ ଯାଇଥିଲେ ଯିଏ ସେତେବେଳେ ନିଜ କ୍ଷେତରେ କାମ କରୁଥିଲେ ।

ଗୁରୁ ତାଙ୍କୁ ଆନ୍ତରିକତାର ସହ ସ୍ୱାଗତ କଲେ ଏବଂ ଏକଭାରୀ ଓଦା ଘାସ ଗୋଛାକୁ ଘରକୁ ନେଇଯିବାକୁ କହିଥିଲେ । ସେ ଭାର ଲେହନାଙ୍କ ମୁଣ୍ଡରେ ରଖାଯାଇଥିଲା ଏବଂ ସେ ଖୁସିରେ ଗୁରୁଙ୍କୁ ଅନୁସରଣ କରିଥିଲେ – ଓଦା ଘାସରୁ କାଦୁଅ ପାଣି ତାଙ୍କ ଦାମୀ ପୋଷାକ ଉପରେ ଟୋପା ଟୋପା ପଡୁଥିଲା ଏବଂ ସେଥିରେ ଦାଗ ଲାଗିଯାଇଥିଲା । କିନ୍ତୁ ଲେହନା ପରମ ସନ୍ତୋଷରେ ଏ ସମସ୍ତ ପ୍ରତି ଉଦାସୀନ ଥିଲେ ।

ଯେତେବେଳେ ସେମାନେ ଗୁରୁଙ୍କ ଘରେ ପ୍ରବେଶ କରିଥିଲେ, ଗୁରୁଙ୍କ ପତ୍ନୀ ଲେହନାଙ୍କ ଅବସ୍ଥା ଦେଖିଥିଲେ ଏବଂ ବହୁତ ଚିନ୍ତାବ୍ୟକ୍ତ କରି କହିଥିଲେ, "ଏହା କ'ଣ ତୁମର ଶିଷ୍ୟମାନଙ୍କ ପ୍ରତି ବିଚାରଧାରା ? ଆମର ଏହି ଅତିଥିଙ୍କୁ କାହିଁକି ଏପରି ଶାରିରୀକ କାର୍ଯ୍ୟ କରିବାକୁ ଦିଆଗଲା ? ତାଙ୍କର ସୁନ୍ଦର ପୋଷାକଗୁଡ଼ିକ କାହିଁକି ପଙ୍କରେ ମଇଳା ହୋଇଯାଇଛି ?"

ଗୁରୁ ନାନକ ଉତ୍ତର ଦେଲେ, "ତୁମେ ଠିକ୍ ଭାବରେ ବୁଝି ପାରି ନାହିଁ । ସେ ବିଶ୍ୱାସର ଭାର ବହନ କରୁଛନ୍ତି, ତାଙ୍କ ଭାଇମାନଙ୍କର ଭାର ବହନ କରୁଛନ୍ତି ଏବଂ ସେଗୁଡ଼ିକ କାଦୁଅ ଦାଗ ନୁହେଁ ବରଂ ସ୍ୱର୍ଗର ପବିତ୍ର ଗେରୁଆ ରଙ୍ଗର ଅଭିଷେକ । ସେ ହିଁ ଜଣେ ମନୋନୀତ ହୋଇଛନ୍ତି ଯେ କି ସମସ୍ତଙ୍କ ଭାର ବହନ କରିବାକୁ ସକ୍ଷମ ।"

ଗୁରୁଙ୍କ ଜୀବନର ଅବଶିଷ୍ଟ ସମୟତକ, ଭାଇ ଲେହେନା ଗୁରୁଙ୍କର ସେବାରେ ନିଜକୁ ନିୟୋଜିତ କରିଥିରେ ଏବଂ କରତାରପୁର ଓ ଖାଦୁରରେ କ୍ରମାନ୍ୱୟରେ ରହୁଥିଲେ । ସେ ମାଲିକଙ୍କର ବିଶ୍ୱସ୍ତ ଭାବରେ, ନିରନ୍ତର ଭାବରେ ସେବା କରିଥିଲେ ଏବଂ ଶେଷରେ ତାଙ୍କ ଦ୍ରାକ୍ଷା କ୍ଷେତ୍ରରେ ଶ୍ରମିକ ହୋଇ କାର୍ଯ୍ୟ କରିଥିଲେ, ସେ ନିଜର ଧନ ଏବଂ ବାଣିଜ୍ୟ, ସେବକ ଏବଂ ବ୍ୟବସାୟ ଭୁଲିକରି ସଂପୂର୍ଣ୍ଣ ଆଜ୍ଞାର ମାର୍ଗରେ ଚାଲିଥିଲେ । ଏହି ବିଶ୍ୱସ୍ତ ଶିଷ୍ୟ ପାଇଁ ଗୁରୁ ସର୍ବସମ୍ମତ, ସର୍ବୋପରି ଥିଲେ ।

ଆଧ୍ୟାତ୍ମିକ ପଥ ହେଉଛି ଅହଂକାରର ବିନାଶର ପଥ । ତୁମେ ଯାହା କରୁଛ ତାହା ଗୁରୁତ୍ୱପୂର୍ଣ୍ଣ ନୁହେଁ, କିନ୍ତୁ ତାହା ତୁମେ କେଉଁ ଉପାୟରେ କରୁଛ । ଯଦି ତୁମର କାର୍ଯ୍ୟ ତୁମର ଅହଂଭାବକୁ ବଢାଉଛି ତେବେ ତୁମେ ସେଗୁଡ଼ିକ କରିବା ଠାରୁ ନିବୃତ୍ତ ହେବା ଦରକାର । ଯଦି, ଅପର ପକ୍ଷେ, ସେମାନେ ତୁମର ଅହଂଭାବକୁ ଉଣା କରିଦେଉଥାନ୍ତି, ତୁମେ ନିଶ୍ଚିତ ହୋଇ ପାରିବ ଯେ ତୁମେ ସଠିକ୍ ରାସ୍ତାରେ ଅଛ ।

ଲେହନାଙ୍କର ଗୁରୁଙ୍କ ପ୍ରତି ଆଜ୍ଞାକାରୀତା ଏବଂ ପ୍ରଗାଢ଼ ଭକ୍ତି ବିଷୟରେ ଅନେକ କାହାଣୀ ସମୟାନୁକ୍ରମେ ଆମ ପାଖକୁ ଗଡ଼ି ଆସିଛି । ଏହା ମଧ୍ୟରୁ ପ୍ରତ୍ୟେକଟି ଘଟଣା ତାଙ୍କର ଅସୀମ ଧୈର୍ଯ୍ୟ, ତାଙ୍କର ଅବିଶ୍ୱାସନୀୟ ଆଜ୍ଞାକାରୀତା ଏବଂ ଗୁରୁଙ୍କ ସେବାପାଇଁ ସଂପୂର୍ଣ୍ଣ ସମର୍ପଣ ଭାବର ଅନେକ କଥା କହିଥାଏ ।

ଗୋଟିଏ ଅନ୍ଧକାରମୟ ଶୀତ ରାତିରେ, କରତାରପୁରରେ ଏତେ ଜୋରରେ ବର୍ଷା ହେଲା ଯେ ଧର୍ମଶାଳାର କାନ୍ଥ ଭୁଷୁଡ଼ି ପଡ଼ିଥିଲା । କାନ୍ଥଗୁଡ଼ିକ ଚଞ୍ଚଳ ମରାମତି କରାଯାଉ ବୋଲି ଗୁରୁ ତାଙ୍କର ଇଚ୍ଛା ପ୍ରକାଶ କରିଥିଲେ । ଗୁରୁଙ୍କ ପୁତ୍ର ଏବଂ ତାଙ୍କର ଅନେକ ଶିଷ୍ୟମାନେ ତାଙ୍କୁ ଆଶ୍ୱାସନା ଦେଇଥିଲେ ଯେ ସେମାନେ ସକାଳେ ଏକ ରାଜମିସ୍ତ୍ରୀ ଏବଂ ଶ୍ରମିକ ଦଳ ପଠାଇବେ ଯାହାଦ୍ୱାରା ନଷ୍ଟ ହୋଇ ଯାଇଥିବା

କାନ୍ଥଗୁଡ଼ିକର ପୁନରୁଦ୍ଧାର ହୋଇପାରିବ । କିନ୍ତୁ ଗୁରୁ ସାଙ୍ଗେ ସାଙ୍ଗେ କାର୍ଯ୍ୟ ଆରମ୍ଭ କରିବା ପାଇଁ ଜୋର ଦେଇଥିଲେ । ତେଣୁ ସେମାନେ କାନ୍ଥ ମରାମତି କାମ ଆରମ୍ଭ କରିଥିଲେ ।

ଯେତେବେଳେ ମରାମତି କାମର କିଛି ଅଂଶ ଶେଷ ହୋଇଥିଲା, ଗୁରୁ ସେହି ନୂଆ ତିଆରି ହୋଇଥିବା ଅଂଶକୁ ଭାଙ୍ଗିବାରୁ ଆଦେଶ ଦେଇଥିଲେ ଯେହେତୁ ସେହି କାମ ସନ୍ତୋଷଜନକ ହୋଇପାରି ନ ଥିଲା । ସେ ସେହି ଅଂଶକୁ ପୁଣି ନିର୍ମାଣ କରିବାକୁ ନିର୍ଦ୍ଦେଶ ଦେଇଥିଲେ । ସେମାନେ ଯାହା ନିର୍ମାଣ କରିଥିଲେ ତାକୁ ଭାଙ୍ଗି ଦେଇଥିଲେ ତେଣୁ ସେମାନେ ସ୍ଥିର କରିଥିଲେ ଯେ ବାକି କାମ ଅପେକ୍ଷା କରିପାରେ ଏବଂ ସେମାନେ କିଛି ସମୟ ଶୋଇବାକୁ ଚାଲିଯାଇଥିଲେ । ଗୁରୁଙ୍କ ଆଦେଶ ପାଳନ କରି ଲେହନା ଏକାକୀ ପରିଶ୍ରମ କରୁଥିଲେ ଏବଂ ଏହା କେବଳ ଗୋଟିଏ କିମ୍ବା ଦୁଇ ଦିନ ପାଇଁ ହୋଇ ନ ଥିଲା । ଜନ୍ମସାଖୀ (ଗୁରୁନାନକଙ୍କ ଆତ୍ମଜୀବନୀ) କହିବା ଅନୁସାରେ, ଦିନ ରାତି ସେ ନିରବିଚ୍ଛିନ୍ନ ଭାବରେ କାମ କରୁଥିଲେ, ପର୍ଯ୍ୟାୟକ୍ରମେ ସେ କିଛି ନିର୍ମାଣ କରୁଥିଲେ ଏବଂ ଗୁରୁଙ୍କ ଆଦେଶରେ ପୁଣି ତାହାକୁ ଭାଙ୍ଗି ଦେଉଥିଲେ ।

ଜଣେ ଶିଷ୍ୟ ତାଙ୍କୁ ପାଗଳ ବୋଲି କହିଥିଲେ । ଲେହନାଙ୍କ ଉତ୍ତର ବହୁତ ସରଳ ଥିଲା: "ଏହି ହାତଗୁଡ଼ିକ କେବଳ ଗୁରୁଙ୍କ କାର୍ଯ୍ୟ କରିବା ଦ୍ୱାରା ଶୁଦ୍ଧ ହୋଇପାରିବ ।"

ଅନ୍ୟ କିଛି ଉତ୍ସରୁ ସଂଗୃହୀତ ହୋଇଥିବା ତଥ୍ୟ ଅନୁସାରେ ଆଉ ଏକ ଘଟଣା ଅଛି ଯାହା କିଛି ବିଦ୍ୱାନଙ୍କ ମତାନୁଯାୟୀ ଉତ୍ତରାଧିକାରୀ ପ୍ରସଙ୍ଗର ମୀମାଂସା ହୋଇଯାଇଥିଲା । କୁହାଯାଏ ଯେ ଗୁରୁ ନାନକ ଥରେ ତାଙ୍କର ଘନିଷ୍ଠ ଅନୁଗାମୀ ମାନଙ୍କୁ ନେଇ ଏକ ଘନ ଜଙ୍ଗଲକୁ ଯାଇଥିଲେ । ସେଠାରେ ସେ ସମସ୍ତଙ୍କ ଆଶ୍ଚର୍ଯ୍ୟଚକିତ ଆଖି ଆଗରେ ଶୂନ୍ୟରୁ ସୁନା, ରୁପାର ମୁଦ୍ରା ପକାଇଥିଲେ । ହାୟ, ତାଙ୍କର ଅନୁଗାମୀ ମାନେ ମୁଦ୍ରାମାନଙ୍କ ପଛରେ ଏପଟ ସେପଟ ଦଉଡ଼ିବାରେ ଲାଗିଲେ ଏବଂ ଯେତେ ପାରୁଛନ୍ତି ସଂଗ୍ରହ କରିବାକୁ ଚେଷ୍ଟା କରିଥିଲେ । କେବଳ ଲେହନା ଏବଂ ଅନ୍ୟ ଜଣେ ଶିଷ୍ୟ ଭାଇ ବୁଦ୍ଧ ସୁନା ଓ ରୁପା ଦ୍ୱାରା ପ୍ରଭାବିତ ହୋଇ ନ ଥିଲେ ।

ଗୁରୁ ନାନକ ବର୍ତ୍ତମାନ ସେମାନଙ୍କୁ ଏକ ଅନ୍ତିମ ସଂସ୍କାର ସ୍ଥାନକୁ ନେଇଗଲେ ଏବଂ ଶବ ଉପରେ ଥିବା ଚାଦରକୁ ଉଠାଇ ତାହାର ମାଂସ ଖାଇବାକୁ ଉଭୟଙ୍କୁ ଆଦେଶ ଦେଇଥିଲେ । ଏହି ନିର୍ଦ୍ଦେଶରେ ବିଚଳିତ ହୋଇ ଭାଇ ବୁଦ୍ଧ ଭୟଭୀତ ହୋଇ ପଳାଇଥିବା କୁହାଯାଇଛି । ଅଦମ୍ୟ ସାହାସୀ, ସଂକଳ୍ପବଦ୍ଧ ଏବଂ ସର୍ବଦା

ଗୁରୁଙ୍କ କଥା ମାନିବାକୁ ଆଗ୍ରହୀ, ଭାଇ ଲେହନା ଶବ ଉପରୁ ଚଦର ଉଠାଇ ଜାଣିବାକୁ ପାଇଥିଲେ ଯେ ଚଦର ତଳେ ମୃତ ଶରୀରର ମାଂସ ନ ଥିଲା ବରଂ ଗୁରୁ ନାନକ ନିଜେ ଥିଲେ- ଶୂନ୍ୟରେ ଏକ ସ୍ୱର ଏହିପରି ଭାବରେ କହିଥିଲା : "ଏହି, ତୁମର ଉତ୍ତରାଧିକାରୀ, ତୁମ ନିଜର ଏକ ଅଂଶ ହୋଇ ରହିବ ।"

ଆମେ ନିଶ୍ଚିତ ଭାବରେ ବୁଝିବା ଉଚିତ ଯେ, ଏହି ପୂର୍ବ ଘଟଣାଗୁଡ଼ିକର ଭିତ୍ତିଭୂମି କେବଳ ଯାଦୁ ଏବଂ ଚମତ୍କାର ନୁହେଁ ବରଂ ଏକ ପରୀକ୍ଷା ଯାହା ଲେହନାଙ୍କର ନିର୍ବିବାଦ ଆଜ୍ଞାକାରୀତା ଏବଂ ତାଙ୍କର ସମ୍ପୂର୍ଣ୍ଣ ଆତ୍ମ-ବିନାଶକୁ ପ୍ରକାଶ କରିଛି । ଏଠାରେ ଜଣେ ଏମିତି ଶିଷ୍ୟ ଥିଲେ, ଯିଏ ତାଙ୍କ ଗୁରୁଙ୍କୁ ଅବିସ୍ମରଣୀୟ ବିଶ୍ୱସ୍ତତା ଏବଂ ଆପୋଷ ବିହୀନ ଭକ୍ତି ସହିତ ଅନୁସରଣ କରିବାକୁ ସଂକଳ୍ପବଦ୍ଧ ଥିଲେ ।

ଗୁରୁ ଭାବରେ ଘୋଷଣା

ଯେପରି ଆମେ ପୂର୍ବରୁ ଜାଣିଥିଲେ, ପଞ୍ଜାବୀରେ ଲେହନା ଶବ୍ଦର ଅର୍ଥ ହେଉଛି, "ଜଣଙ୍କ ଠାରୁ ଅନ୍ୟଜଣଙ୍କର ପ୍ରାପ୍ୟ ।" ଦିନେ ଗୁରୁ ନାନକ ଲେହନାଙ୍କୁ ପାଖକୁ ଡାକିଥିଲେ ଏବଂ ତାଙ୍କୁ କହିଥିଲେ, "ତୁମର ଲେହନା ମୋ ଠାରୁ ପାଇବ : ତୁମେ ତାକୁ ମୋ ଠାରୁ ଗ୍ରହଣ କରିବାକୁ ପଡ଼ିବ ।" ଏବଂ ତାଙ୍କର ପ୍ରିୟ, ଉତ୍ସର୍ଗୀକୃତ ଶିଷ୍ୟଙ୍କୁ ସ୍ନେହରେ ଆଲିଙ୍ଗନ କରି ଗୁରୁ ତାଙ୍କୁ କହିଲେ: "ଆଜିଠାରୁ ତୁମେ ଆଉ ଲେହନା ନୁହଁ । ଏବେ ତୁମେ ଅଙ୍ଗଦ ମୋ ଦେହର ଗୋଟେ ଅଙ୍ଗ, ମୋ ନିଜର ଏକ ନିଶ୍ୱାସ, ମୋ ଆତ୍ମା ସହିତ ଜଣେ, ମୋର ପ୍ରାଣ ସହିତ ଏକାକାର", ନିଜ ଜୀବନ କାଳ ଭିତରେ ଗୁରୁ ଅଙ୍ଗଦଙ୍କୁ ତାଙ୍କ ଉତ୍ତାରାଧିକାରୀ ଭାବେ ମନୋନୀତ କରିଥିଲେ ।

ଜନ୍ମସାଖୀ ଅନୁସାରେ, ଦ୍ୱିତୀୟ ଗୁରୁଙ୍କର ସ୍ଥାପନା ପ୍ରକୃତରେ ଗୁରୁ ନାନକଙ୍କ ମୃତ୍ୟୁର କିଛି ଦିନ ପୂର୍ବରୁ ହୋଇଥିଲା । ଗୁରୁ ରବି ନଦୀର କୂଳକୁ ଯାଇଥିଲେ । ସେଠାରେ ସେ ଅଙ୍ଗଦଙ୍କ ସମ୍ମୁଖରେ ପାଞ୍ଚଟି ତାମ୍ର ମୁଦ୍ରା ରଖି ତାଙ୍କ ପାଦତଳେ ପ୍ରଣାମ କରିଥିଲେ - ଏହିପରି, ବିଶ୍ୱସ୍ତ ଏବଂ ଭକ୍ତ ଅଙ୍ଗଦ ତାଙ୍କ ପ୍ରିୟ ଗୁରୁଙ୍କର ଉତ୍ତରାଧିକାରୀ ଭାବରେ ସ୍ଥାପିତ ହୋଇଥିଲେ । ଜନ୍ମସାଖୀ ଅନୁସାରେ, ଗୁରୁ ନାନକ ଅଙ୍ଗଦଙ୍କୁ ତାଙ୍କର ଜ୍ଞାନର ଆଲୋକ ପ୍ରଦାନ କରିଥିଲେ । ଏହିପରି ଗୁରୁ ଅଙ୍ଗଦ ତାଙ୍କ ଉତ୍ତରାଧିକାରୀଙ୍କ ଅପେକ୍ଷା ବହୁତ ଅଧିକା ଜ୍ଞାନୀ ଥିଲେ । ପ୍ରଥମ ଗୁରୁ ତାଙ୍କୁ ନିଜ ସହ ସମାନ କରି ଦେଇଥିଲେ । ସେ ନିଜ ଜ୍ଞାନର ଆଲୋକକୁ ତାଙ୍କ ନିକଟକୁ ସ୍ଥାନାନ୍ତରିତ କରି ଦେଇଥିଲେ ।

ସଙ୍ଗୀତଜ୍ଞ ଦତ୍ତ ଏବଂ ବଲୱନ୍ତ ପ୍ରଥମ ଗୁରୁ ଏବଂ ତାଙ୍କ ମନୋନୀତ,

ଉତ୍ତରାଧିକାରୀଙ୍କ ମଧ୍ୟରେ ଏହି ଆଧ୍ୟାତ୍ମିକ ଯୋଗସୂତ୍ର ବିଷୟରେ ଏକ ଗୁରୁତ୍ୱପୂର୍ଣ୍ଣ ରଚନା କରିଛନ୍ତି ।

ଯେତେବେଳେ ଗୁରୁ ନାନକ ଏତେବଡ଼ ମହାନ ବ୍ୟକ୍ତିଙ୍କୁ ପରୀକ୍ଷା କଲେ।
ସେତେବେଳେ ସେ ଏହିପରି ଶକ୍ତି ପ୍ରଦର୍ଶନ କରିଥିଲେ।
ସେ ନିଜ ଛତା ଲେହନାଙ୍କ ମୁଣ୍ଡ ଉପରେ ରଖିଥିଲେ।
ଏବଂ ତାଙ୍କୁ ଆକାଶ ବକ୍ଷକୁ ଉନ୍ନୀତ କରିଦେଇଥିଲେ ।
ଗୁରୁ ନାନକଙ୍କ ଆଲୋକ ଗୁରୁ ଅଙ୍ଗଦଙ୍କ ସହିତ ମିଶିଗଲା
ଏବଂ ଗୋଟିଏ ଅନ୍ୟ ସହ ଅବଶୋଷିତ ହୋଇଯାଇଥିଲା
ସେ ତାଙ୍କର ଶିଖ୍ ଏବଂ ପୁତ୍ରମାନଙ୍କୁ ପରୀକ୍ଷା କରିଥିଲେ
ଏବଂ ସେ ଯାହା କରିଛନ୍ତି ତାହା ସମସ୍ତ ଅନୁଗାମୀ ମାନେ ଦେଖି ପାରିଥିଲେ
ଯେତେବେଳେ ଲେହନା ପରୀକ୍ଷା କରାଯାଇ ଶୁଦ୍ଧ ହୋଇଥିଲେ
ସେତେବେଳେ ଗୁରୁ ନାନକ ତାଙ୍କୁ ପବିତ୍ର କରିଥିଲେ ।

ବିଶ୍ୱସ୍ତ ଅଙ୍ଗଦ ତାଙ୍କ ଗୁରୁଙ୍କୁ ଅନୁରୋଧ କରିଥିଲେ ଯେ, ସେହି ସବୁ ଅନୁଗାମୀ ମାନଙ୍କୁ ପୁନଶ୍ଚ ଶିଖ୍ ଧର୍ମରେ ସାମିଲ କରାଯାଉ ଯେଉଁମାନଙ୍କୁ ଆଗରୁ ପରୀକ୍ଷା କରାଯାଇଥିଲା କିନ୍ତୁ ସେମାନେ ସଫଳ ହୋଇ ନ ଥିଲେ । ଗୁରୁ ଉତ୍ତର ଦେଇଥିଲେ "କେବଳ ତୁମ ପାଇଁ ମୁଁ ସେମାନଙ୍କୁ କ୍ଷମା କରି ଦେଉଛି ।" କୃତଜ୍ଞତାର ଅଶ୍ରୁ ଚକ୍ଷୁରେ ଭରିକରି ଅଙ୍ଗଦ ଗୁରୁଙ୍କର ପାଦତଳେ ପଡ଼ିଯାଇଥିଲେ, ଗୁରୁ ତାଙ୍କୁ ଖାଦୁର ଫେରିଯିବାକୁ ନିର୍ଦ୍ଦେଶ ଦେଇଥିଲେ ଏବଂ ତାଙ୍କର ଶିକ୍ଷାଦାନ କାର୍ଯ୍ୟ ଜାରି ରଖିବାକୁ କହିଥିଲେ ।

ଶିଖ୍ ଧର୍ମ ପାଇଁ ଅବଦାନ (Contribution to Sikhism)

ଗୁରୁଙ୍କ ନିର୍ଦ୍ଦେଶକ୍ରମେ ଖାଦୁର ଫେରିଆସି, ଗୁରୁ ଅଙ୍ଗଦ ତାଙ୍କ କାର୍ଯ୍ୟ ଜାରି ରଖିଥିଲେ । ତାଙ୍କ ଗୁରୁଙ୍କ ପରି ସେ ଲୋକମାନଙ୍କୁ ଧାର୍ମିକ ଭାବନା ଏବଂ ଉତ୍ସର୍ଗୀକୃତ ସେବାର ଗୁଣ ଶିକ୍ଷା ଦେଇଥିଲେ । ଗୁରୁ ଅଙ୍ଗଦଙ୍କର ପ୍ରଶଂସାରେ ସଙ୍ଗୀତକାର ବଲୱନ୍ତ "ଟିକେ ଡି ଭାର" ନାମରେ ଏକ ଭଜନ ରଚନା କରିଥିଲେ ଯେଉଁଥିରେ ସେ ଗୁରୁ ଅଙ୍ଗଦଙ୍କୁ ତାଙ୍କର ଧ୍ୟାନ, ମିତବ୍ୟୟତା ଏବଂ ନିବୃତ୍ତତା (ତାପୁ, ଜାପୁ, ସଞ୍ଜାମୁ) ପାଇଁ ବହୁତ୍ ଉଚ୍ଚ ସ୍ଥାନ ଦେଇଥିଲେ । ସେ ପ୍ରଭାତରେ ସୂର୍ଯ୍ୟୋଦୟ ପୂର୍ବରୁ ଶଯ୍ୟାତ୍ୟାଗ କରି ସ୍ନାନ କରୁଥିଲେ । ତା'ପରେ ଧ୍ୟାନରେ କିଛି ସମୟ ବିତାଉଥିଲେ ଏବଂ ନୀରବରେ ସେହି ସ୍ୱର୍ଗୀୟ ଶକ୍ତିଙ୍କ ସହ ଯୋଗାଯୋଗ କରୁଥିଲେ । ତା'ପରେ ସେ ଗାୟକ ମାନଙ୍କ ସହ କୀର୍ତ୍ତନ ଏବଂ ଗୁରୁଙ୍କ ପ୍ରଶସ୍ତିର ଗୀତରେ ଯୋଗ ଦେଉଥିଲେ । ପରେ ସେ

ଆରୋଗ୍ୟ ଆଶାରେ ଆସିଥିବା ଅସଂଖ୍ୟ ରୋଗୀ ଏବଂ କୁଷ୍ଠରୋଗୀଙ୍କ ପାଖକୁ ଯାଉଥିଲେ । ଦିବସର ପରବର୍ତ୍ତୀ ଭାଗରେ ସେ ଗୁରୁ ନାନକଙ୍କର ବାଣୀ ଏବଂ ଉପଦେଶର ପ୍ରଚାର କରୁଥିଲେ ।

ଭୋଜନ ସମୟରେ, ସେ ଜାତି, ଧର୍ମ କିମ୍ବା ସ୍ଥିତି ନିର୍ବିଶେଷରେ ସମସ୍ତଙ୍କ ସହ ବସି ସର୍ବସାଧାରଣ ପାଇଁ ରୋଷେଇ ହୋଇଥିବା ଖାଦ୍ୟକୁ ଭୋଜନ କରୁଥିଲେ। ତାଙ୍କ ପତ୍ନୀ ନିଜେ ରୋଷେଇରେ ଅଂଶ ଗ୍ରହଣ କରୁଥିଲେ, ସମସ୍ତଙ୍କୁ ନିଜ ହାତରେ ପରଷୁଥିଲେ ଏବଂ ବ୍ୟକ୍ତିଗତ ଭାବରେ ଲଙ୍ଗର (Community Kitchen)ର ତଦାରଖ କରୁଥିଲେ। ଅପରାହ୍ଣରେ ଗୁରୁ ଅଙ୍ଗଦ ପିଲାମାନଙ୍କୁ ଶିକ୍ଷାଦାନ କରୁଥିଲେ । ସେ ନିଜର ଜୀବିକା ନିର୍ବାହ ପାଇଁ ଖଟିଆ ପାଇଁ ଦଉଡ଼ି ବୋଲୁଥିଲେ । ଏହିପରି, ସେ ଶ୍ରମର ସମ୍ମାନ ଏବଂ ସଚ୍ଚୋଟ ଜୀବନ ଯାପନର ଉଦାହରଣ ପ୍ରଦର୍ଶନ କରିଥିଲେ। ବିଶ୍ୱସ୍ତ ସେବକଙ୍କ ଦ୍ୱାରା ଅଣାଯାଉଥିବା ସମସ୍ତ ଦ୍ରବ୍ୟ ସମ୍ପ୍ରଦାୟ ପାଣ୍ଠିକୁ ଯାଉଥିଲା ।

ଗୁରୁ ନାନକଙ୍କ ଶିକ୍ଷାଦାନ ଅନୁଯାୟୀ, ଦ୍ୱିତୀୟ ଗୁରୁ ମଧ୍ୟ ଘୋଷଣା କରିଥିଲେ ଯେ ସମାଜରେ ନିଷ୍କ୍ରିୟ ବୈରାଗୀ ମାନଙ୍କର କୌଣସି ସ୍ଥାନ ନାହିଁ । ପ୍ରତିଦିନ ସଂଧ୍ୟାରେ ଗୁରୁ ଅଙ୍ଗଦ ତାଙ୍କ ଗୁରୁଙ୍କର ନୀତିବାଣୀ ଉପରେ ପ୍ରବଚନ ଦେଉଥିଲେ । କରତାରପୁର ପରେ ଖାଦୁର ଏହିପରି ଶିଖ୍ ଧର୍ମର କେନ୍ଦ୍ର ପାଲଟି ଯାଇଥିଲା । ଲୋକମାନେ ଗୁରୁ ଅଙ୍ଗଦଙ୍କ ପ୍ରବଚନ ଶୁଣିବା ପାଇଁ ଦୂରଦୂରାନ୍ତରରୁ ଆସୁଥିଲେ ଏବଂ ସେମାନଙ୍କ ମଧ୍ୟରୁ ଅନେକ ଏହି ନୂତନ ଧର୍ମ ଗ୍ରହଣ କରିବାକୁ ଅନୁପ୍ରାଣିତ ହୋଇଥିଲେ । ଏହା ଲିପିବଦ୍ଧ ହୋଇଅଛି ଯେ, ସମ୍ରାଟ ହୁମାୟୁନ ମଧ୍ୟ ତାଙ୍କୁ ଏଠାରେ ଦେଖା କରି ଆଶୀର୍ବାଦ ଭିକ୍ଷା କରିଥିଲେ । ଏହା ଏହିପରି ଘଟିଥିଲା ।

ହୁମାୟୁନ ତାଙ୍କର ଶତ୍ରୁ ଆଫଗାନିସ୍ଥାନର ଶେର ଶାହଙ୍କ ଦ୍ୱାରା ଲଜ୍ଜାଜନକ ପରାଜୟର ସମ୍ମୁଖୀନ ହୋଇଥିଲେ । ଗୁରୁ ଅଙ୍ଗଦଙ୍କ ବିଷୟରେ ଶୁଣି ତାଙ୍କ ସହିତ ପରାମର୍ଶ କରିବାକୁ ଇଚ୍ଛାକରି ସେ ଖାଦୁର ଠାରେ ଅଜ୍ଞାତରେ ପହଞ୍ଚି ସିଧା ଗୁରୁଙ୍କ ବାସ ଭବନକୁ ଯାଇଥିଲେ । ତାଙ୍କ ଆଗମନ ବିଷୟରେ କେହି ହେଲେ ଜାଣିପାରିନଥିଲେ ଏବଂ ତାଙ୍କୁ ଅଭ୍ୟର୍ଥନା କରିବା ପାଇଁ ସେଠାରେ କେହିହେଲେ ନଥିଲେ । ସେତେବେଳେ ଗୁରୁ ଅଙ୍ଗଦ ଧ୍ୟାନ ଏବଂ ଗଭୀର ଚିନ୍ତନରେ ହଜିଯାଇଥିଲେ । ଫଳସ୍ୱରୂପ, ହୁମାୟନ କିଛି ସମୟ ପାଇଁ ଅବହେଳିତ ଭାବରେ ଠିଆ ହୋଇରହିଥିଲେ । ଗତାନୁଗତିକ ଭାବରେ ସେ କ୍ରୋଧରେ ଜଳିଗଲେ ଏବଂ ଅସୁରକ୍ଷିତ ଗୁରୁଙ୍କ ଉପରେ କ୍ରୋଧ ପ୍ରକାଶ କରି ପ୍ରକୃତିଗତ ଭାବରେ ନିଜର ଖଣ୍ଡା ବାହାର କରିବାକୁ ଚେଷ୍ଟା

କରିଥିଲେ । କିନ୍ତୁ ତାଙ୍କୁ ଆଶ୍ଚର୍ଯ୍ୟ କରି ତାଙ୍କ ଖଣ୍ଡା ତା'ର ଖୋଳରେ ଅଟକି ଯାଇଥିଲା ଏବଂ ଯେମିତିକି ସେ ଖୋଳରୁ ବାହାରିବାକୁ ମନା କରିଦେଇଥିଲା ।

ଲଜ୍ଜିତ ଏବଂ ଅନୁତପ୍ତ, ହୁମାୟୁନ ଗୁରୁଙ୍କ ପାଦତଳେ ପଡ଼ିଯାଇଥିଲେ । "ଯେତେବେଳେ ତୁମେ ଶେର୍ ଶାହାଙ୍କୁ ସାମ୍ନା କରୁଥିଲ ସେତେବେଳେ ଏହି ଖଣ୍ଡା କେଉଁଠାରେ ଥିଲା ?" ଗୁରୁ ତାଙ୍କୁ ପଚାରିଥିଲେ, "କାହିଁକି ତୁମେ ତୁମର ପ୍ରେମ ଏବଂ ସମ୍ମାନ ଅର୍ପଣ କରିବା ପରିବର୍ତ୍ତେ ଏକ ଫକିର ବିରୁଦ୍ଧରେ ତୁମର ତରବାରୀ ଉତ୍ତୋଳନ କରୁଥିଲ ?"

ହୁମାୟୁନ ଗୁରୁଙ୍କୁ ନମ୍ରତାର ସହ କ୍ଷମା ପ୍ରାର୍ଥନା କରିଥିଲେ ଏବଂ ଭବିଷ୍ୟତର ସଫଳତା ପାଇଁ ଆଶୀର୍ବାଦ କାମନା କରିଥିଲେ । ଶେର୍ ଶାହାଙ୍କୁ ଆକ୍ରମଣ କରିବା ପୂର୍ବରୁ ଗୁରୁ ତାଙ୍କୁ ଏକ ବିରାଟ ଅଶ୍ୱାରୋହୀ ବାହିନୀ ସଂଗଠିତ କରିବାକୁ ପରାମର୍ଶ ଦେଇଥିଲେ । ଏହି ଘଟଣା ପରେ ହୁମାୟୁନ ଗୁରୁଙ୍କର ଜଣେ ସମ୍ମାନିତ ପ୍ରଶଂସକ ହୋଇ ରହିଥିଲେ । ସେ ପୁଣିଥରେ ଦିଲ୍ଲୀ ସିଂହାସନ ପାଇଲା ପରେ ଆଶୀର୍ବାଦ ପାଇବାକୁ ଆସିଥିଲେ ।

ଗୁରୁ ଅଙ୍ଗଦ ଗୁରୁମୁଖୀ ଲେଖାର ବର୍ତ୍ତମାନ ସ୍ୱରୂପ ଉଦ୍ଭାବନ କରିଥିଲେ । ଏହା ପଞ୍ଜାବୀ ଭାଷା ଲେଖିବାର ମାଧ୍ୟମରେ ପରିଣତ ହୋଇପାରିଥିଲା ଯେଉଁଥିରେ ଗୁରୁମାନଙ୍କର ଭଜନ ପ୍ରକାଶ ପାଇଥିଲା । ଶିଖ୍ ଧର୍ମର ପରବର୍ତ୍ତୀ ଅଭିବୃଦ୍ଧି ଏବଂ ବିକାଶ ଉପରେ ଏହାର ସୁଦୁରପ୍ରସାରୀ ପ୍ରଭାବ ପଡ଼ିଥିଲା । ଏହା ଏହି ଭାଷା କହୁଥିବା ଲୋକମାନଙ୍କୁ ସେମାନଙ୍କର ନିଜର ଏକ ପରିଚୟ ସୃଷ୍ଟି କରିପାରିଥିଲା, ଯାହା ସେମାନଙ୍କର ଚିନ୍ତାଧାରାକୁ ସିଧାସଳଖ ଏବଂ କୌଣସି ଅସୁବିଧା କିମ୍ବା ଉଚ୍ଚାରଣ ବିନା ପ୍ରକାଶ କରିବାକୁ ସକ୍ଷମ କରିପାରିଥିଲା । ମିଶନର ସ୍ୱାଧୀନତା ଏବଂ ଗୁରୁଙ୍କ ଅନୁଗାମୀ ମାନଙ୍କୁ ପ୍ରତିଷ୍ଠା କରିବାରେ ଏହାର ପ୍ରଭାବ ରହିଥିଲା । ଗୁରୁମୁଖୀ ଲେଖାର ଉଦ୍‌ଭାବନ ମଧ୍ୟ ସିଦ୍ଧାନ୍ତ ବା ମତବାଦର ଶୁଦ୍ଧତା ବଜାୟ ରଖିବାରେ ସହାୟକ ହୋଇଥିଲା ଏବଂ ନ୍ୟସ୍ତ ସ୍ୱାର୍ଥ ଗୋଷ୍ଠୀ ଦ୍ୱାରା ଭୁଲ ବୁଝାମଣା ବା ଭୁଲ ନିର୍ମାଣର ସମସ୍ତ ସମ୍ଭାବନାକୁ ଦୁର କରିଦେଇଥିଲା ।

ଗୁରୁ ନାନକଙ୍କ ପରି ଗୁରୁ ଅଙ୍ଗଦ ଏବଂ ପରବର୍ତ୍ତୀ ସମସ୍ତ ଗୁରୁମାନେ ମଧ୍ୟ ସେମାନଙ୍କ ଉତ୍ତରାଧିକାରୀ ମାନଙ୍କୁ ମନୋନୀତ କରିଥିଲେ ଏବଂ ନିଯୁକ୍ତି ଦେଇଥିଲେ କିନ୍ତୁ ସେମାନଙ୍କର ରହସ୍ୟମୟ ଦକ୍ଷତା ଏବଂ ମିଶନର ଦାୟିତ୍ୱ ତୁଲାଇବା କ୍ଷମତା ବିଷୟରେ ନିଜକୁ ସମ୍ପୂର୍ଣ୍ଣ ସନ୍ତୁଷ୍ଟ କରି ସାରିଲା ପରେ । ଗୁରୁ ଅଙ୍ଗଦଙ୍କ କ୍ଷେତ୍ରରେ ଇତିହାସ ଚମତ୍କାର ଭାବରେ ପୁନରାବୃତ୍ତି କରିଥିଲା ପରି ଲାଗିଥିଲା । ତାଙ୍କ

ଉତ୍ତରାଧିକାରୀ ଭାଇ ଅମରଦାସ ଗୁରୁ ନାନାକଙ୍କ ଭଜନ ଶୁଣିପାରିଥିଲେ ଯାହାକୁ ବିବି ଆମ୍ରୋ ସୁଲ୍ଲଳୀତ ସ୍ୱରରେ ବୋଲିଥିଲେ । ବିବି ଆମ୍ରୋ ଗୁରୁ ଅଙ୍ଗଦଙ୍କ ନିଜ ଝିଅ ବ୍ୟତୀତ ଆଉ କେହି ନଥିଲେ ଯିଏ କି ଅମରଦାସଙ୍କ ଭାଇଙ୍କ ପୁଅଙ୍କୁ ବିବାହ କରିଥିଲେ । ଗୁରବାଣୀର ଶବ୍ଦ ଅମରଦାସଙ୍କ ହୃଦୟକୁ ଅଭିଭୁତ କରିଥିଲା ଏବଂ ତାଙ୍କ ପୂର୍ବରୁ ତାଙ୍କ ଗୁରୁଙ୍କ ପରି ଅମରଦାସ ମଧ୍ୟ ଗୁରୁଙ୍କୁ ପାଇବା ପାଇଁ ବାହାରି ପଡ଼ିଥିଲେ ଏବଂ ୬୧ ବର୍ଷର ବୃଦ୍ଧାବସ୍ଥାରେ ଭାଇ ଅମରଦାସ ଦ୍ୱିତୀୟ ଗୁରୁଙ୍କର ନିଷ୍ଠାପର ଶିଷ୍ୟ ପାଲଟିଯାଇଥିଲେ, ଶେଷରେ ଗୁରୁଙ୍କ ଦ୍ୱାରା ତାଙ୍କୁ ତୃତୀୟ ଗୁରୁ ଭାବରେ ଉତ୍ତରାଧିକାରୀ ହେବା ପାଇଁ ମନୋନୀତ କରାଯାଇଥିଲା ।

ଗୁରୁ ଅଙ୍ଗଦ ଦେବ ବହୁ ସ୍ଥାନ ଭ୍ରମଣ କରିଥିଲେ ଏବଂ ଶିଖ୍ ଧର୍ମର ପ୍ରଚାର ପାଇଁ ଗୁରୁ ନାନକ ଦେବଙ୍କ ଦ୍ୱାରା ପ୍ରତିଷ୍ଠିତ ସମସ୍ତ ଗୁରୁତ୍ୱପୂର୍ଣ୍ଣ ଧାର୍ମିକ ସ୍ଥାନ ଏବଂ କେନ୍ଦ୍ର ପରିଦର୍ଶନ କରିଥିଲେ । ସେ ଶିଖ୍ ଧର୍ମର ଅନେକ ନୂତନ କେନ୍ଦ୍ର ପ୍ରତିଷ୍ଠା କରିଥିଲେ ଏବଂ ଏହିପରି ଭାବରେ ସେ ଧର୍ମ ଏବଂ ସମ୍ପ୍ରଦାୟକୁ ମଜଭୁତ କରିପାରିଥିଲେ । ତାଙ୍କ ଜୀବନ କାଳରେ ଅନେକ ଗୁରୁଦ୍ୱାର ପ୍ରତିଷ୍ଠା କରାଯାଇଥିଲା । ପରେ ସେହି ସ୍ଥାନଗୁଡ଼ିକର ପରିଦର୍ଶନ କରିବା ସ୍ମୃତିରେ ଶିଖ୍ ସମାଜର ସମ୍ପୂର୍ଣ୍ଣ ଭିତ୍ତିଭୂମି ଦୃଢ଼ ହୋଇ ପାରିଥିଲା ଏବଂ ଶିଖ୍ ଧର୍ମ ନିଜର ଏକ ଅନନ୍ୟ ଧାର୍ମିକ ପରିଚୟ ସଫଳତାର ସହ ପ୍ରତିଷ୍ଠିତ କରିପାରିଥିଲା ।

ଗୁରୁ ଅଙ୍ଗଦ ମାର୍ଚ୍ଚ ୨୯, ୧୫୫୨ ମସିହାରେ ମାତ୍ର ଅଠଚାଳିଶ ବର୍ଷ ବୟସରେ ତାଙ୍କର ନଶ୍ୱର ଶରୀର ତ୍ୟାଗ କରିଥିଲେ । ସେ ଖାଦୁର ସାହିବ ନିକଟରେ ଗୋଇନ୍ଦୱାଲରେ ଏକ ନୂତନ ଶିଖ୍ ସହରର ନିର୍ମାଣ କାର୍ଯ୍ୟ ଆରମ୍ଭ କରିଥିଲେ । ଏହାର ନିର୍ମାଣ କାର୍ଯ୍ୟର ତଦାରଖ ପାଇଁ ଗୁରୁ ଅମରଦାସଙ୍କୁ ନିଯୁକ୍ତ କରାଯାଇଥିଲା ।

ଗୁରୁ ଅଙ୍ଗଦଙ୍କ ବାଣୀ - (Guru Angad's Teachings)

ଦ୍ୱିତୀୟ ଗୁରୁଙ୍କର ଶିକ୍ଷାଦାନ ନିମ୍ନ ଲିଖିତ ଭାବରେ ବର୍ଣ୍ଣନା କରାଯାଇପାରେ

୧. ଶ୍ରମର ସମ୍ମାନ ଏବଂ ସଚ୍ଚୋଟ ଜୀବିକା ନିର୍ବାହ କରିବାର ଆବଶ୍ୟକତା

୨. ନିସ୍ୱାର୍ଥପର ସେବାର ଆନନ୍ଦ

୩. ଭଗବାନ ଏବଂ ଗୁରୁଙ୍କ ପାଖରେ ସମ୍ପୂର୍ଣ୍ଣ ସମର୍ପଣ

୪. ଜାକଜମକ ଏବଂ ଲୋକ ଦେଖାଣିଆକୁ ନା-ପସନ୍ଦ

ଗୁରୁ ଅଙ୍ଗଦଙ୍କୁ ଧନ୍ୟବାଦ ଯେ ତାଙ୍କ ପ୍ରଚେଷ୍ଟାରେ ଗୁରୁମୁଖୀ ଖୁବ୍ ଶୀଘ୍ର ସମୂହ ଜନତାଙ୍କର ଭାଷା ହୋଇଯାଇଥିଲା । ଦ୍ୱିତୀୟ ଗୁରୁ ପିଲାମାନଙ୍କ ସହିତ ସମୟ

ବିତାଇବାକୁ ବହୁତ ଭଲ ପାଉଥିଲେ ଏବଂ ସେମାନଙ୍କ ଶିକ୍ଷା ପ୍ରତି ବହୁତ ଆଗ୍ରହ ଦେଖାଉଥିଲେ । ଏହି ଉଦ୍ଦେଶ୍ୟରେ ସେ ବହୁତ ବିଦ୍ୟାଳୟ ଖୋଲିଥିଲେ । ତାଙ୍କର ଅକ୍ଳାନ୍ତ ପରିଶ୍ରମରେ ବହୁତ ଶିଖ୍ ଶିକ୍ଷିତ ହୋଇପାରିଥିଲେ । ଯୁବକ ମାନଙ୍କ ପାଇଁ ସେ ମଲ୍ ଆଖଡ଼ାର ପରମ୍ପରା ଆରମ୍ଭ କରିଥିଲେ, ଯେଉଁଠାରେ ସେମାନଙ୍କୁ ଶାରୀରିକ ତଥା ଆଧ୍ୟାତ୍ମିକ ବ୍ୟାୟାମ ମଧ୍ୟ ଶିକ୍ଷା ଦିଆଯାଉଥିଲା ।

ଗୁରୁ ପ୍ରଚାର କରିଥିଲେ ଯେ ଭଗବାନଙ୍କ ନିକଟରେ ପୁରୁଷ ଏବଂ ସ୍ତ୍ରୀ ସମାନ ଅଟନ୍ତି । ଗୁରୁଙ୍କ ସଂଗତରେ ମହିଳା ମାନଙ୍କୁ ସମ୍ମାନ ଏବଂ ସମାନତାର ସ୍ଥାନ ପ୍ରଦାନ କରାଯାଇଥିଲା । ତାଙ୍କର ପତ୍ନୀ ମାତା ଖିଭି ଏହି ଆନ୍ଦୋଳନର ନେତୃତ୍ୱ ନେଇଥିଲେ ଏବଂ ଲଙ୍ଗର (ସମୁହ ଭୋଜନ)ର ଦାୟିତ୍ୱ ଗ୍ରହଣ କରି ଗରିବ ଏବଂ ବେସହାରା ଲୋକ ମାନଙ୍କୁ ପ୍ରେମ ଏବଂ ସ୍ନେହରେ ଖାଇବାକୁ ଦେଉଥିଲେ ଏବଂ ପୁଷ୍ଟିକର ଖାଦ୍ୟ ସମସ୍ତଙ୍କୁ ଦିଆଯାଉଥିବାର ସୁନିଶ୍ଚିତ କରିଥିଲେ । ସେ ଲଙ୍ଗରରେ କୌଣସି ଭେଦଭାବ ସୃଷ୍ଟି ନ ହେବାକୁ ଦୃଷ୍ଟି ଦେଇଥିଲେ । ଯାହାଫଳରେ ପର୍ଯ୍ୟାୟକ୍ରମେ ସେ ସଂଗତରେ ପ୍ରେମ ଏବଂ ସମ୍ମାନ ଲାଭ କରିପାରିଥିଲେ । ସମସାମୟିକ ସଙ୍ଗୀତଜ୍ଞ ବଲବନ୍ତଙ୍କର ଭାଷାରେ ସେ ଗୁରୁଙ୍କ ଶିଷ୍ୟ ମାନଙ୍କ ପାଇଁ ବଡ଼ ଗଛର ଛାଇ ପରି ଥିଲେ ଏବଂ ସେମାନଙ୍କୁ ସୁଶୀତଳ ଛାୟା ପ୍ରଦାନ କରୁଥିଲେ । ସେ ଗୁରୁ ପତ୍ନୀ ଭାବରେ ଯେଉଁ ଭୂମିକା ନିର୍ବାହ କରିଥିଲେ ଏବଂ ତାଙ୍କର ଉଦାରତା ଓ ଦୟାର ପ୍ରଶଂସା ଗୁରୁ ଗ୍ରନ୍ଥ ସାହିବରେ ଲିପିବଦ୍ଧ ହୋଇଅଛି ।

ଗୁରୁ ଅଙ୍ଗଦ ମଧ୍ୟ ପ୍ରଥମ ଗୁରୁଙ୍କର ସ୍ୱୀକୃତୀପ୍ରାପ୍ତ ଜୀବନୀ ଲେଖକ ହୋଇଥିଲେ । ସେ ଭାଇ ବାଲାଜୀଙ୍କ ଠାରୁ ଗୁରୁ ନାନକଙ୍କ ଜୀବନ ସମ୍ବନ୍ଧରେ ତଥ୍ୟ ସଂଗ୍ରହ କରିଥିଲେ ଏବଂ ଗୁରୁ ନାନକଙ୍କର ପ୍ରଥମ ପ୍ରାଧିକୃତ ଜୀବନୀ ଲେଖିଥିଲେ । ସେ ମଧ୍ୟ ୬୩ଟି ଶ୍ଳୋକ ରଚନା କରିଥିଲେ ଯାହା ବର୍ତ୍ତମାନ ଗୁରୁ ଗ୍ରନ୍ଥ ସାହିବରେ ଅନ୍ତର୍ଭୁକ୍ତ ହୋଇଅଛି । ସେ ଗୁରୁ ନାନକ ସାହିବଙ୍କ ଦ୍ୱାରା ଆରମ୍ଭ ହୋଇଥିବା ଗୁରୁଙ୍କ ଲଙ୍ଗର ଅନୁଷ୍ଠାନକୁ ଲୋକପ୍ରିୟ କରିଥିଲେ ଏବଂ ବିସ୍ତାର କରିଥିଲେ ।

ଗୁରୁ ଅଙ୍ଗଦ ଧର୍ମ ଏବଂ ତାଙ୍କ ଗୁରୁଙ୍କ ବାଣୀର ପ୍ରଚାର କରିବା ପାଇଁ ଗୁରୁ ନାନକଙ୍କ ଦ୍ୱାରା ପ୍ରତିଷ୍ଠିତ ସମସ୍ତ ଗୁରୁତ୍ୱପୂର୍ଣ୍ଣ ସ୍ଥାନ ଏବଂ କେନ୍ଦ୍ର ପରିଦର୍ଶନ କରିଥିଲେ । ଏହିପରି ଶହ ଶହ ନୂତନ ସଂଗତର ପ୍ରତିଷ୍ଠା ହୋଇଥିଲା ଯାହା ଶିଖ୍ ଧର୍ମର ମୂଳଦୁଆକୁ ଶକ୍ତିଶାଳୀ କରିଥିଲା । ତାଙ୍କର ଗୁରୁ ହେବାର ଅବଧି ପ୍ରକୃତରେ ଏକ ଗୁରୁତ୍ୱପୂର୍ଣ୍ଣ ସମୟ ଥିଲା । ନୂତନ ପ୍ରତିଷ୍ଠିତ ଧର୍ମକୁ ଅନେକ ବିପଦର ସମ୍ମୁଖୀନ ହେବାକୁ ପଡ଼ିଥିଲା । ଧାର୍ମିକ ସଂସ୍ଥା ମଧ୍ୟରେ ଯୁଦ୍ଧ କରୁଥିବା ଦଳ ଏବଂ ଉଗ୍ର ଯୋଗୀଙ୍କ ସହ ବିବାଦ ଏ

ପର୍ଯ୍ୟନ୍ତ ହ୍ରାସ ପାଇ ନ ଥିଲା । ଏହିପରି ଏକ ଅସୁବିଧାଜନକ ପରିସ୍ଥିତିରେ ଗୁରୁ ଅଙ୍ଗଦ ଭକ୍ତି, ବିଶ୍ୱାସ, ଧର୍ମ ଏବଂ ସମ୍ପୂର୍ଣ୍ଣ ସରଳତାର ଏକ ଆଦର୍ଶ ଜୀବନ ଅତିବାହିତ କରିଥିଲେ, ଯାହା ତାଙ୍କ ଗୁରୁଙ୍କ ଶିକ୍ଷାର ଅକ୍ଷରେ ଅକ୍ଷରେ ସତ୍ୟ ଥିଲା । ସେ ଶିଖ୍ ଧର୍ମକୁ ନିଜର ଅନନ୍ୟ ତଥା ଭିନ୍ନ ଧାର୍ମିକ ପରିଚୟ ପ୍ରତିଷ୍ଠା କରିବାରେ ସାହାଯ୍ୟ କରିଥିଲେ ବୋଲି କହିଲେ ଅତ୍ୟୁକ୍ତି ହେବ ନାହିଁ ।

ଗୁରୁ ଅଙ୍ଗଦ ମଧ୍ୟ ଗୁରୁ ନାନକଙ୍କ ପଦାଙ୍କ ଅନୁସରଣ କରି ତାଙ୍କର ମୃତ୍ୟୁ ପୂର୍ବରୁ ଅମରଦାସଙ୍କୁ ତାଙ୍କ ଉତ୍ତରାଧିକାରୀ ତଥା ତୃତୀୟଗୁରୁ ଭାବରେ ମନୋନୀତ କରିଥିଲେ । ସେ ଗୁରୁ ଅମରଦାସଙ୍କୁ ସମସ୍ତ ପବିତ୍ର ଗ୍ରନ୍ଥ ଏପରିକି ସେ ଗୁରୁ ନାନାକଙ୍କଠାରୁ ପାଇଥିବା ସମସ୍ତ ପବିତ୍ର ଗ୍ରନ୍ଥ ଦାନ କରି ଦେଇଥିଲେ ।

ଏକ ନୂତନ ଧର୍ମର ମନୋନୀତ ଉତ୍ତରାଧିକାରୀ ଏବଂ ବାଲ୍ୟକାଳରେ ଥିବା ଏକ ଧାର୍ମିକ ସଂପ୍ରଦାୟ, ଗୁରୁ ଅଙ୍ଗଦଙ୍କର ଏହା ଶ୍ରେୟ ଥିଲା ଯେ ସେ ତାଙ୍କ ଗୁରୁଙ୍କର ଐତିହରୁ ନିରାପଦ ଏବଂ ଶକ୍ତିଶାଳୀ କରି ଛାଡ଼ିଥିଲେ, ଏବଂ ଏହାକୁ ଏକ ଦକ୍ଷ ହାତରେ ସମର୍ପଣ କରି ନିଶ୍ଚିତ କରିଥିଲେ ଯେ, ସଂପ୍ରଦାୟର ବିଶ୍ୱସ୍ତ ଅନୁଗାମୀ ମାନେ ଏହି ଐତିହର ସୁରକ୍ଷା ପାଇଁ ସେମାନଙ୍କ ଶକ୍ତି ସାମର୍ଥ୍ୟ ଭିତରେ ସବୁ କିଛି କରିପାରିବେ ।

ତୃତୀୟ ଗୁରୁ - ଗୁରୁ ଅମର ଦାସ

ଉପକ୍ରମଣିକା -

ଆମକୁ କୁହାଯାଇଛି ଯେ ଗୁରୁ ନାନକ ଦେବଙ୍କ ସତସଙ୍ଗରେ ଯୋଗ ଦେବା, ଭଜନ ଗାଇବା ଏବଂ ପୁରାତନ ଭକ୍ତ ମାନଙ୍କ ସହିତ ଐଶ୍ୱରୀୟ ନାମ ଉଚ୍ଚାରଣ କରିବା ପାଇଁ ଏକ ଛୋଟ ବାଳକ ଏକ ସୁନ୍ଦର ସକାଳରେ ପହଞ୍ଚି ଥିଲା ।

କିଛିଦିନ ଧରି ତାଙ୍କୁ ଦେଖିବା ପରେ ଗୁରୁ ତାଙ୍କୁ ଡାକି ସ୍ନେହରେ ପଚାରିଥିଲେ, "ଏତେ ସକାଳୁ ସକାଳୁ ତମ ପରି ପିଲା ଗଭୀର ନିଦରେ ଶୋଇ ରହିବା ଉଚିତ । କ'ଣ ପାଇଁ ତୁମେ ଏହି ସତସଙ୍ଗ ମଣ୍ଡଳୀକୁ ଚାଲି ଆସୁଛ ?"

ହାତ ଯୋଡ଼ି ବାଳକ ଜଣଙ୍କ ଗୁରୁଙ୍କୁ କହିଲା, "ପବିତ୍ର ଗୁରୁ ! ମୁଁ ପ୍ରତିଦିନ ମୋ ମା'ଙ୍କ ପାଇଁ କାଠ ସଂଗ୍ରହ କରିଥାଏ, ଯାହାଫଳରେ ସେ ଘର ଚୁଲିର ନିଆଁକୁ ଜଳାଇ ପାରନ୍ତି । ଦିନେ ମୁଁ ପ୍ରକୃତରେ ନିଆଁ ଜଳୁଥିବାର ଦେଖିଲି ଏବଂ ଦେଖିଥିଲି ଯେ କାଠର ଛୋଟ ଖଣ୍ଡଗୁଡ଼ିକ ବଡ଼ ଖଣ୍ଡଗୁଡ଼ିକ ଅପେକ୍ଷା ଖୁବ୍ ଶୀଘ୍ର ପୋଡ଼ିଯାଉଛି । ମୁଁ ନିଜକୁ ଭାବିଲି ଯେ ମୁଁ ସେହି ଛୋଟ କାଠ ଖଣ୍ଡଗୁଡ଼ିକ ପରି - ଏବଂ ଅଗ୍ନି ଦ୍ୱାରା, ମୃତ୍ୟୁର ଲେଲିହାନ ଅନଳ ଦ୍ୱାରା ଯେକୌଣସି ସମୟରେ ମୁଁ ଗ୍ରାସ ହୋଇଯାଇପାରେ । ତେଣୁ, ମୁଁ ଆପଣଙ୍କ ପାଖକୁ ଆସିଛି- ଯେପରି ମୃତ୍ୟୁ ମୋତେ ଗ୍ରାସ କରିବା ପୂର୍ବରୁ ମୁଁ ମୃତ୍ୟୁକୁ ଜୟ କରି ପାରିବି ।"

ଗୁରୁ ନାନକ ଛୋଟ ପିଲାଟିର ଜ୍ଞାନରେ ଏତେ ସନ୍ତୁଷ୍ଟ ହୋଇଥିଲେ ଯେ ସେ ତାଙ୍କୁ ଭାଇ ବୁଦ୍ଧ ନାମ ଦେଇଥିଲେ, ଯାହାର ଅର୍ଥ ହେଉଛି "ବୃଦ୍ଧ ଭାଇ" କିମ୍ବା "ଜ୍ଞାନୀ ଭାଇ ।"

ବୟସ ଗୁରୁତ୍ୱପୂର୍ଣ୍ଣ ନୁହେଁ; ଗୁରୁଙ୍କ କୃପା ଆମ ଉପରେ ଅବତରଣ କରିବାର ସମୟ ଆସିଗଲେ ପରିସ୍ଥିତି ଏବଂ ଅବସ୍ଥିତି ମଧ୍ୟ ଗୁରୁତ୍ୱପୂର୍ଣ୍ଣ ନୁହେଁ । ଭାଇ ବୁଦ୍ଧ

କୋମଳ ବୟସରେ ତାଙ୍କର ଗୁରୁ ପାଇଥିଲେ । ଭାଇ ଅମର ଦାସ ୬୨ ବର୍ଷ ବୟସରେ ପ୍ରଥମେ ତାଙ୍କ ଗୁରୁଙ୍କୁ ଦେଖିଥିଲେ ।

ଶିଖ୍ ଧର୍ମର ଦଶ ଗୁରୁଙ୍କ ମଧ୍ୟରୁ ଗୁରୁ ଅମରଦାସ ତୃତୀୟ ଥିଲେ । ତାଙ୍କ ବିଷୟରେ ଏକ ଉଲ୍ଲେଖନୀୟ ତଥ୍ୟ ହେଲା ଯେ, ସେ ୭୩ ବର୍ଷ ବୟସରେ ଗୁରୁ ଅଙ୍ଗଦ ଦେବଙ୍କ ପଦାଙ୍କ ଅନୁସରଣ କରି ଗୁରୁ ହୋଇଥିଲେ, ଯିଏ ୧୫୫୨ ମସିହାରେ ମୃତ୍ୟୁ ବରଣ କରିଥିଲେ ।

ଶୈଶବ ଏବଂ ପ୍ରାରମ୍ଭିକ ଜୀବନ

ଗୁରୁ ଅମର ଦାସ ଜଣେ କୃଷକ ତଥା ବ୍ୟବସାୟୀ ଶ୍ରୀ ତେଜଭାନ ଭାଲାଙ୍କର ଜ୍ୟେଷ୍ଠ ପୁତ୍ର ଭାଲା ଖତ୍ରି ନାମରେ ଜନ୍ମ ଗ୍ରହଣ କରିଥିଲେ । ତାଙ୍କର ମାତାଙ୍କ ନାମ ମାତା ଲଛମୀ ଥିଲା । ଦୁହେଁ ଧାର୍ମିକ ହିନ୍ଦୁ ଥିଲେ, ଯେଉଁମାନେ ହରିଦ୍ୱାରରେ ଗଙ୍ଗା ନଦୀକୁ ନିୟମିତ ତୀର୍ଥ ଯାତ୍ରା କରିବାରେ କେବେହେଲେ ହେଳା କରୁନଥିଲେ । ତାଙ୍କ ପରିବାର ଅମୃତସର ନିକଟ ବସାର୍କେ ଗାଁରେ ବାସ କରୁଥିଲେ । ଭାଇ ଅମର ଦାସ ମାତା ମନସା ଦେବୀଙ୍କୁ ବିବାହ କରିଥିଲେ ଏବଂ ସେମାନଙ୍କର ଚାରି ସନ୍ତାନ ଥିଲେ - ଦୁଇ ପୁଅ ଭାଇ ମୋହନ ଏବଂ ଭାଇ ମୋହରୀ ନାମରେ ଏବଂ ଦୁଇ ଝିଅ ବିବି ଦାନୀ ଏବଂ ବିବି ଭାନୀ ନାମରେ । (ଗୁରୁଙ୍କ ସାନ ଝିଅ ବିବି ଭାନୀ ପରେ ଭାଇ ଜେଠାଙ୍କୁ ବିବାହ କରିଥିଲେ ଯିଏ ପରେ ଚତୁର୍ଥ ଶିଖ ଗୁରୁ, ଗୁରୁ ରାମଦାସ ହୋଇଥିଲେ ।)

ତାଙ୍କର ପ୍ରାରମ୍ଭିକ ଜୀବନରେ, ଭାଲା ଖତ୍ରି, ସେତେବେଳେ ଗୁରୁ ସେହି ନାମରେ ହିଁ ଜଣାଶୁଣା ଥିଲେ, ସମସ୍ତ ଧାର୍ମିକ ତୀର୍ଥଯାତ୍ରା ଏବଂ ଉପବାସ ପାଳନ କରି ଅତ୍ୟନ୍ତ ଧାର୍ମିକ ବୈଷ୍ଣବଙ୍କ ପରି ଜୀବନ ଅତିବାହିତ କରୁଥିଲେ । ସେ ପ୍ରାୟତଃ ତୀର୍ଥ ଯାତ୍ରାରେ ହରିଦ୍ୱାର ଏବଂ ଜ୍ୱାଳାମୁଖି ଯାଉଥିଲେ ଏବଂ ଜଣେ ଧାର୍ମିକ ହିନ୍ଦୁଙ୍କ ଠାରୁ ଆଶା କରାଯାଉଥିବା ସମସ୍ତ ଧାର୍ମିକ ରୀତିନୀତି ଏବଂ ଧାର୍ମିକ ଅନୁଷ୍ଠାନକୁ କଡ଼ାକଡ଼ି ଭାବରେ ପାଳନ କରୁଥିଲେ ।

ଥରେ ହରିଦ୍ୱାରକୁ ସେହି ନିୟମିତ ପରିଦର୍ଶନ ସମୟରେ ଭାଇ ଅମର ଦାସ ଏକ ବ୍ରହ୍ମଚାରୀଙ୍କୁ ସାକ୍ଷାତ କରିଥିଲେ । ଦୁଇଜଣ କଥାବାର୍ତ୍ତା କରିବାକୁ ଲାଗିଲେ ଏବଂ ମଧ୍ୟାହ୍ନ ଭୋଜନ ବାଣ୍ଟି କରି ଖାଇବାକୁ ଗୋଟେ ଗଛର ଛାଇ ତଳେ ବସିଗଲେ । ବ୍ରହ୍ମଚାରୀ ଜଣଙ୍କ ଅମର ଦାସଙ୍କ ଦ୍ୱାରା ଏତେ ଅନୁପ୍ରାଣିତ ହୋଇଥିଲେ ଯେ, ସେ ତାଙ୍କୁ କହିଥିଲେ, "ମୁଁ କେବେହେଲେ ତୁମ ପରି ଏତେ ଜ୍ଞାନୀ, ତଥାପି ଏତେ

ଦୟାଳୁ, ଭଦ୍ର ଏବଂ ଭଲ ଲୋକ ଭେଟି ନାହିଁ । ମୋର ବନ୍ଧୁ ମୋତେ କୁହ, ତୁମର ଗୁରୁ କିଏ ?"

ଅମର ଦାସ ଉତ୍ତର ଦେଇଥିଲେ ଯେ, ତାଙ୍କର ସେତେବେଳେ କୌଣସି ଗୁରୁ ନ ଥିଲେ । ଏହା ଶୁଣି ବ୍ରହ୍ମଚାରୀ ଜଣକ ଚକିତ ହୋଇଯାଇଥିଲେ ଏବଂ ଯନ୍ତ୍ରଣା ଅନୁଭବ କରିଥିଲେ, "ମୁଁ କ'ଣ କଲି ?" ସେ ଆଶ୍ଚର୍ଯ୍ୟରେ ଚିତ୍କାର କରି ଉଠିଲେ, "ମୁଁ ଏପରି ଜଣେ ବ୍ୟକ୍ତିଙ୍କ ଖାଦ୍ୟ ଭାଗ କରି ଖାଇଛି ଯିଏ କି ଗୁରୁଙ୍କ ଦ୍ୱାରା ଆଶୀର୍ବାଦ ପ୍ରାପ୍ତ ହୋଇ ନାହାନ୍ତି । ମୁଁ ନ ଜାଣି କରି କରିଥିବା ଏହି ପାପକୁ ଧୋଇବା ପାଇଁ ମୋତେ ଗଙ୍ଗାକୁ ଫେରିଯିବାକୁ ପଡ଼ିବ ।" ଏତିକି କହିକରି ସେ ନିଜ ଖାଦ୍ୟକୁ ଅଧା ଖାଇବାରୁ ଛାଡ଼ିଦେଲେ ଏବଂ ହରିଦ୍ୱାର ଆଡ଼କୁ ଗମନ କରିଥିଲେ ।

ଅଜଣା ବ୍ୟକ୍ତିଙ୍କ କଥାରେ ଅମର ଦାସ ବହୁତ ଦୁଃଖିତ ହୋଇଥିଲେ । "ହାୟ ! ବ୍ରହ୍ମଚାରୀ ଠିକ୍ କହିଛନ୍ତି" ସେ ନିଜେ ନିଜକୁ କହିଥିଲେ । ଭଗବାନ ମୋତେ କେବେ ଗୁରୁଙ୍କ ନିକଟକୁ ନେଇଯିବେ ? ମୁଁ କେବେ ଜଣେ ଗୁରୁଙ୍କ ପାଦତଳେ ଆତ୍ମସମର୍ପଣ କରିବି ଏବଂ ତାଙ୍କର ପବିତ୍ର ହସ୍ତରୁ ଦୀକ୍ଷା ଗ୍ରହଣ କରିବି ? ସକାଳ ଏବଂ ସନ୍ଧ୍ୟାରେ, ଦିନ ଏବଂ ରାତ୍ରୀରେ, ଏହି ଆକାଂକ୍ଷା ତାଙ୍କ ହୃଦୟ ଏବଂ ଓଠରୁ ଉଠି ଆସୁଥିଲା ! "କେହି ଜଣେ ମୋର ପ୍ରିୟ ଦୟାକରି ମୋ ସହିତ ଯୋଗ ଦିଅନ୍ତୁ ।"

ଗୁରୁଙ୍କ ସହିତ ସାକ୍ଷାତ -

ଏହିପରି ଆକାଂକ୍ଷା ଏକ ବାଦଲ ସଦୃଶ ଯାହା ଆଦ୍ରତା ସଂଗ୍ରହ କରେ ଏବଂ ଭୂମିପୃଷ୍ଠ ଉପରେ ଭାସିବୁଲେ । ଆମେ ଯାହା ଜାଣୁ, ଶୀଘ୍ର କିମ୍ବା ବିଳମ୍ବରେ ଏହି ମେଘ ଜୀବନ ପ୍ରଦାନକାରୀ ବର୍ଷା ରୂପରେ ଝରି ପଡ଼ିଥାଏ । ଏହାହିଁ ଅମର ଦାସଙ୍କ ସହିତ ଘଟିଥିଲା । ତାଙ୍କର ଗଭୀର ଆକାଂକ୍ଷାରୁ ଆସିଥିବା ଆଶୀର୍ବାଦର ବର୍ଷାରେ, ସେ ଶେଷରେ ନିଜ ଗୁରୁଙ୍କୁ ଭେଟିଥିଲେ, ଯେତେବେଳେ ସେ ଷାଠିଏ ବର୍ଷ ଅତିକ୍ରାନ୍ତ କରି ସାରିଥିଲେ । ଏହା କୁହାଯାଇଛି ଯେ, ଅମର ଦାସ ତାଙ୍କ ଭାଇ, ଭାଇ ମାନକ ଚନ୍ଦଙ୍କ ଘରେ ଗୁରୁବାଣୀର ଏକ ଅତ୍ୟନ୍ତ ଭାବପୂର୍ଣ୍ଣ କୀର୍ତ୍ତନ ଶୁଣିଥିଲେ । ସେହି ଗାୟିକା ଗୁରୁ ଅଙ୍ଗଦ ଦେବଙ୍କ ଝିଅ ବିବି ଆମ୍ରୋଙ୍କ ବ୍ୟତୀତ ଆଉ କେହି ନ ଥିଲେ, ଯିଏ କି ମାନକ ଚନ୍ଦଙ୍କ ବୋହୂ ହୋଇଥିଲେ । ପବିତ୍ର ଗୁରୁବାଣୀର ଶବ୍ଦାବଳି ଅମର ଦାସଙ୍କ ହୃଦୟ ଏବଂ ଆତ୍ମାକୁ କବଳିତ କରିଥିଲା । ପ୍ରକୃତରେ ବିବି ଆମ୍ରୋ ଗୁରୁବାଣୀଙ୍କ ନିମ୍ନଲିଖିତ ପଂକ୍ତିଗୁଡ଼ିକ ଗାନ କରୁଥିଲେ ।

"ଆଚରଣ ହେଉଛି କାଗଜ ଏବଂ ମନ ହେଉଛି ଦୁଆତ । ଭଲ ଏବଂ ଖରାପ

କାର୍ଯ୍ୟଗୁଡ଼ିକ ପରମାଦେଶରେ ଲିପିବଦ୍ଧ ହୋଇଯାଇଛି । ଅତୀତର କାର୍ଯ୍ୟଗୁଡ଼ିକ ଜଣେ ବ୍ୟକ୍ତିଙ୍କୁ ଯେଉଁପରି ଚଳାଇଥାଏ, ସେ ସେହିପରି ଚାଲିଥାନ୍ତି । ହେ ଭଗବାନ ! ତୁମ୍ଭର ଉତ୍କର୍ଷତାର କୌଣସି ସୀମା ନାହିଁ । ଶରୀର ହେଉଛି ଗୋଟେ ଭାଟି (furnace) ଏବଂ ମନ ହେଉଛି ତା ଭିତରେ ପଡ଼ିଥିବା ଲୁହା । ପାଞ୍ଚଟି ଭାବାବେଗ (ଲୋଭ, ରାଗ, ଆସକ୍ତି, ସଂପର୍କ, ଗର୍ବ)ର ଅଗ୍ନି ଏହାକୁ ଗରମ କରିଥାଏ । ମନ ସେହି ତରଳ ଲୁହାର ଉପର ଫେଣ (dross)ରେ ପରିଣତ ହେଲା ପରେ ପୁଣି ଶୁଦ୍ଧ ସୁନାରେ ପରିଣତ ହୋଇଥାଏ । ଗୁରୁ ପ୍ରଭୁଙ୍କର ଦିବ୍ୟ ନାମରେ ମନୁଷ୍ୟଙ୍କୁ ଆଶୀର୍ବାଦ କରିଥାନ୍ତି ଏବଂ ତାପରେ ତାହାର ଶରୀର ଓ ମନ ସ୍ଥିର ହୋଇଯାଇଥାଏ ।"

ଏହି ଶବ୍ଦଗୁଡ଼ିକ ତାଙ୍କ ହୃଦୟକୁ ଅଭିଭୂତ କରିଥିଲା ଏବଂ ତାଙ୍କର ଗଭୀର ଅନୁସନ୍ଧାନ ଏବଂ ପ୍ରବଳ ଇଚ୍ଛାକୁ ସୁସ୍ଥ କଲା ଭଳି ଲାଗିଥିଲା । ପଚାରିବା ପରେ, ତାଙ୍କୁ ତାଙ୍କର ଭାଣିଜୀ ବୋହୁ କହିଥିଲେ ଯେ, ଏହି ପଂକ୍ତିଗୁଡ଼ିକ ଶିଖ ଧର୍ମର ପବିତ୍ର ଗ୍ରନ୍ଥରୁ ଆସିଛି । ସେହି ଯୁବତୀ ଜଣକ ତାଙ୍କୁ ତାଙ୍କ ପିତା ଗୁରୁ ଅଙ୍ଗଦ ଦେବଙ୍କୁ ଖାଦୁର ଠାରେ ଦେଖା କରିବାକୁ ନିର୍ଦ୍ଦେଶ ଦେଇଥିଲେ । ତାଙ୍କୁ ତୁରନ୍ତ ତାଙ୍କ ପିତାଙ୍କ ନିକଟକୁ ନେଇ ଯିବାକୁ ଅମର ଦାସ ଅନୁରୋଧ କରିଥିଲେ । ସେ ତାଙ୍କ ଇଚ୍ଛାକୁ ମାନି ନେଇଥିଲେ ଏବଂ ଦୁହେଁ ମାତ୍ର କିଛି ଘଣ୍ଟା ମଧ୍ୟରେ ଖାଦୁରରେ ପହଞ୍ଚିଯାଇଥିଲେ । ଏହା ଲିପିବଦ୍ଧ ହୋଇଅଛି ଯେ, ଏହି ସାକ୍ଷାତକାର ୧୫୩୫ ମସିହାରେ ହୋଇଥିଲା ଯେତେବେଳେ ଅମର ଦାସଙ୍କୁ ୬୨ ବର୍ଷ ହୋଇଥିଲା ଏବଂ ଗୁରୁ ଅଙ୍ଗଦଙ୍କୁ ୩୭ ବର୍ଷ । ଏହି ସାକ୍ଷାତକାରଟି ତାଙ୍କ ଜୀବନର ଗୋଟେ ନିର୍ଣ୍ଣାୟକ କ୍ଷଣ ଥିଲା, ବାସ୍ତବରେ, ଅମର ଦାସଙ୍କ ଜୀବନରେ ଏକ ପରିବର୍ତ୍ତନର ମୁହୂର୍ତ୍ତ ଥିଲା । ସେ ଗୁରୁଙ୍କ ବାର୍ତ୍ତାରେ ଏତେ ଅନୁପ୍ରାଣିତ ହୋଇଥିଲେ ଯେ ସେ ଶିଖ୍ ଧର୍ମକୁ ଗ୍ରହଣ କରିବାକୁ ସେହିଠାରେ, ସେହି ମୁହୂର୍ତ୍ତରେ ନିଷ୍ପତ୍ତି ନେଇଥିଲେ ।

ଶିଷ୍ୟତ୍ୱର ଅବଧି -

ଜଣେ ଭକ୍ତ ଶିଖ୍ ଭାବରେ ସେ ନିଜକୁ ଗୁରୁଙ୍କର ସେବା ଏବଂ ଆଦର୍ଶରେ ଉତ୍ସର୍ଗ କରିଥିଲେ । ପ୍ରକୃତରେ ଗୁରୁ ସେବା ତାଙ୍କର ମନୋନୀତ ସାଧନା ଥିଲା । ସେ ଗୁରୁଙ୍କ ଆଶ୍ରମରେ ରହିବାକୁ ଲାଗିଲେ । ସେ ବହୁତ ପ୍ରାତଃ କାଳରୁ ଉଠି ପଡୁଥିଲେ ଏବଂ ଗୁରୁଙ୍କ ସ୍ନାନ ପାଇଁ ବିଜ୍ ନଦୀରୁ ପାଣି ଆଣୁଥିଲେ । ସେ ଗୁରୁଙ୍କ ପୋଷାକ ସଫା କରୁଥିଲେ ଏବଂ ଗୁରୁଙ୍କ ଲଙ୍ଗର ପାଇଁ ଜଙ୍ଗଲରୁ କାଠ ଆଣୁଥିଲେ । ଗୁରୁ ଶୋଇଯିବା ପର୍ଯ୍ୟନ୍ତ ତାଙ୍କର ପାଦକୁ ଦବାଇବା ପାଇଁ ସେ ବିଳମ୍ବିତ ରାତ୍ରି ପର୍ଯ୍ୟନ୍ତ

ଜାଗ୍ରତ ରହୁଥିଲେ । ସେ ଗୁରୁଙ୍କ ସେବା ପ୍ରତି ଏତେ ଉତ୍ସର୍ଗୀକୃତ ହୋଇଥିଲେ ଯେ, ଆତ୍ମଚେତନା ହରାଇ ବସିଥିଲେ । ତାଙ୍କ ଭିତରେ ଗର୍ବ କିମ୍ବା ଅହଂକାରର କୌଣସି ଚିହ୍ନ ରହି ନଥିଲା, ଏବଂ ତାଙ୍କର ଉତ୍ସର୍ଗୀକୃତତା ଏବଂ ପ୍ରତିବଦ୍ଧତା ଏତେ ସଂପୂର୍ଣ୍ଣ ଥିଲା ଯେ, ଲୋକମାନେ ତାଙ୍କୁ କେବଳ ଜଣେ ବୃଦ୍ଧ ବୋଲି ଭାବୁଥିଲେ ଯାହାର ଜୀବନରେ ଅନ୍ୟ କୌଣସି ଆଗ୍ରହ ନ ଥିଲା । ତାଙ୍କୁ ଅମ୍ରୁ କୁହାଯାଉଥିଲା ଏବଂ ସାଧାରଣତଃ ସମସ୍ତେ ତାଙ୍କୁ ଅଣଦେଖା କରୁଥିଲେ ।

ଅମର ଦାସଙ୍କ ଜୀବନ ପ୍ରକୃତରେ ଗୁରୁ ସେବା ଏବଂ ଗୁରୁ ଭକ୍ତିର ଏକ ଉଜ୍ଜ୍ୱଳ ଉଦାହରଣ । ମୁଁ ଯାହା ତୁମକୁ କହିଥିଲି, ସେ ଗୁରୁ ଅଙ୍ଗଦଙ୍କର ଶିଷ୍ୟ ହୋଇଥିଲେ, ଯେତେବେଳେ ସେ ନିଜେ ଷାଠିଏ ବର୍ଷରୁ ଅଧିକ ହୋଇଥିଲେ । ବୃଦ୍ଧ ଜଣକ ତାଙ୍କଠାରୁ ଅନେକ ବର୍ଷ ସାନ ମାଲିକଙ୍କ ସେବା କରିବାରେ ତାଙ୍କ ଜୀବନର ଆନନ୍ଦ ଖୋଜିଥିଲେ । ସକାଳ ପୂର୍ବର ଅନ୍ଧାରରେ ସେ ଗୁରୁଙ୍କ ସ୍ନାନ ପାଇଁ ଏକ ପାତ୍ରରେ ମଧୁର ଜଳ ଆଣିବା ପାଇଁ ବିଜ୍ ନଦୀକୁ ମାଇଲ ମାଇଲ ଧରି ଚାଲୁଥିଲେ । ଆମକୁ କୁହାଯାଇଛି ଯେ, କେବେହେଲେ ଗୁରୁଙ୍କ ଆଡ଼କୁ ପଛ କରିବେନି ବୋଲି, ସେ ନଦୀ ଆଡ଼କୁ ପଛେଇ ପଛେଇ ଯାଉଥିଲେ । ସେ ଗୁରୁଙ୍କ ପୋଷାକ ସଫା କରୁଥିଲେ । ସେ ଗୁରୁଙ୍କ ଲଙ୍ଗରରେ ସେବା କରୁଥିଲେ, ଯେତେସବୁ ନିମ୍ନସ୍ତରର କାମସବୁ କରୁଥିଲେ ଏବଂ ଆତ୍ମ ପ୍ରଶଂସାର କୌଣସି କାମନା ନ କରି ଖୁସିରେ ବିଭୋର ହୋଇ ଉଠୁଥିଲେ ।

ଗୁରୁ ଅଙ୍ଗଦ ତାଙ୍କର ବୟସ୍କ ଶିଷ୍ୟର ଆଧ୍ୟାତ୍ମିକ ଅଭିବୃଦ୍ଧିକୁ ଆଗ୍ରହର ସହ ଦେଖୁଥିଲେ । ଭିତରେ ଭିତରେ, ଗୁରୁ ତାଙ୍କର ଆଧ୍ୟାତ୍ମିକ ଅଭିବୃଦ୍ଧି ପାଇଁ ଆବଶ୍ୟକ କରୁଥିବା ସମସ୍ତ ଅନୁଗ୍ରହ ପଠାଉଥିଲେ । କିନ୍ତୁ ବାହାରେ, ସେ ନିଜ ଶିଷ୍ୟ ସହିତ ଅତ୍ୟନ୍ତ କୋଠର ଥିଲେ, କାରଣ ଜଣେ ଶିଷ୍ୟ ଅନୁଶାସନ ଏବଂ ସେବାର ସମସ୍ତ କଠୋରତା ଅତିକ୍ରମ କରିବାକୁ ପଡ଼ିବ । ଗୁରୁଙ୍କ ଦ୍ୱାରା କରାଯାଇଥିବା କୋଠର ବ୍ୟବହାର ଦ୍ୱାରା ଅମର ଦାସ ଏକ କ୍ଷଣ ପାଇଁ ମଧ୍ୟ ଖରାପ ଭାବି ନଥିଲେ କି ରାଗି ନଥିଲେ । ଗୁରୁଙ୍କର ତାଙ୍କ ପ୍ରତି ପ୍ରେମ, ଦୟା, କ୍ଷମା ନେଇ ସେ କେବେହେଲେ ସନ୍ଦୀହାନ ନଥିଲେ । ବେଳେବେଳେ, ତାଙ୍କୁ ଗୁରୁଙ୍କ ନିକଟକୁ ଆସିବାକୁ ମଧ୍ୟ ଅନୁମତି ଦିଆଯାଉନଥିଲା । ଏହିପରି ସମୟରେ ସେ, ଗୋଟେ ଛୋଟ ପିଲା ପରି ଆଶ୍ଚର୍ଯ୍ୟାନ୍ୱିତ ଏବଂ ଆନନ୍ଦିତ ହୋଇ, ମାଲିକଙ୍କ ମୁହଁକୁ ଦୂରରୁ ଚାହିଁ ରହୁଥିଲେ ।

ଗୋଇନ୍ଦୱାଲ ନାମକ ଏକ ନୂତନ କଲୋନୀ ଶିଷ୍ୟମାନଙ୍କ ଦ୍ୱାରା ବିଜ୍ ନଦୀ କୂଳରେ ନିର୍ମିତ ହେବାର ଥିଲା । ଗୁରୁ ଅମର ଦାସଙ୍କୁ ସେଠାରେ ତାଙ୍କ ନିଜ ପାଇଁ

ବାସ ଗୃହ ତିଆରି କରିବା ପାଇଁ କହିଥିଲେ । ଅମର ଦାସଙ୍କ ପାଇଁ ଗୁରୁଙ୍କ ଶାରୀରିକ ଉପସ୍ଥିତି ଠାରୁ ଦୂରରେ ରହିବା ମୃତ୍ୟୁ ପରି ଥିଲା, କିନ୍ତୁ ସେ ଦ୍ୱିଧାବୋଧ କରିନଥିଲେ । ସେ ନୂଆ କଲୋନୀ ଗୋଇନ୍ଦୱାଲରେ ରହିବାକୁ ଯାଇଥିଲେ ଏବଂ ପ୍ରତିଦିନ ସକାଳେ, ଏହି ବୃଦ୍ଧ ଜଣକ ତାଙ୍କର ଧୂସର ମୁଣ୍ଡରେ ଗୁରୁଙ୍କ ପାଇଁ ମଧୁର ଜଳର ଏକ ପାତ୍ର ନେଇ ଆସୁଥିଲେ । ସେ ଗୁରୁଙ୍କର ସ୍ତୁତି ଗାନ କରି ସମସ୍ତ ପଥ ଅତିକ୍ରାନ୍ତ କରୁଥିଲେ ଏବଂ ତାଙ୍କ ଚକ୍ଷୁ ଦ୍ୱୟରୁ ପ୍ରେମ ଓ ଆନନ୍ଦର ଲୁହ ଝରି ପଡୁଥିଲା ।

ପାଶ୍ଚାତ୍ୟ ପଣ୍ଡିତ ମାକାଉଲିଫ ତାଙ୍କ ପୁସ୍ତକ "ଶିଖ ଧର୍ମ"ରେ ଅମର ଦାସଙ୍କ ଦୈନନ୍ଦିନ କାର୍ଯ୍ୟ ବିଷୟରେ ଏହିପରି ଲେଖିଛନ୍ତି !

ଗୋଇନ୍ଦୱାଲରେ ସୂର୍ଯ୍ୟୋଦୟର ବହୁତ ପୂର୍ବରୁ ସେ ଶଯ୍ୟାତ୍ୟାଗ କରୁଥିଲେ ଏବଂ ଗୁରୁଙ୍କ ସ୍ନାନ ପାଇଁ ବିଜ୍ ନଦୀରୁ ଖାଦୁରକୁ ପାଣି ଆଣିବା ପାଇଁ ଯାଉଥିଲେ । ଏହି ସମୟରେ, ସେ "ଜପଜୀ"କୁ ପୁନରାବୃତ୍ତି କରୁଥିଲେ ଏବଂ ସାଧାରଣତଃ ଗୋଇନ୍ଦୱାଲ ଏବଂ ଖାଦୁର ମଧ୍ୟରେ ଅଧାବାଟରେ ଏହାକୁ ସମାପ୍ତ କରିଦେଉଥିଲେ । ଖାଦୁରରେ ଆଶା-କି-ବାର (ଶ୍ରୀ ଗୁରୁ ଗ୍ରନ୍ଥ ସାହିବରୁ ଉଦ୍ଧୃତ ଚବିଶ ପଦ ସଙ୍ଗୀତ) ଶୁଣିବା ପରେ ସେ ଗୁରୁଙ୍କ ରୋଷେଇ ଘର ପାଇଁ ପାଣି ଆଣୁଥିଲେ, ରନ୍ଧନ ବାସନ କୁସନକୁ ମାଜୁଥିଲେ ଏବଂ ଜଙ୍ଗଲରୁ କାଠ ଆଣୁଥିଲେ । ପ୍ରତିଦିନ ସଂଧ୍ୟାରେ ସେ ସେଦାର (ନଅଟି ଭଜନର ସମାହାର) ଏବଂ ଭେସପର୍ (ସଂଧ୍ୟା ସମୟର ପ୍ରାର୍ଥନା ପଢ଼ିବା ଏବଂ ଗାନ କରିବା) ଶୁଣୁଥିଲେ ଏବଂ ତାପରେ ଗୁରୁଙ୍କର ପଦ ସେବା କରୁଥିଲେ । ତାଙ୍କୁ ବିଶ୍ରାମ ଦେବା ପରେ, ସେ ତାଙ୍କର ଆଧ୍ୟାତ୍ମିକ ଗୁରୁଙ୍କ ପ୍ରତି ସର୍ବୋଚ୍ଚ ସମ୍ମାନରେ ପଛେଇ ପଛେଇ ଗୋଇନ୍ଦୱାଲକୁ ଫେରି ଯାଉଥିଲେ । ଅଧାବାଟର ଯେଉଁ ଜାଗାରେ ସେ "ଜାପଜୀ" ଶେଷ କରୁଥିଲେ, ସେହି ଜାଗାକୁ ଦମ୍‌ଦମା ସାହିବ ବା ନିଶ୍ୱାସପ୍ରଶ୍ୱାସ ନେବାର ସ୍ଥାନ କୁହାଯାଉଛି ।

ଏହିପରି, ଅମର ଦାସ ଜଣେ ପ୍ରକୃତ ଶିଷ୍ୟର ପଥରେ ଚାଲିଥିଲେ, ଯେ ପର୍ଯ୍ୟନ୍ତ ସେ ନିଜେ ଜଣେ ପ୍ରକୃତ ଗୁରୁ, ଜଣେ ଶିକ୍ଷକ ହୋଇ ପାରିଥିଲେ ଯିଏ କି ଅନେକଙ୍କ ପାଇଁ ଜ୍ଞାନର ବର୍ତ୍ତିକା ଆଣି ପାରିଥିଲେ ।

ଗୁରୁ ସେବା କେବଳ ଗୁରୁଙ୍କ ଦ୍ୱାରା ଦିଆ ଯାଇଥିବା ନିତ୍ୟ ନୈମିତିକ କାମ କିମ୍ବା ଶାରିରୀକ କାର୍ଯ୍ୟ ନୁହେଁ । ଗୁରୁ ସେବା ବ୍ୟକ୍ତିଗତ ଲାଭ କିମ୍ବା ସୁଯୋଗ ପାଇଁ ଉଦ୍ଦିଷ୍ଟ ନୁହେଁ - କାରଣ ସେ ଏପରି ଆବଶ୍ୟକତା ବା ଇଚ୍ଛା ଠାରୁ ବହୁତ ଊର୍ଦ୍ଧ୍ୱରେ । ଗୁରୁ ସେବା ହେଉଛି ଏକ ତପସ୍ୟା, ଏକ ସଂଯମତା ଯାହା ଶିଷ୍ୟ ନିଜର ଆଧ୍ୟତ୍ମିକ ଅଭିବୃଦ୍ଧି ଏବଂ ଲାଭ ପାଇଁ ଗ୍ରହଣ କରିଥାନ୍ତି ।

ଗୁରୁ ଭାବରେ ଘୋଷଣା – (Ordination as Guru)

ଏକ ଅନ୍ଧାର ଏବଂ ଶୀତୁଆ ରାତ୍ରିରେ, ଯେତେବେଳେ ଅମର ଦାସ ତାଙ୍କର ଜଳପାତ୍ର ସହିତ ଖାଦୁର ଯାଉଥିଲେ, ସେତେବେଳେ ସେ ଏକ ବୁଣାକାର ଦ୍ୱାରା ମାଟି ଭିତରେ ପୋତା ହୋଇଥିବା ଏକ କାଠ ଖଣ୍ଡ ଉପରେ ଝୁଣ୍ଟି ପଡ଼ିଥିଲେ ଏବଂ ତା'ର ତନ୍ତ ଗର୍ଭରେ ପଡ଼ିଯାଇଥିଲେ । ପଡ଼ିଯିବା ଶବ୍ଦରେ ବୁଣାକାରଙ୍କ ପତ୍ନୀଙ୍କ ନିଦ୍ରାରେ ବ୍ୟାଘାତ ଘଟିଥିଲା ଏବଂ ସେ ବିରକ୍ତ ହୋଇ ପଚାରିଥିଲେ, "ସେ କିଏ ହୋଇପାରେ ?"

ତାଙ୍କ ସ୍ୱମୀ ଉତ୍ତର ଦେଇଥିଲେ, "କିଏ ! ସେହି ବାସହୀନ, ପାଗଳ ବୃଦ୍ଧ ଅମ୍ରୁ । ସେ କେବେହେଲେ ଶୁଅନ୍ତି ନାହିଁ, ବିଶ୍ରାମ ନିଅନ୍ତି ନାହିଁ କିମ୍ବା କ୍ଳାନ୍ତ ହୁଅନ୍ତି ନାହିଁ ।"

ଏହି ଘଟଣାର ଖବର ଗୁରୁ ଅଙ୍ଗଦଙ୍କ ନିକଟରେ ପହଞ୍ଚି ଥିଲା । ବାସ ହୀନ (ନୀଥାବନ୍) ଶବ୍ଦ ଗୁରୁଙ୍କୁ ଗଭୀର ଭାବରେ ଆଘାତ ଦେଇଥିଲା । ପରବର୍ତ୍ତୀ ସମୟରେ ଯେତେବେଳେ ଅମର ଦାସ ତାଙ୍କୁ ଦେଖା କରିବାକୁ ଆସିଥିଲେ, ସେ ବୃଦ୍ଧଙ୍କୁ ଆଲିଙ୍ଗନ କରି କହିଥିଲେ, "ଅମର ଦାସ ଗରିବ କିମ୍ବା ବାସହୀନ ନୁହନ୍ତି ।" ସେ ବାସହୀନଙ୍କର ବାସସ୍ଥାନ, ଆଶ୍ରୟହୀନଙ୍କର ଆଶ୍ରୟସ୍ଥଳ ଏବଂ ଦୁର୍ବଳ ଓ ଦଳିତମାନଙ୍କର ସୁରକ୍ଷାକାରୀ ହେବେ ।

ଗୁରୁ ନାନାକଙ୍କ ପରମ୍ପରା ଅନୁସାରେ ଗୁରୁ ଅଙ୍ଗଦ ମଧ୍ୟ ପାଞ୍ଚଟି ତାମ୍ର ମୁଦ୍ରା ଏବଂ ନଡ଼ିଆକୁ ଅମର ଦାସଙ୍କ ପାଦ ତଳେ ରଖି ତାଙ୍କ ଉତ୍ତରାଧିକାରୀ ତଥା ତୃତୀୟ ଗୁରୁ ଭାବରେ ଅଭିଷେକ କରିଥିଲେ ।

ଗୁରୁ ଅଙ୍ଗଦଙ୍କ ସ୍ୱର୍ଗ ପ୍ରାପ୍ତି ପରେ ତାଙ୍କର ମୂଖ୍ୟ ଶିଷ୍ୟ ଗୁରୁ ଅମର ଦାସ ଗୁରୁଙ୍କ ଇଚ୍ଛା ଅନୁସାରେ ଭକ୍ତମଣ୍ଡଳୀଙ୍କ ଦ୍ୱାର ମନୋନୀତ ହୋଇ ସେମାନଙ୍କର ଆଧାତ୍ମିକ ଉପଦେଷ୍ଟା ଭାବରେ ଗୁରୁଙ୍କ ସ୍ଥାନ ଗ୍ରହଣ କରିଥିଲେ । ଅନେକ ବର୍ଷ ଧରି, ଗୁରୁ ଅଙ୍ଗଦ ଦେବ ଜୀବିତ ଥିଲାବେଳେ, ସେ ତାଙ୍କର ଜଣେ ନିଷ୍ଠାପର ଶିଷ୍ୟ ଥିଲେ ଏବଂ ତାଙ୍କୁ ବ୍ୟକ୍ତିଗତ ସେବା ପ୍ରଦାନ କରୁଥିଲେ । ଯେତେବେଳେ ସେ ନିଜେ ତାଙ୍କ ଗୁରୁଙ୍କର ଉତ୍ତରାଧିକାରୀ ହେଲେ, ସେତେବେଳେକୁ ସେ ୭୩ ବର୍ଷ ବୟସର ଜଣେ ବୃଦ୍ଧ ଥିଲେ । ତଥାପି, ଗୁରୁ ଭାବରେ ତାଙ୍କର ପଦୋନ୍ନତି ଅନେକ ଲୋକଙ୍କୁ କ୍ରୋଧିତ କରିଥିଲା । ସେମାନଙ୍କ ମଧ୍ୟରେ ଗୁରୁ ଅଙ୍ଗଦ ଦେବଙ୍କ ପୁତ୍ର ଦତୁ ଥିଲେ, ଯିଏ ନିଜ ପିତାଙ୍କ ପରେ ନିଜକୁ ଗୁରୁ ବୋଲି ଘୋଷଣା କରିଥିଲେ । ଦତୁ ଗୁରୁ ଅମର ଦାସଙ୍କୁ ସାମ୍ନା କରିବାକୁ ଗୋଇନ୍ଦାଓ୍ୱାଲକୁ ଆସିଥିଲେ । ସେ ବୃଦ୍ଧ ଗୁରୁଙ୍କ ପ୍ରତି ତାଙ୍କର ଘୃଣା ଏବଂ ଅବମାନନା ପ୍ରଦର୍ଶନ କରିଥିଲେ ।

ସେ କହିଥିଲେ, "ତୁମେ ଅମର ଦାସ, ମୋ ବାପା ବଞ୍ଚିଥିଲା ସମୟରେ ତୁମେ ଆମ ଘରେ ଜଣେ ନିମ୍ନ ସ୍ତରର ସେବକ ଛଡ଼ା ଆଉ କିଛି ନଥିଲ । ତୁମେ ପାଣି ଆଣୁଥିଲ, ଘର ଓଳାଉଥିଲ ଓ ପୋଛୁ ଥିଲ, ପୋଷାକ ପତ୍ର ଏବଂ ବାସନ କୁସନ ମଧ୍ୟ ସଫା କରୁଥିଲ । ବର୍ତ୍ତମାନ ତୁମେ ଏଠାରେ ମୋ ବାପାଙ୍କ ସ୍ଥାନକୁ ଉନ୍ନୀତ ହୋଇଛ । ତୁମର ସେଠାରେ ରହିବାର କୌଣସି ଅଧିକାର ନାହିଁ ।" ଏବଂ ତାଙ୍କର ଅତ୍ୟଧିକ ଅହଂକାର ଏବଂ ଗର୍ବରେ, ଦତୁ ଗୁରୁ ଅମର ଦାସଙ୍କୁ ପଦାଘାତ କରିଥିଲେ ।

ବୃଦ୍ଧ ଏବଂ ଦୁର୍ବଳ, ଗୁରୁ ଅମର ଦାସ ତାଙ୍କ ଆସନରୁ ଖସି ପଡ଼ିଥିଲେ । କିନ୍ତୁ ସେ କୌଣସି ସାଧାରଣ ମନୁଷ୍ୟ ନ ଥିଲେ । ଚେଷ୍ଟାକରି ନିଜକୁ ଭୂମିରୁ ଉଠାଇ ଗୁରୁ ଦତୁଙ୍କୁ କହିଲେ, "ମୋର ପ୍ରିୟ ! ମୋର ବୟସ ସାଙ୍ଗରେ ମୋ ହାଡ଼ଗୁଡ଼ିକ ମଧ୍ୟ ଶକ୍ତ ଏବଂ କଠିନ ହୋଇଯାଇଛନ୍ତି । ତୁମର ପାଦ ନିଶ୍ଚୟ ଯନ୍ତ୍ରଣା ଅନୁଭବ କରୁଥିବ । ମୋତେ ସେଗୁଡ଼ିକ ଦବାଇବାକୁ ଦିଅ । ଯାହାଫଳରେ ତୁମେ ଆରାମ ଅନୁଭବ କରିପାରିବ ।"

ସାଧୁ ମାନଙ୍କର ଏହା ହେଉଛି ବିଶେଷତ୍ୱ । ସେମାନେ ଶାନ୍ତ ଏବଂ ଶାନ୍ତିପ୍ରିୟ, ଧୀରସ୍ଥିର ଏବଂ ଜୀବନର ସମସ୍ତ ଅବସ୍ଥାରେ ସନ୍ତୁଳିତ ଥାଆନ୍ତି । ସେମାନଙ୍କର ନମ୍ରତା ସେମାନଙ୍କୁ ପ୍ରଭୁଙ୍କର ପ୍ରିୟ କରିଥାଏ । ପ୍ରଭୁଙ୍କର ଶିକ୍ଷିତ, ଜ୍ଞାନୀ, ଧନୀ କିମ୍ବା ଶକ୍ତିଶାଳୀ ମାନଙ୍କର କୌଣସି ଆବଶ୍ୟକତା ନ ଥାଏ । ସେ ସର୍ବଦା ନିମ୍ନ ସ୍ତରର ଏବଂ ନମ୍ର ଲୋକଙ୍କୁ ବାଛନ୍ତି, ଯେଉଁମାନେ କେବେହେଲେ ନିଜ ବିଷୟରେ ଚିନ୍ତା କରନ୍ତି ନାହିଁ । ଯେଉଁମାନେ ତାଙ୍କ ଅନୁଗ୍ରହରେ, ସେମାନଙ୍କର ଅହଂକାରକୁ ସମ୍ପୂର୍ଣ୍ଣ ରୂପେ ପରିତ୍ୟାଗ କରି ପାରିଛନ୍ତି, ସେ ସେମାନଙ୍କୁ ଗ୍ରହଣ କରିଥାନ୍ତି ।

ଦତୁଙ୍କ ଦାବୀ ଅନୁସାରେ, ଗୁରୁ ଅମର ଦାସ ସେହିଦିନ ସଂଧ୍ୟାରେ ଗୋଇନ୍ଦୱାଲ ଛାଡ଼ି ନିଜ ଜନ୍ମଭୂମି ବାସାର୍‌କେ ଗାଁକୁ ଫେରିଯାଇଥିଲେ । ଧ୍ୟାନ ଏବଂ ଚିନ୍ତନରେ ସମୟ ଦେବା ପାଇଁ, ଗୁରୁ ଅମର ଦାସ ଏଠାରେ ଏକ ଛୋଟ ଘରେ ନିଜକୁ ବନ୍ଦ କରି ବାହ୍ୟ ଜଗତ ସହିତ ସମସ୍ତ ସଂପର୍କ ଛିନ୍ନ କରିଦେଇଥିଲେ । ସେ ଦ୍ୱାରରେ ଏକ ନୋଟିସ ମାରି ଦେଇଥିଲେ, ଯେଉଁଥିରେ ଲେଖା ଯାଇଥିଲା ଯେ, "ଯିଏ ଏହି ଦ୍ୱାର ଖୋଲିବ ସେ ମୋର ଶିଖ ନୁହେଁ କିମ୍ବା ମୁଁ ତାଙ୍କର ଗୁରୁ ନୁହେଁ ।"

ଭାଇ ବୁଦ୍ଧଙ୍କ ନେତୃତ୍ୱରେ ବିଶ୍ୱସ୍ତ ଶିଖମାନଙ୍କର ଏକ ପ୍ରତିନିଧି ଦଳ ସେ ଘର ପାଇଥିଲେ ଏବଂ ଦ୍ୱାରରେ ଥିବା ନୋଟିସକୁ ଦେଖି ସେମାନେ କାନ୍ଥ କାଟି ଗୁରୁଙ୍କ ନିକଟରେ ପହଞ୍ଚିଥିଲେ । ଭାଇ ବୁଦ୍ଧ ଗୁରୁଙ୍କୁ ଅଶ୍ରୁଭରା ନୟନରେ କହିଥିଲେ, "ମହାଶୟ ! ଆପଣ ହିଁ ଆମର ଗୁରୁ । ଗୁରୁ ଜଣେ ସର୍ବୋଚ୍ଚ ଯୋଗୀ ଏବଂ ସେ

ଦୁନିଆରେ କିଛି ବି ଆଶା କରନ୍ତି ନାହିଁ - ନା ଖ୍ୟାତି, ନା ଧନ, ନା ଅନୁଗାମୀ । କିନ୍ତୁ ଆମେ, ଆପଣଙ୍କର ଅନୁଗାମୀ ମାନେ, ଆପଣଙ୍କ ମାର୍ଗ ଦର୍ଶନ ବିନା ବଞ୍ଚି ପାରିବୁ ନାହିଁ । ଗୁରୁ ଅଙ୍ଗଦ ଆମକୁ ଆପଣଙ୍କ ପବିତ୍ର ପାଦରେ ବାନ୍ଧି ରଖିଛନ୍ତି । ଯଦି ଆପଣ ନୁହନ୍ତି ତେବେ କିଏ ଆମକୁ ବାଟ ଦେଖାଇବ ?"

ସେମାନଙ୍କର ଭକ୍ତି ଦ୍ୱାରା ଅଭିଭୁତ ଓ ପ୍ରଭାବିତ ହୋଇ ଗୁରୁ ଅମର ଦାସ ଗୋଇନ୍ଦୱାଲକୁ ଫେରି ଯାଇଥିଲେ । ଏହା ମଧ୍ୟରେ, ଦତୁ ନିଜର କୌଣସି ଅନୁଗାମୀ ସଂଗ୍ରହ କରିବାରେ ଅସମର୍ଥ ହୋଇ, ନିଜ ପିତାଙ୍କ ଉତ୍ତରାଧିକାରୀ ବୋଲି ଦାବି ପରିତ୍ୟାଗ କରି ଚୁପ୍‌ଚାପ୍ ଖାଦୁରକୁ ଫେରି ଯାଇଥିଲେ । ଗୁରୁ ଅମର ଦାସ କେବଳ ଗୁରୁ-ଗଦିରେ ସ୍ଥାପିତ ହୋଇ ନଥିଲେ; ସେ ଲୋକମାନଙ୍କ ହୃଦୟ ସିଂହାସନରେ ମଧ୍ୟ ବସି ଯାଇଥିଲେ ।

ଶିଖ୍ ଧର୍ମ ପାଇଁ ଅବଦାନ - (Contribution To Sikhism)

ତାପରେ ଗୁରୁ ଅମର ଦାସ ଗୋଇନ୍ଦୱାଲକୁ ତାଙ୍କର ମୁଖ୍ୟ କର୍ଯ୍ୟାଳୟ କରିଦେଇଥିଲେ । ଏଠାରେ ସେ ଶିଖ୍ ଧର୍ମର ପ୍ରଚାର ପାଇଁ ଏକ ସୁଚିନ୍ତିତ, ସୁବ୍ୟବସ୍ଥିତ ଯୋଜନା ପ୍ରସ୍ତୁତ କରିଥିଲେ । ସେ ଶିଖ୍ ସଂଗତ କ୍ଷେତ୍ରକୁ ୨୨ଟି ପ୍ରଚାର କେନ୍ଦ୍ର (ମାଞ୍ଜିସ)ରେ ବିଭକ୍ତ କରିଥିଲେ ଏବଂ ପ୍ରତ୍ୟେକ ମଞ୍ଜିସକୁ ଜଣେ ଜଣେ ଶିଖ୍ ଭକ୍ତଙ୍କ ଅଧୀନରେ ରଖା ଯାଇଥିଲା । ଶିଖ୍ ଧର୍ମ ବିସ୍ତାର ପାଇଁ ସେ ଭାରତର ବିଭିନ୍ନ ପ୍ରାନ୍ତ ପରିଦର୍ଶନ କରିଥିଲେ ଏବଂ ଏହି ଉଦ୍ଦେଶ୍ୟରେ ନିଜର ଧର୍ମ ପ୍ରଚାରକ ମାନଙ୍କୁ ବିଭିନ୍ନ ଅଞ୍ଚଳକୁ ପଠାଇଥିଲେ ।

ସେ ଗୁରୁଙ୍କ ଲଙ୍ଗର ପରମ୍ପରାକୁ ମଜବୁତ କରିଥିଲେ । ଏବଂ ସମସ୍ତ ଭ୍ରମଣକାରୀ ମାନଙ୍କ ପାଇଁ ସମୁହ ଭୋଜନ ବାଧ୍ୟତା ମୂଳକ କରି କହିଥିଲେ ଯେ "ପହଲେ ପଙ୍ଗତ ଫିର ସଙ୍ଗତ !" (ପ୍ରଥମେ ଖାଇବା ତାପରେ ମିଶିବା) । କୁହାଯାଏ ଯେ, ଥରେ ସମ୍ରାଟ ଆକବର ଗୁରୁ ସାହିବଙ୍କୁ ଦେଖା କରିବାକୁ ଆସିଥିଲେ ଏବଂ ତାଙ୍କୁ ମଧ୍ୟ ଗୁରୁଙ୍କ ସହ ସାକ୍ଷାତକାର ପୂର୍ବରୁ ଲଙ୍ଗରରେ ପରିବେଷିତ ସାଧାରଣ ଖାଦ୍ୟ ଖାଇବାକୁ ପଡ଼ିଥିଲା । ଏହା ମଧ୍ୟ କୁହାଯାଇଛି ଯେ ସମ୍ରାଟ ଏହି ପରମ୍ପରାରେ ଏତେ ପ୍ରଭାବିତ ହୋଇଥିଲେ ଯେ ସେ ଗୁରଙ୍କ ଲଙ୍ଗର ପାଇଁ କିଛି ରାଜକୀୟ ସମ୍ପତ୍ତି ପ୍ରଦାନ କରିବାକୁ ଇଚ୍ଛା ପ୍ରକାଶ କରିଥିଲେ, କିନ୍ତୁ ଗୁରୁ ସମ୍ମାନର ସହିତ ତାଙ୍କର ଏହି ଦାନକୁ ପ୍ରତ୍ୟାଖାନ କରିଥିବା କୁହାଯାଇଛି । ତେବେ ଗୁରୁ ଅମର ଦାସ ଆକବରଙ୍କୁ ଯମୁନା ଏବଂ ଗଙ୍ଗା ନଦୀ ପାର ହେଉଥିବା ଅଣ-ମୁସଲମାନ ମାନଙ୍କ ଉପରୁ ଆଦାୟ କରାଯାଉଥିବା

ଟୋଲଟ୍ୟାକ୍ସ (ତୀର୍ଥଯାତ୍ରୀଟିକସ) ଛାଡ଼ କରିବାକୁ ପ୍ରବର୍ତ୍ତାଇ ଥିଲେ ଏବଂ ଆକବର ତାହା ଗ୍ରହଣ କରିଥିଲେ । ଗୁରୁ ସମ୍ରାଟ ଆକବରଙ୍କ ସହିତ ଆନ୍ତରିକ ସମ୍ପର୍କ ବଜାୟ ରଖିଥିଲେ ।

ଗୁରୁ ସତୀ ପ୍ରଥା ବିରୁଦ୍ଧରେ ପ୍ରଚାର କରିଥିଲେ ଏବଂ ବିଧବା ପୁର୍ନବିବାହକୁ ସମର୍ଥନ କରିଥିଲେ । ସେ ମହିଳା ମାନଙ୍କୁ ପରଦା (ଓଢ଼ଣୀ ବା ବୁର୍ଖା) ତ୍ୟାଗ କରିବାକୁ କହିଥିଲେ । ସେ ଶିଖ୍ ମାନଙ୍କର ଜନ୍ମ, ବିବାହ ଏବଂ ମୃତ୍ୟୁ ପାଇଁ ନୂତନ ସମାରୋହ ଆରମ୍ଭ କରିଥିଲେ । ଶିଖ୍ ଧର୍ମକୁ ତାଙ୍କର ବିଶେଷ ଉପହାର ଥିଲା "ଆନନ୍ଦ ସାହିବ" ଯାହାକି ସଂଗୃହୀତ କିଛି ପ୍ରାର୍ଥନା ଥିଲା ଏବଂ ତାହା ପ୍ରତି ଶିଖ୍ ଭକ୍ତଙ୍କ ଦ୍ୱାରା ପ୍ରତିଦିନ ଆବୃତି କରାଯାଉଥିବା ବାଣୀ ମଧ୍ୟରୁ ଅନ୍ୟତମ ଥିଲା ।

ତାଙ୍କ ଉତ୍ତରାଧିକାରୀ ହେବା ପାଇଁ ଗୁରୁ ଅମର ଦାସ ସାହିବ ତାଙ୍କର ଜ୍ୱାଇଁ ଜେଠା (ଗୁରୁ ରାମ ଦାସ)ଙ୍କୁ ବାଛିଥିଲେ । ଶିଖ୍ ମାନଙ୍କ ମଧ୍ୟରେ ଏହା କୁହାଯାଇଥାଏ ଯେ, "ନାନକ ଲେହନାଙ୍କ ଠାରେ ଯାହା ଦେଖିଥିଲେ ଏବଂ ଅଙ୍ଗଦ ଅମର ଦାସଙ୍କ ମଧ୍ୟରେ ଯାହା ଦେଖି ପାରିଥିଲେ, ଅମର ଦାସ ଜେଠାଙ୍କ ଠାରେ ତାହା ଦେଖିଥିଲେ ।"

ସେପ୍ଟେମ୍ବର ୧, ୧୫୭୪ରେ ଗୋଇନ୍ଦୱାଲ ଠାରେ୯୫ ବର୍ଷ ପରିପକ୍ୱ ବୟସରେ ଗୁରୁ ଅମର ଦାସ ତାଙ୍କ ଶରୀର ତ୍ୟାଗ କରିଥିଲେ । ସେ ତାଙ୍କ ମନୋନୀତ ଉତ୍ତରାଧିକାରୀ ଗୁରୁ ରାମଦାସ ସାହିବଙ୍କ ହାତରେ ନିଜ ମଣ୍ଡଳୀକୁ ସୁରକ୍ଷିତ ଛାଡ଼ିଥିଲେ ।

ଗୁରୁ ଅମର ଦାସଙ୍କ ବାଣୀ – (Guru Amardas's teachings)

ଗୁରୁ ଅମର ଦାସ ଗଭୀର ଆନ୍ତରିକତା ଏବଂ ଭକ୍ତି ସହିତ ଗୁରୁ ମାନଙ୍କର ଆଧ୍ୟାତ୍ମିକ ଐତିହ୍ୟକୁ ଆଗକୁ ବଢ଼ାଇଥିଲେ । ତାଙ୍କର ବ୍ୟକ୍ତିଗତ ଉଦାହରଣ ଦ୍ୱାରା ଏବଂ ତାଙ୍କର ଧାର୍ମିକ ଧାରଣା ଦ୍ୱାରା ସେ ଶିଷ୍ୟ ମାନଙ୍କ ଆଗରେ ସେବା ଏବଂ ସଚ୍ଚୋଟ ଜୀବନଯାପନର ଆଦର୍ଶ ସ୍ଥାପନା କରିଥିଲେ । ତାଙ୍କର ପୂର୍ବବର୍ତ୍ତୀ ଗୁରୁ ମାନଙ୍କ ପରି ସେ ମଧ୍ୟ ବ୍ୟକ୍ତିଗତ ଉଦ୍ୟମରେ ନିଜର ରୋଜଗାର କରିବାକୁ ବାଛିଥିଲେ । ଏକ ମୁସଲମାନ ଐତିହାସିକ ଲତିଫଙ୍କ ଅନୁଯାୟୀ : "ସେ ଗୁରୁଙ୍କ ଭଣ୍ଡାରରୁ କେବେବି କିଛି ଖାଉ ନ ଥିଲେ, ବରଂ ବଜାରରେ ଲୁଣ ଏବଂ ତେଲରେ ବ୍ୟବସାୟ କରି ସେହି ଅଳ୍ପଟଙ୍କାରେ ନିଜର ଗୁଜୁରାଣ ମେଣ୍ଟାଉ ଥିଲେ । ଯେତେବେଳେ ତାଙ୍କୁ ପଚରା ଯାଇଥିଲା ଯେ, ଶିଖ୍ମାନେ ଲଙ୍ଗରରେ ଯାହା ଖାଉଛନ୍ତି ତାହାକୁ ସେ କାହିଁକି ଖାଉ ନାହାନ୍ତି ? ସେ ଉତ୍ତର ଦେଇଥିଲେ "ଶିଖ୍ମାନେ ଲଙ୍ଗରରେ ଯାହା ଖାଉଛନ୍ତି ତାହା ମୋତେ ମଧ୍ୟ ପୋଷଣ ଦେଇଥାଏ, କାରଣ ଆମ ମଧ୍ୟରେ ଆଦୌ ପାର୍ଥକ୍ୟ ନାହିଁ ।"

ଅନ୍ୟ ଏକ ସମୟରେ, ସେ ସମବେତ ମଣ୍ଡଳୀକୁ କହିଥିଲେ ଯେ, ଯେପରି ଜଣେ ମା ନିଜ ପିଲା ମାନଙ୍କୁ ଖାଇବାର ଏବଂ ସୁସ୍ୱାଦ ଖାଦ୍ୟ ଉପଭୋଗ କରିବାର ଦେଖି ଖୁସି ଅନୁଭବ କରିଥାନ୍ତି, ସେହିପରି ଶିଖ୍ ମାନେ- ତାଙ୍କ ପିଲାମାନେ - ଏକାଠି ଭୋଜନ କଲାବେଳେ ଗୁରୁ ଖୁସି ଅନୁଭବ କରିଥାନ୍ତି ।

ସେ ତାଙ୍କ ନିର୍ଦ୍ଦେଶ "ପହଲେ ପଙ୍ଗତ, ଫିର ସଙ୍ଗତ" (ପ୍ରଥମେ ଖାଇବା, ପରେ ମିଶିବା) ସହିତ ଲଙ୍ଗର ଅନୁଷ୍ଠାନକୁ ମଜବୁତ କରିଥିଲେ । ତାଙ୍କ ଅଧୀନରେ ଲଙ୍ଗର, ସମ୍ପ୍ରଦାୟର ସେବା ତଥା ଶିଖ୍ ମାନଙ୍କ ଦାନର ସ୍ରୋତକୁ ବ୍ୟବହାର କରିବା ପାଇଁ ଏକ ଅନୁଷ୍ଠାନରେ ପରିଣତ ହୋଇଥିଲା । ହିନ୍ଦୁ, ମୁସଲମାନ ଏବଂ ଶୁଦ୍ର ମାନେ ସମାନତା ଏବଂ ଭାଇଚାରା ମଧ୍ୟରେ ଏକାଠି ଭୋଜନ କରୁଥିବାରୁ ଏହା ଜାତିଗତ ପ୍ରତିବନ୍ଧକକୁ ଭାଙ୍ଗିବାରେ ସାହାଯ୍ୟ କରିଥିଲା । ନିବୁଜ ଏବଂ ଶୁଦ୍ଧ ସ୍ଥାନରେ ରାନ୍ଧିବାର ଅନ୍ଧ ବିଶ୍ୱାସକୁ ଏହା ପ୍ରତ୍ୟାଖ୍ୟାନ କରିଥିଲା । ସମସ୍ତ ପ୍ରକାରର ଖାଦ୍ୟ ଏବଂ ସମସ୍ତ ସ୍ୱାଦର ଖାଦ୍ୟ ଗୁରୁ ଲଙ୍ଗରରେ ପରିବେଷଣ କରାଯାଉଥିଲା, ଯାହା ବଳି ଯାଉଥିଲା ତାହା ପକ୍ଷୀ ଏବଂ ପଶୁ ମାନଙ୍କୁ ଦିଆଯାଉଥିଲା ଏବଂ ଏପରିକି ବିଜ୍ ନଦୀ, ଯାହାକି ନିକଟରେ ପ୍ରବାହିତ ହେଉଥିଲା,ର ମାଛ ମାନଙ୍କୁ ମଧ୍ୟ ଦିଆଯାଉଥିଲା ।

ତୃତୀୟ ଗୁରୁ ନିମ୍ନଲିଖିତ ମୂଲ୍ୟବୋଧ ଉପରେ ଗୁରୁତ୍ୱାରୋପ କରିଥିଲେ: ଗୁରୁ ଭକ୍ତି, ସେବା, ଆତ୍ମ-ଶୃଙ୍ଖଳା, ସାଧୁ ସଙ୍ଗ, କୀର୍ତ୍ତନ, ଭକ୍ତି ଏବଂ ନମ୍ରତା । ଏହି ମୂଲ୍ୟବୋଧ ଉପରେ ତାଙ୍କର ସିଦ୍ଧାନ୍ତ ଅତ୍ୟନ୍ତ ସଂକ୍ଷିପ୍ତ ଏବଂ ଶକ୍ତିଶାଳୀ ।

- ପ୍ରକୃତ ଗୁରୁଙ୍କ ହାତରେ ଚାବି ଥାଏ । ଅନ୍ୟ କେହି କବାଟ ଖୋଲି ପାରିବେ ନାହିଁ । ପରିପୂର୍ଣ୍ଣ ଉତ୍ତମ ଅନୁଗ୍ରହ ଦ୍ୱାରା ହିଁ ଗୁରୁଙ୍କର ସାକ୍ଷାତ ହୋଇ ପାରିଥାଏ ।

- ଗୁରୁଙ୍କର ସେବାକରି ମଣିଷ ନିଜ ପୂଣ୍ୟର ପୁଞ୍ଜି ସଞ୍ଚୟ କରିଥାଏ । ଗୁରୁ ହେଉଛନ୍ତି ମୋକ୍ଷର ଏକ ସିଡ଼ି ବା ପରିତ୍ରାଣର ଏକ ଡଙ୍ଗା । ନାନକ କୁହନ୍ତି, ଯିଏ ଈଶ୍ୱରଙ୍କୁ ଭଲପାଏ, ସିଏ ସର୍ବୋତ୍କୃଷ୍ଟତା ପାଇ ପାରିଥାଏ । ପ୍ରକୃତ ପ୍ରଭୁ ପ୍ରକୃତ ମନ ଦ୍ୱାରା ପ୍ରାପ୍ତ ହୁଅନ୍ତି ।

- ଗୁରୁଙ୍କ ସେବା ମାଧ୍ୟମରେ ଜଣେ ପ୍ରକୃତ ସୁଖ, ଶାନ୍ତି ପାଇ ପାରିଥାଏ, ଯାହା ଅନ୍ୟ କେଉଁଠାରେ ମିଳି ପାରିବ ନାହିଁ ।

- ମୋର ଆତ୍ମାରେ ଅତ୍ୟନ୍ତ ମଧୁର ହେଉଛି ଈଶ୍ୱରଙ୍କ ନାମ । ଏହା ଲକ୍ଷ ଲକ୍ଷ ଜନ୍ମର ଭୟ ଏବଂ ପାପର ବିନାଶକାରୀ । ଗୁରୁଙ୍କ କୃପା ଦ୍ୱାରା ଅନନ୍ୟ ପ୍ରଭୁଙ୍କର ଦର୍ଶନ ହୋଇପାରିଥାଏ ।

- ତୁମର ଶରୀର, ପ୍ରାଣ ଏବଂ ଧନ ସଂପତ୍ତିକୁ ଗୁରୁଙ୍କ ନିକଟରେ ସମର୍ପଣ କରିଦିଅ ଏବଂ ଈଶ୍ୱରଙ୍କୁ ପାଇବା ପାଇଁ ଗୁରୁଙ୍କ ଆଦେଶକୁ ମାନି ନିଅ ।

- ଭଗବାନଙ୍କ କୃପା ଦ୍ୱାରା ମଣିଷ ଗୁରୁଙ୍କର ସେବା କରେ ଏବଂ ଭଗବାନଙ୍କ କୃପା ମାଧ୍ୟମରେ ସେବାଟି ସମ୍ପୂର୍ଣ୍ଣ ହୁଏ । ଭଗବାନଙ୍କ କୃପା ଦ୍ୱାରା ମନ ନିୟନ୍ତ୍ରିତ ହୋଇଥାଏ ଏବଂ ତାଙ୍କ ଅନୁଗ୍ରହ ଦ୍ୱାରା ମନ ଶୁଦ୍ଧ ହୋଇପାରିଥାଏ ।

- ଯଦି ତୁମେ ତାଙ୍କ ଇଚ୍ଛା ଅନୁସାରେ ଚାଲିବ, ତେବେ ତୁମେ ତାଙ୍କରି ପରି ହୋଇପାରିବ ଯାହାର ତୁମେ ସେବା କରୁଥିବ ।

ତାଙ୍କ ରଚନା "ଆନନ୍ଦ ସାହିବ"ରେ, ଗୁରୁ ଅମର ଦାସ ଆମକୁ ଏକ "ଅତ୍ୟନ୍ତ ସୁଖର ସମାଚାର" ଦେଇଛନ୍ତି ଏବଂ ମାର୍ଗ ଦର୍ଶନ କରିଛନ୍ତି, ଯାହା ଦ୍ୱାରା ଆମେ ସମସ୍ତେ ପରମ ସୁଖ ପାଇ ପାରିବା । ପ୍ରଥମେ, ସେ ବାଧାବିଘ୍ନଗୁଡ଼ିକ ସୂଚାଇ ଦେଇଛନ୍ତି ଯାହା ଆମର ପ୍ରଗତିରେ ବାଧା ସୃଷ୍ଟି କରିପାରେ । ଏଥିରେ ଯୁକ୍ତି, ସାଂସାରିକ ଜ୍ଞାନ, ଉଚ୍ଚ ମୂଲ୍ୟବୋଧର ଅବହେଳା, ରୀତିନୀତି, ମିଥ୍ୟା, କପଟତା, ଦ୍ୱନ୍ଦ୍ୱ, ଲୋଭ, କୃପଣତା ଏବଂ ଅହଂକାର ଅନ୍ତର୍ଭୁକ୍ତ । ଆମେ ଏହି ବାଧାବିଘ୍ନର ସାମନା କରିବା ପାଇଁ ଯାହା କରି ପାରିବା ତାହା ହେଉଛି ଆଧ୍ୟାତ୍ମିକ ଭାବରେ ଅଭିବୃଦ୍ଧି ପାଇଁ କିଛି ସାକାରାତ୍ମକ ପଦକ୍ଷେପ ନେବା । ଏହି ପଦକ୍ଷେପଗୁଡ଼ିକରେ ଗୁରୁଙ୍କ ସହ ଘନିଷ୍ଠ ହେବା, ସାଧନାରେ ଆନ୍ତରିକତା, ନିସ୍ୱାର୍ଥପର ସେବା, ସତ୍‌ସଙ୍ଗ, କୀର୍ତ୍ତନ ବା ଗୁରୁବାଣୀଙ୍କର ଶ୍ରବଣ କିମ୍ବା ଗାନ, ନାମ ରସର ଆନନ୍ଦ, ପାଞ୍ଚ ଇନ୍ଦ୍ରିୟ ମାନଙ୍କର ନିୟନ୍ତ୍ରଣ ଏବଂ ଉଚ୍ଚତର ଲକ୍ଷ ଆଡ଼କୁ ସେମାନଙ୍କୁ ଗତି କରାଇବା, ଏବଂ ଶେଷରେ ଈଶ୍ୱରଙ୍କ ଇଚ୍ଛାକୁ ସାଦରେ ଗ୍ରହଣ କରିବା । ଯେତେବେଳେ ଭଗବାନଙ୍କର କୃପା ହାସିଲ ହୋଇଥାଏ, ସେତେବେଳେ ସମସ୍ତ ପ୍ରକାର ରୋଗ ବୈରାଗ୍ୟ ଉଭେଇ ଯାଇଥାଏ । ସମସ୍ତ ଦୁଃଖ, କ୍ଲେଶ, ପରୀକ୍ଷା ଦୂର ହୋଇଯାଇଥାଏ ଏବଂ ଭକ୍ତ ତାଙ୍କ ହୃଦୟରେ ଐଶ୍ୱରୀୟ ସୁଖର ସଙ୍ଗୀତ ଶୁଣିପାରିଥାନ୍ତି । ସେ ଏକ ଅବ୍ୟକ୍ତ ଆନନ୍ଦ ଅନୁଭବ କରିଥାନ୍ତି ଏବଂ ଏକ ଆଭ୍ୟନ୍ତରୀଣ ଉଜ୍ଜ୍ୱଳତାରେ ଜାଜ୍ୱଲ୍ୟମାନ ହୋଇ ଉଠିଥାନ୍ତି ଯାହା ତାଙ୍କ ଭିତରେ ଭଗବାନଙ୍କ ଉପସ୍ଥିତିକୁ ଦର୍ଶାଇଥାଏ । ସେ ଜୀବନକାଳରେ ହିଁ ମୋକ୍ଷ ପ୍ରାପ୍ତ ହୋଇପାରିଥାନ୍ତି, ସୁଖର ସମୁଦ୍ରରେ ମିଶିଯାଇଥାନ୍ତି ।

ଯିଏ ନଅଟି ଦ୍ୱାର (ଅଙ୍ଗ)ର ଊର୍ଦ୍ଧ୍ୱକୁ ଉଠି ପାରିଥାଏ ଏବଂ ଦଶମ ଦ୍ୱାରରେ ସ୍ୱର୍ଗୀୟ ସଂଗୀତର ମୂର୍ଚ୍ଛନା ଶୁଣିପାରେ ସେ ମୁକ୍ତ ହୋଇଯାଇଥାଏ । ଗୁରୁ ନାନକ କହିଛନ୍ତି, ସେଠାରେ କେହି ଶୁଅନ୍ତି ନାହିଁ କି ଭୋକ ହୁଏନାହିଁ । ସେ ପ୍ରକୃତ ଈଶ୍ୱରଙ୍କ

ଅମୃତ ନାମ ଜପ କରି ଶାନ୍ତିରେ ବାସ କରନ୍ତି । ସେଠାରେ କାହାକୁ ଯନ୍ତ୍ରଣା ଏବଂ ଆନନ୍ଦ ବାନ୍ଧି ରଖିପାରେନାହିଁ । ତାହା ସର୍ବବ୍ୟାପୀ ଆତ୍ମାର ଆଲୋକରେ ଉଦ୍‌ଭାସିତ ହୋଇ ଉଠିଥାଏ ।

■

(ବି.ଦ୍ର. - ଶରୀରର ନଅଟି ଦ୍ୱାର - ଦୁଇଟି ଚକ୍ଷୁ, ଦୁଇଟି କାନ, ପାଟି, ଦୁଇଟି ନାକ ପୁଡ଼ା, ମଳଦ୍ୱାର, ଜନନେନ୍ଦ୍ରିୟ ।
ଦଶମ ଦ୍ୱାର - ଏକ ଚେତନାର ସ୍ଥିତି, ଯେଉଁଠାରେ ଜଣେ ଈଶ୍ୱରଙ୍କ ସତ୍ତାକୁ ଅନୁଭବ କରିପାରେ)

ଚତୁର୍ଥ ଗୁରୁ - ଗୁରୁ ରାମଦାସ

ଉପକ୍ରମଣିକା -

ଗୁରୁ ହେଉଛନ୍ତି ଏକ ସିଡ଼ି, ଡଙ୍ଗା, ଭେଳା ଯାହାଦ୍ୱାରା ଜଣେ ଭଗବାନଙ୍କ ନିକଟରେ ପହଞ୍ଚିପାରେ ।

ଗୁରୁ ହେଉଛନ୍ତି ହ୍ରଦ, ସମୁଦ୍ର, ନୌକା, ନଦୀ ତୀର୍ଥସ୍ଥାନ ପରି ପବିତ୍ର ସ୍ଥାନ ।

ଗୁରୁଙ୍କ ବ୍ୟତୀତ ଭକ୍ତି, ପ୍ରେମ ହୋଇ ପାରିବ ନାହିଁ ।

ଗୁରୁ ନାନକଙ୍କର ଏହି ଶବ୍ଦଗୁଡ଼ିକ ବହୁତ ସୁନ୍ଦର ଅଟେ । ଏବଂ ପ୍ରକୃତରେ ଧନ୍ୟ ସେହିମାନେ, ଯେଉଁମାନେ ଏକ ତୃପ୍ତ ଆତ୍ମା, ଏକ ବିକଶିତ ଆତ୍ମାର ସଂସ୍ପର୍ଶରେ ଆସିଥାନ୍ତି ଯିଏକି ସେମାନଙ୍କୁ ପ୍ରକୃତ ସ୍ୱାଧୀନତା, ମୁକ୍ତି ତଥା ମୋକ୍ଷର ମାର୍ଗ ଦର୍ଶାଇ ଥାଆନ୍ତି । ଏହିପରି ଜଣେ ଆମକୁ ଅଜ୍ଞତାର ଅନ୍ଧକାରରୁ ଜ୍ଞାନ ଆଲୋକର ପରିସରକୁ ନେଇଯିବେ, ଦୁଃଖ ଏବଂ କଷ୍ଟରୁ ଆମକୁ ପରମେଶ୍ୱରଙ୍କ ପାଖକୁ ପଥ ନିର୍ଦ୍ଦେଶ କରାଇ ପାରିବେ ଯେଉଁଠାରେ ସୁଖ ତା'ର ସମାପ୍ତି ଜାଣେନାହିଁ ।

ପ୍ରତ୍ୟେକ ଆଧ୍ୟାତ୍ମିକ ଆଶାକର୍ମୀଙ୍କ ଜୀବନରେ ଏପରି ଏକ ପର୍ଯ୍ୟାୟ ଆସେ ଯେତେବେଳେ ସେ ଜଣେ ଗୁରୁଙ୍କର ଆବଶ୍ୟକତା ଅନୁଭବ କରିଥାନ୍ତି- କେହିଜଣେ ଯିଏ ତାଙ୍କର ହାତ ଧରି ଆଗ ଆଡ଼କୁ, ଭିତର ଆଡ଼କୁ, ଉପର ଆଡ଼କୁ ଏବଂ ଈଶ୍ୱରଙ୍କ ଆଡ଼କୁ ନେଇଯାଇ ପାରିବେ । ଯେତେବେଳେ ସେ ଏହି ଆବଶ୍ୟକତା ଅନୁଭବ କରିବେ ସେତେବେଳେ ସେ ଏତିକିମାତ୍ର କରିବା ଦରକାର ଯେ ସେ ସେହି ପରମେଶ୍ୱରଙ୍କୁ ପ୍ରାର୍ଥନା କରିବେ- "ହେ ଭଗବାନ ମୋତେ ଏପରି ଜଣକ ସାଙ୍ଗରେ ସଂପର୍କ କରାଇ ଦିଅ ଯେ କି ଜ୍ଞାନର ଆଲୋକରେ ଆଲୋକିତ ହୋଇଥିବେ । ଏପରି ଜଣେ ଯେ କି ମୋତେ ତୁମ ସହିତ ଯୋଡ଼ି ପାରିବେ,ଏମିତି ଜଣେ ଯିଏ ତୁମକୁ ଜାଣି ପାରିଛନ୍ତି । ଏମିତି ଜଣେ ଯିଏ ତୁମ ପାଖକୁ ଯିବାକୁ ପ୍ରକୃତ ପଥ ଜାଣିଛନ୍ତି ।"

ଗୁରୁ, ସାଧୁ ଭାସୱାନି ଜଣେ 'ପ୍ରଶିକ୍ଷକ' ବା 'ପରାମର୍ଶଦାତା'ଙ୍କ ଠାରୁ ବହୁତ କିଛି ଅଧିକା ଶିକ୍ଷାଦାନ କରିଛନ୍ତି । ସେ ଏକ ପରିବର୍ତ୍ତନଶୀଳ ଶକ୍ତି ସହିତ ଏକ ପ୍ରଗତିଶିଳ ବ୍ୟକ୍ତି - କାରଣ ଆଧ୍ୟାତ୍ମିକତା ଏକ ପ୍ରଚଣ୍ଡ ଶକ୍ତି ଏବଂ ପ୍ରକୃତ ଗୁରୁ ଏହି ଶକ୍ତିର ଅଧିକାରୀ । ଚେତନ ଅବସ୍ଥାରେ ପରମେଶ୍ୱରଙ୍କୁ ଆହ୍ୱାନ କରିବା ପ୍ରଣାଳୀ ଦ୍ୱାରା ଗୁରୁ ଶିଷ୍ୟର ଆଧ୍ୟାତ୍ମିକ ଶକ୍ତିର ବିକାଶ କରିଥାନ୍ତି । ତେଣୁ ଆମେ ପ୍ରାଚୀନ ଗ୍ରନ୍ଥଗୁଡ଼ିକରେ ପଢ଼ିଛେ : "ଗୁରୁ ଶିଷ୍ୟ ମାନଙ୍କୁ ନିଜ ପାଖକୁ ବାଟ କଢ଼ାଇ ଆଣନ୍ତି ।" ଶିଷ୍ୟମାନଙ୍କୁ ନିଜ ଆଡ଼କୁ ଆକର୍ଷିତ କରିବାର ଏହି ପ୍ରକ୍ରିୟାରେ - କେବଳ ସୂଚନା ଯୋଗାଯୋଗର ନୁହେଁ - ବରଂ ଗୁରୁଙ୍କ ଶକ୍ତିର ରହସ୍ୟ ଅନ୍ତର୍ନିହିତ ଅଛି । ଏପରିକି ଗୁରୁ ରାମଦାସ, ଦଶ ମହାନ ଶିଖ୍ ଗୁରୁଙ୍କ ମଧ୍ୟରୁ ଚତୁର୍ଥ ଗୁରୁ, ନିଜର ପୂର୍ବବର୍ତ୍ତୀ ଅଧିକାରୀ ତଥା ଗୁରୁଙ୍କ ଅନୁଗ୍ରହ ଦ୍ୱାରା ତାଙ୍କ ଆଡ଼କୁ ଆକର୍ଷିତ ହୋଇଥିଲେ ।

ଶୈଶବ ଏବଂ ପ୍ରାରମ୍ଭିକ ଜୀବନ

ଗୁରୁ ରାମଦାସ ୧୫୩୪ ମସିହାରେ ମିଳିତ ପଞ୍ଜାବ ପ୍ରଦେଶର ଲାହୋରର ଚୁନା ମାଣ୍ଡିରେ ଜନ୍ମ ଗ୍ରହଣ କରିଥିଲେ । ତାଙ୍କ ପିତାଙ୍କ ନାମ ହରିଦାସ ଏବଂ ମାତାଙ୍କ ନାମ ଅନୁପ ଦେବୀ ଥିଲା । ଯେ କି ମାତା ଦୟା ନାମରେ ମଧ୍ୟ ଜଣାଶୁଣା ଥିଲେ । ଉଭୟେ ଗରିବ ଲୋକ ଥିଲେ, କିନ୍ତୁ ଈଶ୍ୱରଙ୍କର ପ୍ରକୃତ ଭକ୍ତ ଥିଲେ । ବିବାହ ପରେ ଦୀର୍ଘ ସମୟ ପର୍ଯ୍ୟନ୍ତ ସେମାନେ ନିଃସନ୍ତାନ ରହିଥିଲେ । ସେମାନେ ବିଶ୍ୱାସ ଓ ଭକ୍ତିରେ ଈଶ୍ୱରଙ୍କ ନିକଟରେ କ୍ରମାଗତ ଭାବରେ ତାଙ୍କୁ ଏକ ସନ୍ତାନ ପ୍ରଦାନ କରିବାକୁ ପ୍ରାର୍ଥନା କରୁଥିଲେ । ଏକ ସନ୍ତାନ ସେମାନଙ୍କର ବଂଶ ରକ୍ଷା ପାଇଁ ନୁହେଁ ବରଂ ଯିଏ ପ୍ରଭୁଙ୍କର ସଚ୍ଚା ଭକ୍ତ ହେବ ଏବଂ ନିଜକୁ ପ୍ରଭୁଙ୍କ କାର୍ଯ୍ୟରେ ଉତ୍ସର୍ଗ କରିଦେବ ।

ଅନେକ ବର୍ଷ ବିତି ଯାଇଥିଲା । କିନ୍ତୁ ସେମାନେ ସେମାନଙ୍କର ପ୍ରାର୍ଥନା ତ୍ୟାଗ କରି ନ ଥିଲେ । ସେମାନେ ଭକ୍ତି ଓ ସମ୍ମାନର ସହିତ ପ୍ରତିଦିନ ପ୍ରାର୍ଥନା ଜାରି ରଖିଥିଲେ । ପ୍ରଭୁଙ୍କ ଉପରେ ସେମାନଙ୍କର ବିଶ୍ୱାସ ଦୃଢ଼ ଥିଲା, କାରଣ ସେମାନେ ଜାଣିଥିଲେ ଯେ ଭଗବାନ ସେମାନଙ୍କ ପ୍ରାର୍ଥନାର ଉତ୍ତର ଠିକ୍ ସମୟରେ ଦେବେ । ସେମାନଙ୍କର ଏତେ ବର୍ଷର ଭକ୍ତି ଏବଂ ସମର୍ପଣରେ ସନ୍ତୁଷ୍ଟ ହୋଇ ଭଗବାନ ସେମାନଙ୍କ ଇଚ୍ଛା ପୂରଣ କରିଥିଲେ । ସେମାନଙ୍କର ଏକ ଶିଶୁ ପୁତ୍ର ଜନ୍ମ ହୋଇଥିଲା, ଯାହାକୁ ସେମାନେ ଜେଠା ନାମରେ ନାମିତ କରିଥିଲେ ଯାହାର ଅର୍ଥ ଜ୍ୟେଷ୍ଠ ଜନ୍ମିତ ।

କିନ୍ତୁ ଯେତେବେଳେ ପିଲାଟି କୋମଳ ବୟସର ଥିଲା, ସେତେବେଳେ ତାଙ୍କର

ପିତାମାତାଙ୍କର ଦେହାନ୍ତ ହୋଇଯାଇଥିଲା ଏବଂ ରାମଦାସ ବସାର୍କ ଗାଁରେ ରହୁଥିବା ତାଙ୍କର ଆଈଙ୍କ ଯତ୍ନରେ ପ୍ରତିପାଳିତ ହୋଇଥିଲେ ।

ଆଈ ମଧ୍ୟ ବହୁତ ଗରିବ ଥିଲେ । ସେ ବୁଟକୁ ସିଝେଇ ବିକ୍ରୟ ପାଇଁ ପ୍ରସ୍ତୁତ କରୁଥିଲେ । ଜେଠା ସେହି ସିଝାବୁଟ ଟୋକେଇ ନେଇ ବିକ୍ରି କରି ସନ୍ଧ୍ୟାରେ ଆଈଙ୍କୁ ସେଟଙ୍କା ଦେଉଥିଲେ । ଏହି ସ୍ୱଳ୍ପ ରୋଜଗାରରେ ଉଭୟ ବଞ୍ଚି ରହିଥିଲେ ।

ପିଲାଦିନରୁ ରାମଦାସ ନୀରବତା ଏବଂ ଏକାକୀତ୍ୱକୁ ଭଲ ପାଉଥିଲେ । ଯୁଗ ଯୁଗରୁ ନୀରବତା ଏବଂ ଏକାକୀତ୍ୱକୁ ଭଲ ପାଉଥିବା ଲୋକମାନେ ହିଁ ଈଶ୍ୱରଙ୍କୁ ପାଇବା ପାଇଁ ଅହରହ ଚେଷ୍ଟା କରିଥାନ୍ତି । ଯେତେବେଳେ ଆମେ ସାଧୁ, ସନ୍ଥ ମାନଙ୍କର ଜୀବନୀ ପଢୁ, ଆମେ ନୀରବତା ପାଇଁ ସେମାନଙ୍କର ପସନ୍ଦକୁ ସ୍ପଷ୍ଟ ଭାବରେ ଅନୁଭବ କରିପାରିବା । ଆମେ ହୃଦୟଙ୍ଗମ କରୁ ଯେ ଆମେ ମଧ୍ୟ ଏବେ ଅସାଧାରଣ ଶାନ୍ତି ଅନୁଭବ କରିପାରିବା, ଯେତେବେଳେ ଆମ ହୃଦୟରେ, ଆମର ଈଶ୍ୱରଙ୍କ ପ୍ରତି ଗଭୀର ପ୍ରେମ, ଆକାଂକ୍ଷା ଏବଂ ଭକ୍ତି ସୃଷ୍ଟି କରି ପାରିବା । ଛୋଟ ଜେଠା ସବୁବେଳେ ଏକ କୋଳାହଳ ଶୂନ୍ୟ, ନୀରବ କୋଣରେ ବସିଥାନ୍ତି । ଚକ୍ଷୁଦ୍ୱୟରୁ ଝରି ପଡୁଥିବା ଅଶ୍ରୁ ସହ, ଆପଣମାନେ ବେଳେବେଳେ ତାଙ୍କୁ ଏକ ଗଛ ମୂଳରେ ବସିଥିବାର ଦେଖିପାରିବେ, ଅନ୍ୟ କେତେବେଳେ ନଦୀ କୁଳରେ କିମ୍ବା ଅନ୍ୟ ସମୟରେ କୌଣସି ଏକ ବଗିଚାରେ ବସିଥିବାର ମଧ୍ୟ ଦେଖି ପାରିବେ । ସେ କାନ୍ଦି କାନ୍ଦି ଭଗବାନଙ୍କୁ ଡାକୁଥିଲେ ଏବଂ କହୁଥିଲେ, "ଭଗବନ, ତୁମେ ମୋତେ ଏହି ମୂଲ୍ୟବାନ ମାନବ ଜନ୍ମ ଦେଇଛ । ମୋତେ ଏବେ ଶିକ୍ଷାଦିଅ ଯେ, ମୁଁ କିପରି ଏହି ଜନ୍ମକୁ ସାର୍ଥକ କରିପାରିବ । ମୋତେ ଏପରି ଜଣେ ସାଧୁଙ୍କୁ ସାକ୍ଷାତ କରିବାକୁ ସକ୍ଷମ କର, ଯିଏ ମୋର ଲକ୍ଷ୍ୟ ହାସଲ କରିବାରେ ସାହାଯ୍ୟ କରିବେ ।"

ଏହି ଆଠ ବର୍ଷର ଶିଶୁ ଅପାର ପ୍ରେମ, ପାଇବାର ଆକାଂକ୍ଷା ଏବଂ ଭକ୍ତି ସହିତ ଭଗବନଙ୍କୁ ଡାକୁଥିଲେ। ସେ କାନ୍ଦି କାନ୍ଦି କରି କୁହନ୍ତି, "ହେ ଭଗବାନ, ତୁମେ ମୋତେ କେବେ ଦେଖା କରିବାର ସୁଯୋଗ ଦେବ ? କେବେ, କେବେ, କେବେ ? ମୋତେ ଆଉ କେତେ ସମୟ ଅପେକ୍ଷା କରିବାକୁ ପଡ଼ିବ ? ତାଙ୍କ ଆଖିରୁ ଯେତେ ଲୁହ ପ୍ରବାହିତ ହେଉଥିଲା, ତାଙ୍କର ହୃଦୟ ଅଧିକରୁ ଅଧିକତର ପରିଷ୍କାର ହୋଇଯାଉଥିଲା । ସେହିମାନେ ହିଁ ଭାଗ୍ୟବାନ, ଯେଉଁମାନେ ଭଗବାନଙ୍କ ପାଇଁ ଭକ୍ତି, ପ୍ରେମ ଏବଂ ପାଇବାର ଆକାଂକ୍ଷା ନେଇ କ୍ରନ୍ଦନ କରିଥାନ୍ତି । ସେମାନଙ୍କର ଲୁହ ସେମାନଙ୍କ ଆତ୍ମାକୁ ପବିତ୍ର କରି ଦେଉଥାଏ । ଏହି ଦୈନନ୍ଦିନ ଅଭ୍ୟାସ ଯୋଗୁ, ଜେଠାଙ୍କର ଅନ୍ତର୍ନିହିତ ଆତ୍ମା ଶୁଦ୍ଧ ହୋଇଯାଇଥିଲା । ସେ କରୁଣାର ଭାବନାରେ

ବଢ଼ିଥିଲେ । ସେ ଗରିବ ଏବଂ ଅଭାବୀ ଲୋକ ମାନଙ୍କର ଦୁଃଖ ଏବଂ କଷ୍ଟ ଦେଖି ସହି ପାରୁ ନ ଥିଲେ । ସେ ନିଜେ ଗରିବ ଥିଲେ, ତଥାପି ମଧ୍ୟ ସେ ଗରିବ ଏବଂ ଅସହାୟ ଲୋକ ମାନଙ୍କର ସେବା କରିବା ପାଇଁ ଯାହା କିଛି ସମ୍ଭବ ତାହା ପ୍ରଦାନ କରିବାକୁ ଅନୁପ୍ରାଣିତ ହୋଇଥିଲେ ।

ତାଙ୍କ ପିଲାଦିନର ଏକ ମଜାଦାର ଘଟଣା ବିଷୟରେ ଏକ ମୌଖିକ କିମ୍ବଦନ୍ତି ଅଛି । ସବୁଦିନପରି, ଦିନେ ସେ ବଜାରରେ ବିକ୍ରି କରିବା ପାଇଁ ନିଜ ଟୋକେଇରେ ବୁଟ ଭର୍ତ୍ତି କରି ନେଇଯାଇଥିଲେ । ସେଠାରେ ସେ କିଛି ଗରିବ ଲୋକଙ୍କୁ ଦେଖିଥିଲେ ଯେଉଁମାନେ ନିକଟସ୍ଥ ଗ୍ରାମରୁ ଆସିଥିଲେ । ଉକ୍ତ ଗ୍ରାମରେ ପ୍ରବଳ ମରୁଡ଼ି ପରିସ୍ଥିତି ସୃଷ୍ଟି ହୋଇଥିଲା, ଫସଲ ବିଫଳ ହୋଇଯାଇଥିଲା ଏବଂ ଭୟଙ୍କର ଦୁର୍ଭିକ୍ଷ ଦେଖାଯାଇଥିଲା । କ୍ଷୁଧା ଏବଂ ତୃଷ୍ଣା ଲୋକମାନଙ୍କୁ ନିଜ ଗାଁ ଛାଡ଼ି ଅନ୍ୟତ୍ର ଆଶ୍ରୟ ନେବାକୁ ବାଧ୍ୟ କରିଥିଲା । ସେମାନେ ବହୁତ ଦୁର୍ବଳ ଏବଂ କ୍ଷୀଣ ଦେଖାଯାଉଥିଲେ ଏବଂ ଏହା ସ୍ପଷ୍ଟ ଯେ ସେମାନେ କିଛିଦିନ ଧରି ଖାଇ ନ ଥିଲେ । ସେମାନଙ୍କୁ ଦେଖି ଜେଠା ଭୁଲିଗଲେ ଯେ ତାଙ୍କ ଆଈ ତାଙ୍କୁ ଟୋକେଇ ଭର୍ତ୍ତି ବୁଟ ବଜାରରେ ବିକ୍ରି କରି ଘରକୁଟଙ୍କା ଫେରାଇ ଆଣିବା ପାଇଁ ଦେଇଛନ୍ତି । ସେ ଆହୁରି ମଧ୍ୟ ଭୁଲିଗଲେ ଯେ ସେ ଘରକୁ ନେଉଥିବାଟଙ୍କାରେ ସେହିଦିନ ପାଇଁ ସେମାନଙ୍କର ଖାଦ୍ୟ କିଣା ହେବ । ନିଜର ବାଧାବିଘ୍ନକୁ ଭୁଲି, ଏବଂ ସେମାନଙ୍କର ଦୁଃଖଦ ପରିସ୍ଥିତିରେ ବିଚଳିତ ହୋଇ, ସେ ପୁରା ଟୋକେଇଟିକୁ ସେମାନଙ୍କୁ ଦେଇ ଦେଇଥିଲେ ଏବଂ କହିଥିଲେ, "ତୁମେମାନେ ଭୋକିଲା ଦେଖାଯାଉଛ । ଏହି ବୁଟ ତକ ଖାଇଦିଅ ଏବଂ ତାପରେ ମୋ ସହିତ ରାମ ନାମ ଗାନ କର ।" ଏବଂ ସେ ନିଜେ ଈଶ୍ୱରଙ୍କ ନାମ ଗାଇବାରେ ଲୋକମାନଙ୍କର ନେତୃତ୍ୱ ନେଇଥିଲେ ।

ରାମ, ରାମ, ରାମ, ରାମ ! ପୁରା ବଜାରରେ ସତସଙ୍ଗର ପରିବେଶ ସୃଷ୍ଟି ହୋଇଥିଲା । ସରଳ, ଗରିବ ଗ୍ରାମବାସୀ ମାନେ ଏହି ଛୋଟ ଶିଶୁର ଚିନ୍ତା ଏବଂ କରୁଣାରେ ଗଭୀର ଭାବରେ ପ୍ରଭାବିତ ହୋଇଥିଲେ । ସେମାନେ ତାଙ୍କୁ କହିଥିଲେ, "ତୁମେ ବୟସରେ ବହୁତ ଛୋଟ ହୋଇପାର, କିନ୍ତୁ ତୁମ ଆଖିରେ ଏକ ଐଶ୍ୱରୀୟ ଚମକ ରହିଅଛି ।" ସେମାନେ ତାଙ୍କୁ ଆଶୀର୍ବାଦ କରି କହିଥିଲେ, "ଭଗବାନ ତୁମର ସମସ୍ତ ଇଚ୍ଛା ପୁରଣ କରନ୍ତୁ ।"

ପ୍ରକୃତରେ, ସେମାନଙ୍କ ଆଶୀର୍ବାଦ ଜେଠାଙ୍କୁ ତାଙ୍କ ହୃଦୟର ଗଭୀର ଇଚ୍ଛାକୁ ପୁରଣ କରିବାକୁ ସୁଯୋଗ ଆଣିଥିଲା । ସେହି ଦିନ ହିଁ ଅମର ଦାସ ତାଙ୍କ ଗାଁକୁ ଆସିଥିଲେ । ସେହି ଦିନ ମାନଙ୍କରେ, ସେ ପର୍ଯ୍ୟନ୍ତ ସେ ଗୁରୁ ହୋଇ ନ ଥିଲେ । ସେ

ଗୁରୁ ଅଙ୍ଗଦ ଦେବଙ୍କର ଜଣେ ଶିଷ୍ୟ ହିଁ ଥିଲେ । ଦୂରରୁ ଅମର ଦାସ ଏହି ପିଲାଟିର ସ୍ଫୁଲିଙ୍ଗକୁ ଚିହ୍ନି ପାରିଥିଲେ । ସେ ଅନୁଭବ କରିଥିଲେ ଯେ ଜେଠା ଯେମିତି ତାଙ୍କ ନିଜର । ସେ ଡାକିଥିଲେ, "ମୋର ପ୍ରିୟ ସନ୍ତାନ, ମୋ ପାଖକୁ ଆସ ।" ସେହି ଶବ୍ଦଗୁଡ଼ିକରେ ଏତେ ପ୍ରେମ ଥିଲା ଯେ, ଜେଠା ଅତ୍ୟନ୍ତ ପୁଲକିତ ହୋଇ ଉଠିଥିଲେ । ସେହି ମୁହୂର୍ତ୍ତରୁ, ଜେଠା ତାଙ୍କର ମନୋନୀତ ଗୁରୁ, ଅମର ଦାସଙ୍କର ଜଣେ ଉତ୍ସାହୀ ଭକ୍ତ ପାଲଟି ଯାଇଥିଲେ । ସେ ଏବଂ ତାଙ୍କ ଆଈ ଗୁରୁ ଅମର ଦାସ ରହୁଥିବା ଗୋଇନ୍ଦୱାଲ ସାହିବ ସହରରେ ରହିବାକୁ ଯାଇଥିଲେ । ଏଠାରେ ଜେଠା ଆଶ୍ରମ ବାହାରେ ସିଝା ବୁଟ ବିକ୍ରି ଜାରି ରଖିଥିଲେ, ଯେଉଁଠାରେ ତାଙ୍କ ଗୁରୁ ରହୁଥିଲେ ଏବଂ ପ୍ରଚାର କରୁଥିଲେ, କିନ୍ତୁ ସେ ଗୁରୁଙ୍କର ବିଶ୍ୱସ୍ତ ଭାବରେ ସେବା କରିବା ପାଇଁ ତାଙ୍କର ସମସ୍ତ ବ୍ୟକ୍ତିଗତ ସମୟ ଉତ୍ସର୍ଗ କରିଥିଲେ ।

ଚତୁର୍ଥ ଗୁରୁଙ୍କ ସମସାମୟିକ ଲୋକମାନଙ୍କ ଠାରୁ ଜଣା ପଡ଼ିଛି ଯେ, ଜେଠା ଜଣେ ସୁନ୍ଦର, ଆକର୍ଷଣକାରୀ, ଉତ୍‌ଫୁଲ୍ଲିତ ବାଳକ ଥିଲେ । ତା ସହ ତାଙ୍କର ସୌଜନ୍ୟ ମୂଳକ ଆଚରଣ ଏବଂ କରୁଣାମୟ ହୃଦୟ ଥିଲା । ସେ ଜଣେ ଅତିପ୍ରିୟ ଯୁବକ ଭାବରେ ସମସ୍ତଙ୍କ ନିକଟରେ ପରିଚିତ ଥିଲେ । ଜେଠା ଗୁରୁଙ୍କର ସ୍ନେହ ଭାଜନ ହୋଇ ପାରିଥିଲେ ଏବଂ ସେହିଠାରୁ ଗୁରୁ ଏବଂ ଶିଷ୍ୟ ମଧ୍ୟରେ ଆରମ୍ଭ ହୋଇଥିଲା, ପାରସ୍ପରିକ ସମ୍ପର୍କର ବନ୍ଧନ । ଭଦ୍ର, ସୁଦର୍ଶନ ଯୁବକ ଜଣକ ଗୁରୁଙ୍କର ଛୋଟ ମୋଟ କାମ କରିବା ପାଇଁ ଜଣେ ପ୍ରିୟ ବାଳକ ହୋଇ ପାରିଥିଲେ, ଯିଏକି କିଛି କାର୍ଯ୍ୟର ଆବଶ୍ୟକ ପଡ଼ିଲେ ତାଙ୍କୁ ନିୟମିତ ଡାକୁଥିଲେ । ତାଙ୍କ ପକ୍ଷରୁ ଜେଠା, ଗୁରୁ ସମ୍ପୂର୍ଣ୍ଣ ସନ୍ତୁଷ୍ଟ ହେଲାପରି ଅତ୍ୟନ୍ତ ନିଷ୍ଠାର ସହ ନିଜ ଦାୟିତ୍ୱ ତୁଲାଉ ଥିଲେ, ଏବଂ ଗୁରୁଙ୍କ ବାକ୍ୟକୁ ଈଶ୍ୱରଙ୍କ ଆଦେଶ ଭାବରେ ଗ୍ରହଣ କରୁଥିଲେ । ଏହାଦ୍ୱାରା ସେ ମଣ୍ଡଳୀର ସମ୍ମାନ ଓ ପ୍ରେମ ଲାଭ କରିପାରିଥିଲେ । ଖୁବ୍ ଶୀଘ୍ର ସେମାନେ ତାଙ୍କୁ ଭାଇ ଜେଠା ବୋଲି ସମ୍ବୋଧନ କରିବା ଆରମ୍ଭ କରିଦେଇଥିଲେ ।

ପରିଶେଷରେ, ଯେତେବେଳେ ଅମର ଦାସ ତୃତୀୟ ଗୁରୁ ହୋଇଥିଲେ, ଜେଠା ତାଙ୍କର ମୂଖ୍ୟ ଶିଷ୍ୟ ହୋଇ ପାରିଥିଲେ । ଗୁରୁ ଅମର ଦାସ ଜେଠାଙ୍କ ଉପରେ ନିଜର ଅନୁଗ୍ରହ ଢାଳି ଦେଇଥିଲେ ଏବଂ ତାଙ୍କ ଝିଅ ବିବି ଭାନୀଙ୍କ ସାଙ୍ଗରେ ଜେଠାଙ୍କର ବିବାହ କରାଇ ଦେଇଥିଲେ ।

ଏହି ବିବାହ ସମ୍ବନ୍ଧୀୟ ଏକ ଅତ୍ୟନ୍ତ କୌତୁହଳ ପୂର୍ଣ୍ଣ ଘଟଣା ଅନେକ ଉତ୍ସ ଦ୍ୱାରା କୁହାଯାଇଛି । ଦିନେ ଗୁରୁଙ୍କ ପତ୍ନୀ, ବିବି ଭାନୀ ଖେଳୁଥିବା ଦେଖି, ତାଙ୍କ ସ୍ୱାମୀଙ୍କୁ କହିଥିଲେ ଯେ ଭାନୀ ବର୍ତ୍ତମାନ ବଡ଼ ହୋଇ ଯାଇଥିବାରୁ ସେମାନେ ତାଙ୍କ

ପାଇଁ ସ୍ୱାମୀ ଖୋଜିବା ଉଚିତ । ଗୁରୁ ରାଜି ହୋଇଥିଲେ ଏବଂ ଝିଅ ପାଇଁ ସ୍ୱାମୀ ଖୋଜିବାକୁ ନିର୍ଦ୍ଦେଶ ଦେଇଥିଲେ । ଗୁରୁଙ୍କ ଦର୍ଶନ ପାଇଁ ଆଶ୍ରମ ବାହାରେ ଅପେକ୍ଷା କରିଥିବା ଜଣେ ଯୁବକଙ୍କୁ ଗୁରୁଙ୍କ ପତ୍ନୀ ଦେଖିଥିଲେ ଏବଂ କହିଥିଲେ, "ସେଠାରେ ଠିଆ ହୋଇଥିବା ସେହି ଯୁବକଙ୍କୁ ଦେଖ । ଆମେ ଆମ ଭାନୀ ପାଇଁ ତାଙ୍କ ପରି ପୁଅଟିଏ ଖୋଜିବା ।" ଯୁବକଜଣକ ତାଙ୍କ ଗୁରୁଙ୍କର ପ୍ରିୟ ଶିଷ୍ୟ ଜେଠାଙ୍କ ବ୍ୟତୀତ ଆଉ କେହି ନ ଥିଲେ । ପତ୍ନୀଙ୍କ ପରାମର୍ଶ ଶୁଣି ଗୁରୁ ଆଶ୍ଚର୍ଯ୍ୟରେ କହି ଉଠିଥିଲେ, "ତୁମେ ତାଙ୍କ ଭଳି ଅନ୍ୟ କାହାକୁ ପାଇପାରିବ ନାହିଁ । କାରଣ ଈଶ୍ୱର ତାଙ୍କ ପରି ଅନ୍ୟ କାହାକୁ ସୃଷ୍ଟି କରିନାହାନ୍ତି ।"

ବିବି ଭାନୀ ଜଣେ ଗମ୍ଭୀର ତଥା ଧାର୍ମିକ ମାନସିକତାର ଯୁବତୀ ଥିଲେ, ଯିଏ ତାଙ୍କ ପିତାଙ୍କୁ ନିଜର ଗୁରୁ ଏବଂ ପରାମର୍ଶଦାତା ଭାବରେ ଦେଖୁଥିଲେ । ସେ ତାଙ୍କର ପ୍ରତ୍ୟେକ ଆବଶ୍ୟକତାକୁ ଗଭୀର ଭକ୍ତିର ସହିତ ପାଳନ କରୁଥିଲେ । ସେହି ଚିନ୍ତାଧାରାରେ, ସେ ତାଙ୍କ ସ୍ୱାମୀଙ୍କର ମଧ୍ୟ ସେବା କରିଥିଲେ ଏବଂ ତାଙ୍କୁ ଜଣେ ପରାମର୍ଶଦାତା ତଥା ମାର୍ଗ ଦର୍ଶକ ଭାବରେ ଦେଖୁଥିଲେ । ଗୁରୁଙ୍କ ପ୍ରତି ସେମାନଙ୍କର ଗଭୀର ଭକ୍ତି ସେମାନଙ୍କ ମଧ୍ୟରେ ସ୍ନେହର ବନ୍ଧନକୁ ଦୃଢ଼ କରିଥିଲା ଏବଂ ସେମାନଙ୍କର ବିବାହ ସଫଳତା ପୂର୍ବକ ବିକଶିତ ହୋଇଥିଲା । ସେମାନଙ୍କର ତିନୋଟି ପୁତ୍ର ଥିଲେ : ପ୍ରୀତି ଚନ୍ଦ, ମହାଦେବ ଏବଂ ଅର୍ଜନ ।

ଜେଠା ବର୍ତ୍ତମାନ ଗୁରୁଙ୍କର ଜ୍ୱାଇଁ ଥିଲେ । କିନ୍ତୁ ସେ କହୁଥିଲେ ଯେ, "ମୁଁ ଗୁରୁଙ୍କ ଦ୍ୱାରରେ କେବଳ ଜଣେ ସେବକ । ମୁଁ କେବଳ ଦାସ ।"

ଗୋଇନ୍ଦୱାଲରେ, ଭାଇ ଜେଠା ବର୍ତ୍ତମାନ ଅଧିକ କଠିନ କାର୍ଯ୍ୟଭାର ଗ୍ରହଣ କରିଥିଲେ ଯେପରିକି ଜନସାଧାରଣଙ୍କ ବ୍ୟବହାର ପାଇଁ ପବିତ୍ର ବାଓ୍ୱଲି - ପୋଖରୀ ଖୋଳିବା କାର୍ଯ୍ୟ ତଦାରଖ କରିବା । ସେଠାରେ ଜଳର ସ୍ତର ବହୁତ ତଳେ ଥିବାରୁ, ଜଳ ଧାରାରେ ପହଞ୍ଚିବା ପାଇଁ ୮୪ଟି ଓସାରିଆ ପାହାଚ ନିର୍ମାଣ କରାଯାଇଥିଲା । ଏହି ପ୍ରକ୍ରିୟାରେ ଜେଠା ସାଧାରଣ ଲୋକ ଏବଂ ଶ୍ରମିକ ମାନଙ୍କ ସହ କାନ୍ଧରେ କାନ୍ଧ ମିଳାଇ କାମ କରିଥିଲେ, ପୋଖରୀ ଖନନ କରିଥିଲେ ଏବଂ ମୁଣ୍ଡରେ ମାଟି ଭର୍ତ୍ତି ଟୋକେଇ ମୁଣ୍ଡାଇ ନିକଟସ୍ଥ ଏକ ସ୍ଥାନରେ ଦିନ ଦିନ ଧରି ପକାଇଥିଲେ । ପ୍ରକୃତରେ ସେ ଜଣେ ଚାକର ପରି କାମ କରୁଥିଲେ । ଲୋକମାନେ ତାଙ୍କ ଉପରେ ହସୁଥିଲେ ଏବଂ ତାଙ୍କୁ ଥଟ୍ଟା କରୁଥିଲେ । ସେମାନେ ତାଙ୍କୁ କହୁଥିଲେ, "ତୁମେ ତୁମର ଶ୍ୱଶୁରଙ୍କ ଦାସ ପରି କାମ କରୁଛ । ତୁମେ ତାଙ୍କର ଜ୍ୱାଇଁ ନୁହଁ କି ?" ସେ ସେମାନଙ୍କୁ କହୁଥିଲେ, "ମୋତେ ତାଙ୍କ ଜ୍ୱାଇଁ ବୋଲି ଡାକନ୍ତୁ ନାହିଁ କିମ୍ବା ତାଙ୍କୁ ମୋ ଶ୍ୱଶୁର ବୋଲି କୁହନ୍ତୁ

ନାହିଁ । ସେ ମୋ ଶ୍ୱଶୁରଙ୍କ ଠାରୁ ବହୁତ ଊର୍ଦ୍ଧ୍ୱରେ, କାରଣ ସେ ମୋ ଜୀବନର ନିଶ୍ୱାସ, ନା, ସେ ମୋର ଜୀବନ ।" ଏହିପରି ପ୍ରେମ ଏବଂ ଭକ୍ତି ସହିତ ସେ ନିଜ ଗୁରୁଙ୍କର ସେବା କରିଥିଲେ ।

ଏହି ସମୟରେ, କିଛି ବ୍ରାହ୍ମଣ ଏବଂ କ୍ଷତ୍ରିୟ ଯେଉଁମାନେ ସମ୍ରାଟ ଆକବରଙ୍କର ନିକଟତର ଥିଲେ, ଶିଖ୍ ଗୁରୁଙ୍କ ବଢୁଥିବା ଶକ୍ତି ଏବଂ ଲୋକ ପ୍ରିୟତା ବିଷୟରେ ଆକବରଙ୍କ ନିକଟରେ କୁତ୍ସିତ ଏବଂ ମିଥ୍ୟା କାହାଣୀ ବର୍ଣ୍ଣନା କରିଥିଲେ । ଯେପରି ଆମେ ଜାଣିଛୁ, ଆଗରୁ ଆକବର ଗୁରୁଙ୍କୁ ଦେଖା କରି ଲଙ୍ଗରରେ ଅଂଶ ଗ୍ରହଣ କରି ସାରିଥିଲେ । ତେଣୁ ତାଙ୍କ ନିକଟରେ କୁହାଯାଇଥିବା କାହାଣୀକୁ ବିଶ୍ୱାସ କରିବାକୁ ସେ ଅନିଚ୍ଛୁକ ଥିଲେ । ଏହା ସତ୍ତ୍ୱେ ସେ ଅନୁଭବ କରିଥିଲେ ଯେ ଗ୍ରହଣ କରାଯାଇଥିବା ଅଭିଯୋଗ ଉପରେ ସେ କାର୍ଯ୍ୟ କରିବା ଉଚିତ । ତେଣୁ ଗୋଇନ୍ଦଓ୍ୱାଲକୁ ଜଣେ ଦୂତ ପଠାଇ ଗୁରୁ ଅମର ଦାସଙ୍କୁ ଲାହୋରରେ ତାଙ୍କ ଦରବାରରେ ହାଜର ହେବା ଏବଂ ତାଙ୍କ ବିରୋଧରେ ଆସିଥିବା ଅଭିଯୋଗର ଉତ୍ତର ଦେବା ପାଇଁ ଅନୁରୋଧ କରିଥିଲେ ।

ଗୁରୁଙ୍କର ବୟାସାଧିକ ଯୋଗୁଁ ସେ ବ୍ୟକ୍ତିଗତ ଭାବରେ ଲାହୋର ଯାଇ ପାରି ନ ଥିଲେ । କିନ୍ତୁ ସେ ଲାହୋରକୁ ଯାତ୍ରା କରିବା ଏବଂ ସମ୍ରାଟଙ୍କ ନିକଟରେ ହାଜିର ହେବା ଏବଂ ଅଦାଲତରେ ତାଙ୍କ ବିରୋଧରେ ଆସିଥିବା ଅଭିଯୋଗର ଉତ୍ତର ଦେବାକୁ ଜେଠାଙ୍କୁ ବାଛିଥିଲେ । ଜେଠା ଲାହୋର ଅଭିମୁଖେ ଯାତ୍ରା କରିବା ପୂର୍ବରୁ ଗୁରୁ ତାଙ୍କ ସହ ଏହିପରି କଥା ହୋଇଥିବା କୁହାଯାଏ : "ତୁମେ ମୋର ପ୍ରତିମୂର୍ତ୍ତୀ ପରି, ଗୁରୁ ନାନକ ତୁମ ସହିତ ରହିବେ ଏବଂ କେହି ତୁମ ବିରୁଦ୍ଧରେ ବିଜୟୀ ହୋଇ ପାରିବେ ନାହିଁ । ଯେଉଁମାନେ ଧର୍ମ ବିରୁଦ୍ଧରେ ଅଭିଯୋଗ କରିଛନ୍ତି ସେମାନେ ଅଜ୍ଞ ଓ ମିଥ୍ୟାବାଦୀ । ତୁମକୁ ପଚରା ଯାଉଥିବା ସମସ୍ତ ପ୍ରଶ୍ନର ଉତ୍ତର ଠିକ୍ ଭାବରେ ଦେବ । କେବେହେଲେ ଲଜ୍ଜିତ ହେବ ନାହିଁ ଏବଂ କାହାରିକୁ ଭୟ କରିବ ନାହିଁ । ଯଦି କୌଣସି କଠିନ ପ୍ରଶ୍ନ ପଚରାଯାଏ ଏବଂ ତୁମେ ଏହାର ଉତ୍ତର ଦେବାକୁ ଅସମର୍ଥ ହେବ, ତେବେ ଗୁରୁଙ୍କୁ ସ୍ମରଣ କରିବ ଏବଂ ତୁମେ ଏକ ଉପଯୁକ୍ତ ଉତ୍ତର ଦେବାକୁ ସମର୍ଥ ହୋଇ ପାରିବ । ଗୁରୁ ନାନକଙ୍କ ପ୍ରକୃତ ଶିକ୍ଷାକୁ ଅଦାଲତରେ ପ୍ରମାଣ କରିଦେବ । ମିଥ୍ୟା କେବେହେଲେ ସତ୍ୟ ସହିତ ପ୍ରତିଦ୍ୱନ୍ଦ୍ୱିତା କରି ପାରିବ ନାହିଁ । ଗୁରୁଙ୍କ ଅନୁଗ୍ରହ ଏବଂ ଆଶୀର୍ବାଦ ଦ୍ୱାରା ଶକ୍ତି ପ୍ରାପ୍ତ ଜେଠା ଗୁରୁଙ୍କ ମନୋନୀତ ଦୂତ ଭାବରେ ମୋଗଲ ଅଦାଲତରେ ହାଜର ହୋଇଥିଲେ ଏବଂ ଗୁରୁଙ୍କ ବିରୁଦ୍ଧରେ ଦିଆଯାଇଥିବା ସମସ୍ତ ଅଭିଯୋଗର ଉତ୍ତର ଦେଇଥିଲେ ଯାହାକି ସମ୍ରାଟଙ୍କୁ ସମ୍ପୂର୍ଣ୍ଣ ଭାବରେ ସନ୍ତୁଷ୍ଟ କରି ପାରିଥିଲା । ଯେଉଁପରି କୌଶଳ ଏବଂ ଆତ୍ମବିଶ୍ୱାସରେ ସେ ଶତ୍ରୁମାନଙ୍କୁ ପରାସ୍ତ

କରିପାରିଥିଲେ ସେଥିରେ ସମ୍ରାଟ ଅତ୍ୟନ୍ତ ଆନନ୍ଦିତ ହୋଇଥିଲେ ଏବଂ ସମସ୍ତ ଅଭିଯୋଗକୁ ଅବିଳମ୍ବେ ଖାରିଜ କରିଦେଇଥିଲେ ଏବଂ ଗୁରୁଙ୍କୁ ତାଙ୍କର ଗଭୀର ସମ୍ମାନ ଜଣାଇ ଦେବାକୁ ଜେଠାଙ୍କୁ ଅନୁରୋଧ କରିଥିଲେ ।

ଗୁରୁ ଭାବରେ ଘୋଷଣା – (Ordination as Guru)

ଗୁରୁ ଅମର ଦାସଙ୍କର ଦୁଇ ଜ୍ୱାଇଁ ଥିଲେ । ବଡ଼ ଜଣକ ରାମ ଏବଂ ସାନ ଜଣଙ୍କ ଜେଠା ଥିଲେ । ଯେତେବେଳେ ଗୁରୁ ଅନୁଭବ କରିଥିଲେ ଯେ ତାଙ୍କ ଉତ୍ତରାଧିକାରୀ ନିଯୁକ୍ତ କରିବାର ସମୟ ଆସି ଯାଇଛି, ସେତେବେଳେ ସେ ଏହି ଉଦ୍ଦେଶ୍ୟ ପାଇଁ ଏକ ପରୀକ୍ଷା ପ୍ରସ୍ତୁତ କରିଥିଲେ । ସେ ଉଭୟ ଜ୍ୱାଇଁଙ୍କୁ ଡାକି କହିଥିଲେ, "ଶିଷ୍ୟ ମାନଙ୍କ ସଂଖ୍ୟା ବହୁଗୁଣରେ ବଢ଼ି ଯାଇଛି ଏବଂ ସେମାନଙ୍କ ସଂଖ୍ୟା ବଢ଼ିବାରେ ଲାଗିଛି । ମୋ ପାଇଁ ଗୋଟେ ଉଚ୍ଚା ମଞ୍ଚ ତିଆରି କରିବା ଦରକାର ଯାହାଦ୍ୱାରା ମୁଁ ତାହା ଉପରେ ବସି ଶିଖ୍ ମାନଙ୍କୁ ଦର୍ଶନ ଦେଇ ପାରିବି ଏବଂ ସେମାନେ ଶୁଣିବା ପାଇଁ ମୋର ବକ୍ତବ୍ୟ କହି ପାରିବି । ଉଭୟ ଜ୍ୱାଇଁ କାମ କରିବାକୁ ବାହାରି ପଡ଼ିଲେ । ଦୁହେଁ ପ୍ରକୃତରେ କଠିନ ପରିଶ୍ରମ କରିଥିଲେ ଏବଂ କିଛିଦିନ ମଧ୍ୟରେ ଗୁରୁଙ୍କ ବ୍ୟବହାର ପାଇଁ ଦୁଇଟି ଚମତ୍କାର ମଞ୍ଚ ପ୍ରସ୍ତୁତ ହୋଇଗଲା । ଗୁରୁ ଅମର ଦାସ ସେମାନଙ୍କୁ ଯାଞ୍ଚ କରିବାକୁ ଆସିଥିଲେ । ସେ ସେଗୁଡ଼ିକୁ ତ୍ରୁଟିପୂର୍ଣ୍ଣ ବୋଲି ଜାଣିପାରିଲେ ଏବଂ ସେମାନଙ୍କୁ ଭାଙ୍ଗି ନୂତନ ନିର୍ମାଣ କରିବାକୁ ଆଦେଶ ଦେଇଥିଲେ ।

ଦୁହେଁ ପୁନର୍ବାର କାମ କରିବାକୁ ବାହାରି ପଡ଼ିଲେ ଏବଂ ଆଉ ଦୁଇଟି ନୂତନ ମଣ୍ଡପ ତିଆରି ହୋଇଯାଇଥିଲା । ଗୁରୁଙ୍କ ନିରୀକ୍ଷଣରେ ଏଗୁଡ଼ିକ ମଧ୍ୟ ଅନୁପଯୁକ୍ତ ବୋଲି ଜଣାପଡ଼ିଥିଲା ଏବଂ ଏହାକୁ ଭାଙ୍ଗିବାକୁ ନିର୍ଦ୍ଦେଶ ଦିଆଯାଇଥିଲା । ବଡ଼ ଜ୍ୱାଇଁ ରାମ ସେ କାମ ପରିତ୍ୟାଗ କରିଥିଲେ ଏବଂ ଆଉ କାମ କରିବାକୁ ମନା କରି ଦେଇଥିଲେ ।

ଜେଠା କିନ୍ତୁ କାମ ଜାରି ରଖିଥିଲେ । ପ୍ରତ୍ୟେକଥର ଯେତେବେଳେ ସେ ଏକ ନୂଆ ମଞ୍ଚ ପ୍ରସ୍ତୁତ କରିଥାନ୍ତି, ଗୁରୁ ତାହାକୁ ଦେଖିଥାନ୍ତି ଏବଂ କହିଥାନ୍ତି, "ଏହା କାମ କରିବ ନାହିଁ । ଏହା ମୋର କୌଣସି କାମରେ ଆସିବ ନାହିଁ । ଆଉ ଏକ ନୂଆ ନିର୍ମାଣ କର, ଯାହା ମୋ ଉଦ୍ଦେଶ୍ୟର କାମରେ ଆସିବ ।" ପ୍ରତ୍ୟେକଥର ଯେତେବେଳେ ସେ ଏହିପରି ପ୍ରତ୍ୟାଖ୍ୟାତ ହୋଇଥାନ୍ତି, ଜେଠା ଗୁରୁଙ୍କ ପାଦ ତଳେ ମୁଣ୍ଡ ରଖି କୁହନ୍ତି, "ମୁଁ ଜଣେ ଅଶିକ୍ଷିତ ପିଲା । ମୋର କୌଣସି ଜ୍ଞାନ ନାହିଁ । ମୁଁ ଆପଣଙ୍କର ନିର୍ଦ୍ଦେଶକୁ ସଠିକ୍ ଭାବରେ ବୁଝିବାକୁ ଅସମର୍ଥ । ଦୟାକରି ମୋତେ କ୍ଷମା କରି ଦିଅନ୍ତୁ ଏବଂ

ମୋତେ ସଠିକ୍ ଜ୍ଞାନ ଆହରଣ ପାଇଁ କ୍ଷମତା ଦିଅନ୍ତୁ । ଯାହାଫଳରେ ମୁଁ ଆପଣଙ୍କର ଇଚ୍ଛା ଅନୁଯାୟୀ ଏକ ମଣ୍ଡପ ତିଆରି କରି ପାରିବି ଯାହା ଆପଣଙ୍କ ପଦ୍ମ ପାଦ ତଳେ ସମର୍ପିତ ହେବ ।" ଥରେ ନୁହେଁ, ଦୁଇଥର ନୁହେଁ, କିନ୍ତୁ ଛଅ ଛଅ ଥର, ଜେଠା ଏହି ମଣ୍ଡପଗୁଡ଼ିକ ନିର୍ମାଣ କରିଥିଲେ ଏବଂ ତାପରେ ତାଙ୍କ ଗୁରୁଙ୍କ ନିର୍ଦ୍ଦେଶ ଅନୁଯାୟୀ ସେଗୁଡ଼ିକ ଭାଙ୍ଗି ଦେଇଥିଲେ । ଯେତେବେଳେ ସପ୍ତମ ଥର ପାଇଁ ଏକ ନୂତନ ମଣ୍ଡପ ପ୍ରସ୍ତୁତ ହୋଇ ଯାଇଥିଲା, ଗୁରୁ ତାଙ୍କୁ ଆଲିଙ୍ଗନ କରି କହିଥିଲେ "ତୁମ ଏବଂ ମୋ ମଧ୍ୟରେ କୌଣସି ପାର୍ଥକ୍ୟ ନାହିଁ । ତୁମ ଅନ୍ତରରେ ଥିବା ଆଲୋକ ମୋ ଅନ୍ତରର ଆଲୋକ ସହ ସମାନ । ତୁମେ ମୋ ଭିତରେ ବିଲୟ ହୋଇଯାଇଛ ଏବଂ ମୁଁ ତୁମ ଠାରେ ବିଲୀନ ହୋଇଯାଇଛି ।"

ସେ ମଣ୍ଡଳୀ (ସଭା) ଡାକିଥିଲେ ଏବଂ ଜେଠାଙ୍କୁ "ଗୁରୁ ରାମଦାସ" ଭାବରେ ଗୁରୁଙ୍କ ସିଂହାସନରେ ବସାଇଥିଲେ- ସେ ହୋଇଯାଇଥିଲେ ଶିଖ୍ ମାନଙ୍କର ଚତୁର୍ଥ ଗୁରୁ । ତାଙ୍କ ପୂର୍ବବର୍ତ୍ତୀ ଗୁରୁ ମାନଙ୍କର ଆନୁଷ୍ଠାନିକ ନିତୀକୁ ଅନୁସରଣ କରି, ନୂତନ ଗୁରୁଙ୍କ ପାଦ ତଳେ ପାଞ୍ଚଟି ତାମ୍ର ମୁଦ୍ରା ଏବଂ ଏକ ନଡ଼ିଆ ରଖାଯାଇଥିଲା । ସଙ୍ଗୀତକାର ବଲୱନ୍ତ ଏବଂ ସତ୍ତା ନିମ୍ନଲିଖିତ କବିତା ଗୁରୁଙ୍କର ରାଜତିଳକ ପାଇଁ ରଚନା କରିଥିଲେ । "ତୁମେ ହେଉଛ ନାନକ । ତୁମେ ହେଉଛ ଅଙ୍ଗଦ । ତୁମେ ମଧ୍ୟ ଗୁରୁ ଅମର ଦାସ, ତେଣୁ ଆମେ ଆପଣଙ୍କୁ ସମ୍ମାନ କରୁ, ଆପଣଙ୍କୁ ଭାବାତୀତ ପ୍ରଭୁ ଭାବରେ ବିବେଚନା କରୁ, ଆପଣଙ୍କର ଅନୁଗାମୀ ଏବଂ ମଣ୍ଡଳୀ ଆପଣଙ୍କ ଆଗରେ ମୁଣ୍ଡ ନୁଆଁଇ ପ୍ରଣାମ କରୁଛି ।"

ଯେତେବେଳେ ଗୁରୁ ଅମର ଦାସଙ୍କର ୧ ସେପ୍ଟେମ୍ବର ୧୫୭୪ରେ ଗୋଇନ୍ଦାଓ୍ୱାଲରେ ଦେହାନ୍ତ ହୋଇଥିଲା, ସେତେବେଳେ ତାଙ୍କ ମନୋନୀତ ଉତ୍ତରାଧିକାରୀ ଗୁରୁ ରାମଦାସଙ୍କ ଯତ୍ନ ନେବାକୁ ସମ୍ପ୍ରଦାୟକୁ ଦାୟିତ୍ୱ ଦିଆ ଯାଇଥିଲା ।

ଶିଖ୍ ଧର୍ମ ପାଇଁ ଅବଦାନ - (Contributions to Sikhism)

ଗୁରୁ ରାମଦାସ ଜଣେ ମହାନ ସଂଗଠକ ଏବଂ ଧର୍ମ ଓ ସମ୍ପ୍ରଦାୟର ଜଣେ ଉତ୍ସର୍ଗୀକୃତ ନିର୍ମାଣକାରୀ ଥିଲେ । ସେ ହିଁ ଚକ ରାମଦାସ ବା ରାମଦାସପୁରର ମୂଳଦୁଆ ପକାଇଥିଲେ, ଯାହାକୁ ବର୍ତ୍ତମାନ ଅମୃତସର କୁହାଯାଉଛି । ଏଥିପାଇଁ ସେ ତୁଙ୍ଗ, ଗିଲୱାଲି ଏବଂ ଗୁମତାଲା ଗ୍ରାମରୁ ଜମି କିଣିଥିଲେ ଏବଂ ସନ୍ତୋକ୍ଷରରେ ପୋଖରୀ ଖୋଳିବା ଆରମ୍ଭ କରିଦେଇଥିଲେ । ପରେ ସେପ୍ଟେମ୍ବର ମାସରେ ସେ ସନ୍ତୋକ୍ଷରର କାର୍ଯ୍ୟକୁ ସ୍ଥଗିତ ରଖିଥିଲେ ଏବଂ ଅମୃତସର ସରୋବର ଖୋଳିବାରେ ଧ୍ୟାନ କେନ୍ଦ୍ରିଭୁତ

କରିଥିଲେ । ଭାଇ ସାହଲୋ ଏବଂ ବାବା ବୁଦ୍ଧ, ମଣ୍ଡଳୀର ଦୁଇଜଣ ଭକ୍ତ ଶିଖ୍‌ଙ୍କୁ ତଦାରଖ କାର୍ଯ୍ୟର ଦାୟିତ୍ୱ ଦିଆଯାଇଥିଲା ।

ନୂତନ ସହର (ଚକ ରାମଦାସ ପୁର) ଖୁବ୍ ଶୀଘ୍ର ଅଭିବୃଦ୍ଧି କରିବାରେ ଲାଗିଲା, କାରଣ ଏହା ଉତ୍ତର, ଉତ୍ତର ପଶ୍ଚିମ ଏବଂ ଉପ-ମହାଦେଶର ବାକୀ ଅଂଶ ମଧ୍ୟରେ ଥିବା ଆନ୍ତର୍ଜାତୀୟ ବାଣିଜ୍ୟ ମାର୍ଗରେ ଅବସ୍ଥିତ ଥିଲା । ଲାହୋର ପରେ ଏହା ପଞ୍ଜାବର ବାଣିଜ୍ୟର ଏକ ଗୁରୁତ୍ୱପୂର୍ଣ୍ଣ କେନ୍ଦ୍ରରେ ପରିଣତ ହୋଇ ପାରିଥିଲା । ଗୁରୁ ରାମଦାସ ନିଜେ ସମାଜର ବିଭିନ୍ନ ବର୍ଗରୁ ବ୍ୟବସାୟୀ ତଥା କାରିଗର ମାନଙ୍କୁ ନୂତନ ସହରରେ ବସବାସ କରିବାକୁ ନିମନ୍ତ୍ରଣ କରିଥିଲେ । ବିଭିନ୍ନ ବ୍ୟବସାୟ ପ୍ରତିଷ୍ଠା କରିବାକୁ ସେ ସେମାନଙ୍କୁ ଉତ୍ସାହିତ କରିଥିଲେ । ସେ ତାଙ୍କ ଅନୁଗାମୀ ମାନଙ୍କୁ ବ୍ୟବସାୟ ପ୍ରତିଷ୍ଠା କରିବାରେ ପରସ୍ପରକୁ ସାହାଯ୍ୟ କରିବା ପାଇଁ କହିଥିଲେ, ଏହିପରି ଏକ ପରିବେଶ ସୃଷ୍ଟି କରିବାକୁ ଯେଉଁଥିରେ ଶିଖ୍ ମାନେ ଏକ ବିରଳ ଉତ୍ସାହରେ ବାଣିଜ୍ୟ କରି ଧନ ସୃଷ୍ଟି କରି ପାରିବେ ଏବଂ ସେହି ଏକା ସମୟରେ ଗୁରୁଙ୍କ ବାସସ୍ଥାନ ନିକଟରେ ରହି ଏବଂ କାର୍ଯ୍ୟକରି ଆଧ୍ୟାତ୍ମିକ ଲାଭ ପାଇ ପାରିବେ । ତାଙ୍କର ପ୍ରେରଣାରେ ଶିଖ୍‌ମାନେ ବଢ଼େଇ, ରାଜମିସ୍ତ୍ରୀ, ବଣିଆ, ଏମ୍ବ୍ରୋଡ଼ରୀ, ବ୍ୟାଙ୍କର, ବ୍ୟବସାୟୀ ଏବଂ ହୋଲସେଲର ଇତ୍ୟାଦି ଭାବରେ ଦକ୍ଷତା ହାସଲ କରିଥିଲେ । ସେମାନେ ଉତ୍ତରରେ କାବୁଲ ଏବଂ ପୂର୍ବରେ ଦିଲ୍ଲୀ ପର୍ଯ୍ୟନ୍ତ ବାଣିଜ୍ୟ ସୁଯୋଗ ଖୋଜିବା ପାଇଁ ଯାଇଥିଲେ । ଏହି କାର୍ଯ୍ୟ କଳାପ ସହରକୁ ଉତ୍ତର ଭାରତର ଏକ ସମୃଦ୍ଧ ବ୍ୟବସାୟ କେନ୍ଦ୍ରରେ ପରିଣତ କରିପାରିଥିଲା । କାଳକ୍ରମେ ପ୍ରଥମରୁ ରାମଦାସପୁର କୁହାଯାଉଥିବା ଏହି ସହରଟି ଅମୃତସର ନାମରେ ପରିଚିତ ହୋଇଥିଲା ।

ନାଗରିକ, ସାମାଜିକ ତଥା ଧାର୍ମିକ ସମ୍ପ୍ରଦାୟକୁ ସଂଗଠିତ କରିବା ପାଇଁ ଗୁରୁଙ୍କ ନିଷ୍ପତ୍ତି ଶିଖ୍ ଇତିହାସରେ ଏକ ସୁଦୂରପ୍ରସାରୀ ପଦକ୍ଷେପ ବୋଲି ପ୍ରମାଣିତ ହୋଇଥିଲା । ଏହା ଶିଖ୍ ମାନଙ୍କୁ ଏକ ସାଧାରଣ ଉପାସନା ସ୍ଥଳ ପ୍ରଦାନ କରିଥିଲା ଏବଂ ଭିନ୍ନ ଧର୍ମ ଭାବରେ ଶିଖ୍ ଧର୍ମର ଭବିଷ୍ୟତ ପାଇଁ ପଥ ପରିଷ୍କାର କରିଥିଲା । ଅମୃତସର ଉପରେ ଏତେ ଅନୁଗ୍ରହର ବର୍ଷା ହୋଇଥିଲା ଯେ ଏହା ଶିଖ୍ ମାନଙ୍କ ପାଇଁ ସବୁଠାରୁ ଗୁରୁତ୍ୱପୂର୍ଣ୍ଣ ଉପାସନା ସ୍ଥାନ ହୋଇଯାଇଥିଲା ।

ଗୁରୁ ରାମଦାସ ବର୍ତ୍ତମାନ ଉତ୍ସାହର ସହ ରାମଦାସପୁର (ରାମଦାସଙ୍କ ବାସ ସ୍ଥାନ)ର ନିର୍ମାଣ କାର୍ଯ୍ୟ ଜାରି ରଖିଥିଲେ ଏବଂ ଗୁରୁ ଅମର ଦାସଙ୍କ ନିର୍ଦ୍ଦେଶ ଅନୁସାରେ ଦ୍ୱିତୀୟ ପବିତ୍ର ପୁଷ୍କରିଣୀର ଖନନ କାର୍ଯ୍ୟ କରିଥିଲେ । ତୀର୍ଥଯାତ୍ରୀମାନେ ଗୁରୁଙ୍କ କଥା ଶୁଣିବାକୁ ଏବଂ ପୋଖରୀ ଖନନ କାର୍ଯ୍ୟରେ ସାହାଯ୍ୟ କରିବାକୁ ବହୁ ସଂଖ୍ୟାରେ

ଆସୁଥିଲେ । ସେହି ପବିତ୍ର ପୁଷ୍କରଣୀକୁ ଅମୃତସର କୁହାଯିବ ବୋଲି ନିଷ୍ପତ୍ତି ନିଆହୋଇଥିଲା, ଯାହାର ଅର୍ଥ ଅମୃତର ଭଣ୍ଡାର ।

ସାଧାରଣତଃ ଶିଖ୍ ମାନଙ୍କର ବିବାହ ସମାରୋହକୁ "ଆନନ୍ଦ କରଜ" କୁହାଯାଇଥାଏ ଯହା ଗୁରୁ ରାମଦାସଙ୍କ ଦ୍ୱାରା ଲିଖିତ ଏକ ଚାରି ପଦ ମନ୍ତ୍ର "ଲାଭାନ"କୁ କେନ୍ଦ୍ର କରି ଘଟିତ ହୋଇଥାଏ । ବିବାହିତ ଦମ୍ପତି ଲାଭାନର ପ୍ରତି ପଦ ବୋଲା ହେଲାବେଳେ ପବିତ୍ର ଗୁରୁ ଗ୍ରନ୍ଥ ସାହିବଙ୍କୁ ପ୍ରଦକ୍ଷଣ କରିଥାନ୍ତି । ପ୍ରଥମ ପ୍ରଦକ୍ଷଣ ହେଉଛି ବିବାହ ମାଧ୍ୟମରେ ଗୃହସ୍ଥ ଜୀବନ ଆରମ୍ଭ କରିବା ପାଇଁ ଐଶ୍ୱରୀୟ ସମ୍ମତି । ଦ୍ୱିତୀୟ ପ୍ରଦକ୍ଷଣରେ କୁହାଯାଇଛି ଯେ, ଏହି ଦମ୍ପତିଙ୍କ ମିଳନ ବିଧି ନିର୍ଦ୍ଦିଷ୍ଟ। ତୃତୀୟ ପ୍ରଦକ୍ଷଣରେ ଏହି ଦମ୍ପତିଙ୍କୁ ସବୁଠାରୁ ଭାଗ୍ୟବାନ ବୋଲି ବର୍ଣ୍ଣନା କରାଯାଇଛି । କାରଣ ସେମାନେ ସାଧୁମାନଙ୍କ ଗହଣରେ ପ୍ରଭୁଙ୍କର ପ୍ରଶଂସା ଗାନ କରିଛନ୍ତି । 'ଚତୁର୍ଥ' ପ୍ରଦକ୍ଷଣରେ ଲୋକଙ୍କ ଭାବନା ଯେ ସେମାନେ ସେମାନଙ୍କ ହୃଦୟର ଇଚ୍ଛା ହାସଲ କରି ପାରିଛନ୍ତିର ବର୍ଣ୍ଣନା କରାଯାଇଛି ଏବ ସେମାନଙ୍କୁ ଅଭିନନ୍ଦନ ଜଣାଯାଇଛି । ଏହିପରି ଗୁରୁ ରାମଦାସ ଶିଖ୍ ଧର୍ମ ପାଇଁ ଭିନ୍ନ ଏକ ନୂତନ ବିବାହ ଉତ୍ସବ ପ୍ରବର୍ତ୍ତନ କରିଥିଲେ ।

ଗୁରୁ ରାମଦାସଙ୍କ ବାଣୀ - (Guru Ramdas's Teachings)

ଗୁରୁ ରାମଦାସ ଉଚ୍ଚଶିକ୍ଷିତ ନ ଥିଲେ । ସେ କୌଣସି ବିଦ୍ୟାଳୟରେ ଅଧ୍ୟୟନ କରି ନ ଥିଲେ । ସେ ଏକ ଦରିଦ୍ର ପରିବାରରେ ଜନ୍ମ ଗ୍ରହଣ କରିଥିଲେ । କିନ୍ତୁ ତାଙ୍କର ଶିକ୍ଷା ଆତ୍ମାର ଜୀବନରେ ହୋଇଥିଲା । ତାଙ୍କର ସେହି ପ୍ରକୃତ ଶିକ୍ଷା ଥିଲା, ଆଧ୍ୟାତ୍ମିକ ଜ୍ୟୋତିର ଆଲୋକ, ଯାହା ଅଳ୍ପ କେତେକ ଭାଗ୍ୟବାନଙ୍କ ପାଇଁ ସଂରକ୍ଷିତ ରହିଥାଏ ।

ତାଙ୍କର ଆନୁଷ୍ଠାନିକ ଶିକ୍ଷାଦାନ ପରେ, ଦୈନନ୍ଦିନ ଜୀବନ ଚର୍ଯ୍ୟାରେ ଏବଂ ଗୁରୁଙ୍କ ପ୍ରତି ତାଙ୍କର ସମ୍ପୂର୍ଣ୍ଣ ଭକ୍ତିରେ ସେ ପାଞ୍ଚଟି ମହାନ ଆଦର୍ଶକୁ ନେଇ ଜୀବନର ମାନଚିତ୍ର ପ୍ରସ୍ତୁତ କରିଥିଲେ ଯାହାକୁ ଆମେ ସମସ୍ତେ ଅନୁକରଣ କରିବା ଉଚିତ ।

ପ୍ରଥମ ଶିକ୍ଷା ହେଉଛି ଇଚ୍ଛା ଶକ୍ତିକୁ ଜାଗ୍ରତ କରାଇବା । ଯଦି ତୁମେ ଜଣେ ପ୍ରକୃତ ମଣିଷ ହେବାକୁ ଚାହୁଁଛ, ଯଦି ତୁମେ ଆଧ୍ୟାତ୍ମିକ ଭାବରେ ବିକାଶ କରିବାକୁ ଚାହୁଁଛ, ତେବେ ତୁମ ହୃଦୟରେ ଏକ ଗଭୀର ଇଚ୍ଛା ଶକ୍ତିର ବିକାଶ କରିବାକୁ ପଡ଼ିବ । ଏହିପରି ଆକାଂକ୍ଷା, ଏହିପରି ଇଚ୍ଛା ଏକ ଉପହାର । ଭାଗ୍ୟଶାଳୀ ସେହି ବ୍ୟକ୍ତି ଯିଏ ଭଗବାନଙ୍କ ଠାରୁ ଏହି ଉପହାର ପାଇଛନ୍ତି । ଏପରି ବ୍ୟକ୍ତିଙ୍କର ଚିହ୍ନ ହେଉଛି ତାଙ୍କ ଆଖିର ଲୁହ, ଯାହା ଗଙ୍ଗା ଜଳ ପରି ପବିତ୍ର । ଭଗବାନଙ୍କ ପାଇଁ

କାମନାର ଲୁହ, ଯେତେବେଳେ ପ୍ରବାହିତ ହୋଇଥାଏ, ତାହା ଅନ୍ତର ଆତ୍ମାକୁ ଶୁଦ୍ଧ କରି ଦେଇଥାଏ ।

ଦ୍ୱିତୀୟଟି ହେଉଛି ଶୁଦ୍ଧତା । ଯାହାର ଅନ୍ତରରେ ପ୍ରବଳ ଇଚ୍ଛାର ଜାଗ୍ରତ ହୋଇଥାଏ ସେ ଶୁଦ୍ଧ ହୋଇଯାଇଥାଏ । ତାଙ୍କର ପ୍ରକୃତି ସରଳ ଏବଂ ନମ୍ର ହୋଇଯାଇଥାଏ । ଭାଗ୍ୟଶାଳୀ ସେହି ହୋଇଥାନ୍ତି ଯିଏ ନମ୍ର ହୋଇଥାନ୍ତି । ତାଙ୍କର ନମ୍ରତାରେ ସେ ତାଙ୍କ ଗୁରୁଙ୍କର ନିକଟତର ହୋଇଥାନ୍ତି । ସେ ଗୁରୁଙ୍କ ସେବାରେ ନିଜକୁ ସମ୍ପୂର୍ଣ୍ଣ ଭାବେ ଉତ୍ସର୍ଗ କରିଦେଇଥାନ୍ତି ।

ତୃତୀୟ ଶିକ୍ଷା ହେଉଛି ଆଜ୍ଞାକାରିତା । ଏହିପରି ବ୍ୟକ୍ତି ଈଶ୍ୱରଙ୍କ ଇଚ୍ଛାକୁ ଗ୍ରହଣ କରିଥାନ୍ତି । ସ୍ୱାସ୍ଥ୍ୟ, ରୋଗ, ପ୍ରଶଂସା, ନିନ୍ଦା, ଲାଭ, କ୍ଷତି, ମୃତ୍ୟୁ ସାମ୍ନାରେ ମଧ୍ୟ, ପ୍ରତ୍ୟେକ ପରିସ୍ଥିତିରେ ସେ କହିଥାନ୍ତି, "ପ୍ରଭୁ, ତୁମର ଇଚ୍ଛା ସର୍ବଦା କାର୍ଯ୍ୟକାରୀ ହେଉ ।"

ଚତୁର୍ଥଟି ହେଉଛି ପ୍ରକୃତ ଧନ ପାଇଁ ଆକାଂକ୍ଷା । ପବିତ୍ର ଏବଂ ନମ୍ର ହୋଇ ସେ ଗୁରୁଙ୍କ ନିକଟକୁ ଆସିଥାନ୍ତି ଏବଂ ଆତ୍ମାର ପ୍ରକୃତ ଧନ ପ୍ରାପ୍ତ କରିଥାନ୍ତି । ସେ ଜାଣନ୍ତି ଏହି ଦୁନିଆର ଜିନିଷଗୁଡ଼ିକ ଗତିଶୀଳ, ମିଥ୍ୟା ଏବଂ କ୍ଷଣିକ । ପ୍ରକୃତ ଧନ ହେଉଛି ନାମ, ପ୍ରଭୁଙ୍କ ନାମ ।

ପଞ୍ଚମ ହେଉଛି ସେବା (service) । ଏପରି ଜଣେ ବ୍ୟକ୍ତି, ପ୍ରେମ ଏବଂ ଭକ୍ତିର ସହ ଗରିବ ଓ ଅଭାବୀ, ଅବାଞ୍ଛିତ ଓ ଘୃଣିତ ଲୋକ ମାନଙ୍କର ସେବା କରିଥାଏ ଏବଂ ସେମାନଙ୍କର ସେବକ ହୋଇଯାଇଥାଏ । ଗୁରୁ ରାମଦାସ ସର୍ବଦା ନିଜକୁ ନିଜ ଗୁରୁଙ୍କର ସେବକ ବୋଲି କହୁଥିଲେ । କୁହାଯାଇଛି ଯେ, ଯେତେବେଳେ ଗୁରୁ ନାନକଙ୍କ ବୃଦ୍ଧ ସନ୍ୟାସୀ ପୁତ୍ର ବାବା ଶ୍ରୀଚାନ୍ଦ ଗୁରୁ ରାମଦାସଙ୍କୁ ଦେଖା କରିବାକୁ ଆସିଥିଲେ, ସେତେବେଳେ ସେ ତାଙ୍କୁ ପଚାରିଥିଲେ ଯେ ସେ ଏତେ ଲମ୍ବା ଦାଢ଼ୀ କାହିଁକି ରଖିଛନ୍ତି । ଗୁରୁ ରାମଦାସ ଉତ୍ତର ଦେଇଥିଲେ, "ଆପଣଙ୍କ ପରି ପବିତ୍ର ବ୍ୟକ୍ତିଙ୍କ ପାଦରୁ ଧୂଳି ପୋଛିଦେବା ପାଇଁ ।" ତା'ପରେ ସେଏହି ସର୍ବୋଚ୍ଚ ନମ୍ର କାର୍ଯ୍ୟ କରିବାକୁ ଆଗେଇ ଆସିଥିଲେ । ଶ୍ରୀଚାନ୍ଦ ତାଙ୍କର ନମ୍ରତା ଦ୍ୱାରା ଗଭୀର ଭାବରେ ପ୍ରଭାବିତ ହୋଇଥିଲେ ଏବଂ ଚତୁର୍ଥ ଗୁରୁଙ୍କୁ ଆଲିଙ୍ଗନ କରିଥିଲେ, ଯିଏ କି ଏହି ମହାନ ପରମ୍ପରାର ଯୋଗ୍ୟ ଉତ୍ତରାଧିକାରୀ ଥିଲେ ।

ଗୁରୁ ରାମଦାସ କେବଳ ଜଣେ ସାଂଗଠନିକ ପ୍ରତିଭା ସଂପର୍ଣ୍ଣ ବ୍ୟକ୍ତି ନ ଥିଲେ, ଯିଏ କି ଏକ ନୂତନ ସହରର ଯୋଜନା କରିଥିଲେ ଏବଂ ପ୍ରତିଷ୍ଠା ମଧ୍ୟ କରିଥିଲେ ଏବଂ ସେ ଏକ ମୌଳିକ ଧର୍ମ ପ୍ରଚାରକ ସଂସ୍ଥାର ସ୍ଥାପନା କରିଥିଲେ । ସେ ମଧ୍ୟ ଏକ ଅତ୍ୟନ୍ତ ସମ୍ବେଦନଶୀଳ କବି ଥିଲେ ଏବଂ ତାଙ୍କର ବାଣୀ ଗଭୀର ଭକ୍ତି ଏବଂ ସୁଖଦ

ଭାବନାରେ ପରିପୂର୍ଣ୍ଣ ଥିଲା । ସେ ବିଭିନ୍ନ ସଂଗୀତ ପରିପ୍ରେକ୍ଷୀରେ ୬୭୯ଟି ଭଜନ ରଚନା କରିଥିଲେ, ଯାହାକି ତାଙ୍କର ପୁତ୍ର ତଥା ଉତ୍ତରାଧିକାରୀ ଗୁରୁ ଅର୍ଜନ ଦେବଙ୍କ ଦ୍ୱାରା ଆଦି ଗ୍ରନ୍ଥରେ ଅନ୍ତର୍ଭୁକ୍ତ କରାଯାଇଥିଲା । ଯେପରି ଆମେ ଦେଖିଥିଲୁ, ତାଙ୍କ ଜୀବନ ତାଙ୍କର ବାର୍ତ୍ତା ଥିଲା, ତାଙ୍କ ବିଶ୍ୱାସ ଆଦର୍ଶରେ ପରିପୂର୍ଣ୍ଣ ଥିଲା । ସେ ନିଜେ ପ୍ରେମ, ଭକ୍ତି, ଉତ୍ସର୍ଗୀକୃତ ଏବଂ ସେବାର ଏକ ପ୍ରତୀକ ଥିଲେ । ଏହି ସମସ୍ତ ଉତ୍ତମ ଭାବନା ତାଙ୍କ ଲେଖାରେ ବହୁ ପରିମାଣରେ ପ୍ରତିଫଳିତ ହୋଇଥିଲା । ତାଙ୍କର ସରଳ ବାର୍ତ୍ତା ତାଙ୍କ ଅନୁଗାମୀ ମାନଙ୍କ ହୃଦୟକୁ ସିଧା ଯାଇ ସେମାନଙ୍କ ସଚେତନାର ଅତ୍ୟନ୍ତ ସମ୍ବେଦନଶୀଳ ସ୍ନାୟୁକୁ ସ୍ପର୍ଶ କରୁଥିଲା । ତାଙ୍କ ଶିକ୍ଷା ଦୁର୍ବୋଧ କିମ୍ବା ତାତ୍ତ୍ୱିକ ନଥିଲା । ଗୁରୁ ଏବଂ ଭଗବାନଙ୍କ ପ୍ରତି ସମ୍ପୂର୍ଣ୍ଣ ଭକ୍ତି ଭାବ ସହ ନିସ୍ୱାର୍ଥପର ସେବାର ଜୀବନ ଉପରେ ସଂପୂର୍ଣ୍ଣ ଗୁରୁତ୍ୱ ଦିଆଯାଇଥିଲା ।

ଉଦାହରଣ ସ୍ୱରୂପ :-

ହେ ମୋର ପ୍ରିୟ ଭଗବାନ, ମୁଁ ତୁମର ନାମକୁ ଧ୍ୟାନ କରି ବଞ୍ଚି ରୁହେ । ତୁମ ନାମ ବିନା ମୁଁ ବଞ୍ଚି ପାରିବି ନାହିଁ । ହେ ମୋର ସଦ୍‌ଗୁରୁ ! ଏହାକୁ ମୋ ଅନ୍ତର ଭିତରେ ସ୍ଥାପନା କରିଦିଅ । ତୁମର ନାମ ଅମୂଲ୍ୟ ଅଳଙ୍କାର ପରି, ସିଦ୍ଧ ସଦ୍‌ଗୁରୁ ଏହାକୁ ଧାରଣ କରିଥାନ୍ତି । ସଦ୍‌ଗୁରୁଙ୍କ ସେବାରେ ମୁଁ ନିଜକୁ ନିୟୋଜିତ କରି ପାରିବା ଦ୍ୱାରା, ସେ ତୁମର ନାମ ରୁପି ଅଳଙ୍କାରକୁ ବାହାରକୁ ଆଣି ଦର୍ଶନ କରାଇଥାନ୍ତି । ସବୁଠାରୁ ଭାଗ୍ୟବାନ ସେଇମାନେ, ଯେଉଁମାନେ ଗୁରୁଙ୍କ ନିକଟକୁ ଆସି ତାଙ୍କୁ ଭେଟିଥାନ୍ତି । (ଆଦି ଗ୍ରନ୍ଥ, ଶ୍ରୀ ରାଗ)

ଗୁରୁ ରାମଦାସ ତାଙ୍କ ଶିଖ୍ ମାନଙ୍କୁ ଶିକ୍ଷା ଦେଇଥିଲେ ଯେ, ଜଣେ କେବଳ ନୀରବ ଧ୍ୟାନ ଦ୍ୱାରା ନୁହେଁ ବରଂ ଅନ୍ୟମାନଙ୍କ ଆନନ୍ଦ ଏବଂ ଦୁଃଖରେ ସକ୍ରିୟ ଅଂଶ ଗ୍ରହଣ କରି ନିଜ ଜୀବନକୁ ସାର୍ଥକ କରିପାରିବ । ଏହିପରି ଭାବରେ ଜଣେ ନିଜକୁ ମୂଖ୍ୟ ରୋଗ- ଅହଂକାରରୁ ମୁକ୍ତି ପାଇ ପାରିବ ଏବଂ ଏହା ଦ୍ୱାରା ତାହାର ଆଧ୍ୟାତ୍ମିକ ବିଚ୍ଛିନ୍ନତାକୁ ଶେଷ କରି ଦେଇପାରିବ । ତାଙ୍କର ବାଣୀରେ, ସେ ସମସ୍ତ ଶିଖ୍ ମାନଙ୍କ ପାଇଁ, ତାଙ୍କର ମହାନ ଗୁରୁ ମାନଙ୍କ ପରାମର୍ଶ ଅନୁଯାୟୀ, ଏକ ଦୈନନ୍ଦିନ କାର୍ଯ୍ୟ ନିର୍ଘଣ୍ଟର ନିର୍ଦ୍ଦେଶ ଦେଇଥିଲେ :

"ଯିଏ ନିଜକୁ ପ୍ରକୃତ ଗୁରୁଙ୍କ ଶିଖ୍ (ଶିଷ୍ୟ) ବୋଲି କହିଥାଏ, ସେ ପ୍ରାତଃକାଳରୁ ଶଯ୍ୟାତ୍ୟାଗ କରି ଈଶ୍ୱରଙ୍କ ନାମରେ ଧ୍ୟାନ କରିବ । ଦିବ୍ୟ ପୁଷ୍କରିଣୀରେ ପ୍ରତିଦିନ ସ୍ନାନ କରିବ ଏବଂ ଗୁରୁଙ୍କ ନିର୍ଦ୍ଦେଶକୁ ଅନୁସରଣ କରି ହର, ହର ଜପ କରିବ । ସମସ୍ତ ପାପ, କୁକର୍ମ ଏବଂ ନାକାରାତ୍ମକତା ଲୁପ୍ତ ହୋଇଯିବ ।"

ଐଶରୀୟ ନାମର ଶକ୍ତି ତାଙ୍କ ବାଣୀରେ ପ୍ରାଧାନ୍ୟ ଦିଆଯାଇଛି

ତୀର୍ଥଯାତ୍ରାର ଅଠଷଠିଟି ପବିତ୍ର ସ୍ଥଳରେ ସ୍ନାନ କରିବା ପରିବର୍ତ୍ତେ, ଭଗବାନଙ୍କ ନାମରେ ନିଜର ତନୁ ମନକୁ ସ୍ନାନ କରାଇ ନିର୍ମଳ କରିଦିଅ । ଯେତେବେଳେ ସତ୍‌ସଙ୍ଗତର ପାଦର ଧୂଳି ଉଠି ଆଖିରେ ପଡ଼ିଯାଏ, ସେତେବେଳେ ସମସ୍ତ ଆବର୍ଜନା ଏବଂ ଅନିଷ୍ଟକାରୀ ମାନସିକତା ଦୂର ହୋଇଯାଇଥାଏ ।

ଗୁରୁ ରାମଦାସ ମଧ୍ୟ ଏକ ଶିଖ୍ ଦମ୍ପତିଙ୍କର ବିବାହର ଅର୍ଥ ବିଷୟରେ "ଲାଭାନ୍" ନାମକ ଏକ ସୁନ୍ଦର କବିତା ରଚନା କରିଥିଲେ । ବାସ୍ତବରେ ଗୁରୁ ଏକ ଶିଖ୍ ବିବାହକୁ ଏହିପରି ବ୍ୟାଖ୍ୟା କରିଥିଲେ : "ଯେଉଁମାନେ କେବଳ ଏକାଠି ବସାଉଠା କରନ୍ତି ସେମାନଙ୍କୁ ସ୍ୱାମୀ ଏବଂ ସ୍ତ୍ରୀ ବୋଲି କୁହାଯାଇ ପାରିବ ନାହିଁ । ବରଂ ସେମାନଙ୍କୁ କେବଳ ସ୍ୱାମୀ ଏବଂ ସ୍ତ୍ରୀ କୁହାଯାଇଥାଏ, ଯେଉଁମାନଙ୍କର ଦୁଇଟି ଶରୀରରେ ଗୋଟିଏ ଆତ୍ମା ରହିଥାଏ ।"

ତାଙ୍କ ଗୁରୁଙ୍କ ପରି ଗୁରୁ ରାମଦାସ ମଧ୍ୟ ଇଚ୍ଛା କରିଥିଲେ ଯେ ଗୁରୁ ନାନକଙ୍କ ଶିକ୍ଷା ଏକ ବ୍ୟାପକ ଦର୍ଶକଙ୍କ ମଧ୍ୟରେ ପ୍ରଚାର କରାଯାଉ । ତେଣୁ, ସେ ଶିଖ୍ ଧର୍ମ ପ୍ରଚାରକ ମାନଙ୍କୁ ନିଯୁକ୍ତ ଏବଂ ତାଲିମ ପ୍ରଦାନ କରିଥିଲେ ଏବଂ ସେମାନଙ୍କୁ ଦୂର ଦୂରାନ୍ତରକୁ ପଠାଇଥିଲେ । ସେମାନେ ମାସାଣ୍ଡ ନାମରେ ପରିଚିତ ଥିଲେ । ଭାଇ ଗୁରୁଦାସ ଭାଲା ପ୍ରଥମ ମାସାଣ୍ଡ ଭାବରେ ମନୋନୀତ ହୋଇଥିଲେ । ପ୍ରଥମ ମାସାଣ୍ଡ ମାନେ ଉତ୍ସର୍ଗୀକୃତ ଶିକ୍ଷକ ଥିଲେ ଯେଉଁମାନେ ଗୁରୁଙ୍କ ବାଣୀ ପ୍ରଚାର କରିଥିଲେ ଏବଂ ସଂଗତରୁ ଏକ ଦଶମାଂଶ ସଂଗ୍ରହ କରି ପରୋପକାର କାର୍ଯ୍ୟ ପାଇଁ ଗୁରୁଙ୍କ ପାଖକୁ ପଠାଉଥିଲେ ।

ଗୁରୁ ରାମଦାସ ସେପ୍ଟେମ୍ବର ୧, ୧୫୮୧ ରେ ଶେଷ ନିଶ୍ୱାସ ତ୍ୟାଗ କରିଥିଲେ ଏବଂ ତାଙ୍କର ସାନ ପୁଅ ଅର୍ଜନ ଦେବଙ୍କୁ ତାଙ୍କର ଉତ୍ତରାଧିକାରୀ ଭାବରେ ନାମିତ କରିଥିଲେ ।

ପଞ୍ଚମ ଗୁରୁ - ଗୁରୁ ଅର୍ଜନ ଦେବ

ଉପକ୍ରମଣିକା -

କିଛି ଦିନ ପୂର୍ବରୁ, ଲଣ୍ଡନର ଜଣେ ବନ୍ଧୁ ମୋତେ କହିଥିଲେ ଯେ, ଦକ୍ଷିଣ ଲଣ୍ଡନର ଏକ ବ୍ୟସ୍ତ ବହୁଳ ରାସ୍ତାରେ ବିଦେଶ ପର୍ଯ୍ୟଟକ, ଦୋକାନୀ, ଭ୍ରମଣକାରୀ ଏବଂ ସେହି ରାସ୍ତାରେ ଯାଉଥିବା ଲୋକମାନେ ଗୁରୁଦ୍ୱାର ବାହାରେ ସ୍ୱେଚ୍ଛାସେବୀ ମାନଙ୍କ ଦ୍ୱାରା ସତେଜ ଥଣ୍ଡା ପାନୀୟ ଏବଂ ଫଳ ରସ ପ୍ରଦାନ କରାଯିବା ପରେ ଆଶ୍ଚର୍ଯ୍ୟ ହୋଇଯାଇଥିଲେ । ଜାପାନୀ ପର୍ଯ୍ୟଟକ ମାନେ ଫଟୋ ଉଠାଉଥିଲେ, ଆମେରିକୀୟ ମାନେ ସେମାନଙ୍କର କୃତଜ୍ଞତା ଜ୍ଞାପନ କରୁଥିଲେ, ସ୍ଥାନୀୟ ଲୋକମାନେ ସ୍ୱେଚ୍ଛାସେବୀ ମାନଙ୍କର ପିଠି ଥାପୁଡ଼ାଇ ସେମାନଙ୍କ ଭଲ କାର୍ଯ୍ୟକୁ ପ୍ରଶଂସା କରିଥିଲେ । କିନ୍ତୁ ସାମ୍ପ୍ରଦାୟିକ ତଥା ଜାତିଗତ ସୌହାର୍ଦ୍ଦ୍ୟର ଏହି ସୁନ୍ଦର ଘଟଣାକୁ ଗଣମାଧମରେ କେହି ହେଲେ ଦର୍ଶାଇ ନ ଥିଲେ । ସମ୍ପ୍ରଦାୟ, ଧର୍ମ, ଜାତି କିମ୍ବା ବର୍ଣ୍ଣ ନିର୍ବିଶେଷରେ ସମସ୍ତ ଲୋକଙ୍କୁ ଦିଆଯାଇଥିବା ଏହି ସେବାର ମହତ୍ତ୍ୱ ବିଷୟରେ କେହି ମଧ ପାଟି ଫିଟାଇ ନ ଥିଲେ ।

ଏହିପରି ସମୟରେ ଆମେ ବାସ କରୁଅଛେ । ଅଳ୍ପ କିଛି କଳହ ବା ଉତ୍ତେଜନାର ଖବର, ସମ୍ବାଦ ପତ୍ରର ପ୍ରଥମ ପୃଷ୍ଠା ମଣ୍ଡନ କରିଥାଏ କିନ୍ତୁ ସୌହାର୍ଦ୍ଦ୍ୟ ଏବଂ ଭାଇଚାରାକୁ ପ୍ରୋତ୍ସାହିତ କରିବା ପାଇଁ କୌଣସି ପ୍ରୟାସକୁ ଅଣଦେଖା କରାଯାଇଥାଏ । କିନ୍ତୁ ପର୍ଯ୍ୟଟକ ଏବଂ ସାଧାରଣ ଜନତା, ଯେଉଁମାନେ ଗୁରୁଦ୍ୱାର ଠାରେ ସ୍ୱେଚ୍ଛାସେବୀ ମାନଙ୍କ ଠାରୁ ଏହି ଉଷ୍ମ ଏବଂ ବନ୍ଧୁତ୍ୱପୂର୍ଣ୍ଣ ଉପହାର ଗ୍ରହଣ କରିଥିଲେ ଏବଂ ସ୍ୱେଚ୍ଛାସେବୀଙ୍କ ଠାରୁ ଯାହା ଶୁଣିଥିଲେ ତାହା ସେମାନଙ୍କୁ ଗଭୀର ଭାବରେ ପ୍ରଭାବିତ କରିଥିଲା । ମୁଁ ଜାଣେ ଯେ ସେମାନଙ୍କ ଦ୍ୱାରା ଦିଆଯାଇଥିବା ସତେଜ ଥଣ୍ଡା ପାନୀୟଗୁଡ଼ିକ ଜଣେ ସାଧୁଙ୍କର ଶହୀଦତାକୁ ସ୍ମରଣ କରିବା ପାଇଁ ଦିଆଯାଇଥିଲା, ଯିଏ ସମ୍ପ୍ରଦାୟିକ ସୌହାର୍ଦ୍ଦ୍ୟ ଏବଂ

ବନ୍ଧୁତା ପାଇଁ ତଥା ନିଜ ବ୍ୟକ୍ତିଗତ ବିଶ୍ୱାସକୁ ବଜାୟ ରଖିବା ପାଇଁ ନିଜ ଜୀବନ ତ୍ୟାଗ କରିବା ପାଇଁ ପଛେଇ ନ ଥିଲେ । ସେ ଗୁରୁ ଅର୍ଜନ ଦେବଙ୍କ ବ୍ୟତୀତ ଆଉ କେହି ନୁହନ୍ତି, ଯେ କି ଶିଖ୍ ମାନଙ୍କର ପଞ୍ଚମ ଗୁରୁ ତଥା ଶିଖ୍ ଧର୍ମର ପ୍ରଥମ ଶହୀଦ । ଚରମପନ୍ଥୀ ମାନଙ୍କ ହାତରେ ନିର୍ଯାତନା ପାଇ ତାଙ୍କର ମୃତ୍ୟୁ ଶିଖ୍ ଧର୍ମର ଗତି ସବୁଦିନ ପାଇଁ ବଦଳାଇ ଦେଇଥିଲା ।

ଶୈଶବ ଏବଂ ପ୍ରାରମ୍ଭିକ ଜୀବନ :-

ଗୁରୁ ଅର୍ଜନ ଦେବ ସିଧାସଳଖ ତୃତୀୟ ଶିଖ୍ ଗୁରୁ, ଗୁରୁ ଅମର ଦାସଙ୍କ ବଂଶଧର ଥିଲେ । ବାସ୍ତବରେ ସେ ତୃତୀୟ ଗୁରୁଙ୍କ ନାତି ଥିଲେ, ଏବଂ ଗୁରୁଙ୍କ ଝିଅ ବିବି ଭାନୀଙ୍କର ସାନପୁଅ ଥିଲେ, ଯାହାଙ୍କର ସ୍ୱାମୀ ଜେଠା ଜୀ ଶେଷରେ ଚତୁର୍ଥ ଗୁରୁ, ଗୁରୁ ରାମଦାସ ହେବାକୁ ମନୋନୀତ ହୋଇଥିଲେ । ଏହା ନିଶ୍ଚିତ ଭାବରେ କୁହାଯିବା ଉଚିତ ଯେ, ତାଙ୍କର ଆଧ୍ୟାତ୍ମିକ ନେତୃତ୍ୱର ଆରୋହଣ ବଂଶାନୁକ୍ରମିକ ସ୍ଥିର କରି ନ ଥିଲା ବରଂ ତାଙ୍କ ନିଜର ଚମତ୍କାର ଗୁଣ, ମନୋଭାବ, ସ୍ୱଭାବ ଏବଂ ସ୍ଥିର ବିଶ୍ୱାସ ଯୋଗୁ ହିଁ ଏହା ହୋଇପାରିଥିଲା ।

ସେ ଏପ୍ରିଲ ୧୫, ୧୫୬୩ରେ ତାଙ୍କ ଅଜାଙ୍କର କଠିନ ପରିଶ୍ରମରେ ଗଢ଼ି ଉଠିଥିବା ସହର ଗୋଇନ୍ଦୱାଲରେ ଜନ୍ମ ଗ୍ରହଣ କରିଥିଲେ । ସେ ତାଙ୍କ ଜୀବନର ପ୍ରଥମ ଏଗାର ବର୍ଷ ଗୋଇନ୍ଦୱାଲରେ ତାଙ୍କ ଆଜାଙ୍କର ଉଦାର ଅନୁଶାସନ ଏବଂ କୋମଳ ଯତ୍ନ ମଧ୍ୟରେ ଅତିବାହିତ କରିଥିଲେ । ଗୁରୁଙ୍କ ପିଲାଦିନର ଏକ ମଜାଦାର ଘଟଣା ଆମକୁ କୁହାଯାଇଛି । ଦିନେ ପିଲାଟି ତାଙ୍କର ଅଜା, ଗୁରୁ ଅମର ଦାସଙ୍କ ପବିତ୍ର ଆସନ ଉପରକୁ ଚଢ଼ି ଯାଇ ଆରାମରେ ବସିଯାଇଥିଲା । ଏହା ଦେଖି ତୃତୀୟ ଗୁରୁ ଆଶ୍ଚର୍ଯ୍ୟ ହୋଇ କହିଥିଲେ, "ମୋର ଏହି ନାତି ଈଶ୍ୱରଙ୍କ ନାମକୁ ସମସ୍ତଙ୍କ ପାଖରେ ପହଞ୍ଚାଇ ଦେବ ।"

ସମୟ କ୍ରମରେ, ସେ ଜଳନ୍ଧର ଜିଲ୍ଲାର ଫିଲାଉର ନିକଟସ୍ଥ ମେଓ ଗ୍ରାମର ବାସିନ୍ଦା କୃଷ୍ଣ ଚନ୍ଦଙ୍କ ଝିଅ ଗଙ୍ଗା ଦେବୀଙ୍କୁ ବିବାହ କରିଥିଲେ । ଏହି ବିବାହ ୧୫୮୯ ମସିହାରେ ହୋଇଥିଲା ଯେତେବେଳେ ତାଙ୍କୁ ପ୍ରାୟ ୨୬ ବର୍ଷ ବୟସ ହୋଇଥିଲା । ଆଜି ପର୍ଯ୍ୟନ୍ତ ଏହି ଅଞ୍ଚଳ ପଞ୍ଚମ ଗୁରୁଙ୍କ ବିବାହକୁ ଏକ ପର୍ବ ତଥା ବାର୍ଷିକ ମେଳା ସହିତ ପାଳନ କରିଥାଏ, ଯେଉଁଥିରେ ଗୁରୁଙ୍କ ବିବାହ ବେଳର ପୋଷାକ ବିଶ୍ୱସ୍ତ ଭକ୍ତ ମାନଙ୍କ ଦର୍ଶନ ପାଇଁ ପ୍ରଦର୍ଶିତ ହୋଇଥାଏ ।

କୁହାଯାଇଥାଏ ଯେ ତାଙ୍କର ନିସ୍ୱାର୍ଥପର ସେବା, ସ୍ନେହପୂର୍ଣ୍ଣ କରୁଣା ଏବଂ

ନମ୍ରତା ପରି ଗୁଣଗୁଡ଼ିକ ମାତାଙ୍କ ଠାରୁ ପ୍ରାପ୍ତ ହୋଇଥିଲାବେଳେ ତାଙ୍କର ବୁଦ୍ଧିମତା ଏବଂ ଧର୍ମପରାୟଣତା ତାଙ୍କ ପିତା ଗୁରୁ ରାମଦାସଙ୍କ ନିକଟରୁ ଆସିଥିଲା । ସେ ସାଧୁ ଏବଂ ସନ୍ଥ ମାନଙ୍କ ସହିତ ବନ୍ଧୁତା କରିବାକୁ ଭଲ ପାଉଥିଲେ ଏବଂ ସବୁ ଧର୍ମର ଲୋକ ମାନଙ୍କ ସହ ବନ୍ଧୁତା ସ୍ଥାପନ କରିଥିଲେ । ସେମାନଙ୍କ ମଧ୍ୟରେ ମିଆଁ ମିର, ଶାହା ହୁସେନ, ଛଜୁ ଏବଂ ପିଲୁ ଥିଲେ । ଗୁରୁ ଗଦି ପାଇଁ ତାଙ୍କର ମନୋନୟନ ତାଙ୍କର ଦୁଇ ବଡ଼ ଭାଇ ପ୍ରୀତି ଚନ୍ଦ ଏବଂ ମହାଦେବଙ୍କ ପାଇଁ ଅପ୍ରିତିକର ହୋଇଥିଲା । କିନ୍ତୁ ଗୁରୁ ତାଙ୍କର ସମସ୍ତ ବ୍ୟକ୍ତିଗତ ପାରିବାରିକ ସମ୍ପତ୍ତିକୁ ତାଙ୍କର ଅଧିକ ସାଂସାରିକ ଭାଇ ପ୍ରୀତି ଚନ୍ଦଙ୍କ ନିକଟରେ ଛାଡ଼ି ମାୟା ସମୁଦ୍ରର ଜଳ ଉପରେ ଭାସୁଥିବା ପ୍ରବାଦ ପଦ୍ମ ଫୁଲ ପରି ଜୀବନଯାପନ କରିଥିଲେ । ଏହା ବିନା କାରଣରେ ନୁହେଁ ଯେ, ତାଙ୍କ ପିତା ତାଙ୍କ ସାନପୁଅକୁ ତାଙ୍କର ଆଧାତ୍ମିକ ଉତ୍ତରାଧିକାରୀ ଭାବରେ ମନୋନୀତ କରିଥିଲେ । ଗୁରୁ ଅର୍ଜନ ଦେବ ଅନେକ ଗୁଣର ଅଧିକାରୀ ଥିଲେ, ଜଣେ

ପ୍ରଚଣ୍ଡ ବିଦ୍ୱାନ, ଜଣେ ଚମତ୍କାର ସଂଗୀତଜ୍ଞ ଏବଂ ମହାନ କବି ଥିଲେ । ଜଣେ ଜୀବନୀ ଲେଖକ, ତାଙ୍କୁ ବର୍ଣ୍ଣନା କରିବା ପାଇଁ ପ୍ରକୃତରେ ଇଂରାଜୀ କବି ଚଉସରଙ୍କ ଶବ୍ଦାବଳୀ ଗ୍ରହଣ କରିଥିଲେ ।

ସେ ପବିତ୍ର ଏବଂ ସଦାଚାରୀ ଥିଲେ କିନ୍ତୁ ସେତେବେଳେ,
ପାପୀ ମଣିଷ ମାନଙ୍କୁ କେବେହେଲେ ଘୃଣା କରି ନ ଥିଲେ ।
କଦାପି ଅପମାନଜନକ ନୁହେଁ, ଅତ୍ୟଧିକ ଗର୍ବିତ ବା କୋମଳ ନ ଥିଲେ,
କିନ୍ତୁ ଶିକ୍ଷାଦାନରେ ବିଚାରଶୀଳ ଏବଂ ଉଦାରମୟ ଥିଲେ, ।
ତାଙ୍କର ପ୍ରକୃତି ଥିଲା ଏକ ନ୍ୟାୟପୂର୍ଣ୍ଣ ଆଚରଣ ପ୍ରଦର୍ଶନ କରିବା,
ଏବଂ ଏହିପରି ମନୁଷ୍ୟ ମାନଙ୍କର ତ୍ରାଣକର୍ତ୍ତା ହୋଇ ସ୍ୱର୍ଗକୁ ବାଟ କଢ଼ାଇବା ।

ଗୁରୁ ଭାବରେ ଘୋଷଣା - (Ordination as Guru)

ଆମେ ଯେପରି ପୂର୍ବରୁ କହିଥିଲୁ, ଅର୍ଜନ ଦେବଙ୍କର ଗୁରୁଙ୍କ ଆସନକୁ ମନୋନୀତ ହେବା (ସେପ୍ଟେମ୍ବର ୧୫୮୧) ସାଙ୍ଗେ ସାଙ୍ଗେ ତାଙ୍କ ବଡ଼ ଭାଇ ପ୍ରୀତି ଚନ୍ଦଙ୍କ ଠାରୁ ଘୋର ବିରୋଧର ସମ୍ମୁଖୀନ ହୋଇଥିଲେ, ଯେ କି ତାଙ୍କୁ ସର୍ବଦା ହିଂସା କରି ଆସୁଥିଲେ । ଏହି ସମୟଠାରୁ ସେ ଗୁରୁଙ୍କର ଶତ୍ରୁ ହୋଇଯାଇଥିଲେ, ଏପରିକି ଥରେ ସେ ପଞ୍ଚମ ଗୁରୁଙ୍କର ଏକମାତ୍ର ପୁତ୍ର, ହରଗୋବିନ୍ଦଙ୍କୁ ହତ୍ୟା କରିବାକୁ ଷଡ଼ଯନ୍ତ୍ର କରିଥିଲେ । କିନ୍ତୁ ନୂତନ ଗୁରୁ ଯେଉଁ ସବୁ ବିଭିନ୍ନ କାର୍ଯ୍ୟକ୍ରମରେ ନିଜକୁ ନିୟୋଜିତ କରିଥିଲେ, ତାହା ତାଙ୍କୁ ତାଙ୍କ

ଅନୁଗାମୀ ମାନଙ୍କ ନିକଟରେ ପ୍ରିୟ ଭାଜନ କରିଥିଲା ଏବଂ ପ୍ରିତୀ ଚାନ୍ଦଙ୍କ ବିରୋଧ ପ୍ରଭାବପୂର୍ଣ୍ଣ ଭାବରେ ପ୍ରଭାବହୀନ ହୋଇପଡ଼ିଥିଲା ।

ଗୁରୁ ଅଧିକରୁ ଅଧିକ ପୂଜାସ୍ଥଳ ନିର୍ମାଣ କରିଥିଲେ, ଯେଉଁଠାରେ ସମସ୍ତେ ଏକତ୍ରିତ ହୋଇ ପ୍ରାର୍ଥନା କରିପାରୁଥିଲେ । ସେ ସର୍ବସାଧାରଣ ରୋଷେଇ ଘର ସ୍ଥାପନ କରିଥିଲେ ଯେଉଁଠାରେ ସମସ୍ତ ଲୋକ ମାନଙ୍କୁ ଖାଇବାକୁ ଦିଆ ଯାଉଥିଲା । ସେ ସ୍ୱତନ୍ତ୍ର ଜମି ଅଲଗା କରିଥିଲେ, ଯେଉଁଥିରୁ ଉତ୍ପନ୍ନ ହେଉଥିବା ଦ୍ରବ୍ୟଗୁଡ଼ିକ ବିଶେଷ ଭାବରେ ଏହି ସବୁ ରୋଷେଇ ଘରକୁ ଯୋଗାଇ ଦିଆ ଯାଉଥିଲା । ସେ ରୋଗୀ ଏବଂ ଅସୁସ୍ଥ ଲୋକ ମାନଙ୍କୁ ଉପଶମ କରିବା ପାଇଁ ମାଗଣା ଡାକ୍ତରଖାନା ମଧ୍ୟ ପ୍ରତିଷ୍ଠା କରିଥିଲେ । କୁଷ୍ଠ ରୋଗୀ ମାନଙ୍କର ଦୁଃଖ କଷ୍ଟ ଦୂର କରିବା ପାଇଁ ଗୁରୁ ନିଜେ ବ୍ୟକ୍ତିଗତ ଭାବରେ କାର୍ଯ୍ୟ କରିଥିଲେ ।

ପ୍ରାୟ ୧୫୯୦ ମସିହାରେ ଗୁରୁ ଅର୍ଜନ ଦେବ ତାଙ୍କର ଉତ୍ସର୍ଗୀକୃତ ଶିଷ୍ୟ ମାନଙ୍କ ସହିତ ପଞ୍ଜାବରେ ଏକ ବିସ୍ତୃତ ଯାତ୍ରା ଆରମ୍ଭ କରିଥିଲେ । ସେ ଖାଦୁର, ଗୋଇନ୍ଦୱାଲ, ସରହାଲି, ଭାଇନି, ଖାନପୁର, ତରନ ତରନ, ଲାହୋର, ଡେରାବାବା ନାନକର ଶିଖ୍ କେନ୍ଦ୍ରଗୁଡ଼ିକ ପରିଦର୍ଶନ କରିଥିଲେ ଏବଂ ବାରଥ ମଧ୍ୟ ଯାଇଥିଲେ ଯେଉଁଠାରେ ସେ ଗୁରୁ ନାନାକଙ୍କ ବୃଦ୍ଧ ସନ୍ୟାସୀ ପୁତ୍ର ବାବା ଶ୍ରୀ ଚାନ୍ଦଙ୍କୁ ଭେଟିଥିଲେ । ଗୁରୁ ଅର୍ଜନ ଦେବ ମଧ୍ୟ ଜଲନ୍ଧର ନିକଟରେ ଜମି କ୍ରୟ କରିଥିଲେ ଏବଂ ଏକ ନୂଆ ସହର, କରତାରପୁରର ମୂଳଦୁଆ ପକାଇଥିଲେ । ସେଠାରେ ସେ ଏକ କୂଅ ଖୋଳିଥିଲେ ଯାହାର ନାମ "ଗଙ୍ଗା ସାଗର" ଦେଇଥିଲେ ।

ଯେତେବେଳେ ଶେଷରେ ଗୁରୁ ଅମୃତସର ଫେରି ଆସିଥିଲେ ସେତେବେଳେ ପ୍ରୀତି ଚାନ୍ଦଙ୍କ ଠାରୁ ଅଧିକ ସମସ୍ୟାର ସମ୍ମୁଖୀନ ହୋଇଥିଲେ, ଯିଏକି ଏ ପର୍ଯ୍ୟନ୍ତ ତାଙ୍କ ଭାଇଙ୍କ ପ୍ରତି ଈର୍ଷା କରି ଆସୁଥିଲେ । ଅଧିକ କର ସଂଗ୍ରହ କରିବାର ବାହାନା କରି ଅମୃତସରରେ ଛାପା ମାରିବା ପାଇଁ ମୋଗଲ ଅଦାଲତର ରାଜସ୍ୱ ଅଧିକାରୀ ସୁଲହି ଖାନ୍‌ଙ୍କୁ ସେ ଉତ୍ସାହିତ କରିଥିଲେ । ଗୁରୁ ବାଧ୍ୟ ହୋଇ ଅମୃତସର ପରିତ୍ୟାଗ କରି ୱାଦାଲି ନାମକ ଏକ ଛୋଟ ଗ୍ରାମକୁ ଚାଲିଯାଇଥିଲେ । ଗୁରୁ ନିସନ୍ତାନ ହୋଇଥିବାରୁ ପ୍ରୀତି ଚାନ୍ଦ ଆଶା କରିଥିଲେ ଯେ, ଗୁରୁ ଅର୍ଜନ ଦେବଙ୍କ ଉତ୍ତରାଧିକା ହେବା ପାଇଁ ତାଙ୍କ ପୁଅ ମେହେରବାନ୍ ମନୋନୀତ ହେବେ । କିନ୍ତୁ ଏହା ହେବାର ନଥିଲା । କାରଣ ୱାଦାଲିରେ ଜୁନ ୧୯, ୧୫୯୫ରେ ଗୁରୁ ଅର୍ଜ୍ଜନ ଦେବଙ୍କର ଏକ ପୁତ୍ର ସନ୍ତାନ ଜନ୍ମ ଗ୍ରହଣ କରିଥିଲା ।

ଏହି ସମୟ ମଧ୍ୟରେ, ପ୍ରୀତି ଚାନ୍ଦ ଅମୃତସରରେ ଗୁରୁଙ୍କ ଭୂମିକା ଗ୍ରହଣ କରିବାକୁ

ଚେଷ୍ଟା କରିଥିଲେ ଏବଂ ଲୋକମାନଙ୍କୁ କହିଥିଲେ ଯେ, ସେ ଜନ୍ମଗତ ଅଧିକାର ଯୋଗୁଁ ଗୁରୁ ଅଟନ୍ତି । ତଥାପି, ଲୋକମାନେ ଅଭିଷିକ୍ତ ଗୁରୁ ଏବଂ ତାଙ୍କ ସାନପୁଅଙ୍କ ଦର୍ଶନ ପାଇଁ ଓ୍ୱାଦାଲିରେ ଭିଡ଼ ଜମାଉଥିଲେ । କୁହାଯାଏ ଯେ, ପ୍ରୀତି ଚନ୍ଦ ଶିଶୁଟିଙ୍କୁ ବିଷ ଦେବା ପାଇଁ ଅନେକ ଚେଷ୍ଟା କରିଥିଲେ, କିନ୍ତୁ ଭଗବାନଙ୍କ କୃପା ଏବଂ ଗୁରୁଙ୍କ ସୁରକ୍ଷା ଆଶୀର୍ବାଦ ପିଲାଟିଙ୍କୁ ସମସ୍ତ କ୍ଷତିରୁ ରକ୍ଷା କରିଥିଲା । ପରିଶେଷରେ ଶିଖ୍ ମାନେ ଗୁରୁଙ୍କୁ ଅମୃତସର ଫେରି ଆସିବାକୁ ମନାଇବାରେ ସଫଳ ହୋଇଥିଲେ ।

ଯୁବ ହରଗୋବିନ୍ଦ ବର୍ତ୍ତମାନ ତାଙ୍କ ପିତାଙ୍କ ତତ୍ତ୍ୱାବଧାନରେ ତାଲିମ ପ୍ରାପ୍ତ ହେବାକୁ ଲାଗିଲେ, ସେହି ଦାୟିତ୍ୱ ପାଳନ ପାଇଁ ଯେଉଁ ଦାୟିତ୍ୱ ତାଙ୍କୁ ଦିନେ ମନୋନୀତ ଉତ୍ତରାଧିକାରୀ ଭାବରେ ଗ୍ରହଣ କରିବାକୁ ପଡ଼ିବ । ସେହି ଯୁବକ ଜଣକ କେବଳ ଭାଷା ଏବଂ ଧାର୍ମିକ ଦର୍ଶନ ଶାସ୍ତ୍ରରେ ତାଲିମ ପ୍ରାପ୍ତ ହୋଇ ନ ଥିଲେ ବରଂ ଘୋଡ଼ା ଚଢ଼ିବା, ଅସ୍ତ୍ରଶସ୍ତ୍ର ଚାଳନା, ଜ୍ୟୋତିର୍ବିଜ୍ଞାନ, ଚିକିତ୍ସା ଶାସ୍ତ୍ର, କୃଷି, ସାଧାରଣ ପ୍ରଶାସନ ଏବଂ ବିଜ୍ଞାନରେ ମଧ୍ୟ ଦକ୍ଷତା ହାସଲ କରିଥିଲେ । ସମ୍ମାନଜନକ ବାବା ବୁଦ୍ଧଙ୍କୁ ତାଙ୍କର ଧାର୍ମିକ ଶିକ୍ଷା ଦାୟିତ୍ୱରେ ରଖାଯାଇଥିଲାବେଳେ ଏକ ବିଶେଷଜ୍ଞ ଦଳଙ୍କୁ ସେମାନଙ୍କ ବିଶେଷଜ୍ଞତା କ୍ଷେତ୍ରରେ ନିର୍ଦ୍ଦେଶ ଦେବାପାଇଁ ନିୟୋଜିତ କରାଯାଇଥିଲା ।

ଗୁରୁ ଅର୍ଜନ ଦେବ ବହୁ ସଂଖ୍ୟକ ଶିଖ ମାନଙ୍କର, ଯେଉଁମାନେ ତାଙ୍କୁ ପ୍ରତିଦିନ ଦେଖା କରିବାକୁ ଆସୁଥିଲେ, ଆଧ୍ୟାତ୍ମିକ ଆବଶ୍ୟକତା ପୁରଣ କରିବାରେ ବ୍ୟସ୍ତ ଥିଲେ । ଯେହେତୁ ସେ ଜଣେ ମହାନ ବାଦ୍ୟଯନ୍ତ୍ର ବାଦକ ତଥା କଣ୍ଠଶିଳ୍ପୀ ଥିଲେ, ସେ ଦୈନିକ ହରମନ୍ଦିର ସାହିବଙ୍କ ଠାରେ ଭକ୍ତି ସଂଗୀତ ପରିବେଷଣ କରୁଥିଲେ ।

ଆଜି ଆମେ ଅମୃତସରର ସ୍ୱର୍ଣ୍ଣ ମନ୍ଦିରକୁ ଧାର୍ମିକ ସ୍ଥାପତ୍ୟର ଅନ୍ୟତମ ପ୍ରସିଦ୍ଧ ଉଦାହରଣ ଭାବରେ ଗ୍ରହଣ କରୁଛୁ, କିନ୍ତୁ ଏହା କେବଳ ଏହାର ବୈଭବତା, ସୁନ୍ଦରତା ଏବଂ ସ୍ଥାପତ୍ୟ କଳାପାଇଁ ନୁହେଁ ବରଂ ଏହା ଶିଖ୍ ମାନଙ୍କର ସେବା ଏବଂ ଭକ୍ତିଭାବ ଚରିତ୍ରର ପ୍ରତୀକ ଅଟେ । ଶିଖ୍ ଧର୍ମର ଏହି ସୁନ୍ଦର ପ୍ରତୀକଟିକୁ ନିର୍ମାଣ କରିବାକୁ ଗୁରୁ ଅର୍ଜନ ଦେବ ହିଁ ଦାୟିତ୍ୱ ଗ୍ରହଣ କରିଥିଲେ । ଏହାର ମୂଳଦୁଆ ଲାହୋରର ଜଣେ ଫକୀର, ସାଧୁ ମିଆଁ ମିର (ଖଲିଫା ଓମାରଙ୍କ ବଂଶଧର)ଙ୍କ ଦ୍ୱାରା ପକାଯାଇଥିଲା, ଯାହାଙ୍କୁ ଗୁରୁ ଏହି ନିର୍ଦ୍ଦିଷ୍ଟ ଉଦ୍ଦେଶ୍ୟରେ ନିମନ୍ତ୍ରଣ କରିଥିଲେ । ଏହି ନୂତନ ମନ୍ଦିର ଜିଲ୍ଲାର ସବୁଠାରୁ ଉଚ୍ଚ କୋଠା ହେବା ଉଚିତ ବୋଲି ଅନେକ ଶିଖ୍ ଇଚ୍ଛା ପ୍ରକାଶ କରିଥିଲେ କିନ୍ତୁ ଗୁରୁ ଅର୍ଜନ ଦେବଙ୍କର ଚିନ୍ତାଧାରା ଅନ୍ୟ ପ୍ରକାରର ଥିଲା । ସେ ତାଙ୍କ ଅନୁଗାମୀ ମାନଙ୍କୁ ମନେ ପକାଇ ଦେଇଥିଲେ ଯେ, ନମ୍ରତା ହେଉଛି ସର୍ବଶ୍ରେଷ୍ଠ ଗୁଣ ଏବଂ ନିର୍ଦ୍ଦେଶ ଦେଇଥିଲେ ଯେ, ମନ୍ଦିରକୁ ଯଥା ସମ୍ଭବ କମ୍ ଉଚ୍ଚତାରେ ନିର୍ମାଣ

କରିବାକୁ । ଅନ୍ୟ ଧର୍ମର ମନ୍ଦିରର ବିପରୀତ, ଏହାର ଚାରୋଟି ଦିଗରେ ଚାରୋଟି ପ୍ରବେଶ ପଥ ଅଛି, ଯେଉଁଠାରେ ଜାତି, ବର୍ଣ୍ଣ, ଧର୍ମ, ଦେଶ କିମ୍ବା ଲିଙ୍ଗ ନିର୍ବିଶେଷରେ ସମସ୍ତ ଲୋକଙ୍କୁ ସ୍ୱାଗତ କରାଯାଇଥାଏ । ଆପଣ ମନ୍ଦିରରେ କୌଣସି ପ୍ରତିମା କିମ୍ବା ଛବି ପାଇବେ ନାହିଁ ଏବଂ ସେଠାରେ କେବଳ ଈଶ୍ୱରଙ୍କ ପ୍ରଶଂସା ଗାନ କରିବାକୁ ଅନୁମତି ଦିଆଯାଇଛି । କବି ଜର୍ଜ ହର୍ବର୍ଟ ଲେଖିଛନ୍ତି ଯେ, "ଥରେ ତୁମର ପାଦ ଚର୍ଚ୍ଚରେ ପ୍ରବେଶ କଲା ପରେ ଭଗବାନ ସେଠାରେ ତୁମ ଅପେକ୍ଷା ଅଧିକ ଅଛନ୍ତି ।" ଏହିପରି ଭାବରେ ସ୍ୱର୍ଣ୍ଣ ମନ୍ଦିର, ହର ମନ୍ଦିର (ଭଗବାନଙ୍କ ବାସ ସ୍ଥାନ) ନାମରେ ପରିଚିତ ହୋଇଥିଲା ଯେଉଁଠାରେ ସମସ୍ତେ, ଯୁବକ ଏବଂ ବୃଦ୍ଧ, ଧନୀ ଏବଂ ଗରିବ, ପୁରୁଷ ଏବଂ ମହିଳା ଏକତ୍ରିତ ହୋଇ ବିଶ୍ୱାସ ଏବଂ ଶାନ୍ତିରେ ସେହି ଏକକ ଶକ୍ତିଙ୍କୁ ଉପାସନା କରନ୍ତି ।

ଯଦି ତରନ ତରନ ଏବଂ ଅମୃତସରରେ ମନ୍ଦିରର ନିର୍ମାଣ, ପ୍ରାର୍ଥନା ଏବଂ ଉପାସନା ପାଇଁ ତାଙ୍କର ଅବଦାନ ଥିଲା, ତେବେ ପବିତ୍ର ଗୁରୁ ଗ୍ରନ୍ଥ ସାହିବଙ୍କ ସଂକଳନ ତାଙ୍କର ସବୁଠାରୁ ମହତ ଆଧ୍ୟାତ୍ମିକ ସଫଳତା ଥିଲା । ସମୟ ଅତିବାହିତ ହେବା ସଙ୍ଗେ ସଙ୍ଗେ, ପ୍ରଥମ ଚାରି ଗୁରୁଙ୍କର ଭଜନ ଏବଂ ଶିକ୍ଷାକୁ ଅଜ୍ଞ ଅନୁଗାମୀ ଏବଂ ନକଲି ବ୍ୟକ୍ତି ମାନଙ୍କ ଦ୍ୱାରା ଯୋଗ କରାଯାଇଥିଲା ଏପରିକି ତାହାକୁ ବିକୃତ ମଧ୍ୟ କରାଯାଇଥିଲା । ଗୁରୁଙ୍କ ପାଖରେ ଖବର ପହଞ୍ଚି ଥିଲା ଯେ ପ୍ରିତୀ ଚାନ୍ଦ ପ୍ରକୃତରେ ନିଜ ରଚନାକୁ ମହାନ ଗୁରୁ ମାନଙ୍କ କାର୍ଯ୍ୟ ବୋଲି କହୁଥିଲେ ।

ହରମନ୍ଦିର ନିର୍ମାଣରେ, ପଞ୍ଚମ ଗୁରୁ ଶିଖ୍ ମାନଙ୍କୁ ପୂଜାପାଠ କରିବାର ଏକ ମୂଖ୍ୟ ସ୍ଥାନ ଦେଇ ପାରିଥିଲେ । ସେ ବର୍ତ୍ତମାନ ହୃଦୟଙ୍ଗମ କରିଥିଲେ ଯେ ଗୁରୁ ମାନଙ୍କର ବାଣୀର ଏକ ପ୍ରାମାଣିକ ସଂକଳନ ମଧ୍ୟ ଆବଶ୍ୟକ । ଏହି ଦୁଷ୍ପ୍ରାପ୍ୟ ମୌଳିକ ରତ୍ନ ରୁପି ଧର୍ମର ପ୍ରତିଷ୍ଠାତା ମାନଙ୍କର ଶିକ୍ଷାକୁ ସଂରକ୍ଷଣ କରିବା ପାଇଁ ସେ ଦୃଢ଼ ସଂକଳ୍ପବଦ୍ଧ ହୋଇଥିଲେ ଏବଂ ଗୁରୁ ଅର୍ଜନ ଦେବ ନିଜେ ସେମାନଙ୍କର ସମସ୍ତ ପବିତ୍ର ଶିକ୍ଷା ଏବଂ ବାଣୀକୁ ଗୋଟିଏ ପୁସ୍ତକରେ କ୍ରମାନୁସାରେ ବ୍ୟବସ୍ଥିତ ଭାବରେ ସଂକଳନ କରିବାର ଦାୟିତ୍ୱ ଗ୍ରହଣ କରିଥିଲେ । ଏହି କଠିନ କାର୍ଯ୍ୟରେ ଗୁରୁ ଅର୍ଜନ ଦେବ ପୂର୍ବ ଗୁରୁ ମାନଙ୍କ ପରିବାରକୁ ଦେଖା କରିବାକୁ ଗୋଇନ୍ଦୱାଲ, ଖାଦୁର ଏବଂ କର୍‌ତାରପୁର ଯାତ୍ରା କରିଥିଲେ । ସେ ମୋହନ (ଗୁରୁ ଅମର ଦାସଙ୍କ ପୁତ୍ର), ଦତୁ (ଗୁରୁ ଅଙ୍ଗଦଙ୍କ ପୁତ୍ର) ଏବଂ ଶ୍ରୀ ଚାନ୍ଦ (ଗୁରୁ ନାନକଙ୍କ ପୁତ୍ର)ଙ୍କ ଠାରୁ ମୂଳ ପାଣ୍ଡୁଲିପି ସଂଗ୍ରହ କରିଥିଲେ । ହରମନ୍ଦିର ସାହିବଙ୍କ ପାଖକୁ ଆସୁଥିବା ବହୁ ସଂଖ୍ୟକ ତୀର୍ଥଯାତ୍ରୀ ମାନଙ୍କର ଆଧ୍ୟାତ୍ମିକ ଆବଶ୍ୟକତାର ଦାୟିତ୍ୱ ନେବାକୁ ବାବା ବୁଦ୍ଧଙ୍କୁ ଅନୁରୋଧ କରି

ଗୁରୁ ଅର୍ଜନ ଦେବ ବର୍ତ୍ତମାନ ରାମସର ପୋଖରୀ ପାଖରେ ଏକ ତମ୍ବୁ ପକାଇ ପବିତ୍ର ଗୁରୁ ଗ୍ରନ୍ଥ ସାହିବର ପ୍ରଥମ ସଂସ୍କରଣର ସଂକଳନ କରିବାର କଠିନ କାର୍ଯ୍ୟରେ ନିଜକୁ ସମର୍ପିତ କରିଥିଲେ । ଏହି କାର୍ଯ୍ୟରେ, ତାଙ୍କୁ ଭାଇ ଗୁରୁଦାସ ସଠିକ୍ ସାହାଯ୍ୟ କରିଥିଲେ, ଯିଏକି ପ୍ରଧାନ ଗ୍ରନ୍ଥ (Master copy) ପାଇଁ ତାଙ୍କର ଲେଖକ ଭାବରେ କାର୍ଯ୍ୟ କରିଥିଲେ । ନିଜେ ଗୁରୁଙ୍କ ଦ୍ୱାରା ଶାସ୍ତ୍ରଗୁଡ଼ିକର ଏହି ପ୍ରମାଣିକରଣ ସବୁଦିନ ପାଇଁ ଏହାର ଏକ ପୃଥକ ପରିଚୟ ଏବଂ ଶୁଦ୍ଧତାକୁ ନିଶ୍ଚିତ କରିଦେଇଥିଲା । ଏହି ମହାନ ଶାସ୍ତ୍ର କେବଳ ତାଙ୍କ ପୂର୍ବପୁରୁଷମାନଙ୍କର ପବିତ୍ର ପଥକୁ ସଂରକ୍ଷିତ ଓ ସୁରକ୍ଷା ଦେଇନାହିଁ, ବରଂ ସଂପ୍ରଦାୟ ଉପରେ ଏକ ଚିରନ୍ତନ ମାର୍ଗ ଦର୍ଶକ ଆଲୋକ ପ୍ରଦାନ କରିଥିଲା ଯାହା ଏକ ଆଧ୍ୟାତ୍ମିକ ଘଟଣା, ଧର୍ମର ସମସ୍ତ ଅନୁଗାମୀ ମାନଙ୍କ ପାଇଁ ମାର୍ଗ ଦର୍ଶକ ଜ୍ୟୋତି ଅଟେ ।

ଉଲ୍ଲେଖନୀୟ ବିଷୟ ହେଉଛି ଯେ, ଗୁରୁ ଅର୍ଜନ ଦେବ ଆଦି ଗ୍ରନ୍ଥରେ, ଉଭୟ ହିନ୍ଦୁ ଏବଂ ମୁସଲିମ ସାଧୁଙ୍କ ରଚନା ଅନ୍ତର୍ଭୁକ୍ତ କରିଥିଲେ ଯାହା ସେ ଶିଖ୍ ଧର୍ମ ଏବଂ ଗୁରୁଙ୍କ ଶିକ୍ଷା ସହିତ ସମାନ ବୋଲି ବିବେଚନା କରିଥିଲେ । ଏହିପରି ଆମ ପାଖରେ ଶେଖ୍ ଫରିଦ ଏବଂ ଭଗତ କବୀର, ଭଗତ ରବିଦାସ, ନାମଦେବ, ରାମାନନ୍ଦ, ଜୟ ଦେବ, ତ୍ରିଲୋଚନ, ବେଣି, ପିପା ଏବଂ ସୁରଦାସଙ୍କ ପରି ମହାପୁରୁଷଙ୍କର ବାଣୀ ଅଛି ଯେଉଁମାନେ ବିଭିନ୍ନ ସମୟର, ବିଶ୍ୱାସର, ସମ୍ପ୍ରଦାୟର ଏବଂ ଜାତିର ଅଟନ୍ତି ଏବଂ ମୂର୍ଖ ମାନଙ୍କ ଦ୍ୱାରା 'ଉଚ୍ଚ' ଏବଂ 'ନୀଚ' ଭାବରେ ବିବେଚିତ ହେଉଥିଲେ ।

ଯେତେବେଳେ ସଂକଳନର ଏହି ଚିରସ୍ମରଣୀୟ କାର୍ଯ୍ୟ ସଂଫଳତାର ସହିତ ସମାପ୍ତ ହୋଇଥିଲା, "ପୋଟି ସାହିବ" (ସେତେବେଳେ ଆଦି ଗ୍ରନ୍ଥଙ୍କୁ କୁହାଯାଉଥିଲା) ଅଗଷ୍ଟ ୧୬୦୪ ମସିହାରେ ହରମନ୍ଦିର ସାହିବଙ୍କ ଏକ ପବିତ୍ର ସ୍ଥାନ ମଧ୍ୟରେ ଉଚ୍ଚା ପୀଠ ଉପରେ ସ୍ଥାପନ କରାଯାଇଥିଲା । ବାବା ବୁଦ୍ଧଙ୍କୁ ପୁସ୍ତକର ପ୍ରଥମ ଗ୍ରନ୍ଥି (ରକ୍ଷକ) ଭାବରେ ନିଯୁକ୍ତି କରାଯାଇଥିଲା ।

ଗୁରୁଙ୍କ ପାଇଁ ସବୁବେଳେ ଅଧିକ ଅସୁବିଧା ସୃଷ୍ଟି କରିବାକୁ ପ୍ରସ୍ତୁତ ଥିବା ପ୍ରିତୀ ଚନ୍ଦ ଏବଂ ତାଙ୍କ ସହଯୋଗୀ ମାନେ ସମ୍ରାଟ ଆକବରଙ୍କ ନିକଟରେ ଅଭିଯୋଗ କରିଥିଲେ ଯେ, ଗୁରୁ ଏକ ପୁସ୍ତକ ପ୍ରସ୍ତୁତ କରିଛନ୍ତି ଯାହା ଉଭୟ ମୁସଲମାନ ଏବଂ ହିନ୍ଦୁଙ୍କ ପ୍ରତି ଅପମାନଜନକ । ଆକବର ଗୁରୁଙ୍କୁ ଗୁରୁ ଗ୍ରନ୍ଥ ସାହିବଙ୍କ ସହିତ ତାଙ୍କ ସମ୍ମୁଖକୁ ଆଣିବାକୁ ଆଦେଶ ଦେଇଥିଲେ । ଗୁରୁ ଅର୍ଜନ ଦେବ ପବିତ୍ର ଗ୍ରନ୍ଥର ଏକ ନକଲ ସହିତ ସମ୍ମାନିତ ବାବା ବୁଦ୍ଧ ଏବଂ ଭାଇ ଗୁରୁଦାସଙ୍କୁ ମୋଗଲ ଦରବାରକୁ ପଠାଇଥିଲେ । କୁହାଯାଏ ଯେ ଆକବର ପବିତ୍ର ପୁସ୍ତକଟିକୁ ଖୋଲିବାକୁ ଏବଂ

ମନଇଚ୍ଛା ଯେକୌଣସି ପୃଷ୍ଠାରୁ ପଢ଼ିବାକୁ ନିର୍ଦ୍ଦେଶ ଦେଇଥିଲେ । ଭାଇ ଗୁରୁଦାସଙ୍କ ଦ୍ୱାରା ପଢ଼ା ଯାଇଥିବା ପ୍ରଥମ ଭଜନଟି ନିମ୍ନଲିଖିତ ପ୍ରକାରେ ଥିଲା ।

ମୋର ଭଗବାନ ତାଙ୍କର ଆଲୋକକୁ ଧୂଳିରେ ନିକ୍ଷେପ କରିଥିଲେ । ଏବଂ ଏହିପରି ଏହି ପୃଥିବୀର ସୃଷ୍ଟି ହୋଇଥିଲା । ସେ ହିଁ ଆକାଶ, ପୃଥିବୀ, ଜଳ ଏବଂ ସମସ୍ତ ଉଭିଦ ଜଗତକୁ ସୃଷ୍ଟି କରିଛନ୍ତି। ହେ ମଣିଷ ! ଜଣେ ଯାହା ଦେଖେ, ତାହା ଚାଲିଯାଇଥାଏ । କିନ୍ତୁ ଏ ଜଗତ ଅନ୍ୟର ପ୍ରାପ୍ୟକୁ ଆତ୍ମସାତ କରିଥାଏ ଏବଂ ଭଗବାନଙ୍କୁ ଭୁଲିଯାଇଥାଏ । ଏହା ପ୍ରାଣୀ ମାନଙ୍କର ଜଗତ, ନା, ଏହା ଭୁତ ଏବଂ ପ୍ରେତଙ୍କର ଜଗତ । ଏହା ନିଷିଦ୍ଧ ଫଳ ଖାଇଥାଏ ଏବଂ ଅନ୍ୟମାନଙ୍କର ଦ୍ରବ୍ୟକୁ ଆତ୍ମସାତ କରିଥାଏ । ହେ ମାନବ ! ମୋର ମନ ଧରି ରଖ, ନଚେତ୍ ଈଶ୍ୱର ତୁମକୁ ନର୍କର ଅଗ୍ନିରେ ଜାଳି ଦେବେ । ଯେତେବେଳେ ତୁମେ ମୃତ୍ୟୁର ଦୂତ ଦ୍ୱାରା କବଳିତ ହେବ ସେତେବେଳେ ତୁମର ଉପକାରୀ ମାନେ, ତୁମର ଭାଇ ମାନେ, ତୁମର ପରିବାର ଏବଂ ରାଜ୍ୟ ଏବଂ ତୁମର ଘରଗୁଡ଼ିକର ତୁମ ପାଇଁ କୌଣସି ମୂଲ୍ୟ ରହିବ ନାହିଁ । ମୋର ପ୍ରଭୁ, ଶୁଦ୍ଧ ମାନଙ୍କ ମଧ୍ୟରୁ ଶୁଦ୍ଧଶ୍ରେଷ୍ଠ, ତୁମ ଭିତରେ ଥିବା ସମସ୍ତ ବିଷୟ ଜାଣନ୍ତି । ନାନକ : ଆପଣ ତାଙ୍କ ସାଧୁ ମାନଙ୍କୁ ପ୍ରାର୍ଥନା କରନ୍ତୁ ଯେ, ସେମାନେ ଆପଣଙ୍କୁ ସତ୍ୟର ପଥରେ ଆଗେଇ ନିଅନ୍ତୁ ।

ଆକବର ଏହି ଭଜନରେ ଅତ୍ୟନ୍ତ ପ୍ରଭାବିତ ହୋଇଥିଲେ, କାରଣ ସେ ସର୍ବଦା ଶିଖ୍ ଗୁରୁ ମାନଙ୍କୁ ସାମାଜିକ ସଂସ୍କାରକ ଭାବରେ ଦେଖୁଥିଲେ, ଯେଉଁମାନେ ଈଶ୍ୱରଙ୍କ ଏକତା ଏବଂ ମନୁଷ୍ୟର ଭାଇଚାରା ଉପରେ ବିଶ୍ୱାସ କରୁଥିଲେ । ସେ କହିଥିଲେ ଯେ, "ଭଗବାନଙ୍କ ପ୍ରତି ପ୍ରେମ ଏବଂ ଭକ୍ତି ବ୍ୟତୀତ, ମୁଁ ଏ ପର୍ଯ୍ୟନ୍ତ ଗ୍ରନ୍ଥରେ କାହାକୁ ପ୍ରଶଂସା କିମ୍ବା ନିନ୍ଦା କରାଯିବାର ଦେଖି ପାରିନାହିଁ । ଏହି ଗ୍ରନ୍ଥ ସମ୍ମାନର ଯୋଗ୍ୟ ଅଟେ ।"

ମୁଁ ନିଶ୍ଚୟ ଅନ୍ୟ ଏକ ମହାନ କାର୍ଯ୍ୟ ବିଷୟରେ ଉଲ୍ଲେଖ କରିବି, ଏକ ପବିତ୍ର ଶାସ୍ତ୍ର ଯାହା ଗୁରୁଦେବ ସାଧୁ ଭାସୱାନୀଙ୍କର ଅନ୍ତରର ସହ ଅତ୍ୟନ୍ତ ପ୍ରିୟ ଥିଲା ଏବଂ ତେଣୁକରି ଏହି ସଂଗଠନ, ଯାହାକି ତାଙ୍କର ନାମ ବହନ କରିଛିର ସମସ୍ତ ସଦସ୍ୟଙ୍କର ମଧ୍ୟ ପ୍ରିୟ । ଅବଶ୍ୟ ମୁଁ ସୁଖ୍ମନୀ ସାହିବ, ପଞ୍ଚମ ଗୁରୁଙ୍କ ନିଜସ୍ୱ ରଚନାକୁ ସୁଚିତ କରୁଛି, ଯାହା ଆମ ସତ୍‌ସଙ୍ଗରେ ପ୍ରତିଦିନ ଭକ୍ତି ଏବଂ ଉତ୍ସାହର ସହ ଗାନ କରାଯାଇଥାଏ । ସୁଖମନୀ ଶବ୍ଦର ଓଡ଼ିଆ ଅନୁବାଦ "ମନର ସାନ୍ତ୍ୱନାକାରୀ ବା ସୁଖ ପ୍ରଦାନକାରୀ" ହୋଇପାରେ । ସମଗ୍ର କାର୍ଯ୍ୟକୁ ଓଡ଼ିଆରେ "ଶାନ୍ତିର ଅଳଙ୍କାର", ଶାନ୍ତିର ଭକ୍ତିସଙ୍ଗୀତ ଏବଂ "ଶାନ୍ତିର ସଂଗୀତ" ନାମରେ ଅନୁବାଦ କରାଯାଇଛି ଯାହା

ପାଠକ ମାନଙ୍କ ମନରେ ଶାନ୍ତି ଏବଂ ଶାନ୍ତ୍ୱନାର ପ୍ରଭାବକୁ ସୁଚିତ କରିଥାଏ । ସୁଖର ଆକ୍ଷରିକ ଅର୍ଥ ହେଉଛି ଶାନ୍ତି ବା ଆରାମ ଏବଂ ମନିର ଅର୍ଥ ମନ ବା ହୃଦୟ । ଗୁରୁମୁଖୀରେ ମଣିର ଅର୍ଥ ଅଳଙ୍କାର, ରତ୍ନ କିମ୍ବା ମୂଲ୍ୟବାନ ପଥର ହୋଇପାରେ । ଏହି ଆଧ୍ୟାତ୍ମିକ ଭଣ୍ଡାରରେ ଅଗଣିତ ରତ୍ନ, ମୋତି ଏବଂ ହୀରା ମିଳିପାରିବ । ମୋତେ କେବଳ ଗୋଟିଏ ଗୌରବମୟ ଚିନ୍ତାଧାରାର ଅଳଙ୍କାର ଦର୍ଶାଇବାକୁ ଦିଅନ୍ତୁ :

ଧ୍ୟାନ, ଧ୍ୟାନ, ଧ୍ୟାନ ଏବଂ ଶାନ୍ତି ପ୍ରାପ୍ତ ହୋଇଥାଏ
ଚିନ୍ତା ଏବଂ ଯନ୍ତ୍ରଣା ଶରୀରରୁ ବାହାରି ଯାଇଥାଏ
ଭଗବାନଙ୍କୁ ମନେ ପକାଅ, ହେବନାହିଁ ପୂର୍ନଜନ୍ମ ତୁମର
ଭଗବାନଙ୍କୁ ମନେ ପକାଅ, ହୋଇଯିବ ମୃତ୍ୟୁ ଭୟର ଦୂର
ଭଗବାନଙ୍କୁ ମନେ ପକାଅ, ଦୂର ହୋଇଯାଏ ମଧ୍ୟ ମୃତ୍ୟୁ
ଭଗବାନଙ୍କୁ ମନେ ପକାଅ, ପଛକୁ ହଟି ଯାନ୍ତି ତୁମର ଶତ୍ରୁ
ଭଗବାନଙ୍କୁ ମନେ ପକାଅ, କୌଣସି ପ୍ରତିବନ୍ଧକ ଆସେନାହିଁ ଆଗକୁ
ଭଗବାନଙ୍କୁ ମନେ ପକାଅ, ରାତି ଏବଂ ଦିନ ତୁମେ ସମ୍ପୂର୍ଣ୍ଣ ଜାଗ୍ରତ
ଭଗବାନଙ୍କୁ ମନେ ପକାଅ, ଭୟ ତୁମକୁ ସ୍ପର୍ଶ କରିପାରିବ ନାହିଁ
ଭଗବାନଙ୍କୁ ମନେ ପକାଅ, ତୁମେ ଦୁଃଖରେ କଷ୍ଟ ପାଇବ ନାହିଁ
ସାଧୁ ମାନଙ୍କ ସହିତ ଭଗବାନଙ୍କୁ ସ୍ମରଣ କରିବା, ହେ ନାନକ !
ସମସ୍ତ ଧନ ପ୍ରଭୁଙ୍କ ଆଶୀର୍ବାଦର ଫଳ ।

ତାଙ୍କ ପିତା, ଚତୁର୍ଥ ଗୁରୁ, ମାସାଣ୍ଡଙ୍କ ପ୍ରତିଷ୍ଠାନ ପ୍ରବର୍ତ୍ତନ କରିଥିଲେ ଯେଉଁମାନେ ଦୂରଦୂରାନ୍ତରେ ଗୁରୁମାନଙ୍କର ପ୍ରତିନିଧି ଭାବରେ କାର୍ଯ୍ୟ କରୁଥିଲେ । ସେ ମଧ୍ୟ "ଦଶବନ୍ଦ" ବିତ୍ତର ଧାରାର ଅୟ ଆରମ୍ଭ କରିଥିଲେ । ଦଶବନ୍ଦର ଅର୍ଥ ଏକ ଦଶମାଂଶ । ତାର ମାନେ ଜଣେ ବ୍ୟକ୍ତି ତାଙ୍କ ଆୟର ଏକ ଦଶମାଂଶ ଗୁରୁଙ୍କ ଲଙ୍ଗର ପାଇଁ ତଥା ଅଭାବୀ ଲୋକମାନଙ୍କର ସେବା ପାଇଁ ଦାନ କରିବେ । ତାହା ଗୁରୁ ଅର୍ଜନ ଦେବଙ୍କ ଦ୍ୱାରା ଅଧିକ ଶକ୍ତିଶାଳୀ ହୋଇପାରିଥିଲା ।

ଗୁରୁ ଅର୍ଜନ ଦେବଙ୍କ ସମୟରେ, ଦୁଇଜଣ ବୃତ୍ତିଗତ ଗାୟକ, ସତ୍ତା ଏବଂ ବଲୱନ୍ତ, ଗୁରୁଙ୍କ ଦରବାରରେ କୀର୍ତ୍ତନର ନେତୃତ୍ୱ ନେଉଥିଲେ । ସେମାନଙ୍କ ଗାଇବାର ପ୍ରବଳ ପ୍ରଶଂସା ସେମାନଙ୍କ ମୁଣ୍ଡକୁ ଉଠିଯାଇଥିଲା ଏବଂ ସେମାନେ ବିଶ୍ୱାସ କରିବାକୁ ଲାଗିଲେ ଯେ, ଲୋକମାନେ କେବଳ ସେମାନଙ୍କର ଗୀତ ଶୁଣିବା ପାଇଁ ଦରବାରକୁ ଆସୁଥିଲେ ଏବଂ ଗୁରୁଙ୍କର ଲୋକପ୍ରିୟତା ପାଇଁ କେବଳ ସେହିମାନେହିଁ ସେମାନଙ୍କର ଉତ୍କର୍ଷ ବାଦ୍ୟ ଏବଂ ସଂଗୀତ ଦ୍ୱାରା ପ୍ରକୃତରେ ଦାୟୀ ଥିଲେ । ସଂଗୀତ ପ୍ରତି ତାଙ୍କର

ଭଲପାଇବା ଏବଂ ସଂଗୀତର 'ରାଗ'ରେ ପାରଦର୍ଶିତା ସହିତ ଗୁରୁ ଅର୍ଜନ ଦେବ ମଣ୍ଡଳୀର ସମସ୍ତ ସଦସ୍ୟଙ୍କ ଦ୍ୱାରା ସମୂହ ଗୀତ ଗାଇବାର ପରମ୍ପରାକୁ ଉପସ୍ଥାପନ କରିଥିଲେ, ଯାହାଦ୍ୱାରା ମୂଖ୍ୟ ଗାୟକ ମାନେ ଅହଂକାର ଠାରୁ ଦୂରେଇ ରହିପାରିଥିଲେ ।

ଶେଷ ଦିନଗୁଡ଼ିକ ଏବଂ ବଳିଦାନ - (Last days and Martyrdom)

କୁହାଯାଏ ଯେ, ୧୫୯୮ ମସିହାରେ ଯେତେବେଳେ ପଞ୍ଜାବରେ ଦୁର୍ଭିକ୍ଷ ଦେଖାଦେଇଥିଲା ସେତେବେଳେ ଗୁରୁ ସ୍ଥାନୀୟ କୃଷକ ମାନଙ୍କ ତରଫରୁ ସମ୍ରାଟ ଆକବରଙ୍କ ସହ ଜମି ରାଜସ୍ୱର ଅତିରିକ୍ତ ଶୁଳ୍କ ହ୍ରାସ କରିବା ପାଇଁ ମଧ୍ୟସ୍ଥିର ଭୂମିକା ନିର୍ବାହ କରିଥିଲେ । ଗୁରୁଙ୍କ ଦ୍ୱାରା ନିଆଯାଇଥିବା ଏହି ପଦକ୍ଷେପ ତାଙ୍କୁ ଏକ ନୂତନ ମାନ୍ୟତା ଦେଇଥିଲା ଏବଂ ସେ ଶିଖ୍ ମାନଙ୍କ ଦ୍ୱାରା ସଚ୍ଚା ପାଟସାହ (ପ୍ରକୃତ ସମ୍ରାଟ) ନାମରେ ଡକା ହେବାକୁ ଲାଗିଥିଲେ । ଲୋକମାନେ ବିଶ୍ୱାସ କରିଥିଲେ ଯେ ଗୁରୁ ଉଭୟ ସାଂସାରିକ ତଥା ଆଧ୍ୟାତ୍ମିକ କ୍ଷେତ୍ରରେ ସେମାନଙ୍କ ଜୀବନରେ ମାର୍ଗଦର୍ଶନ, ଶାସନ ଏବଂ ପ୍ରଭାବିତ କରିବା ପାଇଁ ଆସିଛନ୍ତି । ଐତିହାସିକ ମାନେ ବିଶ୍ୱାସକରନ୍ତି ଯେ ଏହା ଏକ ଗୁରୁତ୍ୱପୂର୍ଣ୍ଣ ବିକାଶ ଥିଲା କାରଣ ବର୍ତ୍ତମାନର ଶିଖ୍ ସମ୍ପ୍ରଦାୟ ଏକ ସାଂସାରିକ ରାଜ୍ୟ ମଧ୍ୟରେ ଧର୍ମର ଏକ 'ରାଜ୍ୟ' ହୋଇ ପାରିଥିଲା ।

ଐତିହାସିକ ମାନେ ଦର୍ଶାଇଛନ୍ତି ଯେ, ଶାସନରେ ଥିବା କୌଣସି ପ୍ରଶାସନ କେବେହେଲେ କୌଣସି ଧାର୍ମିକ ଆନ୍ଦୋଳନକୁ ଧ୍ୟାନ ଦିଅନ୍ତି ନାହିଁ, ଯେ ପର୍ଯ୍ୟନ୍ତ ତାହାର ରାଜନୈତିକ ଏବଂ ସାମାଜିକ ସାମର୍ଥ୍ୟ ନ ଥାଏ । ଏହିପରି ମୋଗଲ ସମ୍ରାଟ ମାନଙ୍କ ମଧ୍ୟରୁ ସବୁଠାରୁ କୋଠର ସମ୍ରାଟ ମଧ୍ୟ ଭକ୍ତି ଆନ୍ଦୋଳନର କୌଣସି ସାଧୁଙ୍କ ବିଷୟରେ କେବେହେଲେ ଚିନ୍ତା କରି ନଥିଲେ । କିନ୍ତୁ, ଶିଖ୍ ଆନ୍ଦୋଳନ ପରିଷ୍କାର ଭାବରେ ଏକ ସାମାଜିକ ରାଜନୈତିକ ସଂସ୍ଥା ଭାବରେ ବୃଦ୍ଧି ପାଉଥିଲା ଯାହା ଏକ ଧାର୍ମିକ ଏବଂ ନୈତିକ ଉତ୍ସାହ ଦ୍ୱାରା ଗତି ପ୍ରାପ୍ତ ହୋଇଥିଲା । ଏହାର ଶୃଙ୍ଖଳିତ ଏବଂ ବିଶ୍ୱସ୍ତ ବ୍ୟକ୍ତିମାନେ ଏକ ଐଶରୀୟ ରହସ୍ୟ ଦ୍ୱାରା ପରିଚାଳିତ ହେଉଥିଲେ । ଏହି ସାମାଜିକ- ରାଜନୈତିକ ଅଭିବୃଦ୍ଧି ହିଁ ଏକ ସମ୍ଭାବ୍ୟ ବିପଦ ଏବଂ ମୋଗଲ ସାମ୍ରାଜ୍ୟ ପାଇଁ ସିଧାସଳଖ ଆହ୍ୱାନ ଭାବରେ ବିବେଚନା କରାଯାଇଥିଲା ।

କୁହାଯାଏ ଯେ, ସମ୍ରାଟ ଆକବରଙ୍କ ଦରବାରରେ ମିଆଁ ମିରଙ୍କର ବହୁତ ସମ୍ମାନ ଥିଲା । ତାଙ୍କର ଉତ୍ତମ ପ୍ରଭାବରେ ଗୁରୁଙ୍କ ବିରୋଧରେ ଆକବରଙ୍କର ଦରବାରକୁ ଅଣା ଯାଇଥିବା ଅନେକ ଭିତ୍ତିହୀନ ଅଭିଯୋଗକୁ ଅଣଦେଖା କରାଯାଇଥିଲା । ପ୍ରକୃତ କଥା ହେଲା ଯେ ଶିଖ୍ ଧର୍ମ ସାଧାରଣ ଜନତାଙ୍କ ମଧ୍ୟରେ ଲୋକପ୍ରିୟତା ଏବଂ

ଗ୍ରହଣୀୟତା ବୃଦ୍ଧି ପାଇଥିଲା । ହିନ୍ଦୁ ଏବଂ ମୁସଲମାନ ମାନେ ତାଙ୍କ ଶବ୍ଦର ମଧୁର ଏବଂ ଅମୃତମୟ ବାଣୀ ପାନ କରିବା ପାଇଁ ଏବଂ ଧର୍ମକୁ ଶ୍ରଦ୍ଧାଞ୍ଜଳି ଦେବାପାଇଁ ଗୁରୁଙ୍କ ଦରବାରକୁ ବହୁ ସଂଖ୍ୟାରେ ଆସୁଥିଲେ । ଏହା ଧର୍ମାନ୍ଧ ମୁସଲିମ ଧର୍ମଗୁରୁ ମାନଙ୍କୁ କ୍ରୋଧିତ କରିଥିଲା କାରଣ ଗୁରୁଙ୍କର ବଢୁଥିବା ଲୋକପ୍ରିୟତା ହିଁ ତାଙ୍କ ପ୍ରତି ସେମାନଙ୍କର ଘୃଣାଭାବ ବଢ଼ାଇ ଦେଇଥିଲା ।

କିନ୍ତୁ ଆକବରଙ୍କ ମୃତ୍ୟୁ ପରେ ଚରମପନ୍ଥୀ ଧର୍ମାନ୍ଧ ଲୋକମାନେ ଜାହାଙ୍ଗୀରଙ୍କ ଉପରେ ସେମାନଙ୍କର ପ୍ରଭାବ ବିସ୍ତାର କରିଥିଲେ ଏବଂ ଆକବରଙ୍କ ନାତି, ଶାନ୍ତ, ଉଦାରବାଦୀ ମନୋବୃତ୍ତିର ଖୁସ୍ରୋଙ୍କୁ ବାହାର କରି ଦେଇଥିଲେ, ଯିଏକି ଦରବାରରେ ସର୍ବଦା ସଂଯମ ଏବଂ ସହନଶୀଳତାର ସ୍ୱର ଥିଲେ । କୁହାଯାଏ ଯେ ଖୁସ୍ରୋ ଅମୃତସରକୁ ଗୁରୁ ଅର୍ଜନ ଦେବଙ୍କର ଆଶୀର୍ବାଦ ନେବା ପାଇଁ ଯାଇଥିଲେ, ଯେହେତୁ ସେ ଧର୍ମାନ୍ଧ ମାନଙ୍କ ହାତରେ ଜୀବନ ହରାଇବା ଭୟରେ ପଞ୍ଜାବ ଦେଇ ପଳାୟନ କରୁଥିଲେ । ରାଜକୁମାର ଖୁସ୍ରୋଙ୍କୁ ଦିଆଯାଇଥିବା ଗୁରୁଙ୍କ ଆଶୀର୍ବାଦକୁ ଦର୍ଶାଇ କଟ୍ଟରପନ୍ଥୀ ମାନେ ନୂତନ ସମ୍ରାଟଙ୍କୁ ଗୁରୁ ଅର୍ଜନ ଦେବଙ୍କ ବିରୁଦ୍ଧରେ ପ୍ରବର୍ତ୍ତାଇ ଥିଲେ । ଦୁଃଖର ବିଷୟ, ପରେ ଖୁସ୍ରୋଙ୍କୁ ଧରଯାଇଥିଲା ଏବଂ ଦଣ୍ଡ ସ୍ୱରୂପ ତାଙ୍କୁ ଅନ୍ଧ କରି ଦିଆଯାଇଥିଲା : ଜାହାଙ୍ଗୀରଙ୍କ ଜୀବନୀ, ତାଜୁବ୍-ଇ-ଜାହାଙ୍ଗୀର (ଜାହାଙ୍ଗୀରଙ୍କ ସ୍ମୃତି)ରେ ଲିପିବଦ୍ଧ ରହିଛି:

"ଅର୍ଜନ ନାମକ ଏକ ହିନ୍ଦୁ ଗୋଇନ୍ଦୱାଲରେ ରହୁଥିଲେ.... ସରଳ ଚିତ୍ତ ହିନ୍ଦୁ ଏବଂ ଅଜ୍ଞ ଓ ମୂର୍ଖ ମୁସଲମାନ ମାନେ ତାଙ୍କର ଧର୍ମ ଗ୍ରହଣ କରିବାକୁ ପ୍ରବର୍ତ୍ତିତ ହୋଇଥିଲେ... ଏହି ବ୍ୟବସାୟ ଗତ ତିନି ପିଢ଼ି ଧରି ବଢ଼ି ଚାଲିଥିଲା । ଦୀର୍ଘଦିନ ଧରି ଏହି କାର୍ଯ୍ୟକୁ ବନ୍ଦ କରିବା କିମ୍ବା ତାଙ୍କୁ ଇସଲାମ ଧର୍ମର ପରିଧିକୁ ଆଣିବା ମୋ ମନରେ ଥିଲା ।"

ଗୁରୁ ଅର୍ଜନ ଦେବଙ୍କୁ ଲାହୋର ବିଚାରାଳୟକୁ ତଲବ କରାଯାଇଥିଲା ଏବଂ ରାଜକୁମାର ଖୁସ୍ରୋଙ୍କୁ ଅଭ୍ୟର୍ଥନା କରିଥିବା ଯୋଗୁଁ ଦେଶଦ୍ରୋହ ଅଭିଯୋଗ ହୋଇଥିଲା । ଯେତେବେଳେ ସେ ଅଦାଲତର ଡାକରା (Summon) ଗ୍ରହଣ କରିଥିଲେ, ଗୁରୁ ଜାଣିଥିଲେ ଯେ ତାଙ୍କୁ ସବୁଠାରୁ ଖରାପ ସ୍ଥିତିର ସାମନା କରିବାକୁ ପଡ଼ିବ । ସେ ତାଙ୍କ ଅନୁଗାମୀ ମାନଙ୍କୁ କହିଥିଲେ ଯେ ତାଙ୍କ ପୁଅ ହରଗୋବିନ୍ଦଙ୍କୁ ପରବର୍ତ୍ତୀ ଗୁରୁ ଭାବରେ ସ୍ଥାପନ କରାଯିବା ଉଚିତ । ବିଶିଷ୍ଟ ଶିଖ୍ ମାନେ ଗୁରୁଙ୍କ ଦରବାରରେ ଏକତ୍ରିତ ହୋଇଥିଲେ ଏବଂ ସମ୍ମାନିତ ବାବା ବୁଦ୍ଧ ହରଗୋବିନ୍ଦଙ୍କ କପାଳରେ ଗେରୁଆ ଚିହ୍ନ ଲଗାଇ କରି ତାଙ୍କୁ ଗୁରୁ ହରଗୋବିନ୍ଦ ଭାବରେ ଅଭିଷେକ କରିଥିଲେ । ଏହି କାର୍ଯ୍ୟ ସମ୍ପୂର୍ଣ୍ଣ ହେଲା ପରେ, ଗୁରୁ ଅର୍ଜନ ଦେବ କିଛି ବିଶ୍ୱସ୍ତ ଅନୁଗାମୀଙ୍କ ସହ ଲାହୋର ଯାତ୍ରା କରିଥିଲେ ।

ତାଙ୍କ ଉପରେ ମୃତ୍ୟୁଦଣ୍ଡ ଲାଗୁ କରିବା ଜାହାଙ୍ଗୀରଙ୍କର ଇଚ୍ଛା ଥିଲା, କିନ୍ତୁ ମିଆଁ ମିରଙ୍କ ହସ୍ତକ୍ଷେପ ଏହି ଅନ୍ୟାୟକୁ ପ୍ରଥମେ ରୋକି ଦେଇଥିଲା । ଗୁରୁଙ୍କୁ ଦୁଇ ଲକ୍ଷ ଜୋରିମାନା ଦେବାକୁ ନିର୍ଦ୍ଦେଶ ଦିଆଯାଇଥିଲା ଏବଂ ଆଦି ଗ୍ରନ୍ଥରୁ କିଛି ଭଜନ କାଟି ଦେବାକୁ କୁହାଯାଇଥିଲା । ସେ ଏହା କରିବାକୁ ସିଧାସଳଖ ମନା କରିଦେଇଥିଲେ । ଲାହୋରର ଧନୀ ଶିଖ୍ ମାନେ ବିରୋଧ କରିଥିଲେ ଯେ ସେମାନେ ଜୋରିମାନା ଦେବାକୁ ପ୍ରସ୍ତୁତ ଅଛନ୍ତି, ଯାହାଫଳରେ ଗୁରୁ ମୋଗଲ ଅଦାଲତର ନିର୍ଯ୍ୟାତନାରୁ ରକ୍ଷା ପାଇ ପାରିବେ । କିନ୍ତୁ ଗୁରୁ ଏ ବିଷୟରେ କିଛି ଶୁଣି ନ ଥିଲେ । ସେ ସମ୍ରାଟଙ୍କୁ ଉତ୍ତର ଦେଇଥିଲେ, "ମୋର ଯାହା କିଛିଟଙ୍କା ପଇସା ଅଛି, ତାହା ଗରିବ, ବନ୍ଧୁହୀନ ଏବଂ ଅପରିଚିତ ବ୍ୟକ୍ତି ମାନଙ୍କ ପାଇଁ ଅଟେ । ଯଦି ତୁମେଟଙ୍କା ମାଗିବ ତେବେ ତୁମେ ମୋ ପାଖରେ ଯାହା ଅଛି ତାହା ନେଇ ପାରିବ, କିନ୍ତୁ ଯଦି ତୁମେ ଜୋରିମାନା ମାଗୁଥାଅ, ତେବେ ମୁଁ ତୁମକୁ ଗୋଟେ କରଜ (ପଇସା) ମଧ୍ୟ ଦେବିନାହିଁ ।"

ସମ୍ରାଟଙ୍କ ଘୃଣା, ମିଆଁ ମିରଙ୍କ ହସ୍ତକ୍ଷେପ ଦ୍ୱାରା ମଧ୍ୟ ଆଉ ଶାନ୍ତ ହୋଇ ପାରି ନଥିଲା । ମେ ୧୬୦୬ ମସିହାରେ ଗୁରୁ ଅର୍ଜନ ଦେବଙ୍କୁ କାରାଗାରରେ ନିକ୍ଷେପ କରାଯାଇଥିଲା ଯେଉଁଠାରେ ତାଙ୍କୁ କଠୋର ନିର୍ଯ୍ୟାତନା ଦିଆଯାଇଥିଲା । ପୁଣି ଥରେ ମିଆଁ ମିର ହିଁ ଗୁରୁଙ୍କ ପକ୍ଷରୁ ମଧ୍ୟସ୍ଥି ହୋଇ ତାଙ୍କୁ ସାହାଯ୍ୟ କରିବାକୁ ଚେଷ୍ଟା କରିଥିଲେ । କିନ୍ତୁ ଗୁରୁ ତାଙ୍କ ସାହାଯ୍ୟକୁ ମନା କରିଦେଇଥିଲେ, କାରଣ ସେ ଭାବିଥିଲେ, ତାଙ୍କ ସହ ଯାହା ଘଟୁଥିଲା ତାହା ଭଗବାନଙ୍କ ଇଚ୍ଛା ଥିଲା ଯାହାର କୌଣସି ହସ୍ତକ୍ଷେପର ଆବଶ୍ୟକତା ନ ଥିଲା । ତାଙ୍କ ନିଜର ସୁନ୍ଦର ଶବ୍ଦରେ, "ତୁମର କାର୍ଯ୍ୟ ମୋ ପାଇଁ ମଧୁର ମନେହୁଏ, ନାନକ ଈଶ୍ୱରଙ୍କ ନାମର ଧନ ପାଇଁ ଇଚ୍ଛା କରନ୍ତି ।"

ସମର୍ପଣର ଭାବନାରେ ଏବଂ "ଈଶ୍ୱରଙ୍କ ଇଚ୍ଛା" ଉପରେ ଅଟଳ ବିଶ୍ୱାସ ନେଇ ଗୁରୁ ତାଙ୍କ ଉପରେ ହେଉଥିବା ଭୟଙ୍କର ଅତ୍ୟାଚାରକୁ ସହି ନେଉଥିଲେ । ଯେହେତୁ ତାଙ୍କୁ ନିରନ୍ତର ନିର୍ଯାତନା ଦିଆଯାଉଥିଲା, ତାଙ୍କର ପବିତ୍ର ଶରୀରରେ ଫୋଟକା ହୋଇଯାଇଥିଲା ଏବଂ ପୋଡ଼ି ଯାଇଥିଲା । ତାଙ୍କୁ ଖାଇବାକୁ ଖାଦ୍ୟ କିମ୍ବା ପିଇବାକୁ ପାଣି ଦିଆଯାଉନଥିଲା, ଏବଂ ଅତ୍ୟନ୍ତ ଗରମ ଓ ଯନ୍ତ୍ରଣା ସହିତ ନିରନ୍ତର ଜାଗ୍ରତ ରଖା ଯାଉଥିଲା । ତାଙ୍କ ଉପରେ ଫୁଟୁଥିବା ପାଣି ଢାଳି ଦେବା ଦ୍ୱାରା ଦେହସାରା ଫୋଟକା ହୋଇଯାଉଥିଲା । ଏହି ସବୁ ସମୟରେ ଗୁରୁ ଶାନ୍ତ ଏବଂ ସ୍ଥିର ରହୁଥିଲେ ଏବଂ ତାଙ୍କ ଠାରୁ କେବଳ ଗୁରୁବାଣୀଙ୍କ ପବିତ୍ର ଶବ୍ଦ ବାହାରୁଥିଲା । କିଛିଦିନ ପରେ ଗୁରୁ ଅର୍ଜନ ଦେବଙ୍କୁ ନିକଟସ୍ଥ ରବି ନଦୀରେ ଗାଧୋଇବାକୁ ଅନୁମତି ମିଳିଥିଲା । ହଜାର ହଜାର ଲୋକଙ୍କ ଦେଖିବା ଭିତରେ ଗୁରୁ ସେ ନଦୀରେ ପ୍ରବେଶ କରିଥିଲେ,

କିନ୍ତୁ ତାପରେ ତାଙ୍କୁ ଆଉ କେହି କେବେହେଲେ ଦେଖି ନଥିଲେ । ଏହିପରି, ପଞ୍ଚମ ଗୁରୁ ମେ ୩୦, ୧୬୦୬ ମସିହାରେ ଶହୀଦ ହୋଇଥିଲେ ।

ଗୁରୁ ଅର୍ଜନ ଦେବଙ୍କ ସମସାମୟିକ ତଥା ଗୁରୁ ଗ୍ରନ୍ଥ ସାହିବଙ୍କ ଅଗ୍ରଣୀ ଲେଖକ ଭାଇ ଗୁରୁଦାସ ଏହି ମହତ୍ତ୍ୱପୂର୍ଣ୍ଣ ଘଟଣାକୁ ନିମ୍ନଲିଖିତ ଶବ୍ଦରେ ପ୍ରକାଶ କରିଛନ୍ତି :

ବର୍ଷା-ପକ୍ଷୀ ଯେପରି ଅନ୍ୟ ଜଳ ନୁହେଁ କେବଳ ଏକ ବୁନ୍ଦା ବର୍ଷା ପାଇଁ ତୃଷାର୍ତ୍ତ ଥାଏ ସେହିପରି ଗୁରୁ ଅର୍ଜନ ଦେବ ତାଙ୍କୁ ଦିଆଯାଇଥିବା ସମସ୍ତ ସାଂସାରିକ ସୁଯୋଗକୁ ପରିତ୍ୟାଗ କରିଥିଲେ ଏବଂ ଇଚ୍ଛା କରିଥିଲେ ଈଶ୍ୱରଙ୍କ ପ୍ରେମ ଏବଂ ଇଚ୍ଛାରେ ଏକ ବିଶେଷ ସ୍ଥାନରେ ବିଶ୍ରାମ ନେବା ପାଇଁ । ସେ ପ୍ରଭୁଙ୍କର ଅବିସ୍ମରଣୀୟ ଏବଂ ଅବିଛିନ୍ନ ଦର୍ଶନରେ ଏତେ ଲୀନ ହୋଇ ଯାଇଥିଲେ ଯେ; ତାଙ୍କ ଜ୍ଞାନପ୍ରାପ୍ତ ତଥା ଉନ୍ନତ ଆତ୍ମା ସମସ୍ତ ଦୁଃଖ ଏବଂ ଯନ୍ତ୍ରଣାକୁ ପରାସ୍ତ କରିପାରିଥିଲା ଏବଂ ଭଗବାନଙ୍କ ପ୍ରେମର ଅନନ୍ତ ଆଲିଙ୍ଗନରେ ତାଙ୍କର ଆତ୍ମା ଶାନ୍ତିରେ ବିଶ୍ରାମ ନେଇଥିଲା । ମୁଁ ଗୁରୁ ଅର୍ଜନ ଦେବଙ୍କ ପାଇଁ ଶେଷ ପର୍ଯ୍ୟନ୍ତ ତ୍ୟାଗ କରିପାରେ, ଏହା ସତ୍ୟ ଅଟେ ।

ଗୁରୁ ଅର୍ଜନ ଦେବଙ୍କ ବାଣୀ - (Guru Arjan Dev's Teachings)

ପଞ୍ଚମ ଗୁରୁଙ୍କ ପାଇଁ ଏହି ବସ୍ତୁବାଦୀ ଜଗତ ଏବଂ ଏହାର ସମସ୍ତ ଆନନ୍ଦ ଦାୟକ ସୁଖ ଏବଂ ଧନ ଏବଂ ଶକ୍ତି କେବଳ ଏକ ଗତିଶୀଳ ମୃଗତୃଷ୍ଣା ଅଟେ କିନ୍ତୁ ଅନନ୍ତ ବାସ୍ତବତା ହେଉଛି ଆଧ୍ୟାତ୍ମିକ ଜଗତ, ଯାହା ଆମେ ଆଖି, କାନ, ହାତ କିମ୍ବା କୌଣସି ଶାରୀରିକ ଇନ୍ଦ୍ରିୟ ମାଧ୍ୟମରେ ନୁହେଁ ବରଂ କେବଳ ସୃଷ୍ଟିକର୍ତ୍ତାଙ୍କ ପ୍ରଶଂସା ସହିତ ଅଭ୍ୟସ୍ତ ଏକ ହୃଦୟ ଏବଂ ମନ ମାଧ୍ୟମରେ ପହଞ୍ଚି ପାରିବା । ସେ କହିଛନ୍ତି ଯେ, "ଯେପରି ସ୍ତମ୍ଭଟିଏ ବିରାଟ ପ୍ରାସାଦକୁ ସମ୍ଭାଳି ଥାଏ ସେହିପରି ଭଗବାନଙ୍କ ପ୍ରଶଂସା ମନକୁ ସହାୟତା ଦେଇଥାଏ । ତାଙ୍କର ଧର୍ମ ସମସ୍ତଙ୍କୁ ଆପଣେଇ ଥିଲା ଏବଂ ସମସ୍ତ ଜୀବଜନ୍ତୁଙ୍କୁ ଏକ ସମ୍ବଧିତ ପରିବାରରେ ଏକତ୍ରିତ କରିପାରିଥିଲା ଏବଂ ସାମାଜିକ କିମ୍ବା ରାଜନୈତିକ ସ୍ଥିତିକୁ କୌଣସି ମୂଲ୍ୟ ଦେଇ ନଥିଲା ।

ସେ କହିଥିଲେ :

ଯିଏ ଭଗ୍ନ କୁଟୀରରେ ରୁହନ୍ତି, ତାଙ୍କର ସମସ୍ତ ପୋଷାକ ଚିରି ଯାଇଥାଏ,
ଯାହାର ଜାତି ନାହିଁ, ବଂଶ ନାହିଁ କି ସମ୍ମାନ ନାହିଁ,
ଯେ କି ଅପନ୍ତରା ପ୍ରାନ୍ତରରେ ଘୁରି ବୁଲନ୍ତି
ଯାହାର କୌଣସି ସମ୍ପର୍କୀୟ କିମ୍ବା ବନ୍ଧୁ ନାହାନ୍ତି,

ତଥାପି ସେ ସମଗ୍ରଜଗତର ରାଜା ଅଟନ୍ତି,

ଯଦି ତାଙ୍କ ହୃଦୟ ଈଶ୍ୱରଙ୍କ ଗଭୀର ପ୍ରେମରେ ପରିପୂର୍ଣ୍ଣ ହୋଇଥାଏ ।

ଗୁରୁ ଶ୍ରମର ସମ୍ମାନ ଫେରାଇ ଆଣିବା ପାଇଁ ବ୍ୟକ୍ତିଗତ ପ୍ରୟାସ କରିଥିଲେ ଏବଂ ବିଶ୍ୱସ୍ତ ମାନଙ୍କୁ ତାଙ୍କର ନିରନ୍ତର ନିର୍ଦ୍ଦେଶ ଥିଲା, "ଭଗବାନଙ୍କ ଉପରେ ଭରସା ରଖିବାକୁ ଏବଂ ହାତକୁ ବ୍ୟସ୍ତ ରଖିବାକୁ ।" ସେ ସମସ୍ତ ମାନବିକତାର ଏକତା ଉପରେ ଦୃଢ଼ ବିଶ୍ୱାସୀ ଥିଲେ ଏବଂ ସମସ୍ତ ଶ୍ରେଣୀର ଲୋକଙ୍କୁ ସମାନ ଏବଂ ସମସ୍ତ ବୃତ୍ତି ପବିତ୍ର ବୋଲି ଘୋଷଣା କରିଥିଲେ । ଫଳାଫଳ ଅତ୍ୟନ୍ତ ଉତ୍ସାହ ଜନକ ଥିଲା ଏବଂ ତାଙ୍କ ଅନୁଗାମୀ ମାନେ ବାଣିଜ୍ୟ, ଚାଷ, ବ୍ୟାଙ୍କିଙ୍ଗ, ଏମ୍ବ୍ରୋଡ଼ୋରୀ, ବଢ଼େଇ କାମ ଏବଂ ଅନ୍ୟାନ୍ୟ ବୃତ୍ତି ଗ୍ରହଣ କରିଥିଲେ । ସେ ନିଜେ ନିଜ ହାତରେ କାମ କରୁଥିଲେ ଏବଂ ଶିଷ୍ୟମାନଙ୍କ ଜୋତା ସଫା କରିବା ପାଇଁ ଅନେକ ସମୟରେ ବସି ଯାଉଥିଲେ ।

ଗୁରୁଦେବ ସାଧୁ ଭାସଓ୍ୟାନି ଏବଂ ଆସିସିର ସେଣ୍ଟ ଫ୍ରାନ୍ସିସଙ୍କ ପରି ଗୁରୁ ମଧ୍ୟ କୁଷ୍ଠ ରୋଗୀ ମାନଙ୍କୁ ଦେଖି ଗଭୀର ଭାବରେ ବିଗଳିତ ହୋଇଉଠୁଥିଲେ । ଏବଂ ସେ ସେମାନଙ୍କ ପାଇଁ ତରନ ତରନ୍ ଠାରେ ଏକ ଆଶ୍ରୟସ୍ଥଳ ଖୋଲିଥିଲେ। ସମାନ ପ୍ରକାରର ଅନ୍ୟ ଏକ ଆଶ୍ରୟସ୍ଥଳ ପରେ ଅମୃତସର ଠାରେ ନିର୍ମାଣ କରାଯାଇଥିଲା ।

ଗୁରୁଙ୍କର ଅତି ପ୍ରିୟ ଇଚ୍ଛା ଥିଲା ଯେ, "ଜନ୍ମ ଏବଂ ଜାତି" ଏକ ପୂଜାପାଠ ଗୃହର ପବିତ୍ର ଦ୍ୱାରରେ ପ୍ରବେଶ କରିବାକୁ ଇଚ୍ଛା କରୁଥିବା ବିଶ୍ୱସ୍ତ ଆତ୍ମାଙ୍କ ପଥରେ ବାଧା ଦେବା ଉଚିତ ନୁହେଁ। ଏକ ସମୟରେ ଯେତେବେଳେ ତଥାକଥିତ ନିମ୍ନ ଜାତିର ଲୋକମାନଙ୍କୁ ମନ୍ଦିର ଭିତରକୁ ପ୍ରବେଶ କରିବାକୁ ଅନୁମତି ଦିଆଯାଉ ନଥିଲା, ସେତେବେଳେ ଗୁରୁ ତରନ ତରନ୍ ଏବଂ ଅମୃତସର ଠାରେ ସର୍ବସାଧାରଣଙ୍କ ପାଇଁ ମନ୍ଦିର ମାନ ନିର୍ମାଣ କରିଥିଲେ ।

ଯେହେତୁ ଗୁରୁ ଅର୍ଜନ ଦେବ କାର୍ଯ୍ୟର ସମାନତା ଏବଂ ସମସ୍ତ ପ୍ରକାର କାର୍ଯ୍ୟକୁ ସମ୍ମାନ ଦେବା ଆବଶ୍ୟକତା ଉପରେ ଗୁରୁତ୍ୱାରୋପ କରିଥିଲେ, ସେ ସେବା ଏବଂ ଉତ୍ତମ କାର୍ଯ୍ୟ ପାଇଁ ଲୋକ ମାନଙ୍କୁ ଆୟ ଏବଂ ସମ୍ପତ୍ତିରୁ ଦାନ କରିବାକୁ ଉପଦେଶ ଦେଇଥିଲେ। ଗୁରୁଙ୍କ ମାର୍ଗ ଦର୍ଶନରେ ସମସ୍ତ ଧର୍ମ ପ୍ରତି ସମାନତା ଏବଂ ସମ୍ମାନ ପ୍ରଚାର କରାଯିବା ସହିତ ଅନୁଶୀଳନ ମଧ୍ୟ କରାଯାଉଥିଲା। ଏହିପରି ଗୁରୁ ଗ୍ରନ୍ଥ ସାହିବରେ ମୁସଲମାନ ଏବଂ ହିନ୍ଦୁ ସାଧୁ ମାନଙ୍କର ବାଣୀ ଅନ୍ତର୍ଭୁକ୍ତ ହୋଇଅଛି । ଆମେ ଯେପରି ଦେଖିଲୁ, ସ୍ୱର୍ଣ୍ଣ ମନ୍ଦିରର ମୂଳଦୁଆ ଅନେକ ପ୍ରତିଷ୍ଠିତ ତଥା ସମ୍ମାନିତ ଶିଖ୍ ମାନଙ୍କ ଉପସ୍ଥିତିରେ ଜଣେ ମୁସଲମାନ ଫକୀରଙ୍କ ଦ୍ୱାରା ସ୍ଥାପନ କରାଯାଇଥିଲା ।

ତାଙ୍କର ସାହିତ୍ୟିକ ରଚନାଗୁଡ଼ିକ ଉଚ୍ଚମାନର ଥିଲା ଏବଂ ସୁଖମାନୀ ସାହିବଙ୍କ ବ୍ୟତୀତ ସେ ଗୁରୁ ଗ୍ରନ୍ଥ ସାହିବରେ ୨୨୧୮ଟି ଭଜନ ଯୋଡ଼ିଥିଲେ ଏବଂ ସେ ପବିତ୍ର ଶାସ୍ତ୍ର ପାଇଁ ହରମନ୍ଦିରରେ ଏକ ଶ୍ରେଷ୍ଠ ସ୍ଥାନ ପ୍ରତିଷ୍ଠା କରିପରିଥିଲେ ।

ଶିଖ୍ ବିଦ୍ୱାନ, ହରବଂଶ ସିଂ ଆମକୁ କୁହନ୍ତି !

ଶିଖ୍ ଧର୍ମ ସଂଗଠନରେ ଏକ ପ୍ରମୁଖ ଅବଦାନ ବ୍ୟତୀତ ଗୁରୁ ଅର୍ଜନଙ୍କ ବହୁମୁଖୀ କାର୍ଯ୍ୟକଳାପ, ଗୁରୁ ନାନକଙ୍କ ଦ୍ୱାରା ଏହିପରି ପ୍ରଦର୍ଶିତ ହୋଇଥିଲା । ଜୀବନର କୌଣସି କ୍ଷେତ୍ର, ସାଂସାରିକ, ସାମାଜିକ କିମ୍ବା ରାଜନୈତିକ, ରହସ୍ୟମୟ ଆଧ୍ୟାତ୍ମିକ କାର୍ଯ୍ୟ ପାଇଁ ବାଦ ଦିଆ ଯାଇ ପାରିବ ନାହିଁ । ଧିରେ ଧିରେ କିନ୍ତୁ ନିଶ୍ଚିତ ଭାବରେ ଏହି ଆନ୍ଦୋଳନ ନିଜର ଏକ ସଂତନ୍ତ୍ର ପରିଚୟ ଏବଂ ସ୍ପଷ୍ଟ ଧାର୍ମିକ ତଥା ସାମାଜିକ-ରାଜନୈତିକ ଦିଗ ସହିତ ବାହାରିଥିଲା ।

ଅନ୍ୟ ଜଣେ ବିଶିଷ୍ଟ ଐତିହାସିକ ଶ୍ରୀ ଗୁପ୍ତା ଗୁରୁ ଅର୍ଜନ ଦେବଙ୍କ ବିଷୟରେ କହିଛନ୍ତି ଯେ, ସେ ଜଣେ ମୌଳିକ ଚିନ୍ତକ, ଚମତ୍କାର କବି, ବ୍ୟବହାରିକ ଦାର୍ଶନିକ, ଜଣେ ମହାନ ସଂଗଠକ, ଜଣେ ପ୍ରସିଦ୍ଧ ରାଜନେତା ଏବଂ ଶିଖ୍ ଧର୍ମର ପ୍ରଥମ ଶହୀଦ ଥିଲେ ଯିଏକି ଶିଖ୍ ଧର୍ମର ବାହ୍ୟ ସ୍ୱରୁପକୁ ସମ୍ପୂର୍ଣ୍ଣ ରୂପେ ବଦଳାଇ ଦେଇଥିଲେ ।

ଗୁରୁ ଅର୍ଜନ ଦେବଙ୍କ ଗିରଫ, ନିର୍ଯ୍ୟାତନା ଏବଂ ଶହୀଦ ହେବା ପୂର୍ବରୁ ଶିଖ୍ ମାନଙ୍କର ଅସ୍ତ୍ରଶସ୍ତ୍ର କିମ୍ବା ହିଂସା ସହିତ କୌଣସି ସଂପର୍କ ନ ଥିଲା, କାରଣ ସମସ୍ତ ଶିଖ୍ ଗୁରୁମାନେ କରୁଣା, ପ୍ରେମ, ଉତ୍ସର୍ଗୀକୃତ ଭାବନା, କଠିନ ପରିଶ୍ରମ, ଗୋଟିଏ ଭଗବାନଙ୍କ ଉପାସନା ଏବଂ ବିଶ୍ୱର ସମସ୍ତ ଲୋକ ମାନଙ୍କ ପାଇଁ ଶାନ୍ତି ଏବଂ ସୌହାର୍ଦ୍ଦ୍ୟର ପ୍ରତିବଦ୍ଧତାର ଶିକ୍ଷା ଦେଇଥିଲେ । ଗୁରୁ ଅର୍ଜନ ଦେବଙ୍କ ଶହୀଦ ହେବା ଶିଖ୍ ଧର୍ମର ଚରିତ୍ରଙ୍କୁ ସମ୍ପୂର୍ଣ୍ଣ ଭାବରେ ବଦଳାଇ ଦେଇଥିଲା; ଏକ ସହନଶୀଳ ଲୋକମାନଙ୍କ ଠାରୁ ଏକ ସାହାସିକ ସାଧୁ-ସୈନିକ ଭାବରେ ।

■

ଷଷ୍ଠ ଗୁରୁ - ଗୁରୁ ହରଗୋବିନ୍ଦ

ଉପକ୍ରମଣିକା-

ଥରେ ଜଣେ ଉଚ୍ଚପଦସ୍ଥ ସାମରିକ ଅଧିକାରୀ ସାଧୁ ଭାସୱାନୀଙ୍କୁ ଭେଟିବାକୁ ଆସିଥିଲେ । ସେ ଗୁରୁଙ୍କ ସହ ଏକ ଦୀର୍ଘ ବାର୍ତ୍ତାଳାପ କରିଥିଲେ ଏବଂ ଗଲାବେଳେ ସେ ଗୁରୁଦେବ ସାଧୁ ଭାସୱାନୀଙ୍କୁ ଅନୁରୋଧ କରିଥିଲେ ଏପରି ଏକ ଶିକ୍ଷା ଦେବାପାଇଁ ଯାହାକୁ ସେ ତାଙ୍କ ସହିତ ନେଇଯାଇପାରିବେ । ତାଙ୍କୁ ଗୁରୁଦେବ କହିଥିଲେ, "ହୃଦୟର ଅନ୍ତର ରୁ ଶାନ୍ତିକୁ ଭଲପାଅ, କିନ୍ତୁ ସବୁବେଳେ ସତର୍କ ଏବଂ ପ୍ରସ୍ତୁତ ରହିଥାଅ ।" ତାଙ୍କର ଏହି ବକ୍ତବ୍ୟର ଅର୍ଥ ଥିଲା- ତୁମ ହୃଦୟରେ ଶାନ୍ତି ସବୁବେଳେ ବିରାଜମାନ ଥାଉ, ସର୍ବଦା ଶାନ୍ତି ପଥ ଅନୁସରଣ କର । କୌଣସି ଦେଶ ଉପରେ ଆକ୍ରମଣ କର ନାହିଁ କିନ୍ତୁ ଯଦି ଅନ୍ୟ କୌଣସି ଦେଶ ତୁମକୁ ଆକ୍ରମଣ କରିବାକୁ ଚେଷ୍ଟା କରନ୍ତି, ତେବେ ତୁମ ଦେଶ ପାଇଁ ଯୁଦ୍ଧ କରନ୍ତୁ, ତୁମ ଅଧିକାର ପାଇଁ ଛିଡ଼ା ହୁଅନ୍ତୁ, ବିଜୟ ହାସଲ ପାଇଁ ସଂଗ୍ରାମ କରନ୍ତୁ ।

ସମସ୍ତ ଲୋକଙ୍କ ପାଇଁ ସୁରକ୍ଷା ଅତ୍ୟନ୍ତ ଗୁରୁତ୍ୱପୂର୍ଣ୍ଣ । ସମସ୍ତ ଆଧୁନିକ ରାଷ୍ଟ୍ର ମାନେ ସେମାନଙ୍କର ଆଞ୍ଚଳିକ ଅଖଣ୍ଡତା ରକ୍ଷା କରିବା ପାଇଁ ସୀମାରେ ଦୃଢ଼ ସୁରକ୍ଷା ବଜାୟ ରଖିଥାନ୍ତି । ଏହାର ଅର୍ଥ ନୁହେଁ ଯେ ଅନ୍ୟ ଦେଶ ଉପରେ ଆକ୍ରମଣ କରିବାର ଅଧିକାର ଆମର ଅଛି, କିନ୍ତୁ ଯଦି ସେମାନେ ଆମ ଉପରେ ଆକ୍ରମଣ କରନ୍ତି, ତେବେ ଯୁଦ୍ଧ କରି ଜବାବ ଦେବା ଆମର କର୍ତ୍ତବ୍ୟ ।

ଶିଖ ଧର୍ମର ଦଶ ଜଣ ଗୁରୁଙ୍କ ମଧ୍ୟରୁ ଗୁରୁ ହରଗୋବିନ୍ଦ ଷଷ୍ଠ ଥିଲେ । ସେ ତାଙ୍କ ପିତା ଗୁରୁ ଅର୍ଜନ ଦେବଙ୍କ ପଦାଙ୍କ ଅନୁସରଣ କରି ଜୁନ ୧୬୦୬ ମସିହାରେ ଗୁରୁ ରୂପରେ ଅଭିଷିକ୍ତ ହୋଇଥିଲେ । ବାବା ବୁଦ୍ଧଙ୍କ ଦ୍ୱାରା ଆନୁଷ୍ଠାନିକ ରୀତିନୀତି କରାଯାଉଥିଲା ବେଳେ ଗୁରୁ ହରଗୋବିନ୍ଦ ବାବା ବୁଦ୍ଧଙ୍କୁ ଗୁରୁ ନାନକଙ୍କ ସେଲି

(କନାର ଟୋପି), ଯାହା ପୂର୍ବ ଗୁରୁ ମାନଙ୍କ ଦ୍ୱାରା ବ୍ୟବହୃତ ହେଉଥିଲା, ପରିବର୍ତ୍ତେ ଏକ ଖଣ୍ଡାରେ ସଜାଇ ଦେବାକୁ କହିଥିଲେ ।

ଗୁରୁ ହରଗୋବିନ୍ଦ ତା ପରେ ଗୋଟିଏ ନୁହେଁ, ଦୁଇଟି ଖଣ୍ଡା ଝୁଲାଇ ଥିଲେ, ଗୋଟିଏ ବାମ ପାର୍ଶ୍ୱରେ ଏବଂ ଅନ୍ୟଟି ଡାହାଣ ପଟେ । ସେ ଘୋଷଣା କରିଥିଲେ ଯେ, ଏହି ଦୁଇଟି ଖଣ୍ଡା "ମିରି" ଏବଂ "ପିରି" ଅର୍ଥାତ୍ "ସାଂସାରିକ ଶକ୍ତି" ଏବଂ "ଆଧ୍ୟାତ୍ମିକ ଶକ୍ତି"କୁ ବୁଝାଉଥାଏ, ଯାହା ଅତ୍ୟାଚାରୀ ମାନଙ୍କୁ ପ୍ରହାର କରିବ ଏବଂ ଅନ୍ୟଟି ନିରୀହ ଲୋକଙ୍କୁ ସୁରକ୍ଷା ଦେବ । ସେ ତାଙ୍କ ଅନୁଗାମୀ ମାନଙ୍କୁ କହିଥିଲେ ଯେ, "ଗୁରୁଙ୍କ ଘରେ ଆଧ୍ୟାତ୍ମିକ ଏବଂ ସାଂପ୍ରତିକ ଶକ୍ତି ମିଳିତ ହେବେ । ମୋର ମାଳା ଖଣ୍ଡା-ବେଲ୍ଟ ହେବ ଏବଂ ମୋ ପଗଡ଼ି ରେ ମୁଁ ଏକ କଲ୍‌ଗି ପିନ୍ଧିବି ।" (କଲ୍‌ଗି-ପଗଡ଼ି ପାଇଁ ଏକ ଅଳଙ୍କାର, ଯାହା ସେତେବେଳେ ମୋଗଲ ଏବଂ ହିନ୍ଦୁ ଶାସକ ମାନଙ୍କ ଦ୍ୱାରା ପିନ୍ଧା ଯାଉଥିଲା ।)

ଷଷ୍ଠ ଗୁରୁଙ୍କ ପଦ ଗ୍ରହଣ ଶିଖ ଇତିହାସର ଏକ ଅସୁବିଧାଜନକ ସମୟରେ ହୋଇଥିଲା । ସେ ସମୟରେ ତାଙ୍କୁ ମାତ୍ର ଏଗାର ବର୍ଷ ବୟସ ହୋଇଥିଲା । ତାଙ୍କର ସାଧୁ ପ୍ରତିମ ପିତା ଗୁରୁ ଅର୍ଜନ ଦେବଙ୍କୁ ଜାହାଙ୍ଗୀର ଧରି ନେଇ ଲାହୋରର କାରାଗାରରେ ବନ୍ଦୀ କରି ରଖିଥିଲେ । ବନ୍ଦୀ ଅବସ୍ଥାରେ ଗୁରୁ ଅର୍ଜୁନ ଦେବଙ୍କୁ ଅତ୍ୟଧିକ ନିର୍ଯ୍ୟାତନା ଦିଆଯାଉଥିଲା, କିନ୍ତୁ ସେ ମଧ୍ୟ ସବୁବେଳେ ଭଗବାନଙ୍କ ସହ ଗଭୀର ଭାବରେ ଯୋଗାଯୋଗରେ ଥିଲେ ଏବଂ ତାଙ୍କ ଦ୍ୱାରା ବିକଶିତ ଶିଖ ସଂଗତଙ୍କୁ ଭାଙ୍ଗିଯିବାରୁ ବା ବିନାଶ ହେବାରୁ ରକ୍ଷା ପାଇବା ପାଇଁ ଭଗବାନଙ୍କ ମାର୍ଗଦର୍ଶନ ପାଇଁ ପ୍ରାର୍ଥନା କରୁଥିଲେ । ତାଙ୍କୁ ଯେଉଁ ସମାଧାନର ମାର୍ଗ ମିଳିଥିଲା ତାହା ଥିଲା ଶିଖ ଧର୍ମର, ଶିଖ ବିଶ୍ୱାସର ସଶସ୍ତ୍ର ପ୍ରତିରକ୍ଷା: ସେ ଅନୁଭବ କରିଥିଲେ ଯେ ଶିଖ ଧର୍ମର ସାମରିକକରଣ ସମୟର ଆବଶ୍ୟକତା ହୋଇ ପଡ଼ିଛି । ତେଣୁ ସେ ତାଙ୍କର ଏଗାର ବର୍ଷୀୟ ପୁଅ ହରଗୋବିନ୍ଦଙ୍କ ପାଖକୁ ଜଣେ ବିଶ୍ୱସ୍ତ ଶିଷ୍ୟଙ୍କୁ ପଠାଇଥିଲେ ଏବଂ ତାଙ୍କୁ ପରବର୍ତ୍ତୀ ଗୁରୁ ଭାବରେ ମନୋନୀତ କରିଥିଲେ । ସେହି ଶିଷ୍ୟ ଛୋଟ ବାଳକ ହରଗୋବିନ୍ଦଙ୍କୁ ତାଙ୍କ ପିତାଙ୍କର ଶେଷ ଆଦେଶ ଶୁଣାଇଥିଲେ, "ସେ ତାଙ୍କ ସିଂହାସନରେ ସଂପୂର୍ଣ୍ଣ ଅସ୍ତ୍ରଶସ୍ତ୍ରରେ ସଜ୍ଜିତ ହୋଇ ବସନ୍ତୁ ଏବଂ ଯଥାସମ୍ଭବ ଏକ ସୈନ୍ୟବାହିନୀ ଗଢ଼ିକରି ରଖନ୍ତୁ ।"

ଭାଇ ବୁଦ୍ଧ -

ଏହି ସମୟରେ ମୁଁ ଭାଇ ବୁଦ୍ଧ ବା ବାବା ବୁଦ୍ଧ, ଏହି ନାମରେ ହିଁ ସେ

ଜଣାଶୁଣାଙ୍କ ବିଷୟରେ କିଛି ଉଲ୍ଲେଖ କରିବା ଆବଶ୍ୟକ ମନେ କରୁଛି । ସେ ପ୍ରାରମ୍ଭିକ ଶିଖ ଧର୍ମର ଅନ୍ୟତମ ସମ୍ମାନିତ ବ୍ୟକ୍ତିତ୍ୱ ଥିଲେ । ତାଙ୍କର ମୂଳ ନାମ ବୁରା ଥିଲା ଏବଂ ସେ ରାନ୍ଧାୱା ବଂଶର ଜଣେ ଜାଟ ଭାଇ ସୁଘା ଏବଂ ସାନ୍ଧୁ ପରିବାରର ମାଇ ଗଉରାନଙ୍କର ଏକମାତ୍ର ପୁତ୍ର ଥିଲେ । ଛୋଟ ପିଲା ବେଳେ ସେ ଦିନେ ଗାଁ ବାହାରେ ଗୋରୁ ଚରାଉଥିଲେ ଯେତେବେଳେ ଗୁରୁ ନାନକ ସେହି ବାଟ ଦେଇ ଯାଉଥିଲେ । ଛୋଟ ପିଲାଟି ତାଙ୍କ ପାଖକୁ ଯାଇ ଗୁରୁଙ୍କୁ ଏକ ପାତ୍ରରେ କ୍ଷୀର ଅର୍ପଣ କରି ନିମ୍ନ ଶବ୍ଦରେ ପ୍ରାର୍ଥନା କରିଥିଲା : "ହେ ଗରିବ ମାନଙ୍କର ତ୍ରାଣକର୍ତ୍ତା ! ମୁଁ ସୌଭାଗ୍ୟବଶତ ଆଜି ଆପଣଙ୍କୁ ଦେଖି ପାରିଛି । ଜନ୍ମ ଏବଂ ମୃତ୍ୟୁ ଚକ୍ର ରୁ ମୋତେ ବର୍ତ୍ତମାନ ମୁକ୍ତ କରି ଦିଅନ୍ତୁ ।"

ଗୁରୁ ନାନକ ଏତେ ଛୋଟ ବାଳକର ମୁଖ ନିସୃତ ଜ୍ଞାନ ଗର୍ଭକ ଶବ୍ଦରେ ଆନନ୍ଦିତ ଏବଂ ଆଶ୍ଚର୍ଯ୍ୟାନ୍ୱିତ ହୋଇଯାଇଥିଲେ । ସେ ବୁରାଙ୍କୁ କହିଥିଲେ, ତୁମେ ଏବେ କେବଳ ଏକ ଶିଶୁ । କିନ୍ତୁ ତୁମେ ଏତେ ବୁଦ୍ଧିମାନ ଭାବରେ କଥାବାର୍ତ୍ତା କରୁଛ ।"

ବୁରା ଉତ୍ତର ଦେଇଥିଲେ, "ଗୁରୁଦେବ ! କିଛି ସୈନିକ ଆମ ଗାଁ ବାହାରେ କ୍ୟାମ୍ପ କରି ରହୁଥିଲେ ଏବଂ ସେମାନେ ଆମର ସମସ୍ତ ଫସଲ, ପରିପକ୍ୱ ତଥା ଅପରିପକ୍ୱ, କାଟି ନେଇଥିଲେ । ଏବଂ ଏହା ସେତେବେଳେ ମୋ ମନକୁ ଆସିଥିଲା ଯେ, ଯେତେବେଳେ ଏହା ଆମର ଫସଲ ସହିତ ହୋଇପାରେ, ନିଶ୍ଚିତ ଭାବରେ ଆମ ଜୀବନର ଯେ କୌଣସି ମୁହୂର୍ତ୍ତରେ, ଆମେ ଯୁବକ ହେଉ ବା ବୃଦ୍ଧ ହେଉ, ମୃତ୍ୟୁ ଆମ ଉପରେ ତା'ର ନିର୍ଦ୍ଦୟ ହାତ ରଖିବାକୁ କେହି ହେଲେ ଅଟକାଇ ପାରିବେ ନାହିଁ ।

ଏହି ଉତ୍ତର ଶୁଣି, ଗୁରୁ ନାନକ କହିଥିଲେ, "ତୁମେ ଜଣେ ପିଲା ନୁହଁ, ତୁମର ଜଣେ ବୃଦ୍ଧ ବ୍ୟକ୍ତିଙ୍କ ପରି ଜ୍ଞାନ ଅଛି ।" ସେହି ଦିନ ଠାରୁ ବୁରା, ଭାଇ ବୁଦ୍ଧ ନାମରେ ଜଣା ଯାଇଥିଲେ । ପଞ୍ଜାବୀରେ ବୁଦ୍ଧ ଅର୍ଥ ଜଣେ ବୃଦ୍ଧ । ଏବଂ ପରେ ବୃଦ୍ଧାବସ୍ଥାରେ ସେ ବାବା ବୁଦ୍ଧ ଭାବରେ ପରିଚୟ ଲାଭ କରିଥିଲେ ।

ସେହି ପ୍ରଥମ ସାକ୍ଷାତକାର ଠାରୁ, ଭାଇ ବୁଦ୍ଧ ଗୁରୁ ନାନକ ଦେବଙ୍କର ଜଣେ ବିଶ୍ୱସ୍ତ ଶିଷ୍ୟ ହୋଇଯାଇଥିଲେ । ତାଙ୍କ ବିବାହ କିମ୍ବା ପରିବାର ତାଙ୍କୁ ତାଙ୍କର ମନୋନୀତ ପଥରୁ ଲକ୍ଷ୍ୟଚ୍ୟୁତ କରି ପାରି ନ ଥିଲା ଏବଂ ସେ କରତାରପୁରରେ ଅଧିକ ସମୟ ଅତିବାହିତ କରୁଥିଲେ ଯେଉଁଠାରେ ଗୁରୁ ନାନକ ତାଙ୍କ ଗାଁ କାଥୁ ନାଙ୍ଗାଲ ପରିତ୍ୟାଗ କରି ତାଙ୍କର ବାସସ୍ଥାନ ରୂପେ ବାଛି ନେଇଥିଲେ । ଗୁରୁଙ୍କ ମଣ୍ଡଳୀ ରେ

ସେ ଏପରି ପ୍ରତିଷ୍ଠା ଲାଭ କରିଥିଲେ ଯେ, ଦ୍ୱିତୀୟ ଗୁରୁ, ଗୁରୁ ଅଙ୍ଗଦଙ୍କ ପଦାଭିଷେକ ସମୟ ରେ, ଗୁରୁ ନାନାକ ଭାଇ ବୁଦ୍ଧ ଙ୍କୁ ତାଙ୍କ କପାଳରେ ଆନୁଷ୍ଠାନିକ ତିଳକ ଲଗାଇ ଦେବାକୁ କହିଥିଲେ । ଭାଇ ବୁଦ୍ଧ ପକ୍ୱ ବୃଦ୍ଧାବସ୍ଥା ପର୍ଯ୍ୟନ୍ତ ବଞ୍ଚି ରହିଥିଲେ ଏବଂ ପରବର୍ତ୍ତୀ ଚରିଜଣ ଗୁରୁଙ୍କୁ ଅଭିଷେକ କରିବାର ଅନନ୍ୟ ସମ୍ମାନ ପାଇ ପାରିଥିଲେ । "ସେ ସାରା ଜୀବନ ସଂପୂର୍ଣ୍ଣ ଉତ୍ସର୍ଗୀକୃତ ଭାବରେ ଗୁରୁ ମାନଙ୍କର ସେବା ଜାରି ରଖିଥିଲେ ଏବଂ କ୍ରମାଗତ ବୃଦ୍ଧି ପାଉଥିବା ଶିଷ୍ୟ ମାନଙ୍କ ପାଇଁ ପବିତ୍ର ଜୀବନର ଏକ ଉଦାହରଣ ହୋଇ ରହିଥିଲେ । ଗୁରୁ ଅମର ଦାସଙ୍କ ନିର୍ଦ୍ଦେଶରେ ଗୋଇଣ୍ଡାଓ୍ୱାଲରେ ବାଓଲି (ପାଣି ପର୍ଯ୍ୟନ୍ତ ପାହାଚ ଥିବା ବଡ଼ କୁଅ) ଖୋଳିବା ଏବଂ ଗୁରୁ ରାମଦାସ ଓ ଗୁରୁ ଅର୍ଜନ ଦେବଙ୍କ ଅଧୀନରେ ଅମୃତସର ଠାରେ ପବିତ୍ର ପୋଖରୀ ଖନନ ଭଳି କାର୍ଯ୍ୟରେ ନିଜକୁ ସମ୍ପୂର୍ଣ୍ଣ ଭାବରେ ଉତ୍ସର୍ଗ କରିଦେଇଥିଲେ । ଯେଉଁ ଜାମୁ ଗଛ ମୂଳରେ ବସି ସେ ଅମୃତସର ପୁଷ୍କରିଣୀର ଖନନ କାର୍ଯ୍ୟ ତଦାରଖ କରୁଥିଲେ, ତାହା ଏବେବି ସ୍ୱର୍ଣ୍ଣ ମନ୍ଦିର ପରିସରରେ ଛିଡ଼ା ହୋଇଛି ।

ଏହା ମଧ୍ୟ ମହତ୍ତ୍ୱପୂର୍ଣ୍ଣ ଯେ, ଗୁରୁ ଅର୍ଜନ ଦେବ ତାଙ୍କ ସାନ ପୁଅ ହରଗୋବିନ୍ଦଙ୍କୁ ଭାଇ ବୁଦ୍ଧଙ୍କ ନିର୍ଦ୍ଦେଶ ଏବଂ ତାଲିମ ଅଧୀନରେ ରଖିଥିଲେ । ଯେତେବେଳେ ସେପ୍ଟେମ୍ବର ୧, ୧୬୦୪ ମସିହାରେ ହରମନ୍ଦିର ସାହିବ (ସ୍ୱର୍ଣ୍ଣ ମନ୍ଦିର)ରେ ଆଦି ଗ୍ରନ୍ଥ (ଗୁରୁ ଗ୍ରନ୍ଥ ସହିବ) ସ୍ଥାପିତ ହୋଇଥିଲେ, ସେତେବେଳେ ଭାଇ ବୁଦ୍ଧ ହିଁ ଗୁରୁ ଅର୍ଜନ ଦେବଙ୍କ ଦ୍ୱାରା ଗ୍ରନ୍ଥି ଭାବରେ ନିଯୁକ୍ତ ହୋଇଥିଲେ । ଏହିପରି ତାଙ୍କର ପବିତ୍ର ମନ୍ଦିରର ପ୍ରଥମ ମୂଖ୍ୟ ପୂଜକ ହେବାର ସୌଭାଗ୍ୟ ହୋଇଥିଲା, ଯାହା ବର୍ତ୍ତମାନ ସ୍ୱର୍ଣ୍ଣ ମନ୍ଦିର ଭାବରେ ଜଣାଶୁଣା ।

ପରବର୍ତ୍ତୀ ସମୟରେ ସେ ଅବସର ନେଇ ଜଙ୍ଗଲକୁ ଚାଲିଯାଇଥିଲେ । ଯେଉଁଠାରେ ସେ ଗୁରୁଙ୍କ ଲଙ୍ଗରର ପଶୁ ମାନଙ୍କୁ ପାଳନ କରୁଥିଲେ । ସେହି ଜଙ୍ଗଲ ରୁ ଯାହା ବାକି ଅଛି, ତାହା ତାଙ୍କରି ନାମରେ, ବୀର ବାବା ବୁଦ୍ଧ ସାହିବ ନାମରେ ଜଣାଶୁଣା । ଯେତେବେଳେ ସେପ୍ଟେମ୍ବର ୮, ୧୬୩୧ରେ ବାବା ବୁଦ୍ଧ ତାଙ୍କର ଦେହ ତ୍ୟାଗ କରିଥିଲେ, ଗୁରୁ ହରଗୋବିନ୍ଦ ତାଙ୍କ ଶଯ୍ୟା ନିକଟରେ ଥିଲେ । କୁହାଯାଇ ଅଛି ଯେ; ଗୁରୁ ନିଜ କାନ୍ଧରେ ତାଙ୍କର କୋକେଇକୁ ବହନ କରିଥିଲେ ଏବଂ ଏକ ମହାନ ଆତ୍ମା ଯେକି ତାଙ୍କ ଜେଜେବାପା, ତାଙ୍କ ପିତା ଏବଂ ତାଙ୍କୁ ପବିତ୍ର ଗୁରୁ ଗଦିରେ ଅଭିଷିକ୍ତ କରିଥିଲେ, ତାହାଙ୍କୁ ସମ୍ମାନ ଜଣାଇବା ପାଇଁ ତାଙ୍କର ଶେଷକୃତ୍ୟ ସଂପାଦନ କରିଥିଲେ ।

ବାବା ବୁଦ୍ଧଙ୍କ ସହ ଜଡ଼ିତ ଏକ କିମ୍ବଦନ୍ତୀ ଆମକୁ କହିଥାଏ ଯେ, ଗୁରୁ ଅର୍ଜନ

ଦେବ ଏବଂ ତାଙ୍କ ପତ୍ନୀ ମାତା ଗଙ୍ଗାଙ୍କର ଦୀର୍ଘ ଦିନ ପର୍ଯ୍ୟନ୍ତ ସନ୍ତାନ ନଥିଲେ, ଯେପର୍ଯ୍ୟନ୍ତ ମାତା ଗଙ୍ଗା ଏକ ସନ୍ତାନ ପାଇଁ ବାବା ବୁଦ୍ଧଙ୍କ ଆଶୀର୍ବାଦ କାମନା କରିନଥିଲେ । ଏହା ମଧ୍ୟ କୁହାଯାଇଛି ଯେ ବାବା ବୁଦ୍ଧ ତାଙ୍କୁ କହିଥିଲେ ଯେ ସେ ପ୍ରକୃତରେ ଏକ ଅସାଧାରଣ ଦୟାବାନ ସନ୍ତାନ ଜନ୍ମ କରିବେ । ଅଳ୍ପ ଦିନ ପରେ, ଗୁରୁ ହରଗୋବିନ୍ଦ ଜନ୍ମ ଗ୍ରହଣ କରିଥିଲେ ।

ଶୈଶବ ଏବଂ ପ୍ରାରମ୍ଭିକ ଜୀବନ -

ଗୁରୁ ହରଗୋବିନ୍ଦ ୧୯ ଜୁନ ୧୫୯୫ ମସିହାରେ ଗୁରୁ କି ଓ୍ୟାଡ଼ାଲି ଗାଁରେ ଜନ୍ମ ଗ୍ରହଣ କରିଥିଲେ । ସେ ଅତ୍ୟନ୍ତ ସୁନ୍ଦର ଥିଲେ ଏବଂ ଗୁରୁ ଅର୍ଜନ ଦେବ ଏବଂ ମାତା ଗଙ୍ଗାଙ୍କର ଏକମାତ୍ର ପୁତ୍ର ଥିଲେ । ପିତାଙ୍କ ପ୍ରେରଣାରେ ସେ ଅଳ୍ପ ବୟସ ରୁ ବିଜ୍ଞାନ, କ୍ରୀଡ଼ା ଓ ଧର୍ମ ବିଷୟରେ ଶିକ୍ଷା ଲାଭ କରିଥିଲେ । ବାବା ବୁଦ୍ଧ ଗୁରୁଙ୍କ ଧାର୍ମିକ ଶିକ୍ଷା ତଦାରଖର ଦାୟିତ୍ୱ ବହନ କରିଥିଲେ ।

କିଛି ଐତିହାସିକଙ୍କ ଅନୁଯାୟୀ ଗୁରୁ ହରଗୋବିନ୍ଦ ତିନିଥର ବିବାହ କରିଥିଲେ । କିନ୍ତୁ ଆଉ କେତେକ ଯୁକ୍ତି କରନ୍ତି ଯେ, ଏହି ତଥ୍ୟ ଦ୍ୱନ୍ଦପୂର୍ଣ୍ଣ ଏବଂ ବୋଧହୁଏ ସଠିକ୍ ନୁହେଁ । କାରଣ ଏହା ମଧ୍ୟ କୁହାଯାଇଛି ଯେ, ବିବାହ ପୂର୍ବରୁ ଥିବା ତାଙ୍କ ପତ୍ନୀଙ୍କ ନାମ ବିବାହ ପରେ ସ୍ୱାମୀଙ୍କ ଘର ଅନୁସାରେ ବଦଳି ଯାଇଥିଲା (ସେହି ସମୟର ପ୍ରଥା ଅନୁସାରେ) । ତାଙ୍କର ଗୋଟିଏ ଝିଅ ବିବି ଭିରୋ ଏବଂ ପାଞ୍ଚ ପୁଅ ଥିଲେ : ବାବା ଗୁରୁଦିତ୍ତ, ସୁରଜ ମଲ, ଅନିଲ ରାୟ, ଅଟଳ ରାୟ ଏବଂ (ଗୁରୁ) ତେଗ ବାହାଦୁର । ଏଥି ମଧ୍ୟରୁ ଚାରି ପୁଅ ତାଙ୍କ ଜୀବନ କାଳ ଭିତରେ ଇହଧାମ ତ୍ୟାଗ କରିଥିଲେ ଏବଂ ପଞ୍ଚମ ପୁତ୍ର, ତେଗ ବାହାଦୁର ୧୬୬୪ ମସିହାରେ ନବମ ଗୁରୁ ହୋଇଥିଲେ ।

ଗୁରୁ ଭାବରେ ଘୋଷଣା - (Ordination as Guru)

ମେ ୩୦, ୧୬୦୬ ମସିହାରେ ଗୁରୁ ଅର୍ଜନ ଦେବଙ୍କ ଶହୀଦ ହେବା ପରେ ଗୁରୁ ହରଗୋବିନ୍ଦ ତାଙ୍କ ପିତାଙ୍କ ଦ୍ୱାରା ନିର୍ମିତ ହରମନ୍ଦିର ସାହିବଙ୍କ ଅପର ପାର୍ଶ୍ୱରେ ଅକଲ ତଖ୍ତ ବା ସମୟହୀନ ସିଂହାସନ ନାମକ ମଞ୍ଚ ନିର୍ମାଣ କରିଥିଲେ । ଯୁବ ଗୁରୁ ଇଚ୍ଛା କରିଥିଲେ ଯେ, ଏହି ସ୍ଥଳୀ ନିର୍ମାଣ କାର୍ଯ୍ୟ ବାବା ବୁଦ୍ଧ ଏବଂ ଭାଇ ଗୁରୁଦାସଙ୍କ ଉପରେ ନ୍ୟସ୍ତ କରାଯିବ ଏବଂ ଏଥିରେ କୌଣସି ତୃତୀୟ ବ୍ୟକ୍ତିଙ୍କୁ ଭାଗ ନେବାକୁ ଦିଆଯିବ ନାହିଁ । ଜୁନ ୨୪ ତାରିଖ ୧୬୦୬ ମସିହାରେ, ଏହି ପୀଠରେ ଭାଇ ବୁଦ୍ଧ

ଗୁରୁଙ୍କର ଗଦି ଆରୋହଣ ଉତ୍ସବ ପରିଚାଳନା କରିଥିଲେ ଯେଉଁଥିରେ, ମୁଁ ପୂର୍ବରୁ କହିଥିଲା ପରି, ଗୁରୁ ହରଗୋବିନ୍ଦ ଦୁଇଟି ଖଣ୍ଡା ତାଙ୍କ ଦୁଇ ପାର୍ଶ୍ୱରେ ପରିଧାନ କରିଥିଲେ , ଯାହା "ମିରି ଏବଂ ପିରି" ଅର୍ଥାତ୍ ଯଥାକ୍ରମେ ସର୍ବଭୌମତ ଏବଂ ଆଧାତ୍ମିକ ଶ୍ରେଷ୍ଠତାର ପ୍ରତୀକ ଥିଲା ।

ଷଷ୍ଠ ଗୁରୁଙ୍କର ଉଦ୍ଦେଶ୍ୟ ଧର୍ମକୁ ରାଜନୀତିରେ ମିଶ୍ରଣ କରିବା ନ ଥିଲା ବରଂ ଶୋଷିତ ମାନଙ୍କର ସମସ୍ୟାକୁ ହୃଦୟଙ୍ଗମ କରିବା ଏବଂ ଶାସକ ମାନଙ୍କ ଅତ୍ୟାଚାର ରୁ ସେମାନଙ୍କୁ ରକ୍ଷା କରିବା । ଏହିପରି ଗୁରୁ ହରଗୋବିନ୍ଦ ଧର୍ମ ଏବଂ ରାଜନୀତିକୁ ସ୍ପଷ୍ଟ ଭାବରେ ପୃଥକ କରିଥିଲେ । ଧର୍ମ ସର୍ବଦା ଭାରତରେ ରାଜନୀତି ସହିତ ଜଡ଼ିତ ଥିଲା ଏବଂ ଫଳ ସ୍ୱରୂପ ଲୋକମାନେ ନିର୍ଯ୍ୟାତନା ତଥା ଅନ୍ୟାୟର ଶିକାର ହେଉଥିଲେ । ଅପେକ୍ଷାକୃତ ଉଦାରବାଦୀ ଏବଂ ସହନଶୀଳ ଶାସକ ଆକବରଙ୍କ ଯୁଗ ବହୁ ପୂର୍ବ ରୁ ଅତିବାହିତ ହୋଇଯାଇଥିଲା । ସେ ଭାରତର ସବୁ ଧର୍ମକୁ ଏକତ୍ରୀକରଣ କରିବାକୁ ଏକ ପ୍ରୟାସ କରିଥିଲେ ଏବଂ ଅଣ-ମୁସଲମାନଙ୍କ ଉପରେ ଲାଗୁ ହୋଇଥିବା କେତେକ କଠୋରଟିକସକୁ ମଧ୍ୟ ସ୍ଥଗିତ କରିଦେଇଥିଲେ । କିନ୍ତୁ ତାଙ୍କ ପୁଅ ଜାହାଙ୍ଗୀର ଦୀର୍ଘ ଅବହେଳିତ ମୁସଲମାନ ଉଲେମାଙ୍କ ପ୍ରତି ଧ୍ୟାନ ଦେବାକୁ ବାଛିଥିଲେ, ଯିଏ ବର୍ତ୍ତମାନ ଦାବି କରୁଥିଲେ ଯେ ଇସଲାମ ମୋଗଲ ସାମ୍ରାଜ୍ୟର ରାଜନୀତିକୁ ନିୟନ୍ତ୍ରଣ କରିବା ଉଚିତ । ଫଳରେ ଧର୍ମର ଢାଲ ବ୍ୟବହାର କରି ଶାସକ ଶ୍ରେଣୀ ସାଧାରଣ ଲୋକଙ୍କୁ ଅତ୍ୟାଚାର କରିବାକୁ ଲାଗିଲେ ।

ହରମନ୍ଦିର ସାହିବଙ୍କ ସାମ୍ନାରେ ଅକାଲ ତଖ୍ତ (ଈଶ୍ୱରଙ୍କ ସିଂହାସନ) ଉପରେ ତାଙ୍କର ଅଭିଷେକ, ଉଭୟ ଆଧାତ୍ମିକ ଅଧିକାର ଏବଂ ସାଂସାରିକ ଅଧିକାର ପାଇଁ ଗୁରୁଙ୍କର ପ୍ରତିବଦ୍ଧତାକୁ ସୂଚିତ କରିଥିଲା । ଏହା ଶିଖ ସାମରିକ କରଣର ଯୁଗର ଆରମ୍ଭକୁ ସଂକେତ କରିଥିଲା । ସାଧୁତାର ପ୍ରତୀକ ସହିତ ସର୍ବଭୌମତ୍ୱର ଚିହ୍ନ ସ୍ୱରୂପ ଯେପରିକି ଛତ୍ରୀ, କଲଗୀ (ପଗଡ଼ୀ ଉପରେ ପକ୍ଷୀ ପର ପରି ରାଜକୀୟ ବସ୍ତୁ) ଯୋଗ କରାଯାଇଥିଲା...

ଗୁରୁ ହରଗୋବିନ୍ଦ ଜଣେ ରାଜାଙ୍କ ପରି ନ୍ୟାୟ ପ୍ରଦାନ କରୁଥିଲେ ଏବଂ ସମ୍ମାନ ପ୍ରଦାନ କରୁଥିଲେ ଏବଂ ଦଣ୍ଡ ମଧ୍ୟ ଦେଉଥିଲେ । ଶିଖ ଇତିହାସରେ ଅକାଲ ତଖ୍ତ ପ୍ରଥମ ରାଜଗଦି ଥିଲା । କନିଂହାମଙ୍କ ଅନୁସାରେ, "ସାମରିକ କଳା ପ୍ରତି ଆକର୍ଷଣୀୟ ଆଭିମୁଖ୍ୟ ତାଙ୍କୁ ଏକ ଶିବିରର ସାଥୀତା, ଯୁଦ୍ଧର ବିପଦ ଏବଂ ଗୋଡ଼ାଇବାର ଉତ୍ସାହରେ ଆନନ୍ଦିତ କରିଥିଲା ।"

ଶିଖ ସଂପ୍ରଦାୟ ଗୁରୁ ଅର୍ଜନ ଦେବ ଶହୀଦ ହେଲାପରେ ହତାଶ ହୋଇ

ପଡ଼ିଥିଲେ । ଷଷ୍ଠ ଗୁରୁ ସ୍ୱାଭାବିକ ଭାବରେ ଅନୁଭବ କରିଥିଲେ ଯେ, ଏହା ପ୍ରତିରୋଧ କରିବାର ସମୟ ଆସିଯାଇଛି, ତାଙ୍କର ଚକ୍ ଚକ୍ କରୁଥିବା କୃପାଣ ତା ଖୋଲରୁ ବାହାର କରିବାର ସମୟ ଆସିଯାଇଛି ଏବଂ ଅନ୍ୟାୟ ଓ ଅତ୍ୟାଚର ବିରୁଦ୍ଧରେ ଏକ ପବିତ୍ର ଯୁଦ୍ଧ ଘୋଷଣା କରିବାର ସମୟ ଆସିଯାଇଛି । ଏହା ଘୃଣା କିମ୍ବା ଆକ୍ରୋଶର ଯୁଦ୍ଧ ନ ଥିଲା ଏବଂ ତାଙ୍କର ବୀରତ୍ୱ ଏପରି ନଥିଲା ଯାହା ହତ୍ୟା ବା ଆକ୍ରମଣ କରିଥାଏ ବରଂ ଏହି ବୀରତ୍ୱ ଧର୍ମକୁ ସୁରକ୍ଷା ଦେଇଥାଏ ଏବଂ ବିଶ୍ୱସ୍ତ ମାନଙ୍କୁ ପ୍ରେରଣା ଦେଇଥାଏ ।

ଶିଖ ଧର୍ମ ପାଇଁ ଅବଦାନ - (Contribution to Sikhism)

ଆମେ କହିପାରିବା ଯେ ଷଷ୍ଠ ଗୁରୁଙ୍କ ଅବଧି ଶିଖ ଧର୍ମ ପାଇଁ ଏକତ୍ରୀକରଣ ଏବଂ ସାମରିକକରଣର ସମୟ ଥିଲା । ସେ ତାଙ୍କର କିଛି ନିଷ୍ଠାପର ଅନୁଗାମୀ ମାନଙ୍କୁ ଅସ୍ତ୍ରଶସ୍ତ୍ର ଏବଂ ତାଲିମ ଦେବାପାଇଁ ଏକ ଜୋରଦାର କାର୍ଯ୍ୟକ୍ରମ ଆରମ୍ଭ କରିଥିଲେ । ସମୟକ୍ରମେ, ଗୁରୁ ସାତ ଶହ ଘୋଡ଼ାର ଅଧିକାରୀ ହୋଇଥିଲେ ଏବଂ ତାଙ୍କର ରିସାଲଦାରୀ (ସୈନ୍ୟ ବାହିନୀ) ତିନି ଶହ ଅଶ୍ୱାରୋହୀ ଏବଂ ଷାଠିଏ ବନ୍ଧୁକଧାରୀ ପର୍ଯ୍ୟନ୍ତ ବୃଦ୍ଧି ପାଇଥିଲା । ସମ୍ପ୍ରଦାୟର ପ୍ରାୟ ପାଞ୍ଚ ଶହ ପୁରୁଷ ମଧ୍ୟ ପଦାତିକ ସୈନ୍ୟ ଭାବରେ ନିଯୁକ୍ତ ହୋଇଥିଲେ । ଗୁର ଅମୃତସର ଠାରେ ଏକ ଦୁର୍ଗ ନିର୍ମାଣ କରିଥିଲେ ଯାହାର ନାମ ଥିଲା ଲୋହଗଡ଼ (ଲୁହାର ଦୁର୍ଗ) । ଦୁର୍ଗରେ ତାଙ୍କର ବ୍ୟକ୍ତିଗତ ପତାକା ଉତ୍ତୋଳନ କରାଯାଇଥିଲା, ଏବଂ ବିଶ୍ୱସ୍ତ ମାନଙ୍କ ସମାବେଶ ପାଇଁ ଏକ ବଡ଼ ଡ୍ରମ (ନାଗରା) ପ୍ରତିଦିନ ଦୁଇ ଥର ବଜା ଯାଉଥିଲା ।

ଏହା ବିନା କାରଣରେ ନୁହେଁ ଯେ, ଗୁରୁ ହରଗୋବିନ୍ଦ ତାଙ୍କ ଅନୁଗାମୀ ମାନଙ୍କୁ ଏହିପରି ଅସ୍ତ୍ରଶସ୍ତ୍ରରେ ସଜ୍ଜିତ କରିବାକୁ ସ୍ଥିର କରିଥିଲେ । ରାଜନୈତିକ ଏବଂ ସାମାଜିକ ପରିସ୍ଥିତି ଅସ୍ଥିର ଅବସ୍ଥାରେ ଥିଲା ଏବଂ ପରିବର୍ତ୍ତିତ ପରିବେଶରେ ଶିଖ ଧର୍ମକୁ ଏକତ୍ରିତ ଏବଂ ସୁରକ୍ଷିତ ରଖିବାର ଆବଶ୍ୟକତା ଥିଲା । ବର୍ତ୍ତମାନ ସାଂଗଠନିକ ବିକାଶ ଜରୁରୀ ଥିଲା ଏବଂ ଆକବରଙ୍କ ସହନଶୀଳ ଦିନଗୁଡ଼ିକରେ ତାଙ୍କ ପୂର୍ବ ପୁରୁଷ ମାନଙ୍କ ଦ୍ୱାରା କରାଯାଇଥିବା ପ୍ରୟାସ ଠାରୁ ଭିନ୍ନ ହେବା ଆବଶ୍ୟକ ଥିଲା, କାରଣ ଆକବର ଶିଖ ଧର୍ମକୁ କେବେ ହେଲେ ବିପଦ ଭାବରେ ଗ୍ରହଣ କରି ନ ଥିଲେ ବରଂ ପ୍ରକୃତରେ ଗୁରୁ ମାନଙ୍କୁ ବିଭିନ୍ନ ଉପାୟରେ ସାହାଯ୍ୟ କରିଥିଲେ । କିନ୍ତୁ ଗୁରୁ ଅର୍ଜନ ଦେବ ଙ୍କ ଶହୀଦତା ଏବଂ ଗୁରୁ ହରଗୋବିନ୍ଦଙ୍କ କାରାବାସ ଯାହା ଖୁବ୍ ଶୀଘ୍ର ପ୍ରମାଣିତ ହୋଇଥିଲା, କେବଳ ପ୍ରମାଣିତ କରିଥିଲା ଯେ, କଠିନ ଦିନଗୁଡ଼ିକ ଆଗରେ ଅଛି ଏବଂ ସମ୍ପ୍ରଦାୟକୁ

ଆଗାମୀ ବିପଦର ସମ୍ମୁଖୀନ ହେବାକୁ ପ୍ରସ୍ତୁତ ରହିବାକୁ ପଡ଼ିବ ଯାହା ଅହିଂସା, ସମାଜିକ ତଥା ଧାର୍ମିକ ସଂଗଠନ ଦ୍ୱାରା ପୂରଣ ହୋଇ ପାରିବ ନାହିଁ । ଗୁରୁ ଅର୍ଜନ ଦେବ ତାଙ୍କ ପୁଅକୁ ତାଙ୍କର ଶେଷ ବାର୍ତ୍ତାରେ ଏହାକୁ ସ୍ୱଷ୍ଟ ଭାବରେ ଦର୍ଶାଇ ଥିଲେ ଏବଂ ଗୁରୁ ହରଗୋବିନ୍ଦ ମଧ୍ୟ ସ୍ୱଷ୍ଟ ଭାବରେ ସ୍ୱୀକାର କରିଥିଲେ ଯେ, ଅସ୍ତ୍ରଶସ୍ତ୍ର ବିନା ଶିଖ ସମ୍ପ୍ରଦାୟକୁ ସୁରକ୍ଷା ଦେବା ଆଉ ସମ୍ଭବପର ନୁହେଁ ।

ଚୁରୁ ରାଜକୀୟ ବସ୍ତ୍ର ପରିଧାନ କରି, ବାର ଫୁଟ ଉଚ୍ଚର ଏକ ମଞ୍ଚ ଉପରେ ବିରାଜମାନ ହୋଇ ମହାରାଜା ମାନଙ୍କ ପରି ଭବ୍ୟତା ରେ ନିଜର ଦରବାର ପରିଚ୍ଛଳନା କରୁଥିଲେ । ସେ ହରମନ୍ଦିର ସାହିବଙ୍କୁ ତାଙ୍କର ଆଧ୍ୟାତ୍ମିକ ପ୍ରାଧିକରଣର ଆସନ କରିଥିବା ବେଳେ ଅକାଲ ତଖ୍ତ ତାଙ୍କର ସାଂସାରିକ ପ୍ରାଧିକରଣର ଆସନ ଥିଲା । ପାରମ୍ପରିକ ଭାବରେ ତାଙ୍କ ପୂର୍ବଜ ମାନଙ୍କ ସହିତ ଜଡ଼ିତ ସାଧୁତାର ପ୍ରତୀକଗୁଡ଼ିକ ରେ, ସେ ଛତ୍ରୀ ଏବଂ କାଲଗୀ (ପଗଡ଼ିରେ ପିନ୍ଧା ଯାଇଥିବା ଅଳଙ୍କାରର ପକ୍ଷୀ ପର) ସମେତ ସାର୍ବଭୌମତ୍ୱର ଚିହ୍ନ ଯୋଡ଼ିଥିଲେ ।

ଗୁରୁ ଅର୍ଜନ ଦେବଙ୍କୁ ଧରାଇଦେବା ଏବଂ ମୃତ୍ୟୁ ପାଇଁ କାର୍ଯ୍ୟ କରିଥିବା କଟରପନ୍ଥୀ ଏବଂ ବିଶ୍ୱାସଘାତକ ମାନେ ଏହି ଘଟଣା କ୍ରମଦ୍ୱାରା ସତର୍କ ଏବଂ କ୍ରୋଧିତ ହୋଇ ପଡ଼ିଥିଲେ । ସେମାନେ ବର୍ତ୍ତମାନ ସମ୍ରାଟ ଜାହାଙ୍ଗୀରଙ୍କ ମନକୁ ବିଷାକ୍ତ କରିବା ଚେଷ୍ଟାରେ ଲାଗିପଡ଼ିଥିଲେ ଏବଂ କହିଥିଲେ ଯେ, ତାଙ୍କ ପିତାଙ୍କ ପରି ଷଷ୍ଠ ଗୁରୁ ମଧ୍ୟ ମୋଗଲ ସାମ୍ରାଜ୍ୟ ପାଇଁ ଏକ ବିପଦ । ସେମାନେ ଯୁକ୍ତି କରିଥିଲେ ଯେ ଅକାଲ ତଖ୍ତ (ସମ୍ପ୍ରଦାୟର ଶକ୍ତିର ପ୍ରତୀକ)ର ନିର୍ମାଣ, ଦିନକୁ ଦିନ ବୃଦ୍ଧି ପାଉଥିବା ରିସାଲଦାରୀ (ସୈନ୍ୟ ବାହିନୀ)କୁ ଗୁରୁ ହରଗୋବିନ୍ଦ ପ୍ରକୃତରେ ସମ୍ରାଟଙ୍କ ଲୋକଙ୍କ ଦ୍ୱାରା ତାଙ୍କ ପିତାଙ୍କ ଅନ୍ୟାୟ ମୃତ୍ୟୁର ପ୍ରତିଶୋଧ ନେବାପାଇଁ ଉପଯୋଗ କରିବେ । କୁହାଯାଇ ଅଛି ଯେ, ଏହି କାହାଣୀଗୁଡ଼ିକ ଦ୍ୱାରା ଜାହାଙ୍ଗୀର ଚିନ୍ତାରେ ପଡ଼ିଯାଇଥିଲେ ଏବଂ ଗୁରୁଙ୍କ ଶତ୍ରୁ ମାନଙ୍କ ଇଚ୍ଛା ଅନୁସାରେ ସେ ତାଙ୍କୁ ଗିରଫ କରିବା ପରିବର୍ତ୍ତେ ଗୁରୁଙ୍କୁ ତାଙ୍କ ଦିଲ୍ଲୀ ଦରବାରରେ ହାଜର ହେବାପାଇଁ ଡକାଇ ପଠାଇଥିଲେ ।

ଏକ ଅପ୍ରତ୍ୟାଶିତ ଘଟଣା ଘଟିଥିଲା । ଗୁରୁ ହରଗୋବିନ୍ଦ ଦିଲ୍ଲୀ ଯାତ୍ରା କରି ନିଜ ପିତାଙ୍କ ଶହୀଦ ହେବା ପାଇଁ ଦାୟୀ ଥିବା ସମ୍ରାଟ ଙ୍କ ନିକଟରେ ନିଜକୁ ଉପସ୍ଥାପିତ କରିଥିଲେ । ସମ୍ରାଟ ଏବଂ ତାଙ୍କ ପତ୍ନୀ ଏହି ଯୁବକ ଗୁରୁଙ୍କ ଲାଳିତ୍ୟ, ଉତ୍ତମତା ଏବଂ ଐଶ୍ୱରୀୟ ଗୁଣ ଦ୍ୱାରା ସଂପୂର୍ଣ୍ଣ ଆକର୍ଷିତ ହୋଇଥିଲେ ଏବଂ ତାଙ୍କ ମନ ଭିତରର ସମସ୍ତ ମନ୍ଦ ଉଦ୍ଦେଶ୍ୟ ଦୂରେଇ ଯାଇଥିଲା । ଏହା ମଧ୍ୟ କୁହାଯାଇଛି ଯେ ଗୁରୁ

ଜାହାଙ୍ଗୀରଙ୍କର ଏକ ପ୍ରିୟ ସାଥୀ ହୋଇଯାଇଥିଲେ, ଏପରିକି ସମ୍ରାଟଙ୍କ କିଛି ଶିକାର ଅଭିଯାନରେ ସେ ତାଙ୍କ ସହିତ ଯାଇଥିଲେ ।

ଗୁରୁ ସମ୍ରାଟଙ୍କ ସହ ଅନେକ ଧାର୍ମିକ ଆଲୋଚନା ମଧ୍ୟ କରିଥିଲେ, ଯିଏ ଏବେବି ଶିଖ ଧର୍ମର ପ୍ରସାର ବିଷୟରେ ଚିନ୍ତିତ ଥିଲେ ଏବଂ ଏହି ନୂତନ ଧର୍ମ ଦ୍ୱାରା ଇସଲାମ ଧର୍ମର କୌଣସି ଅନିଷ୍ଟ ନ ହେବା ପାଇଁ ନିଶ୍ଚିତ ହେବା ପାଇଁ ଚାହୁଁଥିଲେ । ଯେତେବେଳେ ପଚରାଯାଇଥିଲା, କେଉଁ ଧର୍ମ ଭଲ, ହିନ୍ଦୁ ଧର୍ମ ନା ଇସଲାମ, ସେତେବେଳେ ଗୁରୁ ହରଗୋବିନ୍ଦ କବୀରଙ୍କ ପଂକ୍ତିକୁ ଉଦ୍ଧାର କରି ଉତ୍ତର ଦେଇଥିଲେ :

"ଭଗବନ ପ୍ରଥମେ ଆଲୋକ ସୃଷ୍ଟି କରିଥିଲେ, ସମସ୍ତ ପୁରୁଷ ଏଥିରୁ ଜନ୍ମ ହୋଇଥିଲେ । ସମଗ୍ର ବିଶ୍ୱ ଗୋଟିଏ ସ୍ଫୁଲିଙ୍ଗ ରୁ ବାହାରିଥିଲା, କିଏ ଭଲ ଏବଂ କିଏ ଖରାପ ? ସୃଷ୍ଟିକର୍ତ୍ତା ତାଙ୍କର ସୃଷ୍ଟି ଭିତରେ ଅଛନ୍ତି ଏବଂ ସୃଷ୍ଟି ସୃଷ୍ଟିକର୍ତ୍ତାଙ୍କ ଭିତରେ ଅଛି, ସେ ସର୍ବତ୍ର ବିଦ୍ୟମାନ । ମାଟି ସମାନ କିନ୍ତୁ ସେହି ସମାନ ମାଟିରେ କୁମ୍ଭାର ବିଭିନ୍ନ ପ୍ରକାରର ପାତ୍ର ଗଢ଼ିଥାଏ । ମାଟିରେ କିମ୍ବା କୁମ୍ଭାରର କିଛି ଭୁଲ ନାହିଁ । ଭଗବାନ, ବାସ୍ତବରେ ସମସ୍ତଙ୍କ ଠାରେ ବାସ କରିଥାନ୍ତି । ଯାହା ସବୁ ଘଟେ ତାହା ହେଉଛି ତାଙ୍କର କାର୍ଯ୍ୟ । ଯିଏ ତାଙ୍କ ନିକଟରେ ଆତ୍ମସମର୍ପଣ କରିଦିଏ, ସେ ତାଙ୍କୁ ଜାଣିପାରେ । ସେ ତାଙ୍କର ଦାସ । ଭଗବାନ ଅଦୃଶ୍ୟ, ତାଙ୍କୁ ଦେଖାଯାଇ ପାରେ ନାହିଁ । ମୋ ଗୁରୁ ମୋତେ ଏହି ମଧୁର ଉପହାର ଦେଇଛନ୍ତି । କବୀର କୁହନ୍ତି, ମୋର ସନ୍ଦେହ ଦୂର ହୋଇଯାଇଛି । ମୁଁ ସେହି ଶୁଦ୍ଧତାକୁ ନିଜ ଆଖିରେ ଦେଖିଛି ।"

ଏହି ବନ୍ଧୁତ୍ୱ ପ୍ରତି ଇର୍ଷାପରାୟଣ ହୋଇ, ଗୁରୁଙ୍କ ଶତ୍ରୁ ମାନେ ତାଙ୍କୁ ହଟାଇବାକୁ ଉତ୍କଣ୍ଠାର ସହ ଏକ ସୁଯୋଗକୁ ଅପେକ୍ଷା କରୁଥିଲେ । ଯେତେବେଳେ ଜାହାଙ୍ଗୀର ଅସୁସ୍ଥ ହୋଇ ପଡ଼ିଥିଲେ, ସେତେବେଳେ ସେମାନଙ୍କୁ ଏକ ଚମତ୍କାର ସୁଯୋଗ ଆସିଯାଇଥିଲା । ନକଲି ଜ୍ୟୋତିଷ ଏବଂ ଚିକିତ୍ସକ ମାନଙ୍କ ସହ ମିଶି ସେମାନେ ସମ୍ରାଟଙ୍କୁ ବିଶ୍ୱାସ କରାଇଥିଲେ ଯେ, ତାଙ୍କର ଜୀବନ ପ୍ରତି ବିପଦ ଅଛି ଏବଂ ତାଙ୍କ ଜୀବନ ପ୍ରତି ବିପଦ ସୃଷ୍ଟି କରୁଥିବା ମନ୍ଦ ଆତ୍ମାଙ୍କ ଠାରୁ ରକ୍ଷା କରିବା ପାଇଁ ଗ୍ୱାଲିୟର ଦୁର୍ଗରେ ଜଣେ ଐଶରୀୟ ଶକ୍ତି ସଂପୂର୍ଣ୍ଣ ବ୍ୟକ୍ତିଙ୍କ ଉପସ୍ଥିତି ନିହାତି ଆବଶ୍ୟକ । ତାଙ୍କର ଅସୁସ୍ଥତା ଦ୍ୱାରା ଦୁର୍ବଳ ହୋଇ ଅନ୍ଧ ବିଶ୍ୱାସ ଏବଂ ଅସୁରକ୍ଷିତତା ଦ୍ୱାରା ଅନ୍ଧ ହୋଇ ଯାଇଥିବା ଜାହାଙ୍ଗୀର ଗୁରୁଙ୍କୁ ଗ୍ୱାଲିୟର ଦୂର୍ଗରେ ବନ୍ଦୀ କରିବା ପାଇଁ ନିର୍ଦ୍ଦେଶ ଦେଇଥିଲେ ।

ଗୁରୁ ହରଗୋବିନ୍ଦ ୧୬୧୭ ରୁ ୧୬୧୯ ମସିହା ଭିତରେ କିଛି ମାସ ପାଇଁ ଏକପ୍ରକାର କଏଦୀ ଭାବରେ ଦୁର୍ଗ ମଧ୍ୟରେ ବିତାଇଥିଲେ । ଏଠାରେ ଅନେକ ରାଜ

କୁମାର ମାନଙ୍କୁ ମଧ୍ୟ ବନ୍ଦୀ କରି ରଖାଯାଇଥିଲା ଯେଉଁମାନେ ଅତ୍ୟନ୍ତ ଦୁଃଖଦ ଅବସ୍ଥାରେ ରହୁଥିଲେ । ଗୁରୁ ପ୍ରତିଦିନ ପ୍ରାର୍ଥନା ଦ୍ୱାରା ସେମାନଙ୍କ ମାନସିକ ଅବସ୍ଥାକୁ ଉନ୍ନତ ସ୍ତରକୁ ଆଣି ପାରିଥିଲେ ଏବଂ ତାଙ୍କର ଅନେକ ଖାଦ୍ୟ ପଦାର୍ଥ ସେମାନଙ୍କୁ ବାଣ୍ଟି ଦେଉଥିଲେ ।

ତାଙ୍କର ବିଶ୍ୱସ୍ତ ଅନୁଗାମୀ ମାନେ ଚିନ୍ତିତ ଥିଲେ ଯେ, ସେମାନଙ୍କର ଗୁରୁ ତାଙ୍କ ପିତାଙ୍କ ପରି ସମାନ ଭାଗ୍ୟର ସାମନା କରିବେ । କିନ୍ତୁ ଗୁରୁ ହରଗୋବିନ୍ଦ ନିଜେ ନିଜ ଜୀବନ ପାଇଁ କେବେହେଲେ ଭୟଭୀତ ନ ଥିଲେ । ଏହା କୁହାଯାଇଅଛି ଯେ, ତାଙ୍କର ସାଧୁ ପିତାଙ୍କ ବନ୍ଧୁ, ପ୍ରସିଦ୍ଧ ମୁସଲିମ ପିର ହଜରତ ମିଆଁ ମିର, ଜାହାଙ୍ଗୀରଙ୍କୁ କ୍ରମାଗତ ଭାବରେ ଅନୁରୋଧ କରୁଥିଲେ, ଯିଏ ବର୍ତ୍ତମାନ ସୁସ୍ଥ ହୋଇ ଯାଇଥିଲେ ଏବଂ ଗୁରୁଙ୍କ ଦୁର୍ଗରେ ବନ୍ଦୀ ହେବା ବିଷୟ ଭୁଲି ଯାଇଥିଲେ, ଗୁରୁଙ୍କୁ ମୁକ୍ତ କରିବାକୁ କିମ୍ବା ଅପ୍ରତ୍ୟାଶିତ ପରିଣାମର ସମ୍ମୁଖୀନ ହେବାକୁ । ସମ୍ରାଟ ସାଙ୍ଗେ ସାଙ୍ଗେ ଗୁରୁଙ୍କୁ ତୁରନ୍ତ ମୁକ୍ତ କରିବାକୁ ନିର୍ଦ୍ଦେଶ ଦେଇଥିଲେ, କିନ୍ତୁ ତାଙ୍କର ମହାନତା ଏବଂ କରୁଣା ଗୁଣରେ ଗୁରୁ ଦୁର୍ଗ ଛାଡ଼ିବାକୁ ମନା କରିଦେଇ ଥିଲେ ଯେ ପର୍ଯ୍ୟନ୍ତ ଦୁର୍ଗରେ ବନ୍ଦୀ ଅବସ୍ଥାରେ ରହି ଆସୁଥିବା ବାଉନ ଜଣ ରାଜ କୁମାର ତାଙ୍କ ସହିତ ମୁକ୍ତ ନ ହେବେ ।

ଏହି ଅପ୍ରତ୍ୟାଶିତ ଘଟଣା ଦ୍ୱାରା ଜାହାଙ୍ଗୀର ଆଶ୍ଚର୍ଯ୍ୟ ହୋଇ ଯାଇଥିଲେ । ଅତି ଚତୁରତାର ସହ ସେ ସହମତ ହୋଇଥିଲେ ଯେ, ଗୁରୁ ସେତେଜଣ ରାଜ କୁମାରଙ୍କୁ ସ୍ୱାଧୀନତାକୁ ନେଇପାରିବେ ଯେତେଜଣ ଗୁରୁଙ୍କ ପୋଷାକ ଧରିପାରିବେ ।

ଏହି ବୁଦ୍ଧିର ଖେଳରେ ହାରି ନ ଯାଇ, ଗୁରୁ ତାଙ୍କର ଦର୍ଜି (Tailor)କୁ ବାଉନଟି ରିବନ ପରି କିମ୍ବା ଲାଞ୍ଜ ସହିତ ଏକ ତରଙ୍ଗାୟିତ ପୋଷାକ ସିଲେଇ କରିବାକୁ ନିର୍ଦ୍ଦେଶ ଦେଇଥିଲେ । ନିର୍ଦ୍ଦିଷ୍ଟ ଦିନ, ସେ ବାଉନ ଜଣ ଶାସକଙ୍କ ସହ ଦୁର୍ଗ ଛାଡ଼ିଥିଲେ, ପ୍ରତ୍ୟେକ ଶାସକ ଗୁରୁଙ୍କ ପଛେ ପଛେ ତାଙ୍କ ବସ୍ତ୍ରର ଗୋଟେ ଗୋଟେ ରିବନ ବା ଲାଞ୍ଜକୁ ଧରି ଅନୁସରଣ କରିଥିଲେ । ଏହି ଆଶ୍ଚର୍ଯ୍ୟଜନକ ଘଟଣା ଗୁରୁ ହରଗୋବନ୍ଦଙ୍କୁ ବନ୍ଦୀ-ଚୋର ବା ମୁକ୍ତିଦାତା ଭାବରେ ପ୍ରସିଦ୍ଧ କରାଇଥିଲା । ଯେତେବେଳେ ଗୁରୁ ତାଙ୍କର ଦୀର୍ଘ ଅନୁପସ୍ଥିତି ପରେ ଅମୃତସରରେ ପହଞ୍ଚିଥିଲେ, ସେତେବେଳେ ତାଙ୍କର ଶିଷ୍ୟ ମାନେ ତାଙ୍କୁ ସ୍ୱାଗତ କରିବା ପାଇଁ ସାରା ସହରରେ ଦୀପ ପ୍ରଜ୍ୱଳିତ କରିଥିଲେ । ଏହି ଖୁସିର ଘଟଣା, ହିନ୍ଦୁ ପର୍ବ ଦିଓ୍ୱାଲି ଦିନ ହିଁ ଘଟିଥିଲା । ସେହିଦିନ ଠାରୁ, ବିଶ୍ୱସ୍ତ ଶିଖ ମାନେ ଦିଓ୍ୱାଲୀକୁ ବନ୍ଦୀ-ଚୋର ଦିବସ ଭାବରେ ପାଳନ କରିଥାନ୍ତି ଏବଂ ସେମାନଙ୍କ ହିନ୍ଦୁ ଭାଇ ଓ ଭଉଣୀ ମାନଙ୍କ ସହିତ ଦୀପ ଜାଳିଥାନ୍ତି ।

ଗୁରୁଙ୍କ ଜୀବନ କାଳ ମଧ୍ୟରେ ମୂଳ ସଂଗଠନର କେତେକ ପ୍ରତିଷ୍ଠିତ ସଦସ୍ୟଙ୍କର

ଦେହାନ୍ତ ହୋଇଥିଲା । ୧୬୩୧ ମସିହାରେ ବାବା ବୁଦ୍ଧ ରାମଦାସପୁର ଠାରେ ଦେହ ତ୍ୟାଗ କରିଥିଲେ, ଭାଇ ଗୁରୁଦାସ ୧୬୩୬ ମସିହାରେ ଗୋଇନ୍ଦଓ୍ୱାଲ ଠାରେ ଶେଷ ନିଶ୍ୱାସ ତ୍ୟାଗ କରିଥିଲେ, ଗୁରୁ ନାନକଙ୍କ ସୁପୁତ୍ର ଏବଂ ଉଦାସୀ ସଂପ୍ରଦାୟର ନେତା ଶ୍ରୀ ଚନ୍ଦ କରତାରପୁର ଠାରେ ୧୬୨୯ ମସିହାରେ ଇହଲୀଳା ସମ୍ବରଣ କରିଥିଲେ । ଅକ୍ଟୋବର ୧୬୨୭ ମିହାରେ ସମ୍ରାଟ ଜାହାଙ୍ଗୀର ମୃତ୍ୟୁ ବରଣ କରିଥିଲେ ଏବଂ ଶାହାଜାହନ ଦିଲ୍ଲୀ ସିଂହାସନ ଆରୋହଣ କରିଥିଲେ ।

କିଛି ସୂତ୍ର ଆମକୁ କୁହନ୍ତି ଯେ ବାବା ଶ୍ରୀ ଚନ୍ଦ, ଯିଏ ସନ୍ତାନ ହୀନ ଥିଲେ, ସେ ଗୁରୁ ହରଗୋବିନ୍ଦଙ୍କୁ ଅନୁରୋଧ କରିଥିଲେ ଯେ ସେ ଗୁରୁଙ୍କର ଗୋଟିଏ ପୁତ୍ରକୁ ପୋଷ୍ୟପୁତ୍ର ହିସାବରେ ଗ୍ରହଣ କରି ପାରିବେ କି ? ଶ୍ରୀ ଚନ୍ଦଙ୍କୁ ସମ୍ମାନ ଜଣାଇ ଗୁରୁ ହରଗୋବିନ୍ଦ ତାଙ୍କୁ ତାଙ୍କର ବଡ଼ପୁଅ ଗୁରୁଦିତ୍ତଙ୍କୁ ଦେବା ପାଇଁ ବାଛିଥିଲେ । ଷଷ୍ଠ ଗୁରୁଙ୍କ ପୁତ୍ର ଏହିପରି ଶ୍ରୀ ଚନ୍ଦଙ୍କ ଉତ୍ତରାଧିକାରୀ ତଥା ଉଦାସୀ ସଂପ୍ରଦାୟର ନେତା ହୋଇଥିଲେ । ବାବା ଗୁରୁଦିତ୍ତ ନାଟିଙ୍କୁ ବିବାହ କରିଥିଲେ ଏବଂ ସେ ଦୁଇଟି ପୁତ୍ର ସନ୍ତାନଙ୍କୁ ଜନ୍ମ ଦେଇଥିଲେ । ପ୍ରଥମ ପୁତ୍ର ଧୀର ମଲ ଗୁରୁ ଏବଂ ତାଙ୍କ ପରିବାରକୁ ବହୁତ ଅସୁବିଧାରେ ପକାଇଥିଲେ । କିନ୍ତୁ ବାବା ଗୁରୁଦିତ୍ତଙ୍କର ଦ୍ୱିତୀୟ ପୁତ୍ର, ହର ରାୟ, ଶିଖ ଧର୍ମ ପାଇଁ ଆଶୀର୍ବାଦ ରୂପେ ବିବେଚନା ହୋଇଥିଲେ କାରଣ ଶେଷରେ ସେ ସପ୍ତମ ଗୁରୁ ଭାବରେ ତାଙ୍କ ଜେଜେବାପାଙ୍କ ଉତ୍ତରାଧିକାରୀ ରୂପରେ ମନୋନୀତ ହୋଇଥିଲେ ।

ଗୁରୁ ହରଗୋବିନ୍ଦଙ୍କ ଦ୍ୱିତୀୟ ପୁତ୍ର, ଅଟଳ ରାୟ, ଦୁର୍ଭାଗ୍ୟ ବଶତଃ ନିଜର ଆଲୌକିକ ଶକ୍ତି ପ୍ରଦର୍ଶନ କରି ଚମତ୍କାରିତା ଦର୍ଶାଇ ବାର ଅଭ୍ୟାସକୁ ଗ୍ରହଣ କରି ନେଇଥିଲେ ଏପରିକି ଜଣେ ମୃତ ବନ୍ଧୁ ଏବଂ ଖେଳ ସାଥୀଙ୍କୁ ପୁନର୍ବାର ଜୀବନ୍ତ କରିବାକୁ ମଧ୍ୟ ଚେଷ୍ଟା କରିଥିଲେ । ଯେତେବେଳେ ଗୁରୁ ହରଗୋବିନ୍ଦ ଏହା ଶୁଣିଥିଲେ ସେ ତାଙ୍କ ପୁଅକୁ ଭର୍ତ୍ସନା କରି କହିଥିଲେ, "ମୋ ପୁଅ ଭେଦଭାବ ନ କରି ନିଜର ଆଧ୍ୟାତ୍ମିକ ଶକ୍ତିକୁ ନଷ୍ଟ କରିବା ଆରମ୍ଭ କରିଦେଇଛି । ଆମର ବୃତ୍ତି କ'ଣ ବର୍ତ୍ତମାନ ସମସ୍ତଙ୍କର ମୃତ ପୁତ୍ରଙ୍କୁ ପୁନର୍ଜୀବିତ କରିବା ଏବଂ ଈଶ୍ୱରଙ୍କ ଇଚ୍ଛାରେ ହସ୍ତକ୍ଷେପ କରିବା ? ଆମ ମାନଙ୍କୁ କୁହାଯାଇଛି ଯେ, ଭଲ ହେଉ ବା ମନ୍ଦହେଉ ଯାହା ଈଶ୍ୱରଙ୍କ ଖୁସୀ ରେ ଆମ ପାଖକୁ ଆସେ ତାହାକୁ ଗ୍ରହଣ କରିନେବାକୁ ।"

କୁହାଯାଏ ଯେ, ଅଟଳ ରାୟ ଗୁରୁଙ୍କ ଭର୍ତ୍ସନାକୁ ଏତେ ଗମ୍ଭୀରତାର ସହ ନେଇଥିଲେ ଯେ, ଦୁଃଖ ଏବଂ ଅନୁତାପରେ ତାଙ୍କର ଖୁବ୍ ଶୀଘ୍ର ଦେହାନ୍ତ ହୋଇଯାଇଥିଲା । ତାଙ୍କର ମୃତ୍ୟୁ ଗୁରୁ ହରଗୋବିନ୍ଦଙ୍କୁ ବହୁତ ଦୁଃଖ ପହଞ୍ଚାଇ ଥିଲା

ଏବଂ ସେ ତାଙ୍କ ଜୀବନର ନଅଟି ସଂକ୍ଷିପ୍ତ ବର୍ଷକୁ ସ୍ମରଣ କରିବା ପାଇଁ ଅମୃତସର ଠାରେ ବାବା ଅଟଲଙ୍କ ବୁଙ୍ଗା (ଘର) ନାମକ ଏକ ନଅ ମହଲା ବିଶିଷ୍ଟ କୋଠା ନିର୍ମାଣ କରିଥିଲେ ।

ଶାହାଜାହାନଙ୍କର ସିଂହାସନ ଆରୋହଣ ସହିତ ଶିଖ ମାନଙ୍କ ପାଇଁ ସମସ୍ୟା ଆରମ୍ଭ ହୋଇ ଯାଇଥିଲା । ଗୁରୁ ନିଜେ ମୋଗଲ ଏବଂ ସେମାନଙ୍କର ସହଯୋଗୀ ବାହିନୀ ବିରୁଦ୍ଧରେ ଚାରିଟି ଯୁଦ୍ଧ ଲଢ଼ିଥିଲେ ଏବଂ ପ୍ରତ୍ୟେକଟି ମୁକାବିଲାରେ ସେ ବିଜୟୀ ହୋଇଥିଲେ । ଏଥିରେ ଅମୃତସର ଯୁଦ୍ଧ, ଶ୍ରୀ ହରଗୋବିନ୍ଦପୁର ଯୁଦ୍ଧ, ଗୁରୁ ସର ମାରାଜ ଯୁଦ୍ଧ ଏବଂ କରତାରପୁର ଯୁଦ୍ଧ ଅନ୍ତର୍ଭୁକ୍ତ ଥିଲା । ପ୍ରକୃତରେ ସେ ତାଙ୍କ ଅନୁଗାମୀ ମାନଙ୍କୁ ଅସ୍ତ୍ରଶସ୍ତ୍ରରେ ସୁସଜ୍ଜିତ କରିବା ଏବଂ ସମ୍ପ୍ରଦାୟକୁ ସାମରିକକରଣ କରିବାରେ ସଫଳ ହୋଇଥିଲେ । ସେ ମଧ୍ୟ ପ୍ରଥମ ଗୁରୁ ଥିଲେ ଯିଏ ସିଧା ସଳଖ ଯୁଦ୍ଧରେ ବ୍ୟାପୃତ ହୋଇଥିଲେ ଏବଂ ଜଣେ ଯୋଦ୍ଧା-ସାଧୁ ଭାବରେ ସମ୍ମାନର ପାତ୍ର ହୋଇଥିଲେ । କିନ୍ତୁ ଆମେ ମନେ ରଖିବା ଭଲ ହେବ ଯେ ସେ ଅତ୍ୟାଚାରୀକୁ ଦମନ କରିବା ଏବଂ ନିଷ୍ପେଷିତ ମାନଙ୍କୁ ସାହାଯ୍ୟ କରିବା ପାଇଁ ଯୁଦ୍ଧ କରିଥିଲେ ।

ସେ ଜଳନ୍ଧର ନିକଟରେ କିରାଟପୁର ସହର ପ୍ରତିଷ୍ଠା କରିଥିଲେ ଏବଂ ହରଗୋବିନ୍ଦପୁର ସହର ତାଙ୍କରି ନାମ ଅନୁସାରେ ନାମିତ କରାଯାଇଥିଲା ଯେଉଁଠାରେ ସେ ମୋଗଲ ମାନଙ୍କ ଉପରେ ଏକ ଉଲ୍ଲେଖନୀୟ ବିଜୟ ହାସଲ କରିଥିଲେ ।

ଆମମାନଙ୍କୁ କୁହାଯାଇଛି ଯେ, ସନ୍ଥ ରାମଦାସ ଥରେ ଗୁରୁ ହରଗୋବିନ୍ଦଙ୍କୁ ଭେଟିଥିଲେ ଏବଂ ସେତେବେଳେ ସେ ପଚାରିଥିଲେ ଯେ, ସେ ଗୁରୁ ନାନାକଙ୍କ ଆଧ୍ୟାତ୍ମିକ ଆସନର ଉତ୍ତରାଧିକାରୀ ଭାବରେ ଏବଂ ତାଙ୍କର କାର୍ଯ୍ୟ କଳାପ ଯେପରିକି ଏକ ସଶସ୍ତ୍ର ସୈନ୍ୟବାହିନୀର ନେତା, ଏକ ବ୍ୟକ୍ତିଗତ ସୈନ୍ୟ ବାହିନୀ ରଖିବା ଏବଂ ନିଜକୁ ପ୍ରକୃତ ସମ୍ରାଟ ବୋଲି କହିବା, ଭିତରେ କିପରି ସମନ୍ୱୟ ରକ୍ଷା କରିପାରୁଛନ୍ତି । ଗୁରୁ ଉତ୍ତର ଦେଇଥିଲେ ଯେ, ଗୁରୁ ନାନକ କେବଳ ଲୋଭ ତ୍ୟାଗ କରିଥିଲେ, ସେ କେବେହେଲେ ସଂସାର ତ୍ୟାଗ କରି ନ ଥିଲେ ଏବଂ ବର୍ତ୍ତମାନ ସେ ଦୁଇଟି ଉଦ୍ଦେଶ୍ୟରେ ଅସି ଉତ୍ତୋଳନ କରିଛନ୍ତି,ଗରୀବ ଲୋକଙ୍କୁ ସୁରକ୍ଷା ଦେବା ଏବଂ ଅତ୍ୟାଚାରୀ କୁ ବିନାଶ କରିବା । ସେ ଆହୁରି ମଧ୍ୟ କହିଥିଲେ ଯେ, "ମୁଁ ହୁଏତ ଜଣେ ସମ୍ରାଟଙ୍କ ପରି ରାଜକୀୟ ବେଶ ପୋଷାକ ପରିଧାନ କରି ଅଛି ଏବଂ ଜଣେ ସେନାପତିଙ୍କ ପରି ଯୁଦ୍ଧ କରୁଅଛି କିନ୍ତୁ ଅନ୍ତରରେ ମୁଁ ପୁରାପୁରି ଅନାସକ୍ତ ରହିଅଛି ।" ଗୁରୁଙ୍କର ଏହି ଶବ୍ଦଗୁଡ଼ିକ ଶିଖ ରହସ୍ୟବାଦର ଅନନ୍ୟ ଦାର୍ଶନିକ ତତ୍ତ୍ୱକୁ ସ୍ପଷ୍ଟ ଭାବରେ ଦର୍ଶାଇ ଥାଏ । ଏହା ମଧ୍ୟ ଅନୁମାନ କରାଯାଏ ଯେ, ଏହି ସାକ୍ଷାତକାର ରାମଦାସଙ୍କର ସଂସାର

ତ୍ୟାଗ ଧାରଣାକୁ ବଦଳାଇ ଦେଇଥିଲା ଏବଂ ତାଙ୍କୁ ତାଙ୍କ ଶିଷ୍ୟ ଶିବାଜୀଙ୍କୁ ଏକ ଧାର୍ମିକ ତଥା ମହାନ ଯୋଦ୍ଧା-ରାଜା ଭାବରେ ପ୍ରଶିକ୍ଷଣ ଦେବା ପାଇଁ ପ୍ରେରଣା ଯୋଗାଇଥିଲା ।

ଗୁରୁ ହରଗୋବିନ୍ଦ ସ୍ପଷ୍ଟ ଭାବରେ ଦେଖି ପାରିଥିଲେ ଯେ, ଶିଖ ମାନେ ଆଉ ସେମାନଙ୍କର ସ୍ୱାଧୀନତାକୁ ସର୍ବକାଳୀନ ଅନୁମୋଦିତ ବୋଲି ଭାବିନେଇ ପାରିବେ ନାହିଁ ଏବଂ ସେଇଥିପାଇଁ ସେମାନଙ୍କୁ ସମସ୍ତ ପ୍ରକାର ଅତ୍ୟାଚର ଏବଂ ଉତ୍ପୀଡ଼ନ ବିରୁଦ୍ଧରେ ଅସ୍ତ୍ର ଉତ୍ତୋଳନ କରିବାର ଆବଶ୍ୟକତା ଅନୁଭବ କରିପାରିଥିଲେ । ତେଣୁ ସେ ମାସାଣ୍ଡ ଏବଂ ଅନ୍ୟ ସମସ୍ତ ଶିଖ ମାନଙ୍କୁ ନିର୍ଦ୍ଦେଶ ଦେଇଥିଲେ ଯେ, ଭବିଷ୍ୟତରେ ସେମାନେ କେବଳଟଙ୍କା ପରିବର୍ତ୍ତେ ଘୋଡ଼ା ଏବଂ ଅସ୍ତ୍ରଶସ୍ତ୍ର ଦାନ କରିବେ ।

ଗୁରୁ ହରଗୋବିନ୍ଦଙ୍କ ବାଣୀ - (Guru Hargobind's Teachings)

ଏହା କଦାପି ନୁହେଁ ଯେ ଗୁରୁ ହରଗୋବିନ୍ଦ ଜଣେ ଗୁରୁଙ୍କ ଆଧ୍ୟାତ୍ମିକ ଦାୟିତ୍ୱକୁ ଅବହେଳା କରିଥିଲେ । ଗୁରୁ ସୂର୍ଯ୍ୟୋଦୟର ବହୁତ ପୂର୍ବରୁ ଶଯ୍ୟା ତ୍ୟାଗ କରୁଥିଲେ ଏବଂ ପବିତ୍ର ପୁଷ୍କରିଣୀରେ ସ୍ନାନ କରୁଥିଲେ । ତା ପରେ ସେ ନୀରବ ଧ୍ୟାନରେ ବସିଯାଉଥିଲେ । ସେ ପ୍ରତିଦିନ ସକାଳେ ଏବଂ ସନ୍ଧ୍ୟାରେ ତାଙ୍କ ଶିଷ୍ୟ ମାନଙ୍କ ସହ ପ୍ରାର୍ଥନାରେ ଯୋଗ ଦେଉଥିଲେ । ଏହିପରି ଭାବରେ ସେ ନିଶ୍ଚିତ କରିଥିଲେ ଯେପରି ବର୍ତ୍ତମାନର ସାମରିକକରଣ ଉପରେ ଗୁରୁତ୍ୱ ତାଙ୍କ ଅନୁଗାମୀ ମାନଙ୍କୁ ଶିଖ ଧର୍ମର ଆଧ୍ୟାତ୍ମିକ ଆଦର୍ଶ ରୁ ଦୂରେଇ ରଖିବ ନାହିଁ । ସେ ମଧ୍ୟ ବହୁଳ ଭାବରେ ଭ୍ରମଣ କରିଥିଲେ, ଗୁରୁଦ୍ୱାର ମାନ ସ୍ଥାପନ କରିଥିଲେ ଏବଂ ଗୁରୁ ବାଣୀଙ୍କ ବକ୍ତବ୍ୟର ପ୍ରଚର କରିଥିଲେ । ତାଙ୍କର ଚୁମ୍ବକୀୟ ବ୍ୟକ୍ତିଗତ ପ୍ରଭାବ ଏବଂ ତାଙ୍କର ପ୍ରଭାବଶାଳୀ ପ୍ରଚର ରେ, ପଞ୍ଜାବର ସମଗ୍ର ମାଲଓ୍ୱା ଅଞ୍ଚଳ ଶିଖ ଧର୍ମକୁ ଗ୍ରହଣ କରିଥିଲା । ସେ ଧର୍ମର ପ୍ରଚର କରିବା ପାଇଁ କାଶ୍ମୀର ଏବଂ ପିଲଭିତ ପରିଦର୍ଶନ କରିଥିଲେ ଏବଂ ଏବେ ମଧ୍ୟ ଏହି କ୍ଷେତ୍ରଗୁଡ଼ିକରେ ଶିଖ ମାନେ ବହୁତ ସଂଖ୍ୟାରେ ବାସ କରିଥାନ୍ତି ।

ସେ ଖିଶ ମାନଙ୍କୁ ଶିଖ ଧର୍ମ ପ୍ରଚର କରିବା ପାଇଂ ବଙ୍ଗଳା ଏବଂ ବିହାର ଭଳି ଦୂର ସ୍ଥାନକୁ ପଠାଇଥିଲେ । ଗୁରୁ ହରଗୋବିନ୍ଦ ଉଦାସୀ (ଏକ ଧାର୍ମିକ ସାଧୁ ସମ୍ପ୍ରଦାୟ ଯାହାଙ୍କୁ ନାନକ ପୁତ୍ର ମଧ୍ୟ କୁହାଯାଇଥାଏ) ମାନଙ୍କୁ ଶିଖ ଧର୍ମ ପ୍ରଚର କରିବାକୁ ଅନୁମତି ଦେଇଥିଲେ କିନ୍ତୁ ସେମାନଙ୍କୁ ଶିଖ ଧର୍ମରେ ସାମିଲ କରି ନ ଥିଲେ । ତାଙ୍କ ପ୍ରଭାବରେ ବହୁ ସ୍ଥାନୀୟ ଲୋକ ଶିଖ ଧର୍ମ ଗ୍ରହଣ କରିଥିଲେ । ତାଙ୍କ ବ୍ୟକ୍ତିଗତ ଜୀବନରେ ଗୁରୁ ହରଗୋବିନ୍ଦ ଗୁରୁ ନାନକଙ୍କ ପ୍ରକୃତ ଚରିତ୍ରକୁ କେବେହେଲେ ବି

ପରିତ୍ୟାଗ କରି ନ ଥିଲେ, ଯାହାଙ୍କର ସେ ଉତ୍ତରାଧିକାରୀ ଥିଲେ ଏବଂ ଯାହାଙ୍କର ବାଣୀ, ତାଙ୍କୁ ଏ ଦୁନିଆରେ ବିସ୍ତାର କରିବାକୁ ଥିଲା ।

ଗୁରୁ ନାନକଙ୍କର ଏକ ପ୍ରସିଦ୍ଧ ବାଣୀ ଥିଲା ଯେ, "କୌଣସି ମୁସଲମାନ ନାହାନ୍ତି, କୌଣସି ହିନ୍ଦୁ ନାହାନ୍ତି ।" ସେ ଏବଂ ତାଙ୍କର ଉତ୍ତରାଧିକାରୀ ମାନେ ସମସ୍ତଙ୍କ ପାଇଁ ଶାନ୍ତି, ସମାନତା ଏବଂ ସ୍ୱାଧୀନତାର ପ୍ରଚାର କରିଥିଲେ । ଗୁରୁ ଅର୍ଜନ ଦେବଙ୍କ ଶହୀଦ ହେବା ପରେ ହିଁ ଶିଖ ମାନଙ୍କ ପାଇଁ ଏହା ସ୍ପଷ୍ଟ ହୋଇ ଯାଇଥିଲା ଯେ, ପ୍ରତିରକ୍ଷା ସାମରିକ ଆଭିମୁଖ୍ୟ ବିନା ଶାନ୍ତିପୂର୍ଣ୍ଣ ସହବସ୍ଥାନ ସମ୍ଭବ ନୁହେଁ । ଅନ୍ୟାୟ, ଅତ୍ୟାଚାର ଏବଂ ଶୋଷଣର ମୁକାବିଲା କରିବାକୁ ପଡ଼ିବ । ଜାତି ବିଭାଜନ, ଧାର୍ମିକ ଭେଦଭାବ ଏବଂ ଅନ୍ଧ ବିଶ୍ୱାସର ବିଭୀଷିକା ସାଧାରଣ ଲୋକଙ୍କ ଜୀବନ ଏକ ଜୀବନ୍ତ ନର୍କରେ ପରିଣତ କରିଦେଇଥିଲା । ଅତ୍ୟାଚାରୀ ଏବଂ ଅତ୍ୟାଚାରିତ ଉଭୟ ମୁସଲମାନ ଏବଂ ହିନ୍ଦୁ ଥିଲେ । ଏହି ଅତ୍ୟାଚାର ବିରୁଦ୍ଧରେ ଗୁରୁ ହରଗୋବିନ୍ଦ ସିଙ୍ଗ ଉଭୟ ଉପାସନା ଏବଂ ଖଣ୍ଡାର ଶକ୍ତି ବିନିଯୋଗ କରିଥିଲେ ।

ପ୍ରକୃତ କଥା ହେଉଛି, ଗୁରୁ ହୃଦୟଙ୍ଗମ କରି ପାରିଥିଲେ ଯେ ଶିଖ ମାନେ ଆଉ ସେମାନଙ୍କର ସ୍ୱାଧୀନତାକୁ ସର୍ବକାଳୀନ ଅନୁମୋଦିତ ବୋଲି ଗ୍ରହଣ କରି ପାରିବେ ନାହିଁ । ତେଣୁ ସେ ତାଙ୍କର ଭକ୍ତ ମାନଙ୍କୁ ଅସ୍ତ୍ର ଧାରଣ କରିବା ପାଇଁ ଆହ୍ୱାନ ଦେଇଥିଲେ ଏବଂ ଆବଶ୍ୟକ ସ୍ଥଳେ ମାନବ ଅଧିକାରର ସୁରକ୍ଷା ତଥା ମାନବ ସ୍ୱାଧୀନତା, ସମାନତା ଏବଂ ଭ୍ରାତୃତ୍ୱ ପାଇଁ ଛିଡ଼ା ହେବାକୁ କହିଥିଲେ । ଏହିପରି ସେ ଆତ୍ମରକ୍ଷା ପାଇଁ ସାମରିକ ବିଦ୍ୟା ଶିକ୍ଷା କରିବା, ଘୋଡ଼ା ରଖିବା ଏବଂ ଅସ୍ତ୍ରଶସ୍ତ୍ର ରଖିବା ପାଇଁ ଶିଖ ମାନଙ୍କୁ ହୁକୁମ ନାମା (ଆଦେଶ) ଜାରି କରିଥିଲେ ।

ତାଙ୍କର ଶେଷଦିନଗୁଡ଼ିକ ସେ କିରାଟପୁରରେ ଅତିବାହିତ କରିଥିଲେ, ଯେଉଁ ସହରକୁ ନିଜେ ନିର୍ମାଣ କରିଥିଲେ । ଗୁରୁ ତାଙ୍କ ପୁତ୍ର ଗୁରୁଦିତ୍ତ ଏବଂ ଅଟଳ ରାୟଙ୍କ ଅକାଳ ମୃତ୍ୟୁରେ ଗଭୀର ଭାବରେ ମ୍ରିୟମାଣ ହୋଇ ପଡ଼ିଥିଲେ । ତାଙ୍କର ଅନ୍ୟ ଦୁଇ ପୁଅ ସୁରଜ ମଲ ଏବଂ ଅନିଲ ରାୟ ଅତ୍ୟଧିକ ସାଂସାରିକ ହୋଇଥିଲା ବେଳେ ସାନପୁଅ ତେଗ ବାହାଦୁର ଏକାକୀତ୍ୱ ଏବଂ ଧ୍ୟାନକୁ ପସନ୍ଦ କରିଥିଲେ । ଗୁରୁ ହରଗୋବିନ୍ଦ ବର୍ତ୍ତମାନ ତାଙ୍କର ନାତି ହର ରାୟ, ବାବା ଗୁରୁଦିତ୍ତଙ୍କ ପୁତ୍ର,ଙ୍କୁ ତାଙ୍କର ପ୍ରାକୃତିକ ଉତ୍ତରାଧିକାରୀ ଭାବରେ ତାଲିମ ଦେବା ଆରମ୍ଭ କରିଥିଲେ । ହର ରାୟ ଜଣେ ଧାର୍ମିକ ଯୁବକ ଥିଲେ ଏବଂ ଗୁରୁ ହରଗୋବିନ୍ଦ ତାଙ୍କୁ ଅସ୍ତ୍ରଶସ୍ତ୍ର ତଥା ଆଧ୍ୟାତ୍ମିକ କ୍ଷେତ୍ରରେ ତାଲିମ ଦେବା ଆରମ୍ଭ କରି ଦେଇଥିଲେ । ହର ରାୟ ଚଉଦ ବର୍ଷ ବୟସରେ ଗୁରୁ ହରଗୋବିନ୍ଦଙ୍କ ଦ୍ୱାରା ସପ୍ତମ ଶିଖ ଗୁରୁ ଭାବରେ ଅଭିଶିକ୍ତ ହୋଇଥିଲେ । ଗୁରୁ

ହରଗୋବିନ୍ଦ ତାଙ୍କ ଉତ୍ତରାଧିକାରୀ ଭାବରେ ଗୁରୁ ହର ରାୟଙ୍କ ଆଗରେ ନତମସ୍ତକ ହୋଇ ପ୍ରଣାମ କରିଥିଲେ । ଅଳ୍ପ ଦିନ ପରେ ୧୬୪୪ ମସିହାରେ ଗୁରୁ ହରଗୋବିନ୍ଦ ଦେହ ତ୍ୟାଗ କରିଥିଲେ । ତାଙ୍କ ଜୀବନ କାଳ ଭିତରେ ସେ ଶିଖ ମାନଙ୍କୁ ସୈନିକ-ଶିଷ୍ୟରେ ପରିଣତ କରି ପାରିଥିଲେ ।

ସପ୍ତମ ଗୁରୁ - ଗୁରୁ ହର ରାୟ

ଉପକ୍ରମଣିକା -

ଗୁରୁ ତାଙ୍କର ଉଦାରତାରେ ଆମମାନଙ୍କ ପାଖରେ ପହଞ୍ଚି ଥାନ୍ତି ଏବଂ ତାଙ୍କର ଅନୁଗ୍ରହରେ ଆମକୁ ଆମର ଆତ୍ମ ସମୀକ୍ଷା ରୁ ବଞ୍ଚିତ କରୁଥିବା ଅହଂକାରକୁ ନଷ୍ଟ କରି ଅଜ୍ଞତାକୁ ଚିରି ଫୋପାଡ଼ି ଦେଇଥାନ୍ତି । ସେ ଆମକୁ ଆମର ପ୍ରକୃତ ପରିଚୟ ପ୍ରକାଶ କରିଥାନ୍ତି - ତତ୍ ତ୍ୱମ୍ ଅସି ! ଅର୍ଥାତ "ତୁମେ ସେହି"। ଏହା ତାଙ୍କର ଅନୁଗ୍ରହ ଯାହା ଆମକୁ ଜନ୍ମ ଏବଂ ମୃତ୍ୟୁ ଚକ୍ରର ଶୃଙ୍ଖଳ ରୁ ମୁକ୍ତ କରି ପାରିଥାଏ । ଅନୁଗ୍ରହର ଏହି ଉପହାର ଗୁରୁଙ୍କ ଉପରେ ନିଜେ ଭଗବାନଙ୍କ ଦ୍ୱାରା ବିକଶିତ ହୋଇଥିଲା - କାରଣ ଈଶ୍ୱର ଜାଣନ୍ତି ଯେ ଏ ଜଗତରେ ଅନୁଗ୍ରହର ଅତ୍ୟନ୍ତ ଆବଶ୍ୟକତା ଅଛି । ଅବଶ୍ୟ ସେ ସର୍ବ ବିଦ୍ୟମାନ ଅଟନ୍ତି : ଆମର ବ୍ୟକ୍ତିଗତ ଉନ୍ନତି ପାଇଁ, ଆମର ବ୍ୟକ୍ତିଗତ ମୁକ୍ତି ପାଇଁ ସେ ଆମକୁ ଗୁରୁ ପ୍ରଦାନ କରିଛନ୍ତି। ଏହି କାରଣ ରୁ ଆମର ପ୍ରାଚୀନ ଶାସ୍ତ୍ରଗୁଡ଼ିକ ଆମକୁ ଗୁରୁଙ୍କୁ ଈଶ୍ୱର ଭାବରେ ପୂଜା କରିବା ପାଇଁ ନିର୍ଦ୍ଦେଶ ଦେଇଛନ୍ତି । ଏହି ମାନବ ଜନ୍ମ ରେ, ଆମେ ବ୍ୟକ୍ତିଗତ ଭାବରେ ଭଗବାନଙ୍କୁ ଦେଖି ପାରୁନାହୁଁ, କିନ୍ତୁ ଏହା ଆମର ପରମ ସୌଭାଗ୍ୟ ଯେ ଆମେ ଗୁରୁଙ୍କୁ ଦେଖି ପାରୁଛୁ, ତାଙ୍କ ଉପଦେଶ ଶ୍ରବଣ କରି ପାରୁଛୁ, ପ୍ରତିଦିନ ସତ୍‌ସଙ୍ଗ ସହ ନିଜକୁ ଜଡ଼ିତ କରି ପାରୁଛୁ, ତାଙ୍କର ଦୟାର୍ଦ୍ର ପ୍ରସାଦକୁ ଗ୍ରହଣ କରି ପାରୁଛୁ- ପ୍ରକୃତରେ ତାଙ୍କର ପବିତ୍ର ପଦ ଯୁଗଳକୁ ଶ୍ରଦ୍ଧାରେ ଧରି ପାରୁଛୁ- ଏବଂ ତାଙ୍କ ମାଧ୍ୟମରେ ଈଶ୍ୱରଙ୍କ ସମସ୍ତ ଆଶୀର୍ବାଦ ଏବଂ ଭଗବାନଙ୍କର ସମସ୍ତ କୃପା ଆମେ ଲାଭ କରି ପାରୁଛୁ ।

ଏହିପରି, ଷଷ୍ଠ ଗୁରୁଙ୍କ ଆଶୀର୍ବାଦ ଏବଂ ଅନୁଗ୍ରହ ତାଙ୍କ ସାନ ନାତି ହର ରାୟଙ୍କ ଉପରେ ଅଜାଡ଼ି ହୋଇ ପଡ଼ିଥିଲା, ଯିଏକି ତାଙ୍କର ଉତ୍ତରାଧିକାରୀ ଭାବରେ

ମନୋନୀତ ହୋଇଥିଲେ ଏବଂ ମାତ୍ର ଚଉଦ ବର୍ଷ ବୟସରେ ସିଂହାସନ ଆରୋହଣ କରିଥିଲେ ।

ଶୈଶବ ଏବଂ ପ୍ରାରମ୍ଭିକ ଜୀବନ -

ଗୁରୁ ହର ରାୟ ଜାନୁଆରୀ ୧୬ ତାରିଖ ୧୬୩୦ ମସିହାରେ କରତାରପୁରରେ ଜନ୍ମ ଗ୍ରହଣ କରିଥିଲେ । ଯେଉଁ ସହର ତାଙ୍କର ସାଧୁ ପିତାମହଙ୍କ ଦ୍ୱାରା ପ୍ରତିଷ୍ଠିତ ହୋଇଥିଲା । ତାଙ୍କର ପିତା ବାବା ଗୁରୁଦିତ୍ତ, ଯେ କି ଗୁରୁ ହରଗୋବିନ୍ଦଙ୍କ ପୁତ୍ର ଏବଂ ମା ମାତା ନିହାଲ କୌର ଥିଲେ । ତାଙ୍କର ଜେଜେବାପା ହିଁ ଶିଶୁଟିର ନାମ ହର ରାୟ ଦେଇଥିଲେ । ପିଲାଟି ତାଙ୍କର କୋମଳ ପ୍ରକୃତି ଏବଂ ଭକ୍ତ ସ୍ୱଭାବ ପାଇଁ ଉଲ୍ଲେଖନୀୟ ଥିଲା, ଯାହା ତାଙ୍କୁ ଗୁର ହରଗୋବିନ୍ଦଙ୍କର ପ୍ରିୟ ନାତି କରିପାରିଥିଲା ।

ସେ ଯାହା ହେଉ, ହର ରାୟଙ୍କୁ ପିଲା ଦିନ ରୁ ଗୁରୁଙ୍କ ସୈନ୍ୟ ମାନଙ୍କ ସାଙ୍ଗରେ ତାଲିମ ଦିଆଯାଇଥିଲା । ଦିନେ, ସେ ନିଜ ଜେଜେବାପାଙ୍କ ସଶସ୍ତ୍ର ପୁରୁଷ ମାନଙ୍କ ସାଙ୍ଗରେ ଘୋଡ଼ାରେ ଯାଉଥିଲାବେଳେ, ଦେଖିବାକୁ ପାଇଥିଲେ ଯେ ତାଙ୍କ ଜେଜେବାପା ଏକାକୀ ଏକ ଉଦ୍ୟାନରେ ବସିଛନ୍ତି । ଅତ୍ୟନ୍ତ ଉତ୍ସାହିତ ହୋଇ ବାଳକଟି ଘୋଡ଼ା ଉପରୁ ଡେଇଁ ପଡ଼ିଥିଲା ଏବଂ ଗୁରୁଙ୍କୁ ପ୍ରଣାମ କରି ଆଶୀର୍ବାଦ ନେବା ପାଇଁ ତାଙ୍କ ଆଡ଼କୁ ଦୌଡ଼ି ଯାଇଥିଲା । ସେ ସେହି ସମୟରେ ଏକ ଢିଲା ଲମ୍ବା ପୋଷାକ "ଚୋଲା" ପରିଧାନ କରିଥିଲେ ଯାହାକୁ ଶିଖ ଯୋଦ୍ଧା ମାନେ ପସନ୍ଦ କରୁଥିଲେ । ଚୋଲାର ଅନେକ ଗୁଡ଼ିଏ କୁଞ୍ଚ ଗୋଲାପ ବୁଦାର କଣ୍ଟାରେ ଲାଗିଯାଇଥିଲା ଯାହା ଫଳରେ ଗୋଲାପ ଗଛର ଗୋଟିଏ ଶାଖା ଭାଙ୍ଗି ଯାଇ ଗୋଲାପ ଫୁଲର ପାଖୁଡ଼ାଗୁଡ଼ିକ ଛିଣ୍ଡିଯାଇ ବିଛୁରିତ ହୋଇ ଯାଇଥିଲା । ନିଜ ଅଜାଣତରେ ବୁଦା ର କ୍ଷତି ଘଟାଇଥିବାରୁ ଯୁବକଟି ଅତ୍ୟନ୍ତ ମ୍ରିୟମାଣ ହୋଇ ପଡ଼ିଥିଲା । ଏହା ଏକ ସୌନ୍ଦର୍ଯ୍ୟର ବସ୍ତୁ ଥିଲା ଏବଂ ତାଙ୍କର ଅବହେଳା ଏକ ଜୀବନ୍ତ ବୃକ୍ଷକୁ ଆଘାତ ଦେଇଥିଲା । ଲଜ୍ଜା ଯୋଗୁଁ ସେ କାନ୍ଦି ପକାଇଥିଲେ, ତାଙ୍କର କୋମଳ ହୃଦୟ ସେ କରିଥିବା କ୍ଷତି ଦ୍ୱାରା କ୍ଷତ ବିକ୍ଷତ ହୋଇପଡ଼ିଥିଲା । ତାଙ୍କ ଜେଜେବାପା ବାଳକଟିକୁ ସାନ୍ତ୍ୱନା ଦେଇ ତାଙ୍କୁ ପରାମର୍ଶ ଦେଇଥିଲେ, "ସର୍ବଦା ତୁମର ପୋଷାକ ପିନ୍ଧ, କିନ୍ତୁ ତୁମେ ଚାଲିଲା ବେଳେ ସାବଧାନ ରୁହ । ଭଗବାନଙ୍କ ସେବକମାନେ ପ୍ରତ୍ୟେକ ଜିନିଷ ପ୍ରତି କୋମଳ ହେବା ଉଚିତ ।" ଗୁରୁ ତାଙ୍କୁ ସ୍ନେହପୂର୍ଣ୍ଣ ଭାବରେ କହିଲେ, "ତୁମକୁ ମଧ୍ୟ ମନେରଖିବାକୁ ହେବ ଯେ, ଯେତେବେଳେ ତୁମେ ସେବକ ଭାବରେ ଜୀବନ ଯାପନ କରିବାକୁ

ଆରମ୍ଭ କରିବ, ସେତେବେଳେ ତୁମର ସ୍ନେହପୂର୍ଣ୍ଣ ସୁରକ୍ଷା ସମସ୍ତଙ୍କୁ ଯୋଗାଇଦେବା ତୁମର କର୍ତ୍ତବ୍ୟ ହୋଇପଡ଼ିବ।"

ଗୁରୁ ଭାବରେ ଘୋଷଣା - (Ordination as Guru)

ହର ରାୟଙ୍କର ଜଣେ ବଡ଼ ଭାଇ, ଧୀର ମଲ ଥିଲେ କିନ୍ତୁ ଗୁରୁ ହରଗୋବିନ୍ଦ ତାଙ୍କର ଉତ୍ତରାଧିକାରୀ ଭାବରେ ତାଙ୍କର ବଡ଼ ନାତି ଙ୍କୁ ବାଛି ନ ଥିଲେ। ଚଉଦ ବର୍ଷ ବୟସରେ, ଉପଯୁକ୍ତ ତାଲିମ ପାଇବା ପରେ, ହର ରାୟ ତାଙ୍କ ଜେଜେବାପାଙ୍କର ମାର୍ଚ୍ଚ ୧୬୪୪ରେ ମୃତ୍ୟୁର ଅଳ୍ପ ଦିନ ପରେ ଗୁରୁ ଭାବରେ ଦୀକ୍ଷିତ ହୋଇଥିଲେ। ଏଥିରୁ ସ୍ପଷ୍ଟ ଜଣା ପଡ଼ିଥିଲା ଯେ, ଷଷ୍ଠ ଗୁରୁ ତାଙ୍କର ନାତି ପାଖରେ ଏକ ସୂକ୍ଷ୍ମ ଏବଂ ରହସ୍ୟମୟ ରୂପ, ଗୁରୁ ନାନକ ଏବଂ ତାଙ୍କର ସମସ୍ତ ସାଧୁ ଉତ୍ତରାଧିକାରୀ ମାନଙ୍କର ଚେତନା ପ୍ରତିଫଳିତ ହେଉଥିବାର ଦେଖି ପାରିଥିଲେ। ତାଙ୍କ ଜେଜେବାପାଙ୍କ ପରି ଗୁରୁ ହର ରାୟ ମଧ୍ୟ ତାଙ୍କ ବ୍ୟକ୍ତିଗତ ରକ୍ଷୀ ଭାବରେ ଦୁଇ ହଜାର ରୁ ଅଧିକ ଅଶ୍ୱାରୋହୀ ସୈନିକ ନିଯୁକ୍ତ କରିଥିଲେ। ଗୁରୁ ହରଗୋବିନ୍ଦଙ୍କ ଅନେକ ଯୁଦ୍ଧ ପରେ ଗୁରୁ ହର ରାୟଙ୍କ ସମୟ ଶିଖ ସମ୍ପ୍ରଦାୟ ପାଇଁ ଏକୀକରଣ ଏବଂ ଦୃଢ଼ୀକରଣର ସମୟ ଥିଲା। ସପ୍ତମ ଗୁରୁ ତାଙ୍କ ଜୀବନରେ କୌଣସି ବଡ଼ ଯୁଦ୍ଧ କରି ନ ଥିଲେ। ଗୁରୁ ହର ରାୟ ଶିକାର କରିବାକୁ ବହୁତ ଭଲ ପାଉଥିଲେ, କିନ୍ତୁ ତାଙ୍କର ସମ୍ବେଦନଶୀଳ ପ୍ରକୃତି ତାଙ୍କୁ ପଶୁ ମାନଙ୍କୁ ମାରିବାକୁ ଦେଉ ନ ଥିଲା ବରଂ ସେ ପଶୁ ମାନଙ୍କୁ ଘରକୁ ନେଇଯାଉଥିଲେ ଏବଂ ସେମାନଙ୍କୁ ତାଙ୍କର ପ୍ରାଣୀ ଉଦ୍ୟାନରେ ଗୃହ ପାଳିତ ପଶୁ ଭାବରେ ରଖୁଥିଲେ।

୧୬୪୦ ମସିହାରେ, ସେ ଉତ୍ତର ପ୍ରଦେଶର ବୁଲନ୍ଦସହର ଜିଲ୍ଲାର ଅନୁପସହର ନିବାସୀ ଦୟାରାମଙ୍କ ସୁପୁତ୍ରୀ ସୁଲକ୍ଷ୍ମୀଙ୍କୁ ବିବାହ କରିଥିଲେ। ସେମାନଙ୍କର ଦୁଇଟି ପୁତ୍ର ଥିଲେ : ବାବା ରାମ ରାୟ ଏବଂ ଶ୍ରୀ ହରକ୍ରିଶନ୍।

ହର୍ବାଲ ଔଷଧ ଏବଂ ସେମାନଙ୍କର ଆରୋଗ୍ୟ କ୍ଷମତା ପ୍ରତି ଗଭୀର ଭାବରେ ଆଗ୍ରହୀ ସପ୍ତମ ଗୁରୁ କିରାଟପୁର ଠାରେ ଏକ ଆୟୁର୍ବେଦିକ ହର୍ବାଲ ଔଷଧ କେନ୍ଦ୍ର ପ୍ରତିଷ୍ଠା କରିଥିଲେ। କୁହାଯାଇଛି ଯେ, ଥରେ ସମ୍ରାଟ ଶାହଜାହାନଙ୍କ ବଡ଼ ପୁଅ ଦାରା ଶିଖୋ କିଛି ଅଜ୍ଞାତ ରୋଗ ଯୋଗୁଁ ଗୁରୁତର ଅସୁସ୍ଥ ହୋଇପଡ଼ିଥିଲେ। ଏହା ଚୁପ୍‌ଚାପ୍ କୁହା ଯାଉଥିଲା ଯେ, ଯୁବରାଜଙ୍କୁ ପ୍ରକୃତରେ ତାଙ୍କର ଷଡ଼ଯନ୍ତ୍ରକାରୀ ସାନ ଭାଇ ଅଉରଙ୍ଗଦେବଙ୍କ ଦ୍ୱାରା ଏକ ବିରଳ ପ୍ରକାରର ବିଷ ଦିଆ ଯାଇଥିଲା, ଯିଏ କି ସିଂହାସନକୁ ନ୍ୟାୟ ବା ଅନ୍ୟାୟ ଉପାୟରେ ଦଖଲ କରିବା ପାଇଁ ଦୃଢ଼ ନିଶ୍ଚୟ କରିଥିଲେ। ସର୍ବୋତ୍ତମ ରାଜ ଚିକିତ୍ସକ ଏବଂ ସେମାନଙ୍କର ଚତୁର ଉପଚାର ତାଙ୍କୁ

ଆରୋଗ୍ୟ କରିପାରିନଥିଲା । ପ୍ରବଳ ହତାଶା ରେ, ଗୁରୁ ହର ରାୟଙ୍କ ହର୍ବାଲ ଔଷଧ ଉପରେ ଦକ୍ଷତା ବିଷୟରେ ଶୁଣିଥିବା ସମ୍ରାଟ, ଗୁରୁଙ୍କୁ ଉପଯୁକ୍ତ ଗୁଳ୍ମ (herb) ଏବଂ ଅନ୍ୟାନ୍ୟ ସାମଗ୍ରୀ ଯୋଗାଇ ଦେବାକୁ ଅନୁରୋଧ କରିଥିଲେ, ଯାହାଦ୍ୱାରା ତାଙ୍କର ପୁଅର ଚିକିତ୍ସା ପାଇଁ ଆବଶ୍ୟକ ଔଷଧ ତିଆରି ହୋଇ ପାରିବ । ନମ୍ରତାର ସହ ତାଙ୍କ ଅନୁରୋଧକୁ ଗ୍ରହଣ କରି ଗୁରୁ କିଛି ବିରଳ ତଥା ପ୍ରଭାବଶାଳୀ ହର୍ବାଲ ଔଷଧ ବାଛିଥିଲେ ଏବଂ ତାହାକୁ ସେ ସମ୍ରାଟଙ୍କ ଦୂତଙ୍କୁ ହସ୍ତାନ୍ତର କରିଥିଲେ ।

ନିକଟ ଅତୀତରେ ମୋଗଲ ସମ୍ରାଟ ମାନେ ଶିଖ ଧର୍ମ ପାଇଁ ବହୁତ ଅସୁବିଧାର କାରଣ ହୋଇଥିଲେ । କିନ୍ତୁ ଗୁରୁ ସେହି ସମୟରେ ବହୁତ ଦୟାଳୁ, ଉଦାର ଏବଂ କ୍ଷମାଶୀଳ ଥିଲେ । ତାଙ୍କ କାର୍ଯ୍ୟକଳାପରେ ଆଶ୍ଚର୍ଯ୍ୟ ହୋଇ ଯାଉଥିବା ଅନୁଗାମୀ ମାନଙ୍କୁ ସେ କହୁଥିଲେ, "ଦେଖ ! ଗୋଟିଏ ହାତରେ ମଣିଷ ଫୁଲ ଛିଡ଼ାଇ ଥାଏ ଏବଂ ଅନ୍ୟହାତରେ ସେଗୁଡ଼ିକୁ ପ୍ରଦାନ କରିଥାଏ, କିନ୍ତୁ ଫୁଲଗୁଡ଼ିକ ଦୁଇ ହାତକୁ ସମାନ ଭାବରେ ସୁଗନ୍ଧିତ କରିଥାନ୍ତି । କୁରାଢ଼ୀଟି ଚନ୍ଦନ ଗଛକୁ କାଟିଥାଏ, ତଥାପି ଚନ୍ଦନ କୁରାଢ଼ୀକୁ ସୁଗନ୍ଧିତ କରିଥାଏ । ତେଣୁ ଗୁରୁ ମନ୍ଦ ପାଇଁ ଭଲ ଫେରାଇବା ଉଚିତ ।"

ଦାରା ଶିଖୋ ମୃତ୍ୟୁର ନିଷ୍ଠୁର ମୁଖରୁ ରକ୍ଷା ପାଇଯାଇଥିଲେ ଏବଂ ତାଙ୍କର ପିତା ଗୁରୁଙ୍କୁ ଗଭୀର କୃତଜ୍ଞତା ଜ୍ଞାପନ କରିଥିଲେ । ଏହା ଅନୁମାନ କରାଯାଏ ଯେ, ସମ୍ରାଟ ତାଙ୍କୁ କିଛି ଜାଗିର କିମ୍ୱା ଜମିଜମା ସମ୍ପତ୍ତି ପ୍ରଦାନ କରିବାକୁ ପ୍ରସ୍ତାବ ଦେଇଥିଲେ, କିନ୍ତୁ ଗୁରୁ ବିନମ୍ର ଭାବରେ ଏହି ପ୍ରସ୍ତାବକୁ ପ୍ରତ୍ୟାଖ୍ୟାନ କରିଥିଲେ ।

ଶିଖ ଧର୍ମ ପାଇଁ ଅବଦାନ - (Contribution to Sikhism)

କିରାଟପୁର ଗୁରୁ ହର ରାୟଙ୍କର ମନୋନୀତ ଆସନ ଥିଲା । ଶହ ଶହ ଶିଷ୍ୟ ଏବଂ ପରିଦର୍ଶକ ସେଠାକୁ ତାଙ୍କର ଆଶୀର୍ବାଦ ଏବଂ ନିର୍ଦ୍ଦେଶ ପାଇବା ପାଇଁ ଆସୁଥିଲେ । ଗୁରୁ ତାଙ୍କର ପୂର୍ବ ଗୁରୁ ମାନଙ୍କର ସମସ୍ତ ଦୈନନ୍ଦିନ ଅଭ୍ୟାସ ଜାରି ରଖିଥିଲେ । ଲଙ୍ଗର ବା ସମୂହ ଭୋଜନ ଅନୁଷ୍ଠାନ ବୃଦ୍ଧି ପାଇବାକୁ ଲାଗିଥିଲା । ଗୁରୁ ହର ରାୟ ନିଜେ ଅତ୍ୟନ୍ତ ସରଳ ଖାଦ୍ୟ ଖାଉଥିଲେ ଯାହାକୁ ସେ ନିଜ ହାତର ପରିଶ୍ରମ ଦ୍ୱାରା ଅର୍ଜନ କରୁଥିଲେ । ସକାଳେ ସେ ସଙ୍ଗତକୁ ସମ୍ୱୋଧିତ କରି ଶିଖ ଧର୍ମର ଶିକ୍ଷା ଦେଉଥିଲେ । ସେ ପ୍ରାୟ ତ ନିଜ ଅନୁଗାମୀ ମାନଙ୍କ ଆଗରେ ଭାଇ ଗୁରୁଦାସଙ୍କ ପଦଗୁଡ଼ିକ ପୁନରାବୃତ୍ତି କରୁଥିଲେ ଯାହାକୁ ସେ ନିଜେ ଆକ୍ଷରିକ ଏବଂ ମାର୍ମିକ ଭାବରେ ଅନୁସରଣ କରୁଥିଲେ :

ରାତି ଶେଷ ହେବା ପୂର୍ବରୁ ଜଣେ ପ୍ରକୃତ ଶିଖ ଶଯ୍ୟାତ୍ୟାଗ କରିଥାନ୍ତି, ଏବଂ ତାଙ୍କର ଚିନ୍ତାଧାରାକୁ ଈଶ୍ୱରଙ୍କ ନାମ, ଦାନ ଏବଂ ପବିତ୍ର ସ୍ନାନ ଆଡ଼କୁ ପରିଚାଳିତ କରିଥାନ୍ତି । ସେ ନମ୍ରତାର ସହ କଥା ହୁଅନ୍ତି ଏବଂ ନମ୍ର ଭାବରେ ଯାତାୟତ କରିଥାନ୍ତି, ସେ ସମସ୍ତଙ୍କୁ ଶୁଭେଚ୍ଛା ଜଣାଇଥାନ୍ତି ଏବଂ ତାଙ୍କ ହାତରୁ ଉପହାର ଦେବାରେ ସେ ଆନନ୍ଦିତ ହୋଇଥାନ୍ତି ।

ସେ ଅଳ୍ପ ଶୋଇଥାନ୍ତି, ଅଳ୍ପ ଖାଇଥାନ୍ତି ଏବଂ ଅଳ୍ପ କଥାବାର୍ତ୍ତା କରିଥାନ୍ତି ।

ଏହିପରି ସେ ଗୁରୁଙ୍କର ପ୍ରକୃତ ନିର୍ଦ୍ଦେଶ ଗ୍ରହଣ କରିଥାନ୍ତି ।

ସେ ନିଜ ହାତର ପରିଶ୍ରମ ଦ୍ୱାରା ବଞ୍ଚନ୍ତି ଏବଂ ସେ ଭଲ କାର୍ଯ୍ୟ କରିଥାନ୍ତି ।

ସେ ଯେତେ ପ୍ରତିଷ୍ଠିତ ହୋଇଗଲେ ବି, ସେ କେବେହେଲେ ନିଜକୁ ପ୍ରଦର୍ଶିତ କରିନଥାନ୍ତି ।

ସେ ପବିତ୍ର ଲୋକମାନଙ୍କ ସହିତ ଈଶ୍ୱରଙ୍କ ପ୍ରଶଂସା ଗାନ କରିଥାନ୍ତି ।

ଏହିପରି ସହଚର ସେ ଦିନ ରାତି ଖୋଜିଥାନ୍ତି ।

ଶବ୍ଦ ଉପରେ ତାଙ୍କର ମନ ସ୍ଥିର ହୋଇଥାଏ,

ଏବଂ ସେ ଗୁରୁଙ୍କ ଇଚ୍ଛାରେ ଆନନ୍ଦିତ ହୋଇଥାନ୍ତି ।

ନିର୍ଲୋଭ ଭାବରେ ସେ ଏହି ପ୍ରଲୋଭନ ଭରା ଜଗତରେ ରହିଥାନ୍ତି ।

ଗୁରୁ ପଞ୍ଜାବର ମାଲଓ୍ୱା ଏବଂ ଡୋବା ଅଞ୍ଚଳରେ ବହୁ ପରିମାଣରେ ଯାତ୍ରା କରି ଧର୍ମର ବିସ୍ତାର ଏବଂ ତାଙ୍କ ଗୁରୁଙ୍କ ବାଣୀର ପ୍ରଚାର କରିଥିଲେ । ସେ ଲାହୋର, ସିଆଲକୋଟ, ପଠାନକୋଟ, ସମ୍ବା, ରାମଗଡ଼ ଏବଂ ଉତ୍ତର ଅଞ୍ଚଳର ଅନେକ ସ୍ଥାନ ପରିଦର୍ଶନ କରିଥିଲେ ଯାହାକୁ ଏବେ ଆମେ ଜାମ୍ମୁ କାଶ୍ମୀର ଭାବରେ ଜାଣିଥାଉ । ସେ ପ୍ରାୟ ତିନି ଶହ ଷାଠିଏଟି ଶିଖ ମିଶନାରୀ ଗଦି (ମଞ୍ଜସ) ପ୍ରତିଷ୍ଠା କରିଥିଲେ । ଗୁରୁ ଅର୍ଜନ ଦେବଙ୍କ ଦ୍ୱାରା ପ୍ରତିଷ୍ଠିତ ମାସାଣ୍ଡ ବ୍ୟବସ୍ଥା ସେତେବେଳେ ଦୁର୍ନୀତି ଘେରରେ ପଡ଼ିଯାଇଥିଲା । ସପ୍ତମ ଗୁରୁ ପୁରାତନ ଅବ୍ୟବସ୍ଥାରେ ଉନ୍ନତି ଆଣିବାକୁ ଚେଷ୍ଟା କରିଥିଲେ ଏବଂ ସୁଥ୍ରେ ଶାହା, ସାହିବା, ସଙ୍ଗତିଆ, ମିଆଁ ସାହିବ, ଭଗତ ଭଗବାନ, ବାହାଗତ ମଲ ଏବଂ ଜିତ ମଲ ଭଗତଙ୍କ ପରି ଧାର୍ମିକ ତଥା ପ୍ରତିବଦ୍ଧ ପୁରୁଷ ମାନଙ୍କୁ ମଞ୍ଜସର ମୁଖ୍ୟ ଭାବରେ ନିଯୁକ୍ତ କରିଥିଲେ । ଗୁରୁ ନାନକଙ୍କ ବାଣୀର ପ୍ରସାର ପାଇଁ ସେ ତିନୋଟି ଗୁରୁତ୍ୱପୂର୍ଣ୍ଣ ପ୍ରଚାର ମିଶନ, ଯାହାର ନାଁ ଥିଲା "ବାଖ୍ଶିଗ", ପ୍ରତିଷ୍ଠା କରିଥିଲେ । ପ୍ରଥମଟି ହେଲେ ଭଗବାନ୍ ଗିର ଯାହାଙ୍କ ପରିବର୍ତ୍ତିତ ନାମ ଭଗତ ଭଗବାନ ହୋଇଥିଲା ଏବଂ ସେ ପୂର୍ବ ଭାରତରେ ମିଶନାରୀ କେନ୍ଦ୍ର ପ୍ରତିଷ୍ଠା କରିଥିଲେ । ଦ୍ୱିତୀୟଟି ଥିଲେ ସଙ୍ଗତିଆ ଯାହାଙ୍କର ପରିବର୍ତ୍ତିତ ନାମ ଭାଇ ଫେରୁ ହୋଇଥିଲା ଏବଂ ସେ

ରାଜସ୍ଥାନ ଏବଂ ଦକ୍ଷିଣ ପଞ୍ଜାବରେ ପ୍ରଚାର କରିଥିଲେ । ଗୁରୁ ହର ରାୟ ମଧ୍ୟ ଆଫଗାନିସ୍ତାନର କାବୁଲକୁ ଭାଇ ଗୋଣ୍ଡାଙ୍କୁ ପଠାଇଥିଲେ, ଯଦିଓ ତାହା ସେତେବେଳେ ଭୟଙ୍କର ଇସଲାମିକ୍ ଜନଜାତିଙ୍କର ରାଜ୍ୟ ଥିଲା । ସେହିପରି ଭାଇ ନାଥଙ୍କୁ ଢାକା ଏବଂ ଭାଇ ଯୋଦ୍ଧାଙ୍କୁ ମୁଲତାନକୁ ଧର୍ମର ପ୍ରଚାର କରିବାକୁ ପଠାଯାଇଥିଲା । ଆଜି ମଧ୍ୟ ଏହି ସବୁ ଅଞ୍ଚଳରେ ଶିଖ ମାନଙ୍କ ସଂଖ୍ୟା ବହୁତ ଅଧିକା ଅଛି ।

ବର୍ତ୍ତମାନ ସୁଦ୍ଧା ଶାହ ଜାହାନ ଗାଦିଚ୍ୟୁତ ହୋଇଯାଇଥିଲେ ଏବଂ ଔରଙ୍ଗଜେବଙ୍କ ଦ୍ୱାରା ବନ୍ଦୀ ହୋଇଥିଲେ, ଯିଏ କି ମୋଗଲ ସିଂହାସନକୁ ଅନ୍ୟାୟ ଉପାୟରେ ଦଖଲ କରିନେଇଥିଲେ । ଯୁବରାଜ ଦାରା ଶିଖୋଙ୍କୁ ରାଜ ଦରବାର ରୁ ପଳାୟନ କରିବାକୁ ପଡ଼ିଥିଲା ଏବଂ ଲାହୋର ଅଭିମୁଖେ ଯିବାବେଳେ ସେ ଗୁରୁଙ୍କ ଆଶୀର୍ବାଦ ପାଇବା ପାଇ ଗୋଇନ୍ଦଓ୍ୱାଲ ଆସିଥିଲେ । ଏହି ସାକ୍ଷାତକାର ଔରଙ୍ଗଜେବଙ୍କୁ ଜଣାଇ ଦିଆଯାଇଥିଲା ଏବଂ ଗୁରୁଙ୍କୁ ରାଜଦରବାର ରୁ ସମନ ପଠାଯାଇଥିଲା । କିନ୍ତୁ ଗୁରୁ ଏ ଡାକରା (Summon) ଗ୍ରହଣ କରିବାକୁ ଇଚ୍ଛୁକ ନ ଥିଲେ । ସେ ଦୂତଙ୍କୁ କହିଥିଲେ, "ମୁଁ କୌଣସି ଅଞ୍ଚଳରେ ଶାସନ କରୁନାହିଁ, ମୁଁ ରାଜାଙ୍କର କୌଣସି କର ବାକୀ ରଖିନାହିଁ କିମ୍ବା ମୁଁ ତାଙ୍କ ଠାରୁ କୌଣସି ଅନୁଗ୍ରହ ଚାହୁଁନାହିଁ । ଆମ ମଧ୍ୟରେ ଗୁରୁ ଏବଂ ଶିଷ୍ୟ ଭଳି କୌଣସି ସଂପର୍କ ମଧ୍ୟ ନାହିଁ । ତେଣୁ ଏହି ସାକ୍ଷାତକାରର ଲାଭ କ'ଣ ହେବ ?"

ସେ ତାଙ୍କର ବଡ଼ପୁଅ ରାମ ରାୟଙ୍କୁ ସମନର ଉତ୍ତର ଦେବାପାଇଁ ତାଙ୍କ ପ୍ରତିନିଧି ଭାବରେ ପଠାଇଥିଲେ । ସେ ତାଙ୍କ ଯୁବକ ପୁତ୍ରକୁ ଆଶୀର୍ବାଦ ଦେଇ ଘୋଡ଼ା ଗାଡ଼ିରେ ବସାଇଥିଲେ ଏବଂ ପରାମର୍ଶ ଦେଇଥିଲେ ଯେ, "ସମ୍ରାଟ ଯଦି କିଛି ପ୍ରଶ୍ନ ପଚାରିବେ ତେବେ ତାହାର ଉତ୍ତର ସ୍ପଷ୍ଟ ଭାବରେ ଏବଂ ନିର୍ଭିକ ହୋଇ ଦେବ । କୌଣସି ଦ୍ୱିଧା ପ୍ରଦର୍ଶନ କରିବ ନାହିଁ । ରାସ୍ତାରେ ଅଟକିଲା ବେଳେ ଗ୍ରନ୍ଥକୁ ମନଯୋଗ ସହକାରେ ପଢ଼ିବ । ତୁମେ ଯେଉଁଠାରେ ଥିଲେ ବି ଗୁରୁ ତୁମକୁ ସୁରକ୍ଷା ଦେବେ ।"

ଏହା କୁହାଯାଇଛି ଯେ, ଔରଙ୍ଗଜେବ ରାମ ରାୟଙ୍କର ଅନେକ ପରୀକ୍ଷା ନେଇଥିଲେ । ଗୁରୁଙ୍କର ପୁତ୍ର ସବୁ ପରୀକ୍ଷାରେ ସଫଳ ହୋଇଥିଲେ । କିନ୍ତୁ ଯେତେବେଳେ ତାଙ୍କୁ ଗୁରୁ ନାନକଙ୍କର ବାଣୀ (ଶାବାଦ) ରୁ ଗୋଟିଏ ଧାଡ଼ି ବ୍ୟାଖ୍ୟା କରିବାକୁ କୁହାଯାଇଥିଲା ସେତେବେଳେ ଯୁବକ ଜଣକ ଜାଣିଶୁଣି ସେମାନଙ୍କ ଅର୍ଥକୁ କଦର୍ଥ କରିଥିଲେ ବୋଲି କୁହାଯାଇଛି । କାରଣ ସେ ଭୟଭୀତ ଥିଲେ ଯେ ଗୁରୁଙ୍କ ବାଣୀଗୁଡ଼ିକ କ୍ଷଣକୋପୀ ତଥା ଧର୍ମାନ୍ଧ ସମ୍ରାଟଙ୍କ ପାଇଁ ଗ୍ରହଣୀୟ ହୋଇ ନ ପାରେ ।

ଅବଶ୍ୟ ଏହି ଚତୁର୍ଯ୍ୟପୂର୍ଣ୍ଣ ବ୍ୟାଖ୍ୟାରେ ଔରଙ୍ଗଜେବ ଅତ୍ୟନ୍ତ ସନ୍ତୁଷ୍ଟ ହୋଇଥିଲେ । କିନ୍ତୁ ଯେତେବେଳେ ଏହି କଥା ଗୁରୁଙ୍କ ନିକଟରେ ପହଞ୍ଚିଥିଲା ଯେ, ସମ୍ରାଟଙ୍କ କ୍ରୋଧରୁ ରକ୍ଷା ପାଇବା ପାଇଁ ତାଙ୍କ ପୁଅ ଶାସ୍ତ୍ରର ଭୁଲ ବ୍ୟାଖ୍ୟା କରିଥିଲେ, ସେତେବେଳେ ସେ ଅତ୍ୟନ୍ତ ଦୁଃଖିତ ହୋଇଥିଲେ । ସେତେବେଳେ ଏବଂ ସେହିଠାରେ, ତାଙ୍କର ଅନୁପସ୍ଥିତିରେ, ରାମ ରାୟଙ୍କୁ ତାଙ୍କର ପିତାଙ୍କ ସମ୍ମୁଖକୁ ଆସିବାକୁ ବାରଣ କରାଯାଇଥିଲା । ତାଙ୍କୁ କେବେ ହେଲେ କିରାଟ ପୁରରେ ପ୍ରବେଶ କରିବାକୁ ଅନୁମତି ଦିଆଯାଇନଥିଲା । ତାଙ୍କୁ କ୍ଷମା କରିଦେବାକୁ ସେ ବାରମ୍ବାର ନିବେଦନ କରିଥିଲେ, କିନ୍ତୁ ତାଙ୍କ ପିତା ତାଙ୍କ ନିଷ୍ପତ୍ତିରେ ଅଟଳ ଥିଲେ । ଏହିପରି ଶାସ୍ତ୍ରଗୁଡ଼ିକର ମୂଳ ପଦଗୁଡ଼ିକର କୌଣସି ପରିବର୍ତ୍ତନ ବିରୁଦ୍ଧରେ ଗୁରୁ ହର ରାୟ ଏକ ସାମାଜିକ ଆଚରଣ ଏବଂ ସମ୍ପୂର୍ଣ୍ଣ ସମ୍ମାନ ପ୍ରତିଷ୍ଠା କରିଥିଲେ ।

ଗୁରୁ ହର ରାୟଙ୍କ ବାଣୀ - (Guru Har Rai's Teachings)

ଗୁରୁ ହର ରାୟ ନୀରବତା, ଶାନ୍ତି, ଧ୍ୟାନ ଏବଂ ଚିନ୍ତନ ପ୍ରେମୀ ଥିଲେ । ସେ ଏକାକୀ ଏବଂ ନୀରବତାରେ ସମୟ ଅତିବାହିତ କରିବାକୁ ଭଲ ପାଉଥିଲେ ଏବଂ କେବଳ ନିଜ ଶିଷ୍ୟ ମାନଙ୍କ ସହିତ କଥାବାର୍ତ୍ତା କରିବା ପାଇଁ ତାଙ୍କର ଧ୍ୟାନ ଭଗ୍ନ କରୁଥିଲେ । କୁହାଯାଏ ଯେ ସେ ନିଜ ବ୍ୟକ୍ତିଗତ ଜୀବନକୁ ଅତ୍ୟଧିକ ଶୃଙ୍ଖଳିତ ଭାବରେ ପରିଚାଳନା କରିଥିଲେ । ସେ କେବେ ବି ଗୋଟିଏ ପତ୍ର କିମ୍ବା ଫୁଲ ଛିଣ୍ଡାଇ ନ ଥିଲେ । ତାଙ୍କ କୋଠରୀ ଶାନ୍ତିର ମନ୍ଦିର ଥିଲା । ଦିନେ ତାଙ୍କର ଶିଷ୍ୟମାନେ ଗୁରୁଙ୍କୁ ପଚାରିଲେ, ଯେଉଁମାନେ କିଛି ବୁଝିନପାରି ପବିତ୍ର ଭଜନଗୁଡ଼ିକ ପଠନ କରିଥାନ୍ତି, ସେମାନେ କୌଣସି ସମ୍ଭାବିତ ଆଧ୍ୟାତ୍ମିକ ଲାଭ ପାଇ ପାରନ୍ତି କି ? ଗୁରୁ ସେତେବେଳେ କୌଣସି ଉତ୍ତର ଦେଇ ନ ଥିଲେ, କିନ୍ତୁ ପରଦିନ ସକାଳେ ଯେତେବେଳେ ସେ ଶିକାର କରିବାକୁ ଯାଇଥିଲେ ସେତେବେଳେ ସେ ନିଜ ଶିଷ୍ୟ ମାନଙ୍କୁ ଏକ ପାତ୍ରର ଭଙ୍ଗା ଖଣ୍ଡଗୁଡ଼ିକ ଦେଖାଇ ଥିଲେ ଯେଉଁଥିଲେ ଲହୁଣୀ ଥିଲା । ସୂର୍ଯ୍ୟଙ୍କ କିରଣ ଦ୍ୱାରା ଭଙ୍ଗା ହାଣ୍ଡି ଖଣ୍ଡଗୁଡ଼ିକରେ ଲହୁଣୀ ତରଳି ଯାଉଥିଲା । ଗୁରୁ ସେହି ଖଣ୍ଡଗୁଡ଼ିକ ମଧ୍ୟରୁ ଗୋଟିଏ ହାତରେ ଧରି କହିଲେ, "ମୋର ଶିଖ ମାନେ, ଭଙ୍ଗା ହାଣ୍ଡି ଖଣ୍ଡଗୁଡ଼ିକୁ ଦେଖ- ଯେତେବେଳେ ସେମାନେ ଗରମ ହୁଅନ୍ତି, ସେମାନଙ୍କ ସହିତ ଲାଗିଥିବା ଲହୁଣୀ ସହଜରେ ତରଳି ଯାଇଥାଏ । ଯେପରି ଲହୁଣୀର ତେଲିଆ ଚିକ୍‌ଣ ହାଣ୍ଡି ଖଣ୍ଡଗୁଡ଼ିକରେ ଲାଖି ଯାଇଛନ୍ତି ସେହିପରି ଗୁରୁଙ୍କ ଭଜନ ମଧ୍ୟ ତାଙ୍କ ଶିଖ ମାନଙ୍କ ହୃଦୟରେ ଲାଖି ଯାଇଥାନ୍ତି । ମୃତ୍ୟୁ ସମୟରେ ଗୁରୁଙ୍କ ନିର୍ଦ୍ଦେଶ ନିଶ୍ଚିତ ଭାବରେ ଫଳ

ଦେବ । ବୁଝି ହେଉ କି ନ ହେଉ, ଗୁରୁଙ୍କ ବାଣୀ ଭିତରେ ପରିତ୍ରାଣର ବୀଜ ନିହିତ ଅଛି ।" ଏହି ଦୃଷ୍ଟାନ୍ତର ଅର୍ଥ ସ୍ୱଷ୍ଟ ଥିଲା : ଯିଏ ପ୍ରତିଦିନ ଗୁରୁଙ୍କର ବାଣୀ (ଶାବାଦ) ପଢ଼ନ୍ତି, ସେ ନିଶ୍ଚିତ ଭାବରେ ଶାନ୍ତି ପାଇବେ । ଏବଂ ଯଦିଓ ସେ ତାହାକୁ ସମ୍ପୂର୍ଣ୍ଣ ଭାବରେ ବୁଝି ପାରି ନ ଥିବେ, ତଥାପି ଭଗବାନ ନିଶ୍ଚିତ ଭାବରେ ତାଙ୍କୁ ସାହାଯ୍ୟ କରିବେ ।

ଗୁରୁ ରାମଦାସ କହିଛନ୍ତି, "ବାଣୀ ହେଉଛି ଗୁରୁ, ସେହି ବାଣୀରେ ଗୁରୁ ଅଛନ୍ତି ଏବଂ ଗୁରୁଙ୍କ ବାଣୀରେ ଅମୃତର ମହକ ରହିଥାଏ ।"

ତାଙ୍କ ଶିଷ୍ୟ ମାନଙ୍କ ପାଇଁ ଗୁରୁଙ୍କର ମହାନ ପ୍ରେମ ଅସୀମ ଥିଲା । ସେ ଥରେ ମନ୍ତବ୍ୟ ଦେଇଥିଲେ, "ମୋର ଶିଷ୍ୟ ମାନେ ମୋତେ ଯେତେ ମନେ ପକାନ୍ତି ମୁଁ ସେମାନଙ୍କୁ ତାହାଠାରୁ ଅଧିକ ମନେ ପକାଇଥାଏ । ମୋ ଶିଷ୍ୟ ମାନେ ଈଶ୍ୱରଙ୍କ ହାତରୁ ଛଡ଼ାଇ ଆଣିଥିବା ପ୍ରେମ ରୂପକ ଡୋରୀ ଦ୍ୱାରା ମୁଁ ଆକର୍ଷିତ ହୋଇଥାଏ, କାରଣ ଭଗବାନ ହିଁ ପ୍ରେମ ଅଟନ୍ତି ।"

ତାଙ୍କର ଜଣେ ଅତି ପ୍ରିୟ ଶିଷ୍ୟ, ଭାଇ ଗୋଣ୍ଡାଙ୍କୁ ଏକ ଗୁରୁତ୍ୱପୂର୍ଣ୍ଣ କାର୍ଯ୍ୟରେ କାବୁଲ ପଠା ଯାଇଥିଲା । ଦୂର କାବୁଲ ରେ, ଯେତେବେଳେ ଭାଇ ଗୋଣ୍ଡା ଦିନେ "ଜାପଜୀ ସାହିବ" ପାଠ କରୁଥିଲେ, ସେ ଅନୁଭବ କରିଥିଲେ ଯେପରିକି ସେ ପ୍ରକୃତରେ ଗୁରୁଙ୍କ ପଦ ଯୁଗଳକୁ ଧରି ବସିଛନ୍ତି । ସେ ଏତେ ଖୁସି ଏବଂ ଶୁଦ୍ଧ ଆନନ୍ଦ ଅବସ୍ଥାରେ ଥିଲେ ଯେ, ତାଙ୍କର ବାହ୍ୟ ଚେତନା ବିଲୁପ୍ତ ହୋଇଯାଇଥିଲା । ସେ ଗୁରୁଙ୍କ ଚେତନାର ସମୁଦ୍ରରେ ବର୍ଷା ବିନ୍ଦୁ ପରି ଲୀନ ହୋଇଯାଇଥିଲେ ।

କିରାଟପୁରରେ ଗୁରୁ ତାଙ୍କ ଭକ୍ତ ଶିଷ୍ୟଙ୍କ ମନ ଭିତରେ କ'ଣ ଘଟିଯାଉଥିଲା ତାହା ଜାଣି ପାରୁଥିଲେ । ସେ ନିଜ ସିଂହାସନରେ ଦୁଇ ଗୋଡ଼କୁ ଏକତ୍ର କରି ଦୃଢ଼ ଭାବରେ ବସି ରହିଥିଲେ । ମଧ୍ୟାହ୍ନ ରେ, ଯେତେବେଳେ ଲଙ୍ଗର ଘୋଷଣା କରାଗଲା, ଗୁରୁ ଯାଇ ତାଙ୍କର ଭୋଜନ କରିବାକୁ ଚେଷ୍ଟା କରି ନ ଥିଲେ । ଏକ ଘଣ୍ଟା ପରେ ଯେତେବେଳେ ସେ ଘୋଷଣାର ପୁନରାବୃତ୍ତି ହୋଇଥିଲା, ସେତେବେଳେ ମଧ ସେ ଚୁପ୍ ରହିଥିଲେ । ବହୁ ସମୟ ପରେ ତୃତୀୟ ଥର ପାଇଁ ଘୋଷଣା କରାଯାଇଥିଲା । ଏଥର ରୋଷେଇଆ ଖାଦ୍ୟ ପରିବେଷଣ କରିବାକୁ ଅନୁମତି ମାଗିଥିଲେ କିନ୍ତୁ ଏଥର ମଧ ଗୁରୁ କିଛି କହି ନ ଥିଲେ । ଅନେକ ଶିଖ ଏକାଠି ହୋଇ ଏକତ୍ର ଗୁରୁଙ୍କୁ ଅନୁରୋଧ କରିବାକୁ ଯାଇଥିଲେ ଯେତେବେଳେ ସେ ଶେଷରେ କହିଥିଲେ, "ଶିଖ ଭାଇ ମାନେ, ଭାଇ ଗୋଣ୍ଡା ଏବେ କାବୁଲରେ ଅଛନ୍ତି । ସେ ତାଙ୍କର ଚିନ୍ତନ, କଥନ ଏବଂ କାର୍ଯ୍ୟରେ ଗୁରୁଙ୍କ ପାଇଁ ଜଣେ ସାଧୁ ଅଟନ୍ତି । ଏହି ମୁହୂର୍ତ୍ତରେ ସେ ମୋର ଦୁଇ

ପାଦକୁ ଜାବୋଡ଼ି ଧରିଛନ୍ତି । ମୁଁ ତାହାକୁ କିପରି ତାଙ୍କଠାରୁ ଦୂରେଇ ନେଇ ପାରିବି ? ସେ ମୋର ପାଦ ନ ଛାଡ଼ିବା ପର୍ଯ୍ୟନ୍ତ ମୁଁ କିପରି ଯାଇ ମୋର ଖାଦ୍ୟ ଗ୍ରହଣ କରି ପାରିବି? ତେଣୁ ତାଙ୍କର ଧ୍ୟାନ ଏବଂ ପ୍ରଣାମ ଶେଷ ହେଲା ପର୍ଯ୍ୟନ୍ତ ମୁଁ ଅପେକ୍ଷା କରିଅଛି ।" ଏହା ଏପରି ହୋଇଥିଲା ଯେ ଭାଇ ଗୋଣ୍ଡା ମଧ୍ୟରାତ୍ରୀ ପୂର୍ବରୁ ତାଙ୍କ ଧ୍ୟାନରୁ ଜାଗ୍ରତ ହୋଇ ନ ଥିଲେ । ଏବଂ ସେତେବେଳେ ଯାଇ ଗୁରୁ ତାଙ୍କ ଭୋଜନ କରିବାକୁ ଉଚିତ ମନେ କରିଥିଲେ । ଗୁରୁ ତାଙ୍କର ସମସ୍ତ ଆନୁଷ୍ଠାନିକ କାର୍ଯ୍ୟକଳାପକୁ ବାତିଲ କରି, ଖାଦ୍ୟ କିମ୍ବା ଜଳ ବ୍ୟତୀତ, ସକାଳରୁ ସଂଧ୍ୟା ପର୍ଯ୍ୟନ୍ତ ପ୍ରେମ-ବନ୍ଧନରେ ବସି ରହିଥିଲେ ।

ଯେତେବେଳେ ସପ୍ତମ ଗୁରୁ ଅନୁଭବ କରିଥିଲେ ଯେ ତାଙ୍କର ସମୟ ସମାପ୍ତ ହୋଇ ଆସୁଛି, ସେ ତାଙ୍କ ଉତ୍ତରାଧିକାରୀ ବିଷୟରେ ଭାବିଥିଲେ ଏବଂ ତାଙ୍କ ଶିଖ ମାନଙ୍କର ଏକ ସଭା ଡାକିଥିଲେ । ସେ ତାଙ୍କ ସାନ ପୁଅ ହରକ୍ରିଶନଙ୍କୁ ମାତ୍ର ପାଞ୍ଚ ବର୍ଷ ବୟସରେ ଗୁରୁ ନାନକଙ୍କ ସିଂହାସନରେ ବସାଇଥିଲେ । ତା'ପରେ ସେ ତାଙ୍କ ଆଗରେ ଏକ ନଡ଼ିଆ ଏବଂ ପାଞ୍ଚଟି ତାମ୍ର ମୁଦ୍ରା ରଖିଥିଲେ, ତାଙ୍କୁ ତିନିଥର ପ୍ରଦକ୍ଷଣ କରିଥିଲେ ଏବଂ ତାଙ୍କ କପାଳରେ ଏକ ତିଳକ ଲଗାଇଦେଇଥିଲେ । ଏହା ପରେ ସଭାରେ ଉପସ୍ଥିତ ସମସ୍ତେ ଉଠି ଯୁବ ଗୁରୁଙ୍କୁ ସମ୍ମାନ ପୂର୍ବକ ପ୍ରଣାମ କରିଥିଲେ । ଗୁରୁ ହର ରାୟ ତାଙ୍କର ସମସ୍ତ ଶିଖ ମାନଙ୍କୁ ହରକ୍ରିଶନଙ୍କୁ ତାଙ୍କର ପ୍ରତିମୂର୍ତ୍ତୀ ଭାବରେ ବିବେଚନା କରିବାକୁ ଏବଂ ତାଙ୍କ ଉପରେ ବିଶ୍ୱାସ ରଖିବାକୁ ନିର୍ଦ୍ଦେଶ ଦେଇଥିଲେ, ଯାହାଫଳରେ ସେମାନେ ପରିତ୍ରାଣ ପାଇ ପାରିବେ ।

ଗୁରୁ ହର ରାୟ ଅକ୍ଟୋବର ୧୬୬୧ ମସିହାରେ କିରାଟପୁରରେ ସ୍ୱାର୍ଗାରୋହଣ କରିଥିଲେ ।

■

ଅଷ୍ଟମ ଗୁରୁ - ଗୁରୁ ହରକ୍ରିଶନ

ଉପକ୍ରମଣିକା : -

ଅଷ୍ଟମ ଗୁରୁ ଖୁବ୍ ପିଲା ବେଳେ ଗୁରୁ ଭାବରେ ଘୋଷିତ ହୋଇଥିଲେ ଏବଂ ସେ ଏପରି ସିଦ୍ଧିପ୍ରାପ୍ତ ହୋଇଥିଲେ ଯେ ସେ ଅନ୍ୟମାନଙ୍କୁ ପୁରା ଆତ୍ମ ବିଶ୍ୱାସର ସହ ଏକ ଆଧ୍ୟାତ୍ମିକ ଗୁରୁଙ୍କ ପରି ଶିକ୍ଷାଦାନ କରିପାରୁଥିଲେ । ଅନେକ ଲୋକ ଯେଉଁମାନେ ଗୁରୁ ହରକ୍ରିଶନଙ୍କ ସଂକ୍ଷିପ୍ତ ଜୀବନର କାହାଣୀ ପଢ଼ିଛନ୍ତି, ସେମାନେ ତାଙ୍କର ଏହି ପ୍ରଚଣ୍ଡ ଶକ୍ତିକୁ ସହଜରେର ବିଶ୍ୱାସ କରି ପାରୁ ନ ଥିଲେ । ଏହିପରି ଅନେକ ଜିନିଷ ଅଛି ଯାହା ତର୍କ କିମ୍ବା ଯୁକ୍ତିଯୁକ୍ତ ବିଶ୍ଳେଷଣ ଦ୍ୱାରା ବ୍ୟାଖ୍ୟା କରାଯାଇ ପାରିବନାହିଁ । ଏହିପରି ଗୋଟିଏ ଘଟଣା ହେଉଛି ଗୁରୁଙ୍କ ପବିତ୍ରତା ଏବଂ ଏହା ସହିତ ତାଙ୍କ ଉପରେ ଥିବା ଐଶ୍ୱରୀୟ ଅନୁଗ୍ରହ । ଗୁରୁଙ୍କୁ ଈଶ୍ୱରଙ୍କ ଦ୍ୱାରା ଦିଆଯାଇଥିବା ବିଶେଷ ଅଧିକାର ଦ୍ୱାରା ବୟସ, ବୁଦ୍ଧି ଏବଂ ଅଭିଜ୍ଞତା ପରି ମାନବିକ ଦିଗଗୁଡ଼ିକ ମଳିନ ପଡ଼ିଯାଇଥିଲା । ପାଞ୍ଚ ବର୍ଷର କଅଁଳ ବୟସରେ ଯେତେବେଳେ ଗୁରୁ ହରକ୍ରିଶନ ପିତାଙ୍କ ଉତ୍ତରାଧିକାରୀ ଭାବରେ ମନୋନୀତ ହୋଇଥିଲେ ସେତେବେଳେ ଏହାହିଁ ତାଙ୍କୁ ଆଧ୍ୟାତ୍ମିକ ଶକ୍ତି ଦେଇଥିଲା । ଏହା କହିବା ଅତ୍ୟୁକ୍ତି ହେବନାହିଁ ଯେ ତାଙ୍କର ଅସାଧାରଣ ଆଧ୍ୟାତ୍ମିକ ସଫଳତା ତାଙ୍କର ଗୁରୁ ଭାବରେ ଅବସ୍ଥିତି ଯୋଗୁଁ ଆସିଥିଲା, ଯାହାକି ତାଙ୍କ ପିତାଙ୍କ ଦ୍ୱାରା ଯଥାରୀତି ତାଙ୍କର ଉତ୍ତରାଧିକାରୀ ତଥା ଅଷ୍ଟମ ଗୁରୁ ଭାବରେ ପ୍ରଦାନ କରାଯାଇଥିଲା ।

ଶିଖ ଶାସ୍ତ୍ରଗୁଡ଼ିକ ଗୁରୁଙ୍କୁ ଜ୍ୟୋତି ବା ଐଶ୍ୱରୀୟ ଆଲୋକ ଭାବରେ ବର୍ଣ୍ଣନା କରିଥାନ୍ତି, ଯାହା ମନୋନୀତ ଆତ୍ମା ମାନଙ୍କ ମଧ୍ୟରେ କାର୍ଯ୍ୟ କରେ । ଏହି ଐଶରୀୟ ଆଲୋକର ଶକ୍ତି ମନୁଷ୍ୟର ଚିନ୍ତାଶକ୍ତିର ବାହାରେ ଏବଂ ଏହାକୁ ସର୍ବଦା ମାନବୀୟ

ବୁଦ୍ଧି ଦ୍ୱାରା ବ୍ୟାଖ୍ୟା କରାଯାଇ ପାରିବ ନାହିଁ, ଯାହା ବାସ୍ତବରେ "ମୁଁ"ର ବିସ୍ତାର ବା ଅହଂ ଭାବର ଆବରଣ । ଭଗବାନ ସର୍ବତ୍ର ବିଦ୍ୟମାନ ଏବଂ ଆମ ଭିତରେ ମଧ୍ୟ ଅଛନ୍ତି, କିନ୍ତୁ ଏହି ଅହଙ୍କାରର ଆବରଣ ଆମକୁ ତାଙ୍କଠାରୁ ପୃଥକ କରିଦେଇଥାଏ ଏବଂ ଏହା ଆମଠାରୁ ସତ୍ୟକୁ ଲୁଚାଇଥାଏ । ଯେତେବେଳେ ସିଦ୍ଧ ଗୁରୁଙ୍କ ଅନୁଗ୍ରହରେ ଏହି ଅହଙ୍କାରର ଆବରଣ ଅଲଗା ହୋଇଯାଇଥାଏ, ଆମେ ଭଗବାନଙ୍କର ଦର୍ଶନ ପାଇପାରିଥାଉ । ଏହା ଏହି ବାଳକ ଗୁରୁଙ୍କୁ ସମ୍ମାନିତ ତଥା ପ୍ରଶଂସନୀୟ ନେତା କରିପାରିଥିଲା ଯାହା ତାଙ୍କର ସମସ୍ତ ଭକ୍ତ ତଥା ଅନୁଗାମୀ ମାନଙ୍କ ପାଇଁ ପ୍ରମାଣିତ ହୋଇଥିଲା ।

ଶୈଶବ ଏବଂ ପ୍ରାରମ୍ଭିକ ଜୀବନ

ଗୁରୁ ହରକ୍ରିଶନ ଜୁଲାଇ ୨୩ ତାରିଖ, ୧୬୫୬ ମସିହାରେ କିରାଟପୁର ଠାରେ ଜନ୍ମଗ୍ରହଣ କରିଥିଲେ । ସେ ଗୁରୁ ହର ରାୟ ଏବଂ ମାତା କ୍ରିଶନ କୌର, ଯେ କି ସୁଲକ୍ଷ୍ମୀ ଜି ନାମରେ ମଧ୍ୟ ଜଣାଶୁଣା,ଙ୍କର ଦ୍ୱିତୀୟ ପୁତ୍ର ଥିଲେ । ତାଙ୍କ ବଡ଼ ଭାଇ ରାମ ରାୟଙ୍କୁ ତାଙ୍କ ପିତାଙ୍କ ସମ୍ମୁଖକୁ ଆସିବାକୁ ବାରଣ କରାଯାଇଥିଲା । ତେଣୁ ୧୬୬୧ ମସିହାରେ ତାଙ୍କର ମୃତ୍ୟୁ ପୂର୍ବରୁ, ତାଙ୍କର ପିତା ଗୁରୁ ହର ରାୟ ହରକ୍ରିଶନଙ୍କୁ ଅଷ୍ଟମ ଗୁରୁ ଭାବରେ ଘୋଷିତ କରିଥିଲେ । ଅଷ୍ଟମ ଗୁରୁ ମାତ୍ର ପାଞ୍ଚ ବର୍ଷର କଅଁଳ ବୟସରେ ତାଙ୍କ ପିତାଙ୍କ ଉତ୍ତରାଧିକାରୀ ହୋଇଥିଲେ ଏବଂ ତାଙ୍କ ସଂପ୍ରଦାୟର ନେତୃତ୍ୱ ନେବାର କଠିନ ଦାୟିତ୍ୱ ଗ୍ରହଣ କରିଥିଲେ ।

ଶିଖ ଧର୍ମ ପାଇଁ ଅବଦାନ - (Contribution to Sikhism)

ଲୋକମାନଙ୍କ ଅନୁସାରେ, ବାଳକ ଗୁରୁ ତାଙ୍କ ବୟସ ଅପେକ୍ଷା ଅଧିକ ଜ୍ଞାନୀ ଏବଂ ପରିପକ୍ୱ ଥିଲେ । ଯେତେବେଳେ ତାଙ୍କ ପିତା ଗୁରୁ ହର ରାୟ ୧୬୬୧ ମସିହାରେ ଦେହତ୍ୟାଗ କରିଥିଲେ, କୁହାଯାଏ ଯେ ନୂତନ ଗୁରୁଙ୍କ ଉପସ୍ଥିତି ଶିଷ୍ୟମାନଙ୍କ ପାଇଁ ଏକ ସାନ୍ତ୍ୱନା ଏବଂ ଆନନ୍ଦର ଉତ୍ସ ବୋଲି ପ୍ରମାଣିତ ହୋଇଥିଲା । ଗୁରୁ ହରକ୍ରିଶନ ସେମାନଙ୍କୁ ସାନ୍ତ୍ୱନା ଦେଇ ନିରାଶ ନ ହେବା ପାଇଁ କହିଥିଲେ ଏବଂ ସେହି ସର୍ବଶକ୍ତିମାନଙ୍କ ଇଚ୍ଛାକୁ ପାଳନ କରିବାକୁ କହିଥିଲେ । ଏକତ୍ରିତ ହୋଇଥିବା ସମସ୍ତଙ୍କୁ ସେ କାନ୍ଦିବା କିମ୍ବା ବିଳାପ କରିବା ପରିବର୍ତ୍ତେ ଭଗବାନଙ୍କ ପ୍ରଶଂସା ଗାନ କରିବାକୁ ଅନୁରୋଧ କରିଥିଲେ ।

ଗୁରୁଙ୍କ ଜ୍ଞାନ ଏବଂ ସମ୍ମାନାସ୍ପଦ ଆଚରଣ ତାଙ୍କୁ ସମସ୍ତଙ୍କର ପ୍ରିୟଭାଜନ

କରିପାରିଥିଲା । ଦିନ ବିତିବା ସଙ୍ଗେ ସଙ୍ଗେ ଦୂର ରୁ ଏବଂ ପାଖ ରୁ ଶିଷ୍ୟ ମାନେ ବହୁ ସଂଖ୍ୟାରେ ଆସିବାକୁ ଲାଗିଥିଲେ । ସେମାନେ ଗୁରୁଙ୍କୁ ସିଂହାସନରେ ବସିଥିବାର ଦେଖି ଅତ୍ୟନ୍ତ ଆନନ୍ଦ ଅନୁଭବ କରୁଥିଲେ କାରଣ ସେ ଜଣେ ଛୋଟ ଶରୀରର ଥିଲେ, ଅଳ୍ପ ବୟସର ଥିଲେ କିନ୍ତୁ ତାଙ୍କ ଶରୀର ରୁ ଯେପରି ଏକ ଉଜ୍ଜ୍ୱଳ ଆଲୋକର ବିକିରଣ ହେଉଥିଲା । ଜଣେ ଭକ୍ତ ଅନୁଗାମୀ, ଭାଇ ସନ୍ତୋଖ ସିଂ ଗୁରୁଙ୍କ ବିଷୟରେ ଲେଖିଥିଲେ, "ପ୍ରଭାତର ସୂର୍ଯ୍ୟ ଆକାରରେ ଛୋଟ ଦେଖାଯାଏ, କିନ୍ତୁ ଏହାର ଆଲୋକ ଚର୍ତୁଦିଗରେ ବିଚ୍ଛୁରିତ ହୋଇଥାଏ । ସେହିପରି ଗୁରୁ ହରକ୍ରିଶନଙ୍କ ଖ୍ୟାତି ସୀମାହୀନ ଥିଲା ।" ଯେଉଁମାନେ ତାଙ୍କୁ ଦେଖିବାକୁ ଆସୁଥିଲେ ସେମାନେ ପ୍ରକୃତ ଜ୍ଞାନ ଆହରଣ କରୁଥିଲେ । ସେମାନଙ୍କର ହୃଦୟର ଇଚ୍ଛା ପୂରଣ ହୋଇଯାଉଥିଲା ଏବଂ ସେମାନଙ୍କର ପାପ ବିଲୁପ୍ତ ହୋଇଯାଉଥିଲା । ଆଦି ଗୁରୁଙ୍କ ଆଲୋକର ଆଭା ତାଙ୍କର ଚିତ୍ତାକର୍ଷକ, ସୁନ୍ଦର ଚେହେରାରେ ପ୍ରତିଫଳିତ ହେଉଥିବା ପରି ମନେ ହେଉଥିଲା । ଶିଖ ମାନେ ତାଙ୍କୁ ଗୁରୁ ନାନକଙ୍କ ପ୍ରତିଛବି ଭାବରେ ସ୍ୱୀକାର କରିନେଇଥିଲେ ।

ଗୁରୁ ହରକ୍ରିଶନ ଆଦି ଗ୍ରନ୍ଥର ବିଷୟବସ୍ତୁକୁ ହୃଦୟର ଅନ୍ତରତମ ପ୍ରଦେଶ ରୁ ବ୍ୟାଖ୍ୟା କରିବାର ବିରଳ କ୍ଷମତା ପ୍ରାପ୍ତ ହୋଇଥିଲେ । ସେ ତାଙ୍କର ବ୍ୟାଖ୍ୟା ଦ୍ୱାରା ଶିଷ୍ୟ ମାନଙ୍କ ହୃଦୟକୁ ଆନନ୍ଦରେ ପରିପୂର୍ଣ୍ଣ କରିପାରୁଥିଲେ । ସେ ସେମାନଙ୍କୁ ସବୁବେଳେ ଏକମାତ୍ର ଈଶ୍ୱରଙ୍କ ଠାରେ ବିଶ୍ୱାସ ରଖିବାକୁ ଅନୁରୋଧ କରିଥିଲେ ଏବଂ ନିଜର ଭାବାବେଗକୁ ତ୍ୟାଗ କରି ଧୈର୍ଯ୍ୟ, ପରୋପକାର ଏବଂ ପ୍ରେମ ପରି ସଦ୍ ଗୁଣଗୁଡ଼ିକ ଶିଖିବାକୁ କହିଥିଲେ । ଏହିପରି ଗୁରୁ ହରକ୍ରିଶନ ଗୁରୁ ମାନଙ୍କର ବାଣୀର ପ୍ରଚାର ଜାରି ରଖିଥିଲେ ଏବଂ ଏତେ କମ୍ ବୟସରେ ମଧ୍ୟ ଉତ୍ତରାଧିକାରୀ ସୂତ୍ରରେ ପାଇଥିବା ତାଙ୍କର ପୂର୍ବସୂରୀ ମାନଙ୍କର ସଂପଦକୁ ଅକ୍ଷୁର୍ଣ୍ଣ ରଖିଥିଲେ ।

ଘଟଣାଗୁଡ଼ିକର ଗୋଟିଏ ବିବରଣୀ ରୁ ଆମେ ଜାଣି ପାରିଛେ ଯେ, ଗୁରୁଙ୍କ ବଡ଼ ଭାଇ ରାମ ରାୟ, ଯିଏ ସମ୍ରାଟ ଔରଙ୍ଗଜେବଙ୍କୁ ଆଦି ଗ୍ରନ୍ଥ ଶବ୍ଦର ଭୁଲ ବ୍ୟାଖ୍ୟା କରି ତାଙ୍କ ପିତାଙ୍କ କ୍ରୋଧର ଶୀକାର ହୋଇଥିଲେ ସେ ସକ୍ରିୟ ଜୀବନ ରୁ ଅବସର ନେଇ ଡେରାଡୁନରେ ବସବାସ କରିଥିଲେ । ଅନ୍ୟ ଏକ ବିବରଣୀ ଆମକୁ ବିଶ୍ୱାସ କରାଇଥାଏ ଯେ, ଉତ୍ତରାଧିକାରୀ ରୁ ବଞ୍ଚିତ ଭାଇ ସାନ ଭାଇଙ୍କ ଉତ୍ତରାଧିକାରୀ ହେବା ଉପରେ ଅସନ୍ତୁଷ୍ଟ ଥିଲେ । ସେ ଦିଲ୍ଲୀରେ ସମ୍ରାଟ ଔରଙ୍ଗଜେବଙ୍କ ପାଖରେ ଅଭିଯୋଗ କରିଥିଲେ । ସେ ସମ୍ରାଟ ଙ୍କୁ କହିଥିଲେ ଯେ, କେବଳ ସମ୍ରାଟଙ୍କ ପ୍ରତି ତାଙ୍କର ବିଶ୍ୱସ୍ତତା ହେତୁ ତାଙ୍କୁ ଉତ୍ତରାଧିକାର ସୂତ୍ର ରୁ ବଞ୍ଚିତ କରାଯାଇଛି । ସେ

ଆହୁରି ମଧ୍ୟ ଦାବି କରିଥିଲେ ଯେ ସେ ତାଙ୍କ ପିତାଙ୍କ ସମ୍ପତ୍ତି ରୁ ତାଙ୍କର ଉପଯୁକ୍ତ ଅଂଶ ପାଇ ନାହାନ୍ତି ।

ସମ୍ରାଟ ଔରଙ୍ଗଜେବ ରାମ ରାୟଙ୍କ ଅଭିଯୋଗକୁ ଧୈର୍ଯ୍ୟର ସହ ଶୁଣିଥିଲେ । ସତ୍ୟ ଏହା ଥିଲା ଯେ, ଗୁରୁ ହରକ୍ରିଶନଙ୍କ ବୃଦ୍ଧି ପାଉଥିବା ଖ୍ୟାତି ବିଷୟରେ ସେ ଆଦୌ ଖୁସି ନ ଥିଲେ । ସେ ଶିଖ ମାନଙ୍କ ମଧ୍ୟରେ ବିଭାଜନ ସୃଷ୍ଟି କରିବା ଏବଂ ସେମାନଙ୍କୁ ଦୁର୍ବଳ କରିବା ପାଇଁ ଏହାକୁ ଏକ ଅପୂର୍ବ ସୁଯୋଗ ବୋଲି ଭାବିନେଇଥିଲେ । ଏହା ମଧ୍ୟ ତାଙ୍କ ନିଜର ଧାର୍ମିକ ଲକ୍ଷ୍ୟ, ଯାହାକି ହିନ୍ଦୁସ୍ତାନର ସମସ୍ତ ଲୋକଙ୍କୁ ଇସଲାମ ଧର୍ମରେ ପରିଣତ କରିବାରେ ସାହାଯ୍ୟ କରିବ । କିନ୍ତୁ ସେ ପଞ୍ଜାବରେ ଦୃଢ଼ ପ୍ରତିରୋଧ ଏବଂ ବିଫଳତାକୁ ଭୟ କରୁଥିଲେ, କାରଣ ସାହାସୀ ଏବଂ ବିଶ୍ୱସ୍ତ ଶିଖ ଲୋକମାନେ ସେଠାରେ ଗୁରୁଙ୍କୁ ବହୁତ ଆଦର ସମ୍ମାନ କରୁଥିଲେ । ସେ ଭାବିଥିଲେ ଯେ ଯଦି ସେ କୌଣସି ପ୍ରକାରେ ରାମ ରାୟଙ୍କୁ ଗୁରୁ କରିପାରିବେ, ତେବେ ବୋଧହୁଏ ତାଙ୍କୁ ପ୍ରଭାବିତ କରି ପଞ୍ଜାବରେ ଇସଲାମ ଧର୍ମର ବିସ୍ତାର କରିବାରେ ସମର୍ଥ ହୋଇ ପାରିବେ । ଯଦି ସେ ଜଣେ ଭାଇକୁ ଅନ୍ୟ ଜଣେ ଭାଇ ବିରୁଦ୍ଧରେ ଲଢ଼ାଇ କରିବାରେ ସଫଳ ହୋଇ ପାରିବେ ତେବେ ସେମାନେ ଏବଂ ସେମାନଙ୍କର ଅନୁଗାମୀ ମାନେ ପରସ୍ପର ଭିତରେ ହଣାକଟାରେ ଲିପ୍ତ ରହିବେ ଏବଂ ତାଙ୍କର ଉଦ୍ଦେଶ୍ୟ ପୂରଣ ହୋଇ ପାରିବ । ତେଣୁ ସେ ଗୁରୁ ଗଦି ପାଇଁ ରାମ ରାୟଙ୍କ ଦାବିକୁ ସମର୍ଥନ କରିବାକୁ ସ୍ଥିର କରିଥିଲେ । ସେ ଏକ ହିନ୍ଦୁ ରାଜା, ରାଜା ଜୟ ସିଂଙ୍କୁ ଗୁରୁ ହରକ୍ରିଶନଙ୍କୁ ଦିଲ୍ଲୀ ଆଣିବାକୁ ଆଦେଶ ଦେଇଥିଲେ । ତାଙ୍କର ଉଦ୍ଦେଶ୍ୟ ଥିଲା ଗୁରୁଙ୍କୁ ତାଙ୍କ ବଡ଼ ଭାଇ ରାମ ରାୟଙ୍କ ସପକ୍ଷରେ ତାଙ୍କ ପଦ ଛାଡ଼ିବାକୁ ରାଜି କରାଇବା ।

ରାମ ରାୟ ଜାଣିଥିଲେ ଯେ, ତାଙ୍କ ମୃତ୍ୟୁ ପୂର୍ବ ରୁ ତାଙ୍କ ପିତା ଗୁରୁ ହର ରାୟ ସର୍ବ ସାଧାରଣରେ ହରକ୍ରିଶନଙ୍କୁ କେବେହେଲେ ଔରଙ୍ଗଜେବଙ୍କୁ ନ ଭେଟିବାକୁ ନିର୍ଦ୍ଦେଶ ଦେଇଥିଲେ । ରାମ ରାୟ ବର୍ତ୍ତମାନ ଆଶା କରୁଥିଲେ ଯେ ଯଦି ହରକ୍ରିଶନ ସମ୍ରାଟଙ୍କୁ ଭେଟିବେ ତେବେ ତାହା ପିତାଙ୍କ ଇଚ୍ଛା ବିରୁଦ୍ଧରେ ଯିବ ଏବଂ ଶିଖମାନେ ସେମାନଙ୍କ ଗୁରୁଙ୍କ ଉପରେ ଅସନ୍ତୁଷ୍ଟ ହେବେ । ଅନ୍ୟ ପଟେ, ଯଦି ଗୁରୁ ହରକ୍ରିଶନ ସମ୍ରାଟଙ୍କ ସମନକୁ ମନାକରି ଦିଅନ୍ତି, ତେବେ ଔରଙ୍ଗଜେବ ତାଙ୍କୁ ବାଧ୍ୟ କରିବାକୁ ସୈନ୍ୟ ବାହିନୀ ପଠାଇବେ । ସେ ହିସାବ କରିନେଲେ ଯେ, ଯେଉଁପଟେ ହେଉ ସେ ଅଷ୍ଟମ ଗୁରୁଙ୍କୁ ଅସୁବିଧାରେ ପକାଇ ପାରିବେ ।

ଗୁରୁ ହରକ୍ରିଶନ ତାଙ୍କର ପ୍ରମୁଖ ଶିଖମମାନଙ୍କ ସହ ପରାମର୍ଶ କରିଥିଲେ । ଶିଖ

ମାନେ ସେମାନଙ୍କର ବାଳକ ଗୁରୁ ଦିଲ୍ଲୀ ଯାତ୍ରା କରିବା ଏବଂ ଦରବାରରେ ହାଜର ହେବା ବିଷୟରେ ବହୁତ ଆଶଙ୍କିତ ଥିଲେ । ସେମାନେ ସେମାନଙ୍କର ହାତ ଯୋଡ଼ି କହିଲେ, "ହେ ଗୁରୁ, ଆମ୍ଭେମାନେ ତୁମର ସେବକ । ତୁମର ଏହି ତିନୋଟି ଜଗତ ବିଷୟରେ ଭରପୁର ଜ୍ଞାନ ଅଛି । ତେଣୁ ତୁମେ ସବୁ ବିଷୟରେ ଆମ ଅପେକ୍ଷା ଭଲ ଭାବରେ ଜାଣିଛ ।" ଏହି ଅଶାନ୍ତିକୁ ଶାନ୍ତ କରିବା ପାଇଁ, ଔରଙ୍ଗଜେବ ଗୁରୁଙ୍କୁ ଦିଲ୍ଲୀ ଆଣିବା ପାଇଁ ରାଜା ଜୟ ସିଂଙ୍କୁ ପଠାଇଥିଲେ । ରାଜା ଜୟ ସିଂ କେବଳ ଦରବାରର ଜଣେ ଗୁରୁତ୍ୱପୂର୍ଣ୍ଣ ଅଧିକାରୀ ନ ଥିଲେ ବରଂ ଜଣେ ରାଜପୁତ ଶାସକ ମଧ୍ୟ ଥିଲେ ଏବଂ ଶିଖ ଗୁରୁଙ୍କ ପ୍ରତି ତାଙ୍କର ଭକ୍ତିଭାବ ଜଣାଶୁଣା ଥିଲା ।

ରାଜା ଜୟ ସିଂ ଗୁରୁ ହରକ୍ରିଶନଙ୍କୁ ଆଶ୍ୱାସନା ଦେଇଥିଲେ ଯେ ଦିଲ୍ଲୀରେ ଥିଲାବେଳେ ତାଙ୍କୁ ବ୍ୟକ୍ତିଗତ ଭାବରେ ସମ୍ରାଟଙ୍କୁ ଭେଟିବାକୁ ପଡ଼ିବ ନାହିଁ । ସେ ଏହା ମଧ୍ୟ କହିଥିଲେ ଯେ, ଦିଲ୍ଲୀରେ ଅନେକ ଭକ୍ତ ଶିଖ ଅଛନ୍ତି ଯେଉଁମାନେ ସେମାନଙ୍କର ଗୁରୁଙ୍କୁ ଦେଖିବାକୁ ଏବଂ ତାଙ୍କଠାରୁ ଶୁଣିବାକୁ ବ୍ୟଗ୍ର ଅଛନ୍ତି । ଗୁରୁ ତାପରେ ଶିଷ୍ୟ ମାନଙ୍କୁ ସେ ଦିଲ୍ଲୀ ଯିବା ପାଇଁ ରାଜି କରାଇଥିଲେ ।

ଗୁରୁ ହରକ୍ରିଶନ, ତାଙ୍କ ମାତା ଏବଂ ଏକ ଭକ୍ତ ଦଳ ଦିଲ୍ଲୀ ଅଭିମୁଖେ ଏକ ଲମ୍ବା ଯାତ୍ରା ଆରମ୍ଭ କରିଥିଲେ । ବାଟରେ ବହୁ ସଂଖ୍ୟକ ଭକ୍ତ ସେମାନଙ୍କୁ ଭେଟିଥିଲେ ଏବଂ ସମସ୍ତେ ଗୁରୁଙ୍କୁ ପ୍ରଣାମ କରିବାକୁ, ସମ୍ମାନ ଜଣାଇବାକୁ ଆଗ୍ରହୀ ଥିଲେ । ତାଙ୍କ ରାସ୍ତାରେ ଶହ ଶହ ଶିଷ୍ୟ ତାଙ୍କ ଦର୍ଶନ ପାଇଁ ଏକତ୍ରିତ ହୋଇଥିବାର ଶୁଣିକରି ସେ ଅନେକ ସ୍ଥାନରେ ଅଟକି ଯାଇଥିଲେ । ସେମାନଙ୍କ ମଧ୍ୟରେ ପଙ୍ଗୁ ଏବଂ କୁଷ୍ଠରୋଗୀ ଥିଲେ, ଯେଉଁ ମାନଙ୍କୁ ସେ ତାଙ୍କ ହାତର ଆରୋଗ୍ୟ ସ୍ପର୍ଶ ଦ୍ୱାରା ରୋଗମୁକ୍ତ କରିଦେଇଥିଲେ ।

ଆମ୍ବାଲା ନିକଟରେ ଏକ ଗାଁ ପଞ୍ଜୋଖ୍ରା ଠାରେ ଜଣେ ଗର୍ବିତ ତଥା ଜ୍ଞାନୀ ବ୍ରାହ୍ମଣ, ଲାଲଚନ୍ଦ, ଗୁରୁଙ୍କୁ ଭେଟିବାକୁ ଆସିଥିଲେ । ସେ ଗୁରୁଙ୍କୁ ଅଭିବାଦନ ନ କରି ନିମ୍ନଲିଖିତ ଶବ୍ଦରେ ଆହ୍ୱାନ କରିଥିଲେ, "ତୁମେ ନିଜକୁ ଶ୍ରୀ ହରକ୍ରିଶନ ବୋଲି କହୁଛ, ତୁମର ଅନୁଗାମୀ ମାନେ ତୁମକୁ ଗୁରୁ ବୋଲି କହୁଛନ୍ତି । ଏହି କୋମଳ ବୟସରେ ତୁମେ ଶାସ୍ତ୍ର ଏବଂ ପବିତ୍ର ଗ୍ରନ୍ଥଗୁଡ଼ିକ ବିଷୟରେ କ'ଣ ଜାଣିଛ ? କ'ଣ ପାଇଁ ତୁମେ ଭାବୁଛ ଯେ ତୁମେ ତୁମର ମହାନ ପୂର୍ବପୁରୁଷ ମାନଙ୍କର ସିଂହାସନ ଦଖଲ କରିବାକୁ ଯୋଗ୍ୟ ? ତୁମେ, ଏହି ମୁହୂର୍ତ୍ତ ରେ, ତୁମ ପାଖରେ ଏକତ୍ରୀତ ହୋଇଥିବା ଲୋକମାନଙ୍କୁ ଗୀତାର କିଛି ଅଂଶ ବୁଝାଇ ପାରିବ କି ?"

ସେହି ସମୟରେ ସେଠାରେ ଛଜ୍ଜୁ ନାମରେ ଜଣେ ମୂକ ତଥା ଅଶିକ୍ଷିତ ବ୍ୟକ୍ତି

ଠିଆ ହୋଇଥିଲେ ଯିଏକି ଜଣେ ଜଳ ପରିବହନକାରୀ ଥିଲେ । ସେ ସେହି ବ୍ରାହ୍ମଣଙ୍କ ଗାଁର ଲୋକ ଥିଲେ ଏବଂ ଗୁରୁଙ୍କ ଶିବିରର ରୋଷେଇ ଘରେ ଜଳ ପରିବେଷଣରେ ନିୟୋଜିତ ଥିଲେ । ଗୁରୁ ସେ ବ୍ରାହ୍ମଣଙ୍କୁ ପଚାରିଥିଲେ ଯେ ସେ ନିଜେ ଗୀତାର ଶ୍ଲୋକଗୁଡ଼ିକ ବୁଝାଇବେ ନା ତାହାକୁ ଛଜ୍ଜୁ ଦ୍ୱାରା କରାଇବେ । ବ୍ରାହ୍ମଣ ଆଶ୍ଚର୍ଯ୍ୟ ହୋଇଯାଇଥିଲେ । ଛଜ୍ଜୁ କଥାବାର୍ତ୍ତା ମଧ୍ୟ କରିପାରେ ନାହିଁ, ସେ କିପରି ଗୀତା ବ୍ୟାଖ୍ୟା କରିପାରିବ ? କିନ୍ତୁ ଗୁରୁଙ୍କୁ ଫାନ୍ଦରେ ପକାଇବାକୁ ଭାବିକରି ସେଟିକିଏ ରହି ଉତ୍ତର ଦେଲେ, ଛଜ୍ଜୁ ଏହା କରିବା ଉଚିତ ହେବ ।

ଗୁରୁ ଛଜ୍ଜୁକୁ ତାଙ୍କ ନିକଟକୁ ଡାକିଥିଲେ ଏବଂ ତାଙ୍କର ଛଡ଼ିଟିକୁ ତାହାର ମୁଣ୍ଡ ଉପରେ ରଖି ବ୍ରାହ୍ମଣଙ୍କ ପ୍ରଶ୍ନର ଉତ୍ତର ଦେବାକୁ କହିଥିଲେ । ବ୍ରାହ୍ମଣ ଏବଂ ଏକତ୍ରୀତ ହୋଇଥିବା ସମସ୍ତ ଲୋକଙ୍କୁ ଆଶ୍ଚର୍ଯ୍ୟାନ୍ୱିତ କରି, ଛଜ୍ଜୁ ବ୍ରାହ୍ମଣ ପାଠ କରୁଥିବା ପ୍ରତ୍ୟେକ ପଦକୁ ବିସ୍ତୃତ ଭାବରେ ବ୍ୟାଖ୍ୟା କରିଥିଲେ । ଲାଲଚାନ୍ଦ ଏହି ଚମତ୍କାରରେ ଅଭିଭୂତ ହୋଇ ପଡ଼ିଥିଲେ ଏବଂ ତୁରନ୍ତ ଗୁରୁଙ୍କ ପାଦତଳେ ପଡ଼ିଯାଇଥିଲେ ଏବଂ ତାଙ୍କର ଅହଂକାର ଓ ଅଜ୍ଞାନତା ପାଇଁ କ୍ଷମା ମାଗିଥିଲେ । ଗୁରୁ କୋମଳ ସ୍ୱରରେ ତାଙ୍କୁ ମନେପକାଇ ଦେଇଥିଲେ ଯେ, ନମ୍ରତା ହେଉଛି ସମସ୍ତ ଗୁଣର ମୂଳ ଉତ୍ସ ।

ଏହି ଘଟଣା ଦ୍ୱାରା ଗୁରୁ ହରକ୍ରିଶନ ତାଙ୍କ ସ୍ୱଳ୍ପ ବୟସ ହେତୁ ତାଙ୍କର ଗୁରୁ ହେବାର ସାମର୍ଥ୍ୟ ବିଷୟରେ ସନ୍ଦେହୀ ମାନଙ୍କ ମନରୁ ସନ୍ଦେହର ସମସ୍ତ ଶଙ୍କା ଦୂର କରିଦେଇଥିଲେ । ଆମେ ଯାହା କହିଥିଲୁ ଏହା କେବଳ ତାହାକୁ ସୁଦୃଢ଼ କରିଥିଲା : "ସମସ୍ତ ଗୁରୁ ଐଶ୍ୱରୀୟ ଜ୍ଞାନ ଦ୍ୱାରା ଅନୁପ୍ରାଣୀତ ।"

ଯେତେବେଳେ ଗୁରୁ ଦିଲ୍ଲୀରେ ପହଞ୍ଚିଥିଲେ, ସେତେବେଳେ ସେ ରହିବାକୁ ଥିବା ରାଜା ଜୟ ସିଂଙ୍କର ପ୍ରଶସ୍ତ ବାସଭବନରେ ତାଙ୍କୁ ଭବ୍ୟ ସ୍ୱାଗତ କରାଯାଇଥିଲା । ଏହି ସ୍ଥାନରେ ବର୍ତ୍ତମାନ ଦିଲ୍ଲୀର ଅନ୍ୟତମ ପ୍ରସିଦ୍ଧ ଗୁରୁଦ୍ୱାରା, ଗୁରୁଦ୍ୱାରା ବଙ୍ଗଳାସାହିବ ପ୍ରତିଷ୍ଠିତ ହୋଇଛି । ଦିଲ୍ଲୀର ହଜାର ହଜାର ଲୋକ ଗୁରୁଙ୍କ ଦର୍ଶନ ପାଇବା ପାଇଁ ଏଠାରେ ଭିଡ଼ ଜମାଇଥିଲେ । ଗୁରୁଙ୍କ ଦର୍ଶନ ପାଇବା ମାତ୍ରେ ରୋଗୀମାନେ ସୁସ୍ଥ ହୋଇଯାଇଥିଲେ ଏବଂ ଦୁଃଖରେ ଥିବା ଲୋକମାନେ ସୁଖ ପାଇଥିଲେ ।

ଗୁରୁଙ୍କୁ ଦରବାରକୁ ଆଣିବାକୁ ସ୍ଥିର କରି ସମ୍ରାଟ ଗୁରୁଙ୍କ ପାଇଁ ମୂଲ୍ୟବାନ ଉପହାର ପଠାଇଥିଲେ ଏବଂ ତାଙ୍କୁ ସ୍ୱାଗତ କରିବାକୁ ଇଚ୍ଛା ପ୍ରକାଶ କରିଥିଲେ, କିନ୍ତୁ ଅତ୍ୟନ୍ତ ଭଦ୍ର ଭାବରେ ଗୁରୁ ନିମନ୍ତ୍ରଣକୁ ପ୍ରତ୍ୟାଖ୍ୟାନ କରିଥିଲେ । ରାଜା ଜୟ ସିଂଙ୍କୁ ଗୁରୁ କହିଥିଲେ ଯେ, "ମୋର ବଡ଼ ଭାଇ, ରାମ ରାୟ, ସମ୍ରାଟଙ୍କ ସହ ଅଛନ୍ତି ଏବଂ ତାଙ୍କର ରାଜନୈତିକ ବ୍ୟାପାରରେ ଲିପ୍ତ ଅଛନ୍ତି । ତାଙ୍କ କାର୍ଯ୍ୟକଳାପରେ ହସ୍ତକ୍ଷେପ

କରିବା ପାଇଁ ମୋର ଆଦୌ ଇଚ୍ଛା ନାହିଁ । ମୋର ଉଦ୍ଦେଶ୍ୟ ହେଉଛି ପ୍ରକୃତ (ଭଗବାନଙ୍କ) ନାମ ପ୍ରଚାର କରିବା । ମୋ ବାପା ଙ୍କ ପଦରେ ମୋର ନିଯୁକ୍ତି ହେତୁ ରାମ ରାୟ ଏବେବି ମୋ ସହିତ ଶତ୍ରୁତା ରଖିଛନ୍ତି । ଯଦି ସମ୍ରାଟ ମୋ ପ୍ରତି କୌଣସି ଅନୁଗ୍ରହ ଦେଖାନ୍ତି ତେବେ ରାମ ରାୟଙ୍କର ମୋ ପ୍ରତି ଶତ୍ରୁତା ଆହୁରି ବଢ଼ିଯିବ । ମୁଁ ପରିବାର ମଧ୍ୟରେ ସମସ୍ତ ମତଭେଦର ସାର୍ବଜନୀନ ପ୍ରଦର୍ଶନ କୁ ଏଡ଼ାଇ ଦେବାକୁ ଚାହୁଁଛି । ମୁଁ ଜାଣିଛି ଯେ ଏଥି ପାଇଁ ଏବଂ ଅନ୍ୟାନ୍ୟ କାରଣ ରୁ ମୋ ବାପା ମୋତେ ସମ୍ରାଟଙ୍କୁ ଭେଟିବାକୁ ବାରଣ କରିଥିଲେ ।"

ଆମକୁ କୁହାଯାଇଛି ଯେ, ଏହାର ପରେ ପରେ ସମ୍ରାଟଙ୍କ ପୁଅ ରାଜକୁମାର ମୁଆଜାମ ଖୁବ୍ ଶୀଘ୍ର ଗୁରୁଙ୍କୁ ଦେଖା କରିଥିଲେ ଏବଂ ଗୁରୁଙ୍କୁ ସାକ୍ଷାତ କରିବା ପାଇଁ ତାଙ୍କ ପିତାଙ୍କ ଇଚ୍ଛା ପ୍ରକାଶ କରିଥିଲେ । ଗୁରୁ ତାଙ୍କର ପୂର୍ବ ଆଭିମୂଖ୍ୟକୁ ଦୋହରାଇ ଥିଲେ ଯେ ସେ ସମ୍ରାଟ ଙ୍କୁ ଦେଖିବାକୁ ଇଚ୍ଛା ନ କରୁଥିବାର କାରଣ ପୂର୍ବରୁ ଜଣାଇ ସାରିଛନ୍ତି । କିନ୍ତୁ, ଯଦି ସମ୍ରାଟ କୌଣସି ଧାର୍ମିକ ନିର୍ଦ୍ଦେଶ ଚାହୁଁଥିବେ, ତେବେ ସେ ଖୁସିରେ ତାହାକୁ ରାଜକୁମାରଙ୍କୁ ପ୍ରଦାନ କରି ପାରିବେ । ସେ ଆହୁରି ମଧ୍ୟ କହିଲେ, ଯଦି ସମ୍ରାଟ ଧାର୍ମିକ ନିର୍ଦ୍ଦେଶଗୁଡ଼ିକ ବୁଝିପାରିବେ ଏବଂ ସେହି ଅନୁସାରେ କାର୍ଯ୍ୟ କରିବେ ତେବେ ଗୁରୁ ନାନକଙ୍କ ଆଶୀର୍ବାଦ ନିଶ୍ଚିତ ଭାବରେ ତାଙ୍କ ଉପରେ ବିଚ୍ଛୁରିତ ହେବ ଏବଂ ସେ ଖୁସିରେ ରହିବେ । ରାଜକୁମାର ନିର୍ଦ୍ଦେଶ ମାଗିଥିଲେ ଏବଂ ଗୁରୁ ଗୁରୁ ନାନକଙ୍କର ନିମ୍ନ ଲିଖିତ ବାଣୀ (ଶାବାଦ) ଆବୃତ୍ତି କରିଥିଲେ ।

ଯଦି ପ୍ରକୃତ ଦେବତା ହୃଦୟରେ ବାସ କରନ୍ତି ନାହିଁ,

ତେବେ ଖାଇବ କ'ଣ, ପୋଷାକ ପିନ୍ଧିବ କ'ଣ ।

କେଉଁ ଫଳ, କେଉଁ ଘିଅ ଏବଂ ମିଠା ଗୁଡ଼, କେଉଁ ଉତ୍ତମ ମଇଦା ଏବଂ କେଉଁ ମାଂସ ?

କେଉଁ ପୋଷାକ, କେଉଁ ସୁଖଦ ଶଯ୍ୟା ବାର୍ତ୍ତାଳାପ ପାଇଁ ?

କେଉଁ ସୈନ୍ୟ ବାହିନୀ, କେଉଁ ଗଦାଧାରୀ, ସେବକ ମାନେ ଏବଂ ରହିବାକୁ କେଉଁ ପ୍ରାସାଦ ?

ନାନକ କହିଛନ୍ତି, ଭଗବାନଙ୍କ ନାମ ବ୍ୟତୀତ ସମସ୍ତ ଜିନିଷ କ୍ଷଣସ୍ଥାୟୀ ଏବଂ ନଷ୍ଟ ହୋଇଯାଇଥାଏ ।

ରାଜା ଜୟ ସିଂଙ୍କ ପ୍ରାସାଦରେ ଗୁରୁଙ୍କ ରହଣି ବିଷୟରେ କିଛି ଉତ୍ସ ଦ୍ୱାରା ଏକ ରୋଚକ କାହାଣୀ ବର୍ଣ୍ଣନା କରାଯାଇଛି । ସମ୍ରାଟ ଔରଙ୍ଗଜେବଙ୍କ ପ୍ରରୋଚନା ରେ, ରାଜା ଜୟ ସିଂ ଏବଂ ତାଙ୍କର ପାଟ ରାଣୀ, ଦିଲ୍ଲୀରେ ସେମାନଙ୍କର ଅତିଥି ଥିଲାବେଳେ,

ଶିଶୁ ଗୁରୁଙ୍କୁ ପରୀକ୍ଷା କରିବା ପାଇଁ ପ୍ରତାରଣାର ଏକ ନୂତନ କୌଶଳ କରିଥିଲେ । ରାଜା ଯୁବକ ଗୁରୁଙ୍କୁ ତାଙ୍କ ପ୍ରାସାଦର ଅନ୍ତପୁର ପରିଦର୍ଶନ କରିବାକୁ ଆମନ୍ତ୍ରଣ କରିଥିଲେ ଏବଂ କହିଥିଲେ ଯେ ପାଟରାଣୀ ଏବଂ ଅନ୍ୟ ରାଣୀ ମାନେ ତାଙ୍କୁ ଭେଟିବାକୁ ଇଚ୍ଛା କରୁଛନ୍ତି । ଏହି ସମୟ ଭିତରେ, ରାଣୀ ଜଣେ ଦାସୀ ସହିତ ପୋଷାକ ବିନିମୟ କରି ଯୁବ ଗୁରୁଙ୍କୁ ଭେଟିବା ପାଇଁ ଏକତ୍ରିତ ହୋଇଥିବା ମହିଳା ମାନଙ୍କ ସଭାର ସଭା ପଛରେ ବସିଥିଲେ । ଯେତେବେଳେ ଗୁରୁଙ୍କୁ ଏହି ମହିଳା ମାନଙ୍କ ସଭା ସହ ପରିଚୟ କରିଦିଆଗଲା ସେତେବେଳେ ରାଜା ତାଙ୍କୁ ରାଣୀଙ୍କୁ ଆଶୀର୍ବାଦ କରିବାକୁ ଅନୁରୋଧ କରିଥିଲେ । ଗୁରୁ ସେହି ସଭା ଚାରିପାଖରେ ବୁଲିଥିଲେ ଏବଂ ପ୍ରତ୍ୟେକ ସମ୍ଭ୍ରାନ୍ତ ମହିଳାଙ୍କ କାନ୍ଧରେ ତାଙ୍କର ରାଜଦଣ୍ଡକୁ ଧୀରେ ଛୁଆଁଇ ଦେଇଥିଲେ । କୌଣସି ଶବ୍ଦ କୁହାଯାଇ ନ ଥିଲା, ପ୍ରତ୍ୟେକ ମହିଳା ମାନଙ୍କୁ ସେମାନଙ୍କ କାନ୍ଧରେ ସ୍ପର୍ଶ ହେଲା ପରେ ସେଠାରୁ ଯିବାକୁ କୁହାଯାଇଥିଲା । ଶେଷରେ, ସେ ଦାସୀ ପୋଷାକ ପିନ୍ଧି ଶେଷ ଧାଡ଼ିରେ ବସିଥିବା ମହିଳା ଙ୍କ ନିକଟକୁ ଆସି ତାଙ୍କର ଦୟାଳୁ ଆତିଥେୟତା ପାଇଁ ଏବଂ ରାଣୀ ଭାବରେ ଅଭିବାଦନ କରିଥିଲେ ।

ଦିଲ୍ଲୀର ଭକ୍ତ ଶିଖ ମାନେ ସେମାନଙ୍କ ଗୁରୁଙ୍କ ଦର୍ଶନ ପାଇବା ପାଇଁ ଛୋଟ ଏବଂ ବଡ଼ ଦଳରେ ରାଜପ୍ରାସାଦ ପରିଦର୍ଶନ କରିବାକୁ ଲାଗିଲେ । ସେମାନେ ପବିତ୍ର ଭଜନ ଗାଇ ଗାଇ ଆସୁଥିଲେ ଏବଂ ସାଙ୍ଗରେ ନୈବେଦ୍ୟ ମଧ୍ୟ ଆଣୁଥିଲେ ।

ଗୁରୁ କିଆନ ସାଖିଆନରେ ଦିଆଯାଇଥିବା ତଥ୍ୟ ଅନୁସାରେ, ଗୁରୁ ହରକ୍ରିଶନ ପ୍ରକୃତରେ ଚେତ ସୁଦି ନବମୀ, ୧୭୨୧ ବିକ୍ରମ ସମ୍ବତ (ମାର୍ଚ୍ଚ ୨୫ ତାରିଖ ୧୬୬୪ ମସିହାରେ) ସମ୍ରାଟଙ୍କ ଦରବାର ପରିଦର୍ଶନ କରିଥିଲେ । "ମହିମା ପ୍ରକାଶ" ଯାହା ଲିପିବଦ୍ଧ କରିଛନ୍ତି ସେହି ଅନୁସାରେ ସମ୍ରାଟ ଏକ ପରୀକ୍ଷା କରିବା ପାଇଁ ଯୋଜନା କରିଥିଲେ । ସେ ଗୁରୁଙ୍କ ପାଇଁ ଦୁଇଟି ବଡ଼ ଥାଳି ରଖିଥିଲେ । ସେଥିରୁ ଗୋଟିକରେ ଅଳଙ୍କାର, ପୋଷାକ ଏବଂ ଖେଳନା ପ୍ରଦର୍ଶିତ ହୋଇଥିଲା । ଅନ୍ୟଟିରେ ଏକ ସାଧୁ ଲୋକଙ୍କର ବସ୍ତ୍ର ଏବଂ ମସ୍ତକ ଆଚ୍ଛାଦିତ କରିବା ପାଇଁ ଟୋପି ଥିଲା । ଦୁଇଟି ଯାକ ଥାଳୀ ଉପହାର ଆକାରରେ ଗୁରୁ ହରକ୍ରିଶନଙ୍କୁ ଦିଆ ଯାଇଥିଲା । ସେ ଅଳଙ୍କାର ଏବଂ ମୂଲ୍ୟବାନ ପୋଷାକ ଥିବା ଥାଳୀକୁ ପ୍ରତ୍ୟାଖ୍ୟାନ କରିଥିଲେ ଏବଂ ସାଧୁ ଙ୍କ ବସ୍ତ୍ର ଥିବା ଥାଳୀକୁ ଗ୍ରହଣ କରିଥିଲେ । ସମ୍ରାଟ ତାଙ୍କର ପବିତ୍ରତା ଉପରେ ବିଶ୍ୱାସ କରିଥିଲେ । କିନ୍ତୁ ଏହି ପରିଦର୍ଶନକୁ ଅନ୍ୟ ପଣ୍ଡିତ ମାନେ ପ୍ରତ୍ୟାଖ୍ୟାନ କରିଅଛନ୍ତି ।

ସେହି ସମୟରେ ଦିଲ୍ଲୀରେ ହଇଜା ଏବଂ ବସନ୍ତ ପ୍ରବଳ ଭାବରେ ବ୍ୟାପିଥିଲା । ଗୁରୁ ଆଦେଶ ଦେଇଥିଲେ ଯେ, ତାଙ୍କୁ ଦିଆଯାଉଥିବା ସମସ୍ତ ନୈବେଦ୍ୟ ଗରିବ

ଲୋକ ମାନଙ୍କୁ ସାହାଯ୍ୟ ଏବଂ ସହାୟତା କରିବା ପାଇଁ ବ୍ୟବହାର କରାଯିବ । ସେ ନିଜେ ପ୍ରଭାବିତ ଅଞ୍ଚଳ ବୁଲି ଗରିବ ଏବଂ ରୋଗୀ ମାନଙ୍କ ମଧ୍ୟରେ ଖାଦ୍ୟ, ଔଷଧ ଏବଂ ପୋଷାକ ବଣ୍ଟନ କରିଥିଲେ । ତାଙ୍କର ଉଦାରତା, ଯତ୍ନ ଏବଂ କରୁଣା ଦ୍ୱାରା ସେ ଅନେକ ଲୋକଙ୍କର ହୃଦୟ ଜିତି ପାରିଥିଲେ । ଦିଲ୍ଲୀର ବୃହତ ମୁସଲମାନ ସମାଜ, ଯେଉଁ ମାନେ ଗୁରୁଙ୍କ ସାହାଯ୍ୟ ଏବଂ ଆରୋଗ୍ୟ କାର୍ଯ୍ୟର (mission) ହିତାଧିକାରୀ ଥିଲେ, ସେମାନେ ତାଙ୍କୁ ଏତେ ଭଲପାଇଗଲେ ଯେ, ସେମାନେ ତାଙ୍କୁ ବାଲା ପିର (ଶିଶୁ ସାଧୁ) ବୋଲି ଡାକିବା ଆରମ୍ଭ କରିଦେଇଥିଲେ ।

ଏହି ସମୟ ଭିତରେ, ଔରଙ୍ଗଜେବ ଗୁରୁଙ୍କ କାର୍ଯ୍ୟକଳାପକୁ ବାଧା ଦେବା ପାଇଁ କିମ୍ବା ତାଙ୍କୁ ଦରବାର ପରିଦର୍ଶନ ବାଧ୍ୟ କରିବା ପାଇଁ କୌଣସି ପ୍ରକାର ଉଦ୍ୟମ କରିନଥିଲେ । ବୋଧହୁଏ କଠିନ ହୃଦୟ ସମ୍ରାଟ ଶିଶୁ-ସାଧୁଙ୍କ କାର୍ଯ୍ୟ ଦ୍ୱାରା ଘାବରାଇ ଯାଇଥିଲେ, କିମ୍ବା ବୋଧହୁଏ ସେ ଗୁରୁଙ୍କ ସେବା (missionary) କାର୍ଯ୍ୟରେ ବହୁତ ପ୍ରଭାବିତ ହୋଇଥିଲେ ଏବଂ ହୃଦୟଙ୍ଗମ କରିଥିଲେ ଯେ ଲୋକମାନେ ତାଙ୍କୁ ଅତ୍ୟନ୍ତ ଭଲପାଉଥିଲେ । ବୋଧହୁଏ ଏହା ଭଗବାନଙ୍କ ଇଚ୍ଛା ଥିଲା ଯେ, ଗୁରୁଙ୍କୁ କୌଣସି ବାଧାବିଘ୍ନ ନ ଆସୁ । କୌଣସି ପରିସ୍ଥିତିରେ ସମ୍ରାଟଙ୍କ ପାଖରୁ କୌଣସି ଅସୁବିଧା ଆସି ନ ଥିଲା ।

ଏହାର ଅଳ୍ପସମୟ ପରେ ଗୁରୁ ଉଚ୍ଚ ଜ୍ୱରରେ ଆକ୍ରାନ୍ତ ହୋଇଥିଲେ ଏବଂ ପରେ ପରେ ବସନ୍ତ ଦ୍ୱାରା ସଂକ୍ରମିତ ହୋଇଥିଲେ । କୁହାଯାଇ ଅଛି ଯେ ଦିଲ୍ଲୀରେ ବସନ୍ତ ଏତେ ମାତ୍ରାରେ ବ୍ୟାପି ଯାଇଥିଲା ଯେ ଗୁରୁ ତାଙ୍କର ଅତିମାନବୀୟ କରୁଣାରେ ବସନ୍ତ (small-pox)କୁ ନିଜ ଉପରକୁ ନେଇଯାଇଥିଲେ ଯାହାଦ୍ୱାରା ଦିଲ୍ଲୀର ବାସିନ୍ଦା ମାନେ ଏଥିରୁ ମୁକ୍ତ ହୋଇପାରିବେ । ସେ ରାଜା ଜୟ ସିଂଙ୍କ ଦ୍ୱାରା ଗୋଟେ ଛୋଟ ପୋଖରୀ ଖନନ କରାଇଥିଲେ । ଗୁରୁ ତାଙ୍କ ପାଦକୁ ସେ ପୋଖରୀର ପାଣିରେ ବୁଡ଼ାଇ ଦେଇଥିଲେ ଏବଂ ତାହା ପରେ ଯିଏ ସେହି ପାଣିରେ ଗାଧୋଇଥିଲେ, ସେ ବସନ୍ତ ରୋଗ ରୁ ଆରୋଗ୍ୟ ଲାଭ କରିଥିଲେ ।

ଗୁରୁ ଦୀର୍ଘ ସମୟ ଧରି ଅସୁସ୍ଥ ରହିଥିଲେ । ତାଙ୍କ ମାତା ତାଙ୍କ ପାଖରେ ବସି ନିବେଦନ କରିଥିଲେ, "ହେ ମୋର ପୁତ୍ର ! ତୁମେ କାହିଁକି ତୁମର ମୃତ୍ୟୁ ପାଇଁ ଇଚ୍ଛା କରୁଛ ? ତୁମେ ଗୁରୁଙ୍କ ସିଂହାସନରେ ଏହି ଅଳ୍ପଦିନ ହେଲା ବସିଛ, ତୁମେ ଏବେ ମଧ୍ୟ ଏକ ଶିଶୁ ଏବଂ ତୁମର ଏତେ ଚଞ୍ଚଳ ଯିବାର ସମୟ ଆସିନାହିଁ ।" ଗୁରୁ ଉତ୍ତର ଦେଇଥିଲେ, "ମା ! ବ୍ୟସ୍ତ ହୁଅ ନାହିଁ । ମୋର ସୁରକ୍ଷା ତାଙ୍କ ଇଚ୍ଛାରେ ଅଛି । ସେ ତାଙ୍କ ଫଇସଲର ଅମଲକାରୀ । ଏହା ତାଙ୍କର ଖୁସି ଉପରେ ନିର୍ଭର କରେ ଏବଂ

ବେଳେବେଳେ ସେ କଞ୍ଚା ଥିଲାବେଳେ, ଅଧା କଞ୍ଚା ଥିଲାବେଳେ ଏବଂ ଅନ୍ୟବେଳେ ପୁରା ପାଚିଗଲେ ଅମଳ କରିଥାନ୍ତି।"

କୁହାଯାଇଅଛି ଯେ, ଗୁରୁ ହରକ୍ରିଶନ ତାଙ୍କୁ ରାଜା ଜୟ ସିଂଙ୍କ ପ୍ରାସାଦ ରୁ ଯମୁନା ନଦୀ କୂଳରେ କରାଯାଇଥିବା ଏକ ସ୍ୱତନ୍ତ୍ର ଶିବିରକୁ ନେଇ ଯିବାକୁ ଅନୁରୋଧ କରିଥିଲେ। ତାଙ୍କ ସହିତ ଆସିଥିବା ଶିଖ ମାନେ ସେମାନଙ୍କ ଗୁରୁଙ୍କର ଦୁର୍ଦ୍ଦଶାରେ ନିରାଶ ହୋଇଯାଇଥିଲେ। ସେମାନେ ଗୁରୁଙ୍କ ଦୁଃଖ ଏବଂ ଯନ୍ତ୍ରଣା ସହିତ ନିଜକୁ ଖାପ ଖୁଆଇ ପାରିନଥିଲେ। କାହିଁକି ଏହିପରି ଅନ୍ଧକାର ସେମାନଙ୍କର ସୂର୍ଯ୍ୟକୁ ଘେରି ରହିଥିଲା? ଏବେ କିଏ ସେମାନଙ୍କର ନେତୃତ୍ୱ ନେବ?

ଶ୍ରୀ ଗୁରୁ ପ୍ରତାପ ସୁରଜ ଗ୍ରନ୍ଥ ଅନୁଯାୟୀ, ଗୁରୁ ହରକ୍ରିଶନ ସେମାନଙ୍କୁ ନିମ୍ନଲିଖିତ ଭାବରେ ନିର୍ଦ୍ଦେଶ ଦେଇଥିଲେ :

"ଗୁରୁ ଗଦି, ଗୁରୁ ନାନକଙ୍କ ସିଂହାସନ, ଅନନ୍ତ ଅଟେ। ଏହା ଚିରନ୍ତନ ଏବଂ ଏହାର ସମ୍ମାନ ଦିନକୁ ଦିନ ବୃଦ୍ଧି ପାଉଥିବ। ଗ୍ରନ୍ଥ ସମସ୍ତଙ୍କର ପ୍ରଭୁ ଅଟନ୍ତି। ଯିଏ ମୋତେ ଦେଖିବାକୁ ଚାହୁଁଛନ୍ତି, ତାଙ୍କୁ ବିଶ୍ୱାସ ଏବଂ ପ୍ରେମ ସହିତ ଗ୍ରନ୍ଥଙ୍କୁ ଦେଖିବାକୁ ଦିଅନ୍ତୁ। ତେଣୁ ସେ ତାଙ୍କର ସମସ୍ତ ପାପ ରୁ ମୁକ୍ତ ହୋଇଯିବେ। ଯିଏ ଗୁରୁଙ୍କ ସହ କଥା ହେବାକୁ ଇଚ୍ଛା କରନ୍ତି, ତାଙ୍କୁ ଭକ୍ତି ସହିତ ଗ୍ରନ୍ଥଙ୍କୁ ପାଠ କରିବାକୁ ଦିଅନ୍ତୁ। ଯିଏ ଏହାର ନିର୍ଦ୍ଦେଶାବଳୀକୁ ମାନିକରି ଜୀବନରେ ଉପଯୋଗ କରେ ସେ ମାନବ ଜୀବନର ଚାରୋଟି ପଦାରଥ (ଚାରିଟି ପ୍ରିୟ ବସ୍ତୁ) ପାଇ ପାରିବେ। ଯାହାର ବିଶ୍ୱାସ ଅଛି, ସେ ସମସ୍ତ ଲାଭ ପ୍ରାପ୍ତ କରିଥାଏ। ଯିଏ ବିଶ୍ୱାସ କରେନାହିଁ, ସେ ଅଳ୍ପ ଲାଭ କରେ। ଏହି ଜଗତରେ କେହି ଚିରକାଳ ବଞ୍ଚି ରହନ୍ତି ନାହିଁ। ଏହି ଶରୀର ମରଣଶୀଳ ଅଟେ। ଗ୍ରନ୍ଥରେ ଗୁରୁଙ୍କର ଆତ୍ମା ବାସ କରିଥାଏ। ପ୍ରତିଦିନ ଏହାଙ୍କ ସମ୍ମୁଖରେ ନତମସ୍ତକ ହୁଅ। ତେଣୁ ତୁମେ ତୁମର ଆବେଗକୁ ପରାସ୍ତ କରିପାରିବ ଏବଂ ମୁକ୍ତି ପାଇ ପାରିବ।

(ଶିଖ ଧର୍ମର ଚାରି ପଦାରଥ (Four spiritual Treasures)

୧-ଜ୍ଞାନ ପଦାରଥ (Treasure of wisdom)

୨-ମୁକ୍ତି ପଦାରଥ (Treasure of Liberation)

୩-ନାମ ପଦାରଥ (Treasure of Supreme command)

୪-ଜନ୍ମ ପଦାରଥ (Treasure of Living)

ଗୁରୁଙ୍କ କଥାଗୁଡ଼ିକ ତାଙ୍କର ଶେଷଶବ୍ଦ ପରି ଜଣା ପଡୁଥିଲା ଏବଂ ତାହା ଶୁଣି କରି ଶିଖ ମାନଙ୍କ ଆଖିରୁ ଲୁହ ଝରି ପଡ଼ିଥିଲା। ତା ପରେ ମାତା ସଲକ୍ଷ୍ମୀ ଆଗକୁ ଆସିଥିଲେ। ଲୁହଭରା ଆଖିରେ ସେ କହିଲେ, "ପୁଅ! ମୁଁ ତୁମ ବିନା କେମିତି

ବଞ୍ଚିବି ? ଯେତେବେଳେ ମୁଁ ଏହି ପରିବାରରେ ସ୍ୱର୍ଗତ ଗୁରୁଙ୍କୁ ବିବାହ କରି ଆସିଥିଲି ସେତେବେଳେ ମୁଁ ଆଶୀର୍ବାଦ ପ୍ରାପ୍ତ ହୋଇଥିଲି । ତୁମେ ଜନ୍ମ ହେଲାବେଳେ ମଧ୍ୟ ମୁଁ ଈଶ୍ୱରଙ୍କ କୃପା ଲାଭ କରିଥିଲି । ବର୍ତ୍ତମାନ ମୁଁ ଦୁଃଖର ଏକ ଗଭୀରତମ ସାଗରରେ ବୁଡ଼ି ଯାଇଛି । ମୋର ତ୍ରାଣ କର୍ତ୍ତା କିଏ ? ଏକ ମାଛ କିପରି ଜଳ ଠାରୁ ଅଲଗା ରହିପାରିବ ?"

ଗୁରୁ ହରକ୍ରିଶନ ଉତ୍ତର ଦେଇଥିଲେ, "ଏ ଶରୀର ନଷ୍ଟ ହୋଇଯାଇଥାଏ । ଯଦି ତୁମେ ଈଶ୍ୱରଙ୍କ ଇଚ୍ଛା କୁ ବିଶ୍ୱାସ କରିବାକୁ ଶିଖି ପାରିବ, ତେବେ ତୁମେ ଏକ ଦୁଃଖ ବିହୀନ ରାଜ୍ୟରେ ପହଞ୍ଚି ପାରିବ । ଅନନ୍ତ ଶାନ୍ତି ତୁମେ ପାଇପାରିବ ।"

ତାଙ୍କର ଶେଷ ଅବସ୍ଥା ଆସିଯାଇଛି ବୋଲି ସେ ଜାଣିପାରିଥିଲେ ଏବଂ କିଛି ତମ୍ବା ପଇସା ଏବଂ ଗୋଟେ ନଡ଼ିଆ ମଗାଇଥିଲେ । ତାଙ୍କ ଉତ୍ତରାଧିକାରୀଙ୍କ ଚର୍ତୁପାର୍ଶ୍ୱରେ ପ୍ରଦକ୍ଷଣ କରିବାର ନିଦର୍ଶନ ସ୍ୱରୂପ ସେ ଶୂନ୍ୟରେ ତିନିଥର ତାଙ୍କର ହାତ ବୁଲାଇଥିଲେ ଏବଂ କହିଥିଲେ "ବାବା ବାକାଲେ"। ଯାହାର ଅର୍ଥ ଥିଲା ତାଙ୍କର ଉତ୍ତରାଧିକାରୀ ବାକାଲେ ଗ୍ରାମରେ ମିଳିବେ । ସେହି ଜଣକ ଗୁରୁ ତେଗ ବାହାଦୁରଙ୍କ ବ୍ୟତୀତ ଅନ୍ୟ କେହି ନ ଥିଲେ ଯେକି ତାଙ୍କ ଅଜାଙ୍କର ସାନ ଭାଇ ତଥା ଗୁରୁ ହରଗୋବିନ୍ଦଙ୍କ ସାନପୁଅ ଥିଲେ ।

ତାଙ୍କ ପାର୍ଥିବ ଜୀବନର ଶେଷ ସମୟରେ ବାଳକ ଗୁରୁ ଇଚ୍ଛା ପ୍ରକାଶ କରିଥିଲେ ଯେ, ତାଙ୍କ ମୃତ୍ୟୁ ପରେ ତାଙ୍କ ପାଇଁ କେହି ଶୋକ ପାଳନ କରିବେ ନାହିଁ ଏବଂ ସମସ୍ତଙ୍କୁ ଗୁରୁବାଣୀଙ୍କ ଭଜନ ଗାନ କରିବା ପାଇଁ ନିର୍ଦ୍ଦେଶ ଦେଇଥିଲେ । ଶେଷ ପର୍ଯ୍ୟନ୍ତ "ଓ୍ୱାହେଗୁରୁ" ଶବ୍ଦଟି ତାଙ୍କର ଓଠରେ ଲାଗି ରହିଥିଲା ।

ଏହିପରି ଭାବରେ ବାଳକ ପିର, ଶିଖ ଧର୍ମର ଅଷ୍ଟମ ଗୁରୁ, ଆଠ ବର୍ଷ ବୟସରେ ମାର୍ଚ୍ଚ ୩୦ ତାରିଖ ୧୬୬୪ ମସିହାରେ ଶେଷ ନିଶ୍ୱାସ ତ୍ୟାଗ କରିଥିଲେ । ତାଙ୍କର ମୃତଦେହ ଯମୁନା ନଦୀ କୂଳରେ ସତ୍କାର କରାଯାଇଥିଲା ।

■

ନବମ ଗୁରୁ : ଗୁରୁ ତେଗ୍ ବାହାଦୁର

ଉପକ୍ରମଣିକା:

ଆପଣ କେବେହେଲେ ନିଜକୁ ପ୍ରଶ୍ନ ପଚାରିଛନ୍ତି କି, "ଜଣେ ସାଧାରଣ ଲୋକ ଏବଂ ଈଶ୍ୱରଙ୍କ ସାଧୁ ମାନଙ୍କ ମଧ୍ୟରେ ପାର୍ଥକ୍ୟ କ'ଣ?" ଜଣେ ସାଧାରଣ ମଣିଷ ଏବଂ ଈଶ୍ୱରଙ୍କ ଲୋକ ମଧ୍ୟରେ ପାର୍ଥକ୍ୟ ହେଉଛି ଯେ ଜଣେ ସାଧାରଣ ଲୋକ ସଚେତନତା ବିନା ନିଜ କାର୍ଯ୍ୟ କରିବାକୁ ଯାଇଥାନ୍ତି । କିନ୍ତୁ ଈଶ୍ୱରଙ୍କ ଲୋକ ମାନେ ଯାହା କରିଥାନ୍ତି ଯେପରିକି ସେମାନଙ୍କର ଦୈନନ୍ଦିନ ବ୍ୟକ୍ତିଗତ କାର୍ଯ୍ୟଠାରୁ ଆରମ୍ଭ କରି ସେମାନଙ୍କର ଆଧ୍ୟାତ୍ମିକ ଅନୁଶାସନ ପର୍ଯ୍ୟନ୍ତ, ସଚେତନାର ସହ କରିଥାନ୍ତି । ଜଣେ ସାଧୁ ବା ସିଦ୍ଧପୁରୁଷ ସେହି ଯାହାଙ୍କର ଚିନ୍ତାଧାରା ପବିତ୍ର ଏବଂ ସେ ଭଗବାନ ସର୍ବବିଦ୍ୟମାନ ବୋଲି ନିରନ୍ତର ସଚେତନାର ସହ ଜୀବନ ଯାପନ କରିଥାନ୍ତି ।

ଆମେ ନିଜକୁ ଏକ ପ୍ରଶ୍ନ କରିବା - ଆମେ ଭଗବାନଙ୍କୁ ଭଲ ପାଉ କି? ଆମେ ସାଧୁ ଏବଂ ସନ୍ୟାସୀ ମାନଙ୍କୁ ଭଲ ପାଉ କି? ଯଦି ଉତ୍ତରଟି 'ହଁ' ତେବେ ଅନ୍ୟ ସମସ୍ତଙ୍କୁ ଆମର ଉତ୍ତର 'ନା' ହେବା ଦରକାର । ଈଶ୍ୱର ଏବଂ ତାଙ୍କର ସାଧୁ ମାନଙ୍କୁ ଭଲ ପାଉଥିବା ବ୍ୟକ୍ତିଙ୍କ ଚିହ୍ନ ହେଉଛି ବଳିଦାନ । ଯଦି ଆମର ପ୍ରେମରେ ବଳିଦାନ ନାହିଁ ତେବେ ଏହା ସ୍ୱାର୍ଥପର ଅଟେ । ଏହିପରି ପ୍ରେମ ହେଉଛି ଏକ ବିନିମୟ (Barter), ଭଗବାନଙ୍କ ସହ ମୂଲଚାଲ । ପ୍ରେମ ଏବଂ ଭକ୍ତି ବଦଳରେ କିଛି ପାଇବାର ଆଶା ଅଛି । ମୁଁ ଯଦି ଏ ପରି ଶବ୍ଦ ବ୍ୟବହାର କରି ପାରିବି ତେବେ କହିବି ଯେ, ଏହା ହେଉଛି ପ୍ରେମ ଯାହା ସର୍ତ୍ତମୂଳକ ଏବଂ ଆଶାବାଦୀ ।

ପ୍ରକୃତ ପ୍ରେମ ନିସ୍ୱାର୍ଥପର ଅଟେ । ଏହି ବଳିଦାନରେ ଅଭ୍ୟସ୍ତ ଈଶ୍ୱରଙ୍କ ପୁରୁଷ ମାନେ ଏହି ପୃଥିବୀରେ ଜନ୍ମ ଗ୍ରହଣ କରିଥାନ୍ତି ଏବଂ ସମସ୍ତ ମାନବିକତା ପାଇଁ ସେମାନେ ଗୁରୁ ଏବଂ ପରାମର୍ଶଦାତା ହୋଇଥାନ୍ତି, ତପସ୍ୱୀ ଏବଂ ଫକୀର ହୋଇଥାନ୍ତି ।

ସେମାନେ ମନୁଷ୍ୟ ମାନଙ୍କର ଦୁଃଖ ଯନ୍ତ୍ରଣାକୁ ହ୍ରାସ କରିବା ପାଇଁ ଆସିଥାନ୍ତି । ସେମାନେ ଆମକୁ ସୁସ୍ଥ କରିବାକୁ ଏବଂ ଆଲୋକ ପଥରେ ଆଗେଇ ନେବାକୁ ଆସିଥାନ୍ତି । ସେମାନେ ସମାଲୋଚନାକୁ ସହ୍ୟ କରିଥାନ୍ତି, ସେମାନେ ଅନେକ ସାଂସାରିକ ପରୀକ୍ଷା ଦେଇ ଗତି କରିଥାନ୍ତି । ଏମିତିକି ସେମାନଙ୍କ ମଧ୍ୟରୁ କେତେକ ଆମ ପାଇଁ ସହୀଦ ହୋଇଯାଇଛନ୍ତି । କିନ୍ତୁ ସେମାନେ ସେମାନଙ୍କ ମୁହଁର ହସ ସହ ଏବଂ ଭଗବାନଙ୍କୁ କୃତଜ୍ଞତା ସହ ଏହି ସବୁ କାମ କରିଛନ୍ତି । ଯେଉଁ ପର୍ଯ୍ୟନ୍ତ ଜଣେ ତ୍ୟାଗ କରିବାକୁ ଇଚ୍ଛୁକ ନ ହେବ, ସେ ପର୍ଯ୍ୟନ୍ତ ସେ ଈଶ୍ୱର କିମ୍ବା ମାନବ ଜାତିକୁ ପ୍ରେମ ଦେବାରେ ଅସମର୍ଥ ହେବ ।

ଶିଖ ଧର୍ମର ନବମ ଗୁରୁ, ଗୁରୁ ତେଗ ବାହାଦୂର, ଈଶ୍ୱର ଏବଂ ସାଧୁ ମାନଙ୍କର ପ୍ରକୃତ ଭକ୍ତ ଥିଲେ । ସେ ଜଣେ ଶହୀଦ ହୋଇଯାଇଥିଲେ, ଯିଏ କେବଳ ନିଜକୁ କିମ୍ବା ନିଜ ଅନୁଗାମୀଙ୍କୁ ନୁହେଁ ବରଂ ଭାରତର ଭକ୍ତ ତଥା ଧାର୍ମିକ ହିନ୍ଦୁ ମାନଙ୍କୁ ଜବରଦସ୍ତ ଧର୍ମାନ୍ତୀକରଣ ରୁ ରକ୍ଷା କରିବା ପାଇଁ ନିଜ ଜୀବନ ତ୍ୟାଗ କରିଥିଲେ ।

ଶୈଶବ ଏବଂ ପ୍ରାରମ୍ଭିକ ଜୀବନ

ଏହି ମହାନ ଗୁରୁ ୧୬୨୧ ମସିହା ରେ, ଏପ୍ରିଲ ୧ ତାରିଖରେ ଜନ୍ମ ଗ୍ରହଣ କରିଥିଲେ । ଗୁରୁ ହରଗୋବିନ୍ଦ ଏବଂ ବିବି ନାନ୍‌କିଙ୍କର ସେ ସାନ ପୁଅ ଥିଲେ ଏବଂ ସେ ଅମୃତସରରେ ଜନ୍ମ ହୋଇଥିଲେ । ଜନ୍ମ ସମୟରେ ତାଙ୍କର ନାମ ତେଗ୍‌ମଲ ରଖାଯାଇଥିଲା । ଅମୃତସରରେ ତାଙ୍କର ପ୍ରାରମ୍ଭିକ ଦିନଗୁଡ଼ିକ ଖୁସି ଏବଂ ବ୍ୟସ୍ତ ଥିଲା । କୁହାଯାଇଅଛି ଯେ ସେ ଗୁରୁମୁଖୀ, ସଂସ୍କୃତ ଏବଂ ହିନ୍ଦିରେ ପାରଦର୍ଶିତା ଲାଭ କରିଥିଲେ ଏବଂ ତାଙ୍କୁ ଭାଇ ଗୁରୁଦାସଙ୍କ ଦ୍ୱାରା ଭାରତୀୟ ଦର୍ଶନ ଶିକ୍ଷା ଦିଆଯାଇଥିଲା । ବାବା ବୁଦ୍ଧ ତାଙ୍କୁ ତୀରନ୍ଦାଜ ଏବଂ ଅଶ୍ୱାରୋହଣ ଶିକ୍ଷା ଦେଇଥିଲେ । ତାଙ୍କ ପିତା ତାଙ୍କୁ ଅସୀ ଚାଳନା କଳାରେ ଉତ୍କର୍ଷତା ହାସଲ କରିବାରେ ସାହାଯ୍ୟ କରିଥିଲେ । ଯେକୌଣସି ମାନକ ଦ୍ୱାରା ବିଚାର କଲେ ବି, ସେ ଜଣେ ଦକ୍ଷ ଯୁବକ ଥିଲେ ।

୧୬୩୨ ମସିହାରେ ତାଙ୍କର ପିତା ମାତା, ଲାଲ ଚାନ୍ଦ ଏବଂ ବିଶନ କୌରଙ୍କର କନ୍ୟା ଗୁଜାରୀଙ୍କ ସାଙ୍ଗରେ ତାଙ୍କର ବିବାହ ର ଆୟୋଜନ କରିଥିଲେ । ୧୬୩୫ ମସିହାରେ ଯେତେବେଳେ ମୁସଲମାନ ମାନେ ଶିଖ ମାନଙ୍କର ପବିତ୍ର ସହର କରତାରପୁର ଉପରେ ଆକ୍ରମଣ କରିଥିଲେ ସେତେବେଳେ ସେ ମାତ୍ର ଚଉଦ ବର୍ଷର ହୋଇଥିଲେ ଏବଂ ସେ ଶିଖ ମାନଙ୍କର ସେହି ପବିତ୍ର ସହରକୁ ମୋଗଲ ମାନଙ୍କ ଠାରୁ ରକ୍ଷା କରିବା ପାଇଁ ସାହାସର ସହିତ ଯୁଦ୍ଧ କରିଥିଲେ । ତାଙ୍କ ପିତାଙ୍କ ସହ

କାନ୍ଧରେ କାନ୍ଧ ମିଶାଇ ମୋଗଲ ମାନଙ୍କ ସହ ଯୁଦ୍ଧରେ ନିଜ ବୀରତ୍ୱର ପରାକାଷ୍ଠା ଦେଖାଇବା ପରେ, ଗୁରୁ ହରଗୋବିନ୍ଦ ତାଙ୍କୁ ତେଗ୍ ବାହାଦୁର (ଅସୀର ଶକ୍ତି) ନାମ ପ୍ରଦାନ କରିଥିଲେ । ତେଣୁ ଆମ ଦେଶର ପରମ୍ପରା ଅନୁସାରେ ତେଗ୍ ମଲ (ଯେ ସବୁକିଛି ତ୍ୟାଗ କରିଦେଇଥାଏ) ହୋଇଗଲେ ବୀରତ୍ୱର ପ୍ରତୀକ ତେଗ୍ ବାହାଦୁର ।

ତାଙ୍କ ଯୁବାବସ୍ଥାରେ ତେଗ୍ ବାହାଦୁର ଜଣେ ବୀର ଏବଂ ସାହାସୀ ଯୋଦ୍ଧା ଥିଲେ । କିନ୍ତୁ ୧୬୩୪ ମସିହାରେ କରତାରପୁରରେ ଗୁରୁ ହରଗୋବିନ୍ଦଙ୍କ ଭୟଙ୍କର ତଥା ରକ୍ତାକ୍ତ ଯୁଦ୍ଧ ପରେ ସେ ତ୍ୟାଗ ଏବଂ ଧ୍ୟାନର ପଥକୁ ବାଛି ନେଇଥିଲେ । ଗୁରୁ ହରଗୋବିନ୍ଦ ତାଙ୍କର ବାକୀତକ ଜୀବନ ଶାନ୍ତିରେ କଟାଇବା ପାଇଁ କିରାଟପୁରରେ ବସବାସ କରିବାକୁ ଲାଗିଲେ । ୧୬୫୬ ମସିହାରେ ସେ ଏକ ନିକାଞ୍ଚନ ଗ୍ରାମ ବାକାଲାରେ ଏକ ଧ୍ୟାନ ଏବଂ ଶାନ୍ତିର ଜୀବନ ବିତାଇବା ପାଇଁ ମନ ସ୍ଥିର କରିବା ପୂର୍ବ ରୁ ତେଗ୍ ବାହାଦୁର ତାଙ୍କ ପିତା ଏବଂ ଗୁରୁ ଙ୍କ ପବିତ୍ର ପାଦ ତଳେ ଦୀର୍ଘ ନଅ ବର୍ଷ ଅତିବାହିତ କରିଥିଲେ । ସେ ବର୍ତ୍ତମାନ ତ୍ୟାଗ ମଲ ଭାବରେ ପରିଚିତ ହୋଇଥିଲେ ଯାହାର ଅର୍ଥ ହେଉଛି "ତ୍ୟାଗର ଗୁରୁ"। ଏଠାରେ ତେଗ୍ ବାହାଦୂର ଅନେକ ବର୍ଷ ଧ୍ୟାନ ଏବଂ ପ୍ରାର୍ଥନାରେ କଟାଇଥିଲେ ।

ଗୁରୁ ଭାବରେ ଘୋଷଣା - (ordination as Guru)

ଗୁରୁ ହରଗୋବିନ୍ଦ ତାଙ୍କୁ ପୁଅ ତେଗ୍ ବାହାଦୂରଙ୍କୁ ସିଧାସଳଖ ତାଙ୍କ ଉତ୍ତରାଧିକାରୀ ଭାବରେ ବାଛି ନ ଥିଲେ । କାରଣ ସେ ଅନୁଭବ କରିଥିଲେ ଯେ, ସେହି ସମୟରେ ଶିଖ ମାନେ ଏକ ଗୁରୁ ଆବଶ୍ୟକ କରୁଥିଲେ ଯିଏକି ସେମାନଙ୍କ ପାଇଁ ଜଣେ ଶକ୍ତିଶାଳୀ ତଥା ବଳିଷ୍ଠ ନେତା ହୋଇପାରିବେ ଯାହାର ଅଭାବ ସେ ତାଙ୍କ ସାନ ପୁଅଠାରେ ଦେଖି ପାରିଥିଲେ ଯିଏ ବର୍ତ୍ତମାନ ଏକ ଧ୍ୟାନର ରାସ୍ତା ବାଛିନେଇଥିଲେ । ଏହା ପରିବର୍ତ୍ତେ, ଗୁରୁ ହରଗୋବିନ୍ଦ ୧୬୪୪ ମସିହାରେ ତାଙ୍କର ନାତି ଗୁରୁ ହର ରାୟଙ୍କୁ ତାଙ୍କର ପ୍ରାକୃତିକ ଉତ୍ତରାଧିକାରୀ ଭାବରେ ବାଛିଥିଲେ । କୁହାଯାଇଛି ଯେ ତାଙ୍କ ପତ୍ନୀ ମାତା ନାନ୍‌କୀ ଏହି ନିଷ୍ପତ୍ତିରେ ବ୍ୟଥିତ ହୋଇଥିଲେ । କାରଣ ସେ ଅନୁଭବ କରିଥିଲେ ଯେ, ଏହି ନିଷ୍ପତ୍ତି ତାଙ୍କ ପ୍ରିୟ ପୁତ୍ର ବିରୁଦ୍ଧରେ ଯାଇଥିଲା । କିନ୍ତୁ ଗୁରୁ ହରଗୋବିନ୍ଦ ତାଙ୍କୁ ଯାଇ ବାକାଲାରେ ପୁଅ ସହିତ ରହିବାକୁ କହିଥିଲେ । ଖୁବ୍ ଶୀଘ୍ର, ତାଙ୍କ ପୁଅ ନିଜର ନ୍ୟାୟିକ ଅଧିକାରକୁ ଦାବି କରିବାର ସମୟ ଆସିଯିବ ଏବଂ ସେମାନଙ୍କର ପୁତ୍ର ଜଣେ ନେତା ଭାବରେ ପ୍ରସିଦ୍ଧି ଲାଭ କରିବେ ଯିଏକି ନ୍ୟାୟ ପାଇଁ ଲଢ଼େଇ କରିବେ । ତେଣୁ ପରବର୍ତ୍ତୀ କୋଡ଼ିଏ ବର୍ଷ

ପର୍ଯ୍ୟନ୍ତ, ତେଗ୍ ବାହାଦୁର ସୁଦୂର ବାକାଲାରେ ସେହି ଅଦୃଶ୍ୟ ଶକ୍ତିରେ ଲୀନ ହୋଇ ଲୁକ୍କାୟିତ ଜୀବନ ବିତେଇ ଥିଲେ ।

ଗୁରୁ ହର ରାୟ ତାଙ୍କ ସାନ ପୁଅ ଗୁରୁ ହରକ୍ରିଶନଙ୍କୁ ତାଙ୍କର ଉତ୍ତରାଧିକାରୀ ଭାବରେ ବାଛିଥିଲେ । ୧୬୬୪ ମସିହାରେ ଯେତେବେଳେ ବାଳକ ପିର, ଗୁରୁ ହରକ୍ରିଶନ, ଦିଲ୍ଲୀରେ ହଠାତ ଅସୁସ୍ଥ ହୋଇ ପଡ଼ିଥିଲେ ଏ ପରିକି ପ୍ରବଳ ଦୂର୍ବଳତା ଯୋଗୁଁ ଚଳପ୍ରଚଳ କିମ୍ବା କଥା କହିପାରୁ ନଥିଲେ ଏବଂ ମୃତ୍ୟୁ ଶୀଘ୍ର ପାଖେଇ ଆସୁଥିଲା, ତଥାପି ସେ ତାଙ୍କର ବଡ଼ ଦାଦାଙ୍କୁ ତାଙ୍କର ଉତ୍ତରାଧିକାରୀ ଭାବରେ ସୂଚେଇ ଥିଲେ । ଗୁରୁ ତାଙ୍କର ବିଶ୍ୱସ୍ତ ମାନଙ୍କୁ ଫୁସଫୁସ କରି କହିଥିଲେ ଯେ, ତାଙ୍କର ଉତ୍ତରାଧିକାରୀ ହେଉଛନ୍ତି "ବାବା ବାକାଲା" । ବାକାଲାର ଅନେକ ଶିଖ ସେମାନେ ଗୁରୁ ବୋଲି ଦାବି କରିବାକୁ ଲାଗିଲେ । ଏବଂ କିଛି ସମୟର ଦ୍ୱନ୍ଦ ପରେ ହିଁ ତେଗ୍ ବାହାଦୁରଙ୍କୁ ପ୍ରକୃତ ଗୁରୁ ଭାବରେ ଗ୍ରହଣ କରାଯାଇଥିଲା । ଏହା ଏହିପରି ଘଟିଥିଲା ।

ମଖନ୍ ଶାହା ନାମକ ଜଣେ ଧନୀ ବ୍ୟବସାୟୀଙ୍କର ମୂଲ୍ୟବାନ ମାଲ ପରିବହନ କରୁଥିବା ଜାହାଜଗୁଡ଼ିକ ସମୁଦ୍ରରେ ପ୍ରବଳ ଝଡ଼ ର ସମ୍ମୁଖୀନ ହୋଇଥିଲେ । ସେ ପ୍ରତିଜ୍ଞା କରିଥିଲେ ଯେ, ଯଦି ତାଙ୍କର ସାମଗ୍ରୀଗୁଡ଼ିକ ସୁରକ୍ଷିତ କୂଳରେ ପହଞ୍ଚି ଯାଏ ତେବେ ସେ ଗୁରୁଙ୍କୁ ପାଞ୍ଚ ଶହ ସ୍ୱର୍ଣ୍ଣ ମୁଦ୍ରା ପ୍ରଦାନ କରିବେ । ତାଙ୍କର ଇଚ୍ଛା ପୂରଣ ହୋଇଥିଲା ଏବଂ ତାଙ୍କର ମାଲ ବନ୍ଦରରେ ସୁରକ୍ଷିତ ଭାବରେ ପହଞ୍ଚିଥିଲା । ମଖନ୍ ଶାହା ତାଙ୍କର ଶପଥ ପୂରଣ କରିବା ପାଇଁ ଦିଲ୍ଲୀ ଅଭିମୁଖେ ଯାତ୍ରା କରିଥିଲେ, କିନ୍ତୁ ସେଠାରେ ଜାଣିବାକୁ ପାଇଥିଲେ ଯେ ଗୁରୁ ହରକ୍ରିଶନଙ୍କର ଦେହାନ୍ତ ହୋଇଯାଇଛି ଏବଂ ତାଙ୍କର ଉତ୍ତରାଧିକାରୀ ବାକାଲାରେ ଅଛନ୍ତି ।

ମଖନ୍ ଶାହା ଗୁରୁଙ୍କୁ ଶ୍ରଦ୍ଧାଞ୍ଜଳି ଦେବା ପାଇଁ ବାକାଲା ଅଭିମୁଖେ ଯାତ୍ରା କରିଥିଲେ । କିନ୍ତୁ ଯେତେବେଳେ ସେ ଶେଷରେ ସେଠା ରେ ପହଞ୍ଚିଥିଲେ, ସେତେବେଳେ ସେ ଅନ୍ୟ ଶିଖ ମାନଙ୍କ ପରି ସଂଶୟର ସମ୍ମୁଖୀନ ହୋଇଥିଲେ । ସେଠାରେ ବାବା ବାକାଲା ଏବଂ ଶିଖ ମାନଙ୍କର ନବମ ଗୁରୁ ବୋଲି ଦାବି କରୁଥିବା ବାଇଶି ଜଣ କପଟି ଛଦ୍ମବେଶୀ ଥିଲେ । ତେବେ ପ୍ରକୃତ ଗୁରୁ କିଏ ?

ସମସାମୟିକ ଉତ୍ସଗୁଡ଼ିକ ଦ୍ୱାରା ଆମମାନଙ୍କୁ ଏହିପରି କୁହାଯାଇଛି : ସେହି ସମୟରେ ବାକାଲାରେ ପ୍ରତ୍ୟେକ ସୋଧି (ପଞ୍ଜାବ ର ଏକ ଜାତି) ମାନଙ୍କ ଛାତ ତଳେ ଜଣେ ଜଣେ ଗୁରୁ ଥିଲେ ଏବଂ ସେମାନେ ଖୁବ୍ ଆଡ଼ମ୍ବର ସହକାରେ ନିଜ ନିଜ ଗୁର ସିଂହାସନ ଦଖଲ କରିଥିଲେ । ଏବଂ ପ୍ରତ୍ୟେକଙ୍କର ନିଜ ନିଜର ଗୁରୁ

ଦରବାର ଥିଲା ଯେଉଁଠାରେ ସେମାନେ ଶିଖ ଭକ୍ତଙ୍କ ଠାରୁ ସମସ୍ତ ପ୍ରକାରର ଉପହାର ଏବଂ ଦାନ ଗ୍ରହଣ କରୁଥିଲେ । ନିରୀହ ଲୋକମାନଙ୍କୁ ପ୍ରତାରଣା କରିବା ପାଇଁ ଜଣେ ଜଣଙ୍କ ଠାରୁ ବଳି ବିଭିନ୍ନ କୌଶଳ ପ୍ରୟୋଗ କରୁଥିଲେ, କେବଳ ନିଜ ନିଜର ଧନ ସମ୍ପତ୍ତିର ଅଭିବୃଦ୍ଧି ପାଇଁ ।

ପ୍ରକୃତ ଗୁରୁ ଅଜ୍ଞାତ ଏବଂ ଅନାବିଷ୍କୃତ ହୋଇ ରହିଥିଲେ କାରଣ ସେ ଏକାକୀତ୍ୱ ଏବଂ ନୀରବତାକୁ ଭଲପାଉଥିଲେ । ସେ ଏହି ବସ୍ତୁବାଦୀ ଜଗତର କୋଳାହଳ ରୁ ନିଜକୁ ଦୂରେଇ ରଖିଥିଲେ । ସେ ତାଙ୍କ ପରିବାର ସହ ଏକ ନିର୍ଜନ ଘରେ ରହି ଗୁରୁଙ୍କ ଶିକ୍ଷା ଏବଂ ଜୀବନର ଅନନ୍ତ ସତ୍ୟତା ଉପରେ ନୀରବରେ ଧ୍ୟାନ କରୁଥିଲେ । ନିଜକୁ ଗୁରୁ ଘୋଷଣା କରିବାକୁ ତାଙ୍କର କୌଣସି ଉଚ୍ଚାଭିଳାଷୀ ଯୋଜନା କିମ୍ବା ମନୋବୃତ୍ତି ନ ଥିଲା । ସେ ନିଜ ଅନ୍ତରର ବିଶାଳ ସାମ୍ରାଜ୍ୟରେ ସନ୍ତୁଷ୍ଟ ଥିଲେ । ବାସ୍ତବରେ, ଆମେ କହିପାରିବା, ଏପରି ପରିସ୍ଥିତିରେ ସେମାନଙ୍କର ପ୍ରକୃତ ଗୁରୁଙ୍କୁ ଆବିଷ୍କାର କରିବା ବିଶ୍ୱସ୍ତ ମାନଙ୍କ ପାଇଁ ଏକ ଆହ୍ୱାନ ଥିଲା ।

ଜଣେ ବଣିକ ଭାବରେ, ମଖନ ଶାହା ନିଷ୍ପତି ନେଇ ଥିଲେ ଯେ, ଏହି ଦ୍ୱନ୍ଦ୍ୱ ରୁ ମୁକ୍ତି ପାଇବାପାଇଁ ସର୍ବୋତ୍ତମ ଉପାୟ ହେଉଛି ବାଇଶ ଜଣ ଦାବିଦାରଙ୍କୁ ଦେଖାକରି ସମ୍ମାନ ଜଣାଇବା । ତେଣୁ ସେ ପ୍ରତ୍ୟେକଙ୍କ ପାଖକୁ ଯାଇଥିଲେ ଏବଂ ଶ୍ରଦ୍ଧାଞ୍ଜଳୀଭାବରେ ପ୍ରତ୍ୟେକଙ୍କ ପାଖରେ ଦୁଇଟି ଲେଖାଏଁ ସ୍ୱର୍ଣ୍ଣ ମୁଦ୍ରା ରଖିଥିଲେ । ଯେତେବେଳେ ସେ ସମସ୍ତ ଦାବିଦାର ମାନଙ୍କୁ ଦେଖା କରି ସାରିଥିଲେ, ଏକ ଶିଶୁ ତାଙ୍କୁ ସୂଚେଇ ଦେଇଥିଲା ଯେ, ରାସ୍ତାର ଅପର ପାର୍ଶ୍ୱରେ ଜଣେ ପବିତ୍ର ପୁରୁଷ ରହୁଛନ୍ତି । ମଖନ ଶାହା ନିଷ୍ପତ୍ତି ନେଇଥିଲେ ଯେ, ସେ ମଧ୍ୟ ତାଙ୍କ ପାଖକୁ ଯାଇ ସମ୍ମାନ ଜଣାଇବେ ।

ଯେତେବେଳେ ମଖନ ଶାହା ସେହି ଘରେ ପ୍ରବେଶ କରିଥିଲେ, ସେ ଦେଖିବାକୁ ପାଇଥିଲେ ଯେ ଗୁରୁ ତେଗ୍ ବାହାଦୁର ଧ୍ୟାନମଗ୍ନ ଅଛନ୍ତି । ତାଙ୍କୁ କୁହାଯାଇଥିଲା ଯେ, ତେଗ୍ ବାହାଦୁର କୌଣସି ପରିଦର୍ଶକଙ୍କୁ ଦେଖା କରିବାକୁ ପସନ୍ଦ କରନ୍ତି ନାହିଁ ବରଂ ଅଧିକାଂଶ ସମୟ ପ୍ରାର୍ଥନା ଏବଂ ଧ୍ୟାନରେ ବିତାଇଥାନ୍ତି । ଗୁରୁଙ୍କର ଧ୍ୟାନ ଭଗ୍ନ ହେଲା ପର୍ଯ୍ୟନ୍ତ ମଖନ୍ ଶାହା ଧୈର୍ଯ୍ୟର ସହ ଅପେକ୍ଷା କରିଥିଲେ । ତା ପରେ ସେ ଦୁଇଟି ସ୍ୱର୍ଣ୍ଣ ମୁଦ୍ରା ତାଙ୍କ ସମ୍ମୁଖରେ ରଖିଥିଲେ । ଏହା ଦେଖି ଗୁରୁ ତେଗ୍ ବାହାଦୁର ସ୍ମିତ ହାସ୍ୟ କରିଥିଲେ ଏବଂ ତାଙ୍କୁ କହିଥିଲେ, "ତୁମେ ତୁମର ପ୍ରତିଜ୍ଞା କ'ଣ ପାଇଁ ଭାଙ୍ଗିଲ ? ଯେତେବେଳେ ତୁମେ ସେ ଭୟଙ୍କର ଝଡ଼ ରୁ ନିଜକୁ ଏବଂ ତୁମର ଜାହାଜକୁ ରକ୍ଷା କରିବା ପାଇଁ ଭଗବାନଙ୍କୁ ପ୍ରାର୍ଥନା କରିଥିଲ ସେତେବେଳେ ତୁମେ ଗୁରୁଙ୍କୁ ୫୦୦ ଖଣ୍ଡ ସୁନା ଦେବ ବୋଲି ପ୍ରତିଜ୍ଞା କରିଥିଲ ।"

ମଖନ୍ ଶାହା ଏତେ ଆନନ୍ଦିତ ହୋଇ ପଡ଼ିଥିଲେ ଯେ ସେ ଗୁରୁଙ୍କ ପାଦକୁ ଚୁମ୍ବନ କରିଥିଲେ ଏବଂ ଛାତ ଉପରୁ ଚିତ୍କାର କରିବାକୁ ଲାଗିଥିଲେ, "ମୁଁ ଗୁରୁଙ୍କୁ ପାଇ ଯାଇଛି, ମୁଁ ଗୁରୁଙ୍କୁ ପାଇଯାଇଛି ।" (ଗୁରୁ ଲାଡ଼ୋ ରେ ! ଗୁରୁ ଲାଡ଼ୋ ରେ !) । ସମସ୍ତ ଶିଖ ସେହି ଶାନ୍ତ ସାଧୁଙ୍କ ଘର ଆଡ଼କୁ ଦୌଡ଼ି ଆସିଥିଲେ ଏବଂ ସେମାନେ ଯେତେବେଳେ ଏହି କାହାଣୀ ଶୁଣିଥିଲେ ସେତେବେଳେ ଚର୍ତୁଦିଗରେ ଆନନ୍ଦ ର ଲହରୀ ଖେଳି ଯାଇଥିଲା । ଏହିପରି ଭାବରେ ଧାର୍ମିକ ତଥା ନମ୍ର ସାଧୁ ତେଗ୍ ବାହାଦୁର ଶିଖ ମାନଙ୍କର ପ୍ରକୃତ ଗୁରୁ ଏବଂ ଗୁରୁ ହରକ୍ରିଶନଙ୍କର ପ୍ରାକୃତିକ ଉତ୍ତରାଧିକାରୀ ଭାବରେ ସ୍ୱୀକୃତି ପାଇଥିଲେ ।

ଶିଖ ଧର୍ମ ପାଇଁ ଅବଦାନ (Conribution to Sikhism)

ଯେହେତୁ ନବମ ଗୁରୁଙ୍କର ସନ୍ଧାନ ବିଷୟରେ ପ୍ରଚାର ହୋଇ ଯାଇଥିଲା, ଭକ୍ତ ଶିଖ ମାନେ ତାଙ୍କୁ ଦେଖିବା ପାଇଁ ଏବଂ ଆଶୀର୍ବାଦ ନେବା ପାଇଁ ଭିଡ଼ ଜମାଇଥିଲେ । ସେମାନେ ସେମାନଙ୍କ ଗୁରୁଙ୍କୁ ଉପହାର ଏବଂ ଭେଟିର ବର୍ଷା କରିଦେଇଥିଲେ । ଏହା ଗୁରୁ ହରଗୋବିନ୍ଦଙ୍କ ନାତି କୁଚକ୍ରୀ ଧୀର ମଲଙ୍କୁ କ୍ରୋଧିତ କରିଥିଲା, ଯାହାଙ୍କର ଗୁରୁ ହେବା ପାଇଁ ପ୍ରବଳ ଆକାଂକ୍ଷା ଥିଲା ଏବଂ ଗୁରୁ ଅର୍ଜନ ଦେବଙ୍କ ଦ୍ୱାରା ସଂକଳିତ ଗୁରୁ ଗ୍ରନ୍ଥ ସାହିବର ମୂଳ ପାଣ୍ଡୁଲିପିର ମଧ୍ୟ ଅଧିକାରୀ ଥିଲେ । ଧୀର ମଲ ଏତେ ରାଗି ଯାଇଥିଲେ ଯେ ସେ ପ୍ରକୃତରେ ଗୁରୁ ତେଗ୍ ବାହାଦୂରଙ୍କୁ ହତ୍ୟା କରିବା ପାଇଁ ଯୋଜନା କରିଥିଲେ । ଶୋଇଥିବା ଅବସ୍ଥାରେ ଗୁରୁଙ୍କୁ ଆକ୍ରମଣ କରିବାକୁ ସେ ତାଙ୍କ ଲୋକମାନଙ୍କୁ ପଠାଇଥିଲେ । ଧୀର ମଲଙ୍କ ଲୋକମାନେ ଗୁରୁ ତେଗ୍ ବାହାଦୂରଙ୍କ ଘରକୁ ଆକ୍ରମଣ କରି ଗୁରୁଙ୍କୁ ଗୁଳି କରିଥିଲେ ଏବଂ ତାଙ୍କର ସମସ୍ତ ଜିନିଷ ପତ୍ର ଫିଙ୍ଗା ଫୋପଡ଼ା କରିଥିଲେ । ସୌଭାଗ୍ୟବଶତଃ, ଗୁରୁ ତେଗ୍ ବାହାଦୁର ଗୁରୁତର ଆହତ ହୋଇ ନଥିଲେ । ଏହାର ପ୍ରତିଶୋଧ ସ୍ୱରୂପ ବିଶ୍ୱସ୍ତ ଶିଖ ମାନେ ଧୀର ମଲଙ୍କ ଘର ଚଢ଼ଉ କରି ଲୁଟ୍ କରିଥିଲେ ଏବଂ ଗୁରୁ ଗ୍ରନ୍ଥ ସାହିବଙ୍କ ମୂଳ ଲିପି ଆଣି ଉପହାର ରୂପରେ ଗୁରୁଙ୍କୁ ପ୍ରଦାନ କରିଥିଲେ । ତେଗ୍ ବାହାଦୂର କ୍ଷମା କରିବାର ଏକ ଜ୍ୱଳନ୍ତ ଉଦାହରଣ ଥିଲେ । ସେ ମୂଲ୍ୟବାନ ଗୁରୁ ଗ୍ରନ୍ଥ ସାହିବଙ୍କ ପ୍ରତିଲିପି ସହ ଧୀର ମଲଙ୍କ ସମସ୍ତ ସମ୍ପତ୍ତି ଫେରସ୍ତ କରିବାକୁ ନିର୍ଦ୍ଦେଶ ଦେଇଥିଲେ ।

ଗୁରୁ ତେଗ୍ ବାହାଦୂର ଏବେ ଶିଖ ମାନଙ୍କର ଆଧ୍ୟାତ୍ମିକ ନେତାଙ୍କର ଭୂମିକା ଗ୍ରହଣ କରିଥିଲେ ଏବଂ କ୍ରମାଗତ ଭାବରେ କେତେକ ଧାର୍ମିକ ଯାତ୍ରା ଆରମ୍ଭ କରିଥିଲେ । ସେ ପ୍ରଥମେ କିରାଟପୁର ପରିଦର୍ଶନ କରିଥିଲେ, ଯହା ସେତେବେଳେ

ଗୁରୁ ମାନଙ୍କ ଆସନରେ ପରିଣତ ହୋଇଥିଲା ଏବଂ ପରେ ଶିଖ ଧର୍ମର ଅନ୍ୟ ମହାନ କେନ୍ଦ୍ର, ତରନ ତରନ, ଖାଦୁର ସାହିବ ଏବଂ ଗୋଇଣ୍ଡୱାଲକୁ ଯାଇ ଶେଷରେ ଅମୃତସରରେ ପହଞ୍ଚିଥିଲେ ।

ଗୁରୁ ଗୋବିନ୍ଦ ସିଂଙ୍କ ଦ୍ୱାରା ସ୍ଥାପିତ ପବିତ୍ର ସହର ଖରାପ ସମୟ ଦେଇ ଗତି କରୁଥିଲା । ଶିଖ ମାନଙ୍କ ପବିତ୍ର ତୀର୍ଥ ସ୍ଥାନଗୁଡ଼ିକ ର ରକ୍ଷଣାବେକ୍ଷଣ ପାଇଁ ତୀର୍ଥ ଯାତ୍ରୀଙ୍କ ଠାରୁ ଉପହାର ସଂଗ୍ରହ ଦାୟିତ୍ୱରେ ଥିବା ସହରର ନାଗରିକ ପ୍ରଶାସନ ଦୁର୍ନୀତିଗ୍ରସ୍ତ ମାସାଣ୍ଡ ମାନଙ୍କ ହାତରେ ପଡ଼ିଯାଇଥିଲା । ସ୍ୱୟଂ ସ୍ୱର୍ଣ୍ଣ ମନ୍ଦିର ପ୍ରିଥି ଚନ୍ଦଙ୍କ ନାତି ହାର୍‌ଜୀଙ୍କ ନିୟନ୍ତ୍ରଣରେ ଥିଲା, ଯିଏ କି ଗୁରୁ ମାନଙ୍କ ବିରୁଦ୍ଧରେ ଆଜୀବନ ଶତ୍ରୁତା ଆଚରଣ କରିବା ପାଇଁ ଶପଥ ନେଇଥିଲେ । ଅମୃତସରରେ ଗୁରୁ ତେଗ୍ ବାହାଦୁର ପବିତ୍ର ପୁଷ୍କରିଣୀରେ ସ୍ନାନ କରିଥିଲେ କିନ୍ତୁ ହର୍ ମନ୍ଦିରରେ ପ୍ରବେଶ କରିବାକୁ ମନା କରାଯାଇଥିଲା । ଯେଉଁ ସ୍ଥାନରେ ସେ ମନ୍ଦିରରେ ପ୍ରବେଶ କରିବା ପାଇଁ ଧୈର୍ଯ୍ୟର ସହ ଅପେକ୍ଷା କରିଥିଲେ ସେହି ସ୍ଥାନରେ "ଥାରା ସାହିବ" ବା ଧୈର୍ଯ୍ୟର ସ୍ତମ୍ଭ ଛିଡ଼ା ହୋଇଛି । ଯେହେତୁ ସେ ଜଣେ କରୁଣା ଏବଂ ସହନଶୀଳତାର ଆତ୍ମା ଥିଲେ, ସେ ଅପରାଧୀ ମାନଙ୍କ ପ୍ରତି ବିରୋଧ କିମ୍ବା ଅସନ୍ତୋଷ ପ୍ରକାଶ କରି ନ ଥିଲେ ।

ଅବଶ୍ୟ, ଅମୃତସରର ଲୋକମାନେ ବହୁ ସଂଖ୍ୟାରେ ଗୁରୁଙ୍କ ଦର୍ଶନ ପାଇବାକୁ ଏବଂ ତାଙ୍କର ଆଶୀର୍ବାଦ ନେବାକୁ ଆସିଥିଲେ । ମହିଳା ମାନେ ତାଙ୍କୁ ଗୁରୁଙ୍କ ସଂଗୀତ ଗାନ କରି ସ୍ୱାଗତ କରିଥିଲେ ଏବଂ ଭକ୍ତ ମାନେ କୀର୍ତ୍ତନ ଗାଇ ଗାଇ ତାଙ୍କ ସାଙ୍ଗରେ ୱାଲାଗ୍ରାମ ପର୍ଯ୍ୟନ୍ତ ଯାଇଥିଲେ ଯେଉଁଠାରେ ସେ ଜଣେ ଭକ୍ତଙ୍କର ସାଧାରଣ ଘରେ ରହିଥିଲେ ।

ଦୂର ଦୂରାନ୍ତରେ ଭକ୍ତ ମାନଙ୍କ ଆବେଗ ଭରା ଡାକରା ଯୋଗୁଁ ସେ ବହୁତ ସ୍ଥାନକୁ ଯାତ୍ରା କରିଥିଲେ । ତାଙ୍କ ପାଇଁ କୌଣସି ସ୍ଥାନ ବହୁତ ଛୋଟ କିମ୍ବା ବହୁତ ଦୂର ନ ଥିଲା । ଗ୍ରାମ, ଜଙ୍ଗଲ, ସହର ଏବଂ ଛୋଟ ଛୋଟ ଗ୍ରାମ-ସେ ନିଜ ଲୋକ ମାନଙ୍କୁ ଭେଟିବା ପାଇଁ ଏବଂ ସେମାନଙ୍କୁ ଆଶ୍ୱାସନା ଦେବା ପାଇଁ ସବୁଆଡ଼େ ଯାଇଥିଲେ ।

ଗୁରୁ କହ୍‌ଲୁର ରାଜାଙ୍କ ଠାରୁ ଏକ ଜମି ଅଧିଗ୍ରହଣ କରିଥିଲେ ଏବଂ ୧୬୬୫ ମସିହାରେ ତାଙ୍କ ମାତାଙ୍କ ସମ୍ମାନାର୍ଥେ ଚକ୍ ନାନାକି ସହର ପ୍ରତିଷ୍ଠା କରିଥିଲେ । ଏହା ପରେ ଆନନ୍ଦପୁର ସାହିବ ବା ସୁଖର ସହର ଏବଂ ଖାଲ୍‌ସା ର ଜନ୍ମସ୍ଥାନ ଭାବରେ ପ୍ରସିଦ୍ଧି ଲାଭ କରିଥିଲା ।

ଗୁରୁ ବର୍ତ୍ତମାନ ସମଗ୍ର ଦେଶରେ ଜନତାଙ୍କ ମଧ୍ୟରେ ଶିଖ ଧର୍ମର ବାର୍ତ୍ତା ଏବଂ

ଶିକ୍ଷା ବିସ୍ତାର କରିବା ପାଇଁ ତାଙ୍କର ଯାତ୍ରା ଜାରି ରଖିଥିଲେ । ତାଙ୍କ ପତ୍ନୀ ଏବଂ ମାତାଙ୍କ ସହ, ଗୁରୁ ତେଗ୍ ବାହାଦୁର ପଞ୍ଜାବର ସମସ୍ତ ପ୍ରାନ୍ତ ଯାତ୍ରା କରିଥିଲେ । ଯେଉଁଆଡ଼େ ଯାଉଥିଲେ ସେ ଲୋକମାନଙ୍କ ପାଇଁ କୂଅ ଖୋଳାଉଥିଲେ ଏବଂ ସମୁହ ରୋଷେଇର ବନ୍ଦୋବସ୍ତ କରୁଥିଲେ । ହରିୟାଣା ଦେଇ ତାଙ୍କର ଯାତ୍ରା ଜାରି ରଖି ସେ ଦିଲ୍ଲୀରେ ପହଞ୍ଚିଥିଲେ ସେଠାରେ ସେ ଦିଲ୍ଲୀର ଭକ୍ତ ମଣ୍ଡଳୀ ମାନଙ୍କୁ ଭେଟିଥିଲେ ଯେଉଁମାନେ ତାଙ୍କୁ ଦେଖିବା ପାଇଁ ବହୁ ସଂଖ୍ୟା ରେ ଆସିଥିଲେ । ସୌଭାଗ୍ୟବଶତଃ, ସମ୍ରାଟ ଔରଙ୍ଗଜେବ ସେହି ସମୟରେ ଦିଲ୍ଲୀ ଠାରୁ ଦୂରରେ ଥିଲେ । ଗୁରୁ ତେଗ୍ ବାହାଦୁର ତାପରେ କୁରୁକ୍ଷେତ୍ର, ଆଗ୍ରା, ଇଟାଓ୍ୱା ଏବଂ ଆହ୍ଲାବାଦ ଯାତ୍ରା କରି ଜନତାଙ୍କ ନିକଟରେ ପ୍ରଚାର କରିବାର କାର୍ଯ୍ୟ ଜାରି ରଖିଥିଲେ ।

ଗୁରୁ ଯେଉଁ ସ୍ଥାନରେ ଅଟକି ଯାଉଥିଲେ ସେଠାରେ ସେ ନିଜ ଲୋକ ମାନଙ୍କୁ ସଚ୍ଚୋଟ କାର୍ଯ୍ୟ ଏବଂ ପରୋପକାର ବିଷୟରେ ବୁଝାଉଥିଲେ । ଗ୍ରହଣ କରୁଥିବା ସମସ୍ତ ଉପହାର କୁ, ସେ ଲୋକମାନଙ୍କୁ ଯେକୌଣସି ବାଟରେ ଫେରାଇ ଦେଉଥିଲେ । ସେ ପ୍ରୟାଗ ଏବଂ ପବିତ୍ର ସହର ବନାରସ ଏବଂ ପରେ ଗୟା ଏବଂ ପାଟନାକୁ ଯାତ୍ରା କରିଥିଲେ । ସେ ପରିଦର୍ଶନ କରିଥିବା ବିଭିନ୍ନ ମନ୍ଦିରର ପୁରୋଧା ମାନେ ତାଙ୍କୁ ନିଜ ପାଇଁ ତଥା ତାଙ୍କ ପୂର୍ବ ପୁରୁଷଙ୍କ ପାଇଁ କର୍ମକାଣ୍ଡ ଏବଂ ଧାର୍ମିକ ଅନୁଷ୍ଠାନ କରିବାକୁ ଅନୁରୋଧ କରିଥିଲେ । କିନ୍ତୁ ଗୁରୁ ମନାକରି ଦେଇଥିଲେ ଏବଂ କହିଥିଲେ, "ଯିଏ ଈଶ୍ୱରଙ୍କୁ ବିଶ୍ୱାସ କରେ ଏବଂ ଅନ୍ୟ ମାନଙ୍କ ସହ ମିଶି ଏକ ସଚ୍ଚୋଟ ଜୀବନ ଯାପନ କରେ ଏବଂ କାହାକୁ ଆଘାତ ଦିଏ ନାହିଁ କିମ୍ବା ଅନ୍ୟ ବିରୁଦ୍ଧରେ ଦୂର୍ଭାବନା ରଖେନାହିଁ, ତାହାର ଅନ୍ୟ କୌଣସି ପୂଜାପାଠ କରିବା ଆବଶ୍ୟକ ନାହିଁ । ତାଙ୍କର ଆତ୍ମା ସବୁବେଳେ ପବିତ୍ର ଥାଆନ୍ତି । ଏବଂ ପିତୃପୁରୁଷ ମାନେ, ସେମାନେ ବୁଣିଥିବା ମଞ୍ଜିର ଫଳ ସେମାନେ ପାଇଥାନ୍ତି ଏବଂ ସେମାନେ ଚାଲିଯିବା ପରେ କେହି ସେମାନଙ୍କୁ ଆଶୀର୍ବାଦ କିମ୍ବା ଅଭିଶାପ ଦେଇ ପାରିବେ ନାହିଁ ।"

ଗୁରୁ ତେଗ୍ ବାହାଦୁର ବର୍ତ୍ତମାନ ପାଟନାରେ ପହଞ୍ଚିଥିଲେ ଯେଉଁଠାରେ ସେ କିଛି ଦିନ ରହିଥିଲେ । ଗୁରୁ ତାଙ୍କ ପରିବାରକୁ ଏହିଠାରେ ଛାଡ଼ି ଦେଇଥିଲେ, କାରଣ ତାଙ୍କ ପତ୍ନୀ ମାତା ଗୁଜ୍ରି ସନ୍ତାନ ସମ୍ଭବା ଥିଲେ । ସେ ନିଜେ ଢାକା ଏବଂ ଭାରତର ପୂର୍ବ ଅଞ୍ଚଳଗୁଡ଼ିକ ଯାତ୍ରା କରିଥିଲେ ଯାହାକି ଗୁରୁ ନାନକ ଙ୍କ ପରେ କୌଣସି ଗୁରୁ ପରିଦର୍ଶନ କରି ନ ଥିଲେ ।

ତାଙ୍କର ପରିଦର୍ଶନ କରିବା ସ୍ଥାନଗୁଡ଼ିକ ଥିଲା ଉତ୍ତର ପ୍ରଦେଶ, ବିହାର, ଆସାମ, ବଙ୍ଗଳା ଏବଂ ବର୍ତ୍ତମାନ ର ବାଂଲାଦେଶ । ଗୁରୁ ତେଗ୍ ବାହାଦୁରଙ୍କର ପୂର୍ବକୁ ଯାତ୍ରା

କରିବାର ଗୋଟିଏ କାରଣ ହେଉଛି ଆଦି ଗୁରୁ, ଗୁରୁ ନାନକ,ଙ୍କ ସହ ଜଡ଼ିତ ବିଭିନ୍ନ ସ୍ଥାନକୁ ପରିଦର୍ଶନ କରି ଭକ୍ତି ଭାବ ପ୍ରଦର୍ଶନ କରିବା । ଏହି ସ୍ଥାନଗୁଡ଼ିକ ଥିଲା ଯେଉଁଠାରେ ଗୁରୁ ନାନକଙ୍କ ସମୟ ରୁ ଶିଖ ସଂଗତ (ସମ୍ପ୍ରଦାୟ)ର ଅସ୍ତିତ୍ୱ ତିଷ୍ଠି ରହିଥିଲା । ନବମ ଗୁରୁଙ୍କ ଗସ୍ତ ଲୋକ ମାନଙ୍କ ମନୋବଳ ବୃଦ୍ଧି କରିଥିଲା ଏବଂ ଭକ୍ତ ମାନଙ୍କ ମଧ୍ୟରେ ନୂତନ ବିଶ୍ୱାସ ଏବଂ ଉଦ୍ଦୀପନା ସୃଷ୍ଟି କରିଥିଲା । ଏହା ସେମାନ ଙ୍କୁ ନୈତିକ ଏବଂ ଆଧ୍ୟାତ୍ମିକ ସାହାସ ଦେଇଥିଲା ଏବଂ ଗୁରୁ ନାନକଙ୍କର ଶିକ୍ଷା ଏବଂ ତାଙ୍କର ଉଦ୍ଦେଶ୍ୟ ବିଷୟରେ ଏକ ଉତ୍ତମ ଏବଂ ଗଭୀର ଜ୍ଞାନ ମଧ୍ୟ ଦେଇଥିଲା । ଶିଖ ମଣ୍ଡଳୀ ମାନେ ଗୁରୁଙ୍କୁ ଦେଖିକରି ପ୍ରକୃତରେ ଅତ୍ୟଧିକ ଆନନ୍ଦିତ ହୋଇଥିଲେ ।

୧୬୬୬ ମସିହା ଡିସେମ୍ବର ମାସରେ ତାଙ୍କର ପୂର୍ବାଞ୍ଚଳ ଗସ୍ତରେ ଥିଲାବେଳେ, ଗୁରୁ ତେଗ୍ ବାହାଦୁର ଖବର ପାଇଥିଲେ ଯେ ତାଙ୍କର ଏକ ପୁତ୍ର ସନ୍ତାନ ହୋଇଛି ଯାହାର ନାମ ଗୋବିନ୍ଦ ରାୟ ଦିଆଯାଇଛି । ପୂର୍ବାଞ୍ଚଳ ଯାତ୍ରା ତିନି ବର୍ଷ ଧରି ଚାଲିଥିଲା କାରଣ ଗୁରୁ ତେଗ୍ ବାହାଦୁର ଯେତେ ସମ୍ଭବ ସେତେ ସ୍ଥାନ ପରିଦର୍ଶନ କରିଥିଲେ । ୧୬୬୮ ମସିହାରେ ଆସାମରେ ଥିବାବେଳେ ଗୁରୁ ତେଗ୍ ବାହାଦୁର ସ୍ଥାନୀୟ ଶାସକ ଏବଂ ଅମ୍ବରର ରାଜା, ରାଜା ରାମ ସିଂ,ଙ୍କ ନେତୃତ୍ୱରେ ଔରଙ୍ଗଜେବଙ୍କ ଦ୍ୱାରା ପଠାଯାଇଥିବା ଏକ ଶକ୍ତିଶାଳୀ ସେନାବାହିନୀ ମଧ୍ୟରେ ଶାନ୍ତି ଚୁକ୍ତି ସମ୍ପାଦନ କରିବାରେ ସକ୍ଷମ ହୋଇପାରିଥିଲେ । ରାଜା ରାମ ସିଂ ଶିଖ ଗୁରୁଙ୍କର ଜଣେ ଭକ୍ତ ତଥା ଅନୁଗାମୀ ରାଜା ଜୟ ସିଂଙ୍କର ପୁତ୍ର ତଥା ଉତ୍ତରାଧିକାରୀ ବ୍ୟତୀତ ଅନ୍ୟ କେହି ନ ଥିଲେ । ତେଣୁ ଗୁରୁଙ୍କର ତାଙ୍କ ସହ ବନ୍ଧୁତା ସ୍ଥାପନ କରିବା ଏବଂ ତାଙ୍କୁ ଶାନ୍ତି ଚୁକ୍ତି କରିବା ପାଇଁ ରାଜି କରାଇବା ସହଜ ହୋଇଥିଲା ।

୧୬୬୯-୧୬୭୦ ମସିହାରେ ଗୁରୁ ତେଗ୍ ବାହାଦୁର ଘର ଅଭିମୁଖେ ଯାତ୍ରା ଆରମ୍ଭ କରିଥିଲେ ଏବଂ ପ୍ରଥମ ଥର ପାଇଁ ତାଙ୍କର ସାନ ପୁଅ ଗୋବିନ୍ଦ ରାୟଙ୍କୁ ଦେଖିବା ପାଇଁ ପାଟନା ଯାତ୍ରା କରିଥିଲେ । ଏଠାରେ ସେ ଏକ ବର୍ଷ ରୁ ଅଧିକ କାଳ ତାଙ୍କ ପରିବାର ସହ ବିତାଇଥିଲେ ଏବଂ ତାଙ୍କ ପୁଅକୁ ଶିଖ ଶାସ୍ତ୍ର, ଘୋଡ଼ା ଚଢ଼ା ଏବଂ ଅସୀ ଚାଳନା ଶିକ୍ଷା ଦେଇଥିଲେ । ସେ ତାଙ୍କ ପରିବାରକୁ ପଞ୍ଜାବ ପଠାଇ ଦେଇଥିଲେ ଏବଂ ତାଙ୍କର ଧର୍ମ ପ୍ରଚାର କାର୍ଯ୍ୟ ଜାରି ରଖିଥିଲେ । ଶେଷରେ ୧୬୭୨-୧୬୭୩ ମସିହାରେ ଗୁରୁ ଘରକୁ ଅର୍ଥାତ ଆନନ୍ଦପୁର ସାହିବକୁ ଫେରିଆସିଥିଲେ । ଏଠାରେ ହଜାର ହଜାର ଭକ୍ତ ସେମାନଙ୍କ ଗୁରୁଙ୍କୁ ଦେଖିବା ଏବଂ ଶୁଣିବା ପାଇଁ ଭିଡ଼ ଜମାଇଥିଲେ ।

ଔରଙ୍ଗଜେବ -

ଆମେ ଜାଣିବା ଆବଶ୍ୟକ ଯେ, ଏହି ସମୟରେ ଔରଙ୍ଗଜେବଙ୍କ ଶାସନ କାଳରେ ହିନ୍ଦୁ ଏବଂ ଶିଖ ମାନଙ୍କୁ କ୍ଷତି ପହୁଞ୍ଚାଇବା ପାଇଁ ଉତ୍ପୀଡ଼ନ ଆରମ୍ଭ ହୋଇଯାଇଥିଲା । ତାଙ୍କର ନାମ ଶିଖ ଧର୍ମର ଶେଷ ଚାରି ଗୁରୁଙ୍କ ଜୀବନରେ ବିଶେଷ ଭାବରେ ନାକାରାତ୍ମକ ପ୍ରଭାବ ବିସ୍ତାର କରିଥିଲା ।

୧୬୫୭ ମସିହା ବେଳକୁ ଭାରତର ମୋଗଲ ସମ୍ରାଟ ଶାହାଜାହାନ ଜଣେ ଅସୁସ୍ଥ ବ୍ୟକ୍ତି ହୋଇପଡ଼ିଥିଲେ । ବର୍ତ୍ତମାନ ରାଜ୍ୟ ଏବଂ ଏହାର ପରିଚାଳନା କରିବାରେ ଅସମର୍ଥ ବୋଲି ଅନୁଭବ କଲାପରେ, ଶାହା ଜାହାନ ଶଙ୍କାଗ୍ରସ୍ତ ହୋଇପଡ଼ିଥିଲେ । ସେ ତାଙ୍କର ବଡ଼ ପୁଅ ଦାରା ଶିଖୋଙ୍କୁ ରାଜ ସିଂହାସନରେ ବସାଇବାକୁ ଚିନ୍ତା କରୁଥିଲେ, କାରଣ ଦାରା ତାଙ୍କ ପରେ ସିଂହାସନର ଯୋଗ୍ୟ ତଥା ଆଦରଣୀୟ ଉତ୍ତରାଧିକାରୀ ଥିଲେ । ଦାରା ଶିଖୋ ପ୍ରକୃତରେ ଏକ ଅନନ୍ୟ ଏବଂ ଅଜବ ବ୍ୟକ୍ତି ଥିଲେ । ଜନ୍ମ ରୁ ଜଣେ ରାଜକୁମାର ଥିଲେ ମଧ୍ୟ ସେ ପ୍ରକୃତରେ ହୃଦୟରେ ଫକିର ଥିଲେ । ତାଙ୍କର ସାଧୁ ମାନଙ୍କ ଉପରେ ଏବଂ ପବିତ୍ର ଶାସ୍ତ୍ରଗୁଡ଼ିକ ଉପରେ ପ୍ରଚଣ୍ଡ ବିଶ୍ୱାସ ଥିଲା । ଯଦିଓ ସେ ଜଣେ ମୁସଲମାନ ଥିଲେ ତଥାପି ସେ ଉପନିଷଦ୍‌ଗୁଡ଼ିକ ପାଠ କରୁଥିଲେ । ସେ ଦୃଢ଼ ଭାବରେ ବିଶ୍ୱାସ କରୁଥିଲେ ଯେ ଈଶ୍ୱର, ଆଲ୍ଲା, ୱାହେଗୁରୁ କିମ୍ବା ଶ୍ରୀରାମ ସମସ୍ତେ କେବଳ ଏକ ଭଗବାନଙ୍କର ଲୋକମାନଙ୍କ ଦ୍ୱାରା ଦିଆଯାଇଥିବା ବିଭିନ୍ନ ନାମ । ଯେପରି ଆମେ ପୂର୍ବରୁ ଦେଖିଥିଲେ, ଗୁରୁ ହର ରାୟ ତାଙ୍କ ଜୀବନ ବଞ୍ଚାଇବାରେ ସାହାଯ୍ୟ କରିଥିଲେ ଯେତେବେଳେ ସେ ଏକ ଗୁରୁତର ରୋଗରେ ପୀଡ଼ିତ ହୋଇଥିଲେ ଏବଂ ସମସ୍ତେ ତାଙ୍କ ବଞ୍ଚିବାର ଆଶା ଛାଡ଼ି ଦେଇଥିଲେ । ସେଥିପାଇଁ ତାଙ୍କର ଶିଖ ଗୁରୁ ଏବଂ ସେମାନଙ୍କର ସମ୍ପ୍ରଦାୟ ପାଇଁ ଏକ ବିଶେଷ ଆଦର ଥିଲା ।

ଶାହାଜାହାନ ତାଙ୍କ ଉତ୍ତରାଧିକାରୀ ଭାବରେ ଦାରା ଶିଖୋଙ୍କୁ ସିଂହାସନରେ ବସାଇବାକୁ ସ୍ଥିର କରିଥିଲେ । ଶାହାଜାହାନଙ୍କ ଦ୍ୱିତୀୟ କନ୍ୟା ରୋଶନାରା ତାଙ୍କ ଭାଇ ଔରଙ୍ଗଜେବଙ୍କୁ ଏକ ପତ୍ର ଲେଖିଥିଲେ ଯିଏକି ସେହି ସମୟରେ ଦକ୍ଷିଣ ଭାରତର ଡେକାନ ପ୍ରଦେଶରେ ରହୁଥିଲେ । ତାଙ୍କ ବଡ଼ ପୁଅକୁ ରାଜା ଭାବରେ ଅଭିଷିକ୍ତ କରିବା ପାଇଁ ତାଙ୍କ ପିତାଙ୍କ ନିଷ୍ପତ୍ତି ବିଷୟରେ ସେ ଏହି ପତ୍ରରେ ସୂଚନା ଦେଇଥିଲେ । ଏହା ଔରଙ୍ଗଜେବଙ୍କୁ କ୍ରୋଧିତ କରିଥିଲା । ତାଙ୍କର ମତ ଥିଲା ଯେ, ଦାରା ଶିଖୋ ରାଜା ହେବା ପାଇଁ ଯୋଗ୍ୟ ନ ଥିଲେ, କାରଣ ତାଙ୍କର ରାଜନୈତିକ ପ୍ରସଙ୍ଗଗୁଡ଼ିକ ଉପରେ ବହୁତ କମ୍ ସଚେତନତା ଥିଲା ଏବଂ ସେ ଅଧିକାଂଶ ସମୟ ସାଧୁ ଏବଂ

ସନ୍ଥ ମାନଙ୍କ ସହ ବିତାଇବାକୁ ପସନ୍ଦ କରୁଥିଲେ । ଔରଙ୍ଗଜେବ ଭାବିଥିଲେ ଯେ, ତାଙ୍କ ବଡ଼ ଭାଇଙ୍କର ସିଂହାସନ ଉପରେ ବସିବାର କୌଣସି ଅଧିକାର ନାହିଁ, ଏବଂ ଯଦି କାହାର ଅଧିକାର ଅଛି, ତେବେ ଏହା କେବଳ ସେ ନିଜେ ।

ସିଂହାସନର ଉତ୍ତରାଧିକାରୀ ଭାବରେ ଔରଙ୍ଗଜେବଙ୍କ ସ୍ଥାନ ତୃତୀୟରେ ଥିଲା । କିନ୍ତୁ ସେ ପିତାଙ୍କ ନିୟମ ଏବଂ ଦାରା ଶିଖୋଙ୍କ ଉତ୍ତରାଧିକାରୀତ୍ୱକୁ ପ୍ରତିରୋଧ କରିଥିଲେ । ସେ ଏବଂ ତାଙ୍କ ଭାଇ ମାନଙ୍କ ମଧ୍ୟରେ ଘଟିଥିବା ଯୁଦ୍ଧରେ ସେ ଶେଷରେ ବିଜୟୀ ହୋଇଥିଲେ ଏବଂ ଜୁଲାଇ ୧୬୫୮ ମସିହାରେ ସେ ଆଲମଗିର ଭାବରେ ସିଂହାସନ ଆରୋହଣ କରିଥିଲେ, ଯଦିଓ ସେତେବେଳେ ଶାହାଜାହାନ ଜୀବିତ ଥିଲେ । ସେ ୧୭୦୭ ମସିହା ପର୍ଯ୍ୟନ୍ତ ନିରଙ୍କୁଶ ଶାସନ କରିଥିଲେ । କୁହାଯାଇଅଛି ଯେ, ଦିନେ ତାଙ୍କ ପିତା ଔରଙ୍ଗଜେବଙ୍କୁ ଏକ ପତ୍ର ଲେଖିଥିଲେ, "ପୁତ୍ର, ହିନ୍ଦୁ ମାନଙ୍କୁ ଲକ୍ଷ୍ୟ କର ଏବଂ ସେମାନଙ୍କର ଉତ୍ତମତାକୁ ଦେଖ । ସେମାନେ ସେମାନଙ୍କର ପୂର୍ବ ପୁରୁଷ ମାନଙ୍କୁ ଜଳ ପ୍ରଦାନ କରନ୍ତି, ଯେଉଁମାନେ ଆଉ ବଞ୍ଚି ନାହାନ୍ତି । ଏବଂ ତୁମେ ! ତୁମେ ତୁମର ଜୀବନ୍ତ ପିତାଙ୍କର ଶୋଷ ମେଣ୍ଟାଇବା ପାଇଁ ମଧ୍ୟ ଚିନ୍ତା କରୁନାହିଁ ! ଔରଙ୍ଗଜେବ ଏହାର ଉତ୍ତର ଦେଇଥିଲେ, "ଦୟାକରି ମୋତେ ଚିଠି ଲେଖିବାରେ ଆପଣଙ୍କ ର ସମୟ ନଷ୍ଟ କରନ୍ତୁ ନାହିଁ କାରଣ ମୁଁ ସେମାନଙ୍କୁ ଅର୍ଥହୀନ ମନେ କରେ । ଆପଣ ମୋତେ ଏପରି ଚିଠି ଲେଖିବାର କୌଣସି କାରଣ ମୁଁ ଖୋଜି ପାଇ ପାରୁନାହିଁ । ଆପଣଙ୍କର ଏହି ଚିଠି ପାଇଁ ବ୍ୟବହୃତ ହୋଇଥିବା କାଳି ପାଇଁ ଆବଶ୍ୟକ ହୋଇଥିବା ଜଳ ଆପଣଙ୍କ ଶୋଷ ମେଣ୍ଟାଇ ପାରିଥାନ୍ତା, ଯଦି ଆପଣ ବିଶ୍ୱାସ କରୁଛନ୍ତି ଯେ ଆପଣ ଙ୍କୁ ଦିଆଯାଉଥିବା ଜଳ ଯଥେଷ୍ଟ ନୁହେଁ ।"

ଔରଙ୍ଗଜେବ ତାଙ୍କ ପିତାଙ୍କୁ ଦୀର୍ଘ ଆଠ ବର୍ଷ କାଳ ବନ୍ଦୀ କରି ରଖିଥିଲେ । ବିଚରା ପୂର୍ବତନ ସମ୍ରାଟ ଜେଲରେ ସଢୁଥିଲେ ଏବଂ ଅନେକ ସମୟରେ ଅସୁସ୍ଥ ହୋଇପଡୁଥିଲେ । ତାଙ୍କୁ ଔଷଧ ଦେବା ପାଇଁ କୌଣସି ହାକିମ୍ (ଡାକ୍ତର) ପଠାଯାଇ ନ ଥିଲା । କାଳକ୍ରମେ ତାଙ୍କର ଦେହାନ୍ତ ହୋଇଥିଲା । ଔରଙ୍ଗଜେବଙ୍କ ମନ୍ଦ ଉଦ୍ଦେଶ୍ୟ ତାଙ୍କୁ ତାଙ୍କର ବଡ଼ ଭାଇ ମୁରାଦଙ୍କୁ ବିଷ ଦେବା ପାଇଁ ପ୍ରବର୍ତ୍ତାଇଥିଲା ଯାହା ଫଳରେ ସିଂହାସନ ତାଙ୍କ ପାଇଁ ସୁରକ୍ଷିତ ରହିପାରିବ । ସେ ବର୍ତ୍ତମାନ ରାଜ୍ୟର ନିରୁଙ୍କୁଶ ଶାସକ ଥିଲେ । ପରେ ସେ ତାଙ୍କର ଭଉଣୀ ରୋଶନାରା, ଝିଅ ଜାବେଲ୍ ନିଶା ଏବଂ ତାଙ୍କର ଦୁଇ ପୁଅଙ୍କୁ ମଧ୍ୟ ହତ୍ୟା କରିଥିଲେ । ବର୍ତ୍ତମାନ ତାଙ୍କର କେବଳ ଏକ ପୁତ୍ର, ସାତ ବର୍ଷର ବାହାଦୂର ଶାହା, ରହିଯାଇଥିଲେ ।

ଔରଙ୍ଗଜେବ ଚାହୁଁଥିଲେ ଯେ ସେ ସମସ୍ତଙ୍କ ମଧ୍ୟରେ ଶ୍ରେଷ୍ଠ ବିବେଚିତ ହୁଅନ୍ତୁ ।

ସେଥିପାଇଁ ସେ ହୀରା ଏବଂ ବହୁ ମୂଲ୍ୟ ପଥର ର ଭଣ୍ଡାର ମକ୍କା ଏବଂ ମଦିନାକୁ ପଠାଇଥିଲେ । କିନ୍ତୁ ସେଠାରେ ଥିବା ପୂଜକ ମାନେ ତାଙ୍କର ନିଷ୍ଠୁର ତଥା ଅସ୍ୱାଭାବିକ କାର୍ଯ୍ୟ ବିଷୟରେ ଶୁଣିଥିଲେ, ତେଣୁ ସେମାନେ ତାଙ୍କ ଦ୍ୱାରା ପଠାଯାଇଥିବା ବହୁ ମୂଲ୍ୟ ପଥରଗୁଡ଼ିକ ଗ୍ରହଣ କରିବାକୁ ମନା କରିଦେଇଥିଲେ । ଏହା ଔରଙ୍ଗଜେବଙ୍କୁ କ୍ରୋଧିତ କରିଥିଲା, ଯିଏ ଜଣେ ମୋଗଲ ଏବଂ ଏକ ଧର୍ମନିଷ୍ଠ ମୁସଲମାନ ଭାବରେ ନିଜର ମହାନତା ପ୍ରମାଣ କରିବାକୁ ଚାହୁଁଥିଲେ । ତେଣୁ ସେ ଏକ କଠୋର ପଦକ୍ଷେପ ଗ୍ରହଣ କରିଥିଲେ ଏବଂ ଘୋଷଣା କରିଥିଲେ ଯେ ବର୍ତ୍ତମାନ ଠାରୁ ଭାରତରେ କେବଳ ଗୋଟିଏ ଧର୍ମ ପାଳନ କରାଯିବ ଏବଂ ତାହା ହେଉଛି ଇସଲାମ୍ । ବର୍ତ୍ତମାନ ଏହି ପ୍ରାଚୀନ ଦେଶର ହିନ୍ଦୁ ମାନଙ୍କୁ ନିର୍ଯାତନା ଏବଂ ବାଧ୍ୟତାମୂଳକ ଧର୍ମାନ୍ତୀକରଣର ଯୁଗ ଆରମ୍ଭ ହୋଇଯାଇଥିଲା । ସମଗ୍ର ଦେଶରେ ହିନ୍ଦୁ ମାନଙ୍କୁ ଇସଲାମ୍ ଧର୍ମ ଗ୍ରହଣ କରିବାକୁ ଆଦେଶ ଦିଆଯାଇଥିଲା, ନହେଲେ ସେମାନଙ୍କର ମୁଣ୍ଡ କାଟ ହେବ ବୋଲି କୁହାଯାଇଥିଲା । ଔରଙ୍ଗଜେବ ତାଙ୍କ ରାଜ୍ୟରେ କୌଣସି ମନ୍ଦିର ରଖିବାକୁ ଚାହୁଁ ନଥିଲେ । ସେ ମନ୍ଦିରଗୁଡ଼ିକ ଧ୍ୱଂସ କରିବା ଏବଂ ସେମାନଙ୍କ ସ୍ଥାନରେ ମସଜିଦ ନିର୍ମାଣ କରିବା ଆରମ୍ଭ କରି ଦେଇଥିଲେ ।

ଗୁରୁ ତେଗ୍ ବାହାଦୁର ଏବଂ ଔରଙ୍ଗଜେବ -

ନବମ ଗୁରୁ ଆନନ୍ଦପୁର ସାହିବରେ ତାଙ୍କର ଧାର୍ମିକ କାର୍ଯ୍ୟକଳାପ ଜାରି ରଖିଥିଲା ବେଳେ, ସମ୍ରାଟ ଔରଙ୍ଗଜେବଙ୍କ ଅତ୍ୟାଚାର କବଳରେ ଲୋକ ମାନଙ୍କ ଅବସ୍ଥା ଦ୍ରୁତ ଗତିରେ ଖରାପ ହେବାକୁ ଲାଗିଥିଲା । ଦଶ ବର୍ଷର ଶାସନ ପରେ ବର୍ତ୍ତମାନ ଔରଙ୍ଗଜେବଙ୍କ ସ୍ୱପ୍ନ ଥିଲା ଭାରତ ରୁ ସମସ୍ତ "ଅବିଶ୍ୱାସୀ" ମୁକ୍ତ କରିବା ଏବଂ ସମଗ୍ର ଦେଶକୁ ଇସଲାମ ଦେଶରେ ପରିଣତ କରିବା । ସେ ଜଣେ ଅସହିଷ୍ଣୁ ଶାସକ ଥିଲେ ଯାହାଙ୍କର ଅନ୍ୟ ଧର୍ମ ପ୍ରତି ସମ୍ମାନ ନ ଥିଲା ଏବଂ ଦମନ ପାଇଁ ଏକ ନିଷ୍ଠୁର ଅଭିଯାନ ଆରମ୍ଭ କରିଥିଲେ । ଦେଶ ର ପ୍ରସିଦ୍ଧ ହିନ୍ଦୁ ମନ୍ଦିରଗୁଡ଼ିକ ଭାଙ୍ଗି ଦିଆ ଯାଇଥିଲା ଏବଂ ସେମାନଙ୍କ ସ୍ଥାନରେ ମସଜିଦ ନିର୍ମାଣ କରାଯାଇଥିଲା । ଔରଙ୍ଗଜେବ ଅନେକ କଠୋର ଆଦେଶ ଜାରି କରିଥିଲେ । ୧୬୬୫ ମସିହା ରେ ସେ ହିନ୍ଦୁ ମାନଙ୍କୁ ଦୀପାବଳୀ ପର୍ବରେ ଦୀପ ଜଳାଇ ଆଲୋକିତ କରିବା ପାଇଁ ବାରଣ କରିଥିଲେ । ୧୬୬୮ ମସିହାରେ ସେ ହିନ୍ଦୁ ମାନଙ୍କ ଯାତ୍ରାକୁ ନିଷିଦ୍ଧ କରିଥିଲେ, ୧୬୭୧ ମସିହାରେ ସେ ଏକ ନିର୍ଦ୍ଦେଶ ଜାରି କରିଥିଲେ ଯେ, କେବଳ ମୁସଲମାନ ମାନେ ହିଁ ସରକାରୀ ଜମିର ଅଧିକାରୀ ହୋଇ ପାରିବେ ଏବଂ ସମସ୍ତ ହିନ୍ଦୁ କିରାଣୀ ମାନଙ୍କୁ ବରଖାସ୍ତ

କରିବା ପାଇଁ ପ୍ରାଦେଶିକ ଶାସକ ମାନଙ୍କୁ ଆହ୍ୱାନ କରିଥିଲେ । ୧୬୬୯ ମସିହାରେ ସେ ଏକ ସାଧାରଣ ଆଦେଶ ଜାରି କରି ସମସ୍ତ ପ୍ରଦେଶର ରାଜ୍ୟପାଳ ମାନଙ୍କୁ "ବିଧର୍ମୀ" ମାନଙ୍କର ବିଦ୍ୟାଳୟ ଏବଂ ମନ୍ଦିରଗୁଡ଼ିକୁ ଧ୍ୱଂସ କରିବାକୁ ଆଦେଶ ଦେଇଥିଲେ ଏବଂ ସେମାନଙ୍କୁ ମୂର୍ତ୍ତି ପୂଜା ପ୍ରଥାର ଶିକ୍ଷା ତଥା ଅଭ୍ୟାସ ବନ୍ଦ କରିବାକୁ ମଧ୍ୟ କୁହାଯାଇଥିଲା । ୧୬୭୪ ମସିହା ରେ ଗୁଜୁରାଟର ହିନ୍ଦୁମାନେ ଧାର୍ମିକ ଅନୁଦାନ ଭାବରେ ରଖିଥିବା ଜମିଗୁଡ଼ିକ ଜବତ କରାଯାଇଥିଲା । ତାଙ୍କର ଅନ୍ଧକାର ଶାସନ ସମୟ ରେ, କାଫିରଙ୍କୁ ହତ୍ୟା କରିବା ଜଣେ ମୁସଲମାନର ପବିତ୍ର କର୍ତ୍ତବ୍ୟ ବୋଲି ବିବେଚନା କରାଯାଉଥିଲା । ଇସଲାମର ପବିତ୍ର ଶାସ୍ତ୍ର ଦ୍ୱାରା ଧାର୍ଯ୍ୟ କରାଯାଇଥିବା ନିୟମ କୁ ଭୁଲ ଭାବରେ ବାଖ୍ୟା କରି, ଯେଉଁମାନେ ଇସଲାମର ପ୍ରାଧାନ୍ୟକୁ ଗ୍ରହଣ କରିବାକୁ ଅନିଚ୍ଛୁକ ଥିଲେ ସେମାନଙ୍କୁ ବିବେକହୀନ ଭାବରେ ହତ୍ୟା କରିବାକୁ ଅନୁମତି ଦିଆଯାଇଥିଲା ।

ସେହି ସମୟରେ କାଶ୍ମୀର ପଣ୍ଡିତ ମାନେ ଦେଶର ସବୁଠାରୁ ଭକ୍ତ ତଥା ରକ୍ଷଣଶୀଳ ହିନ୍ଦୁ ମାନଙ୍କ ଭିତରେ ଥିଲେ । ଔରଙ୍ଗଜେବ ଅନୁଭବ କରିଥିଲେ ଯଦି ସେମାନଙ୍କର ଧର୍ମ ପରିବର୍ତ୍ତନ କରାଯାଇ ପାରିବ ତେବେ ଦେଶର ଅବଶିଷ୍ଟ ଲୋକମାନେ ସହଜରେ ଅନୁସରଣ କରିବେ । ସେ ତାଙ୍କର କୌଣସି ପ୍ରଜା ମାନଙ୍କ ଦେହରେ ତିଳକ (କପାଳରେ ପବିତ୍ର ଚିହ୍ନ) କିମ୍ବା ଜନେଉ (ପବିତ୍ର ପଇତା) ଦେଖିବାକୁ ଚାହୁଁ ନ ଥିଲେ । କାଶ୍ମୀରର ମୁସଲିମ ଭାଇସରାୟଙ୍କ ଦ୍ୱାରା ସେମାନଙ୍କ ସମ୍ପ୍ରଦାୟକୁ ଦିଆଯାଉଥିବା ନିର୍ଯାତନାକୁ ସହ୍ୟ କରି ନ ପାରି ପଣ୍ଡିତ ମାନଙ୍କର ଏକ ପ୍ରତିନିଧି ମଣ୍ଡଳ ଗୁରୁ ତେଗ୍ ବାହାଦୁରଙ୍କୁ ଭେଟିବାପାଇଁ ଆନନ୍ଦପୁର ସାହିବ ଆସିଥିଲେ ।

ସେମାନେ ତାଙ୍କୁ କହିଥିଲେ, "ଗୁରୁଜୀ ! ଔରଙ୍ଗଜେବ ଶପଥ ନେଇଛନ୍ତି ଯେ ଯଦି ଆମେମାନେ ଇସଲାମ ଧର୍ମ ଗ୍ରହଣ ନ କରିବୁ ତେବେ ସେ ଆମର ମୁଣ୍ଡ କାଟ କରିବେ । ଆମେମାନେ ଏକ ମାସର ସମୟ ମାଗିଛୁ ଯାହାଦ୍ୱାରା ଆମେ ଏହି ବିଷୟରେ ଆଲୋଚନା କରି ପାରିବୁ । ଆମେ ଜାଣୁ ଯେ ଆପଣ ବର୍ତ୍ତମାନ ଶିଖ ମାନଙ୍କର ଗୁରୁ । ତେଣୁ ଆପଣ ଙ୍କ ପରାମର୍ଶ ପାଇଁ ଆମେମାନେ ଆସିଅଛୁ । ଦୟାକରି ଆମକୁ ସାହାଯ୍ୟ କରନ୍ତୁ ।

ଗୁରୁ ତେଗ୍ ବାହାଦୁର ସେମାନଙ୍କ ର ଦୂର୍ଦ୍ଦଶା ଦ୍ୱାରା ଗଭୀର ଭାବରେ ପ୍ରଭାବିତ ହୋଇଥିଲେ । ସେ ଏପରି ଅସହିଷ୍ଣୁତା ଏବଂ ବର୍ବରତାର ଶିକାର ହେଉଥିବା ଦେଶ ର ଭାଗ୍ୟ ବିଷୟରେ ଗଭୀର ଭାବରେ ଚିନ୍ତା କରିଥିଲେ । ଲୋକ ମାନଙ୍କର ଦୁଃଖ କଷ୍ଟ ଦୂର କରିବା ପାଇଁ କ'ଣ କରାଯାଇ ପାରିବ ? ଯେଉଁମାନେ ତାଙ୍କ ପାଖକୁ ଏତେ

ଆଶା ଏବଂ ବିଶ୍ୱାସର ସହ ଆସିଥିଲେ, ସେମାନଙ୍କୁ ସଂକଟ ରୁ ମୁକ୍ତି ଦେବା ପାଇଁ ସେ କେମିତି ରାସ୍ତା ଖୋଜି ପାଇବେ ?

ଗୁରୁ ଏହି ପ୍ରସଙ୍ଗରେ ଚିନ୍ତା କରୁଥିବା ସମୟରେ ତାଙ୍କର ନଅ ବର୍ଷ ର ପୁଅ ଗୋବିନ୍ଦ ରାୟ କୋଠରୀ ଭିତରକୁ ଚାଲି ଆସିଥିଲେ । କୋଠରୀ ଭିତରେ ଗମ୍ଭୀର ଏବଂ ନିରାଶା ବାତାବରଣକୁ ଅନୁଭବ କରି ବାଳକ ଗୋବିନ୍ଦ ତାଙ୍କ ବାପା ଙ୍କୁ ପଚାରିଥିଲେ, "କ'ଣ ହୋଇଛି" ? ଗୁରୁ ତେଗ୍ ବାହାଦୁର ଉତ୍ତର ଦେଇଥିଲେ, "ପ୍ରିୟ ପୁତ୍ର, ଆମ ଦେଶର ହିନ୍ଦୁମାନେ ଏକ ଗମ୍ଭୀର ସଙ୍କଟର ସମ୍ମୁଖୀନ ହୋଇଛନ୍ତି । ଯେପର୍ଯ୍ୟନ୍ତ ଜଣେ ପବିତ୍ର ବ୍ୟକ୍ତି ଧର୍ମ ପାଇଁ ନିଜ ଜୀବନ ଉତ୍ସର୍ଗ କରିବାକୁ ଇଚ୍ଛା କରିନାହାନ୍ତି ସେ ପର୍ଯ୍ୟନ୍ତ ସେମାନଙ୍କର ସମ୍ରାଟ ଙ୍କ ଅତ୍ୟାଚାର ରୁ ରକ୍ଷା ପାଇବା ପାଇଁ କୌଣସି ଆଶା ନାହିଁ ।"

ବାଳକ ଗୋବିନ୍ଦ ତୁରନ୍ତ ଉତ୍ତର ଦେଇଥିଲେ, "ସମ୍ମାନିତ ପିତା ! ଆଉ କିଏ ଆପଣଙ୍କ ଅପେକ୍ଷା ଏହା ପାଇଁ ଅଧିକ ଉପଯୁକ୍ତ ହେବେ ?"

ଗୁରୁ ତେଗ୍ ବାହାଦୁର ତାଙ୍କ ପୁଅକୁ ଆଲିଙ୍ଗନ କରି ଆନନ୍ଦରେ କାନ୍ଦି ପକାଇଥିଲେ । ସେ ତାଙ୍କ ସାନପୁଅକୁ କହିଥିଲେ, "ମୁଁ କେବଳ ଭବିଷ୍ୟତ ପାଇଁ ଚିନ୍ତିତ ଥିଲି, କାରଣ ତୁମେ ବହୁତ ଛୋଟ ଅଛ ।" ଗୋବିନ୍ଦ ଉତ୍ତର ଦେଇଥିଲେ, "ମୋତେ ଭଗବାନଙ୍କ ଭରସା ରେ ଛାଡ଼ିଦିଅ ଏବଂ ମୋଗଲ ମାନଙ୍କ ଆହ୍ୱାନକୁ ଗ୍ରହଣ କର ।"

ଗୁରୁ ତେଗ୍ ବାହାଦୁରଙ୍କ ଶେଷ ଦିନଗୁଡ଼ିକ-(The Last days of Guru Tegh Bahadur)

ତାଙ୍କ ପୁଅଙ୍କ ଠାରୁ ଏହି କଥା ଶୁଣି ଗୁରୁ ତେଗ୍ ବାହାଦୂର ନିଶ୍ଚିତ ହୋଇଥିଲେ ଯେ ତାଙ୍କୁ ଆଉ ପୁଅର ଭବିଷ୍ୟତ ବିଷୟରେ ଚିନ୍ତା କରିବାର ଆବଶ୍ୟକତା ନାହିଁ । ତା ପରେ ସେ ଲୋକ ମାନଙ୍କର ବିଶ୍ୱାସର ସ୍ୱାଧୀନତା, ଧର୍ମର ସୁରକ୍ଷା ଏବଂ ତାଙ୍କ ହିନ୍ଦୁ ଭାଇ ମାନଙ୍କୁ ସାହାଯ୍ୟ କରିବା ପାଇଁ ନିଜ ଜୀବନକୁ ଉତ୍ସର୍ଗ କରିବାକୁ ନିଷ୍ପତ୍ତି ନେଇଥିଲେ । ସେ କାଶ୍ମୀରୀ ପଣ୍ଡିତ ମାନଙ୍କୁ କହିଥିଲେ ଯେ ସେମାନେ ଔରଙ୍ଗଜେବଙ୍କୁ ଜଣାଇ ଦିଅନ୍ତୁ ଯେ ଯଦି ଗୁରୁ ତେଗ୍ ବାହାଦୁର ଇସଲାମ ଧର୍ମ ଗ୍ରହଣ କରନ୍ତି, ତେବେ ସେମାନେ ଏବଂ ଅନ୍ୟ ହିନ୍ଦୁମାନେ ତାଙ୍କୁ ଅନୁସରଣ କରିବାକୁ ପ୍ରସ୍ତୁତ ଅଛନ୍ତି ।

ଏହି ବାର୍ତ୍ତା ପାଇବା ପରେ ଔରଙ୍ଗଜେବ ତାଙ୍କ ସୈନିକ ମାନଙ୍କୁ ଗୁରୁଙ୍କୁ ଧରି ଦିଲ୍ଲୀ ଆଣିବାକୁ ଆଦେଶ ଦେଇଥିଲେ । ଗୁରୁ ତେଗ୍ ବାହାଦୁର କହିଥିଲେ ଯେ ସେ

ନିଶ୍ଚିତ ଭାବରେ ଦିଲ୍ଲୀ ଆସିବେ କିନ୍ତୁ ଯେତେବେଳେ ଏଭଳି ପରିଦର୍ଶନ ପାଇଁ ସମୟ ଠିକ୍ ରହିବ ।

ଗୁରୁ ତାଙ୍କ ପରିବାର ଏବଂ ଅନୁଗାମୀ ମାନଙ୍କୁ ବିଦାୟ ଜଣାଇଥିଲେ ଏବଂ ପରବର୍ତ୍ତୀ ଗୁରୁ ଭାବରେ ତାଙ୍କ ପୁଅ ଗୋବିନ୍ଦ ରାୟଙ୍କୁ ସ୍ଥାପନା କରାଯିବା ପାଇଁ ନିର୍ଦ୍ଦେଶ ଦେଇଥିଲେ । ଏହି ଅନ୍ତିମ ଯାତ୍ରାରେ ଗୁରୁଙ୍କ ସାଙ୍ଗରେ ତାଙ୍କର ଭକ୍ତ ଶିଷ୍ୟ ଭାଇ ମାତି ଦାସ, ଭାଇ ଦୟାଲ ଏବଂ ଭାଇ ସତି ଦାସ ଯାଇଥିଲେ ଏବଂ ସେମାନେ ଯାହା ଘଟିବ ତାହାର ପରିଣାମ ଗ୍ରହଣ କରିବାକୁ ପ୍ରସ୍ତୁତ ଥିଲେ । ହଜାର ହଜାର ଭକ୍ତ ଶିଖ ତାଙ୍କୁ ଦେଖିବା ପାଇଁ ଏବଂ ତାଙ୍କର ବାଣୀ ଶୁଣିବାକୁ ଅପେକ୍ଷା କରିଥିଲେ । ସେ ସୈନ୍ୟ ମାନଙ୍କୁ ଦୂରକୁ ପଠାଇ ଦେଲେ ଏବଂ ନିଜ ଅନୁଗାମୀ ମାନଙ୍କ ସହ ଦିଲ୍ଲୀ ଅଭିମୂଖେ ଯାତ୍ରା କରିଥିଲେ । ସେ ବାଟରେ ଅଟକି ଅଟକି ଯାଉଥିଲେ ଏବଂ ଯେତେ ସମ୍ଭବ ସେତେ ଭକ୍ତଙ୍କୁ ଭେଟୁଥିଲେ । ଏହା କୁହାଯାଇଛି ଯେ, ରାଜଧାନୀକୁ ଯିବା ରାସ୍ତାରେ ଭକ୍ତମାନେ ଗୁରୁଙ୍କ ଉପରେ ଫୁଲର ବର୍ଷା କରିଥିଲେ ଏବଂ ସମ୍ପୂର୍ଣ୍ଣ ରାସ୍ତା ଫୁଲ ଦ୍ୱାରା ଆଚ୍ଛାଦିତ ହୋଇଯାଇଥିଲା ।

ଶେଷରେ ସେ ଆଗ୍ରାରେ ପହଞ୍ଚି ଥିଲେ । ଔରଙ୍ଗଜେବ ଏହି ଖବର ଶୁଣିବା ମାତ୍ରେ ଗୁରୁଙ୍କୁ ତୁରନ୍ତ ଗିରଫ କରିବାକୁ ନିର୍ଦ୍ଦେଶ ଦେଇଥିଲେ । ଗୁରୁ ତେଗ୍ ବାହାଦୁର ଏବଂ ତାଙ୍କ ଦଳ ଆଗ୍ରାରେ ପହଞ୍ଚିବା ସାଙ୍ଗେ ସାଙ୍ଗେ ଗିରଫ ହୋଇଥିଲେ ଏବଂ ସେମାନଙ୍କୁ ଶିକୁଳିରେ ବାନ୍ଧି ଦିଲ୍ଲୀ ନିଆଯାଇଥିଲା । ଔରଙ୍ଗଜେବ ବର୍ତ୍ତମାନ ତାଙ୍କୁ ଅନ୍ତିମ ଚେତାବନୀ ଦେଇଥିଲେ : "ଇସଲାମ ଗ୍ରହଣ କର ନଚେତ ମରିବାକୁ ପ୍ରସ୍ତୁତ ହୁଅ ।"

ଗୁରୁ ତାହାର ଉତ୍ତର ଦେଇଥିଲେ, "ଯେଉଁପରି ସମ୍ପର୍କ ଚେର ଏବଂ ବୃକ୍ଷର ଥାଏ ସେହିପରି ସମ୍ପର୍କ ସାଧାରଣ ଜନତା, ପ୍ରଜା ଏବଂ ରାଜାଙ୍କର ଥାଏ । ସେ ତାଙ୍କର ସ୍ଥିରତା, ପୋଷକତା ପ୍ରଜା ମାନଙ୍କ ଠାରୁ ହିଁ ଆହରଣ କରିଥାନ୍ତି । ଯଦି ସେ ସେମାନଙ୍କୁ ଦମନ କରନ୍ତି ଏବଂ ଅତ୍ୟାଚାର କରନ୍ତି, ତେବେ ସେ ନିଜର ମୂଳଦୁଆକୁ ହିଁ ଦୋହଲାଇ ଦେଇଥାନ୍ତି । ତେଣୁ ସେ ହିନ୍ଦୁ, ଶିଖ ଏବଂ ମୁସଲମାନ ମାନଙ୍କୁ ସମ ଦୃଷ୍ଟିରେ ଦେଖନ୍ତୁ । ଅତ୍ୟାଚାର ହେଉଛି ଆତ୍ମହତ୍ୟା ପରି । ସେଥିପାଇଁ ମୁଁ ଆପଣଙ୍କୁ କହିବାକୁ ଆସିଅଛି ଯେ ମୁଁ ଇସଲାମ ଗ୍ରହଣ କରି ପାରିବି ନାହିଁ । ମୁଁ ବରଂ ମୋର ଜୀବନକୁ ଖୁସିରେ ବଳିଦାନ କରି ଦେଇ ପାରିବି ।" ଏହାପରେ ଗୁରୁଙ୍କୁ କାରାଗାରରେ ନିକ୍ଷେପ କରାଯାଇଥିଲା । ତାଙ୍କୁ ଏକ ଅତି କ୍ଷୁଦ୍ର କୋଠରୀରେ ବନ୍ଦୀ କରି ରଖା ଯାଇଥିଲା ଯେଉଁଠାରେ ସେ ମୁକ୍ତ ଭାବରେ ବୁଲାବୁଲି ମଧ୍ୟ କରିପାରୁ ନ

ଥିଲେ ।

ଗୁରୁ ତେଗ୍ ବାହାଦୁର ଜେଲରେ ଦୀର୍ଘ ପନ୍ଦର ଦିନ ବିତାଇଥିଲେ। ପନ୍ଦର ଦିନ ପରେ, ଜଣେ କାଜୀ ଗୁରୁଜୀଙ୍କ ନିକଟକୁ ଆସିଥିଲେ ଏବଂ କହିଥିଲେ, "ତୁମେ ଶିଖମାନଙ୍କର ତଥା ହିନ୍ଦୁ ମାନଙ୍କର ସର୍ବୋଚ୍ଚ ନେତା । ମୁଁ ତୁମକୁ ତିନୋଟି ବିକଳ୍ପ ଦେଉଛି, ଯେଉଁଥିରୁ ତୁମକୁ କେବଳ ଗୋଟିଏ ବାଛିବା ପାଇଁ ଅନୁମତି ମିଳିବ। ପ୍ରଥମଟି ହେଉଛି, ଇସଲାମକୁ ଗ୍ରହଣ କରିନିଅ । ଦ୍ୱିତୀୟଟି ହେଉଛି, ଯଦି ତୁମେ ଇସଲାମ ଗ୍ରହଣ କରିବାକୁ ଇଚ୍ଛୁକ ନୁହଁ, ତେବେ ତୁମ ଧର୍ମର ପ୍ରମାଣ କରିବାକୁ ଏକ ଚମତ୍କାର ପ୍ରଦର୍ଶନ କର । ତୃତୀୟଟି ହେଉଛି, ଯଦି ତୁମେ ଅନ୍ୟ ଦୁଇଟି ବିକଳ୍ପକୁ ପ୍ରତ୍ୟାଖ୍ୟାନ କର ତେବେ ମୃତ୍ୟୁକୁ ଗ୍ରହଣ କର ।"

ଗୁରୁ ଶାନ୍ତ ଭାବରେ ଉତ୍ତର ଦେଇଥିଲେ, "ମୁଁ କେବେହେଲେ ଇସଲାମ ଗ୍ରହଣ କରି ପାରିବି ନାହିଁ। ମୁଁ ମୋର ଧର୍ମ ପରିବର୍ତ୍ତନ କରି ପାରିବି ନାହିଁ। ତୁମର ଦ୍ୱିତୀୟ ବିକଳ୍ପର ଉତ୍ତର ହେଉଛି, ଚମତ୍କାର ଦେଖାଇବା ଆମର କାମ ନୁହେଁ । ଚମତ୍କାର ହେଉଛି ଈଶ୍ୱରଙ୍କ ଅଭିବ୍ୟକ୍ତିର ପ୍ରଦର୍ଶନ ଯାହା କିଛି ବିଶେଷ ଅବସ୍ଥାରେ ତାଙ୍କ ଅନୁଗ୍ରହ ଦ୍ୱାରା ଦେଖାଯାଇଥାଏ । ସେଗୁଡ଼ିକ କୌଣସି ଯାଦୁଗରର କୌଶଳ ନୁହେଁ ଯାହା ମୁଁ ଏହି ମର ଶରୀରକୁ ବଞ୍ଚାଇବା ପାଇଁ ତୁମ ଆଗରେ ଯାଦୁଗର ପରି ପ୍ରଦର୍ଶନ କରିବି। ଭୁଲିଯା'ନ୍ତୁ ନାହିଁ ଯେ, ଭଗବାନଙ୍କ ଇଚ୍ଛାରେ ମୁଁ ଏଠାକୁ ଆସିଛି । ସର୍ବ ସାଧାରଣ ଦର୍ଶନାର୍ଥେ ଚମତ୍କାର କରିବା ପାଇଁ ଆମ ପବିତ୍ର ଗୁରୁ ମାନଙ୍କର ଅନୁମତି ନାହିଁ। ସମସ୍ତ ଶିଖ ଗୁରୁ ମାନେ ଚମତ୍କାର ପୂର୍ଣ୍ଣ ଥିଲେ, କିନ୍ତୁ ସେମାନେ କଦାପି ଚମତ୍କାର ପ୍ରଦର୍ଶନ କରୁ ନ ଥିଲେ ଏବଂ ସାଧାରଣ ମାନବ ଜୀବନ ବିତାଉଥିଲେ । ମୋତେ ପ୍ରଦାନ କରୁଥିବା ତୁମର ତୃତୀୟ ବିକଳ୍ପ ହେଉଛି ମୃତ୍ୟୁ । ସେଇଥି ପାଇଁ ହିଁ ମୁଁ ଏଠାକୁ ଆସିଛି । ମୁଁ ମରିବାକୁ ପ୍ରସ୍ତୁତ ଅଛି । ମୋଗଲ ସାମ୍ରାଜ୍ୟ ଆଜି ଅପରାଜୟ ବୋଲି ବିବେଚନା କରାଯାଉଛି..... ମୋର ମୃତ୍ୟୁ ସହିତ ଏହି ମୋଗଲ ସାମ୍ରାଜ୍ୟର ମୃତ୍ୟୁ ତ୍ୱରାନ୍ୱିତ ହୋଇଯିବ ।"

ଜେଲରଙ୍କ ଦ୍ୱାରା ଗୁରୁ ଭୀଷଣ ନିର୍ଯାତନା ପାଇଥିଲେ । ତାଙ୍କ ସହିତ ସ୍ୱଇଚ୍ଛାରେ ଜେଲକୁ ଯାଇଥିବା ବିଶ୍ୱସ୍ତ ଅନୁଗାମୀ ମାନେ ମଧ୍ୟ ଯନ୍ତ୍ରଣା ଭୋଗିଥିଲେ । ମାଟି ଦାସଙ୍କୁ କରତରେ କାଟି ଦିଆଯାଇଥିଲା । ଭାଇ ଦୟାଲଙ୍କୁ ଏକ ଲୌହ ପାତ୍ରର ଗରମ ପାଣିରେ ଫୁଟାଇ ମରା ଯାଇଥିଲା । ସମ୍ରାଟଙ୍କ ଜେଲର ମାନଙ୍କ ଦ୍ୱାରା ଏହିପରି ଅମାନୁଷିକ ତଥା ବର୍ବର ନିର୍ଯାତନା ଗୁରୁଙ୍କ ଅନୁଗାମୀ ମାନଙ୍କୁ ଦିଆଯାଇଥିଲା ।

ଗୁରୁ ତେଗ୍ ବାହାଦୁରଙ୍କ ମୃତ୍ୟୁକୁ ଦେଖିବା ପାଇଁ ଲୋକମାନେ ଚାନ୍ଦିନି ଚୌକ

ଠାରେ ଏକତ୍ରିତ ହେବା ପାଇଁ ସହରରେ ଘୋଷଣା କରାଯାଇଥିଲା । ତା ପରଦିନ ସକାଳେ ଗୁରୁ ତେଗ୍ ବାହାଦୁରଙ୍କୁ ଜେଲ କୋଠରୀ ରୁ ବାହାରକୁ ଅଣାଯାଇଥିଲା । ମୃତ୍ୟୁ ଦଣ୍ଡ ପାଇବା ପୂର୍ବରୁ ସେ ଗାଧୋଇବାକୁ ଇଚ୍ଛା ପ୍ରକାଶ କରିଥିଲେ । ତେଣୁ ତାଙ୍କୁ ପାଖରେ ଥିବା ଏକ କୂଅ ପାଖକୁ ନିଆଯାଇଥିଲା ଯେଉଁଠାରେ ସେ ସ୍ନାନ କରିଥିଲେ । ତା ପରେ ତାଙ୍କୁ ପୁଣି ଚନ୍ଦିନି ଚୌକକୁ ଅଣାଯାଇଥିଲା । ସେହି ମୁହୂର୍ତ୍ତରେ ସେ ଗୁରୁ ଗ୍ରନ୍ଥ ସାହିବରୁ ଶ୍ଳୋକଗୁଡ଼ିକ ଉଚ୍ଚାରଣ କରିଥିଲେ :

"ଏକ ଓଁକାର, ସତନାମ, କର୍ତ୍ତା ପୁରାଖ
ନିର୍ଭୟ, ନିର୍ବାଣ, ଅବାଲ ମୁରାଟ, ଅଜୁନି ସାଇ ନହଙ୍ଗ,
ଗୁରୁ ପ୍ରସାଦ, ଜାପ, ଆଧାର ସାଚ, ଜୁଗାଡ଼ ସାଚ,
ହାଏ ଭୀ ସାଚ, ନାନକ ହୋସି ଭୀ ସାଚ ।

ସେ ଏକ ବର ଗଛ ମୂଳରେ ବସି ଜାପଜୀ ସାହିବ ଗାନ କରୁଥିଲା ବେଳେ, ତାଙ୍କର ମସ୍ତକ ଛେଦନ କରିବା ପାଇଁ କାଜୀ ନିର୍ଦ୍ଦେଶ ଦେଇଥିଲେ । ଗୋଟିଏ ଚୋଟରେ ଗୁରୁଙ୍କ ମୁଣ୍ଡ କାଟି ଦିଆଯାଇଥିଲା । କିନ୍ତୁ ବିଶ୍ୱାସୀ ଭକ୍ତ ମାନେ ବିଶ୍ୱାସ କରନ୍ତି ଯେ, ଗୁରୁଜୀ ଙ୍କ ମୁଣ୍ଡ କାଟ କରିବା ପାଇଁ ଖଣ୍ଡା ଉଠାଇବା ପୂର୍ବ ରୁ, ଚମତ୍କାର ଭାବେ ତାଙ୍କର ମସ୍ତକ ଶରୀରୁ ଅଲଗା ହୋଇଯାଇଥିଲା । ଗୁରୁ ଗୋବିନ୍ଦ ସିଂ ଏହାକୁ ଏହିପରି କହିଛନ୍ତି :

"ଏହା ପୃଥିବୀରେ ଏକ ଦୁଃଖର ଦିନ ଥିଲା,
ଏହା ସ୍ୱର୍ଗ ରେ ଆନନ୍ଦ କରିବାର ଦିନ ଥିଲା ।"

କୁହାଯାଇଅଛି ଯେ, ସମ୍ରାଟଙ୍କ ପ୍ରତିଶୋଧ ଭୟରେ କେହି ମୃତ ଦେହ ଉଠାଇବାକୁ ସାହାସ କରି ନ ଥିବାରୁ ଗୁରୁଙ୍କ ମୃତ ଶରୀର ସେହିପରି ଧୂଳି ଧୂସରିତ ହୋଇ ପଡ଼ି ରହିଥିଲା ।

ସେହି ଦିନ ସଂଧ୍ୟାରେ ପ୍ରବଳ ଧୂଳି ଝଡ ସହରର ଆକାଶକୁ ରକ୍ତ ପରି ଲାଲ କରିଦେଇଥିଲା । ଅନ୍ଧକାରର ଆବରଣ ରେ, ଭାଇ ଜେଟା ନାମକ ଜଣେ ଭକ୍ତ ଶିଖ ଗୁରୁଙ୍କ ପବିତ୍ର ମସ୍ତକକୁ ସଂଗ୍ରହ କରିବାରେ ସଫଳ ହୋଇଥିଲେ ଏବଂ ତାହାକୁ ଗୁରୁପୁତ୍ରଙ୍କ ନିକଟକୁ ଆନନ୍ଦପୁର ସାହିବକୁ ନେଇଯାଇଥିଲେ । ଅନ୍ୟ ଜଣେ ଭକ୍ତ ଶିଖ, ଭାଇ ଲାଖୀ ଶାହା, ଯାହାଙ୍କର ଗୋଟେ ଗାଡ଼ିଥିଲା, ଗୁରୁଙ୍କର ମସ୍ତକ ବିହୀନ ଶରୀରକୁ ଲୁଚାଇ ତାଙ୍କ ଘରକୁ ନେଇ ଯିବାରେ ସକ୍ଷମ ହୋଇଥିଲେ । ଯେହେତୁ ସର୍ବ ସାଧାରଣରେ ଅନ୍ତିମ ସଂସ୍କାର କରିବା ଅତ୍ୟନ୍ତ ବିପଜ୍ଜନକ ଥିଲା, ଭାଇ ଲାଖୀ ଶାହା ତାଙ୍କ ଘରେ ନିଆଁ ଲଗାଇ ଦେଇ ଶବକୁ ଦାହ କରିଥିଲେ । ଏହି ସମୟ ଭିତରେ

ଗୁରୁଙ୍କ ମସ୍ତକକୁ ଦୁଃଖରେ ପୀଡ଼ିତ ଯୁବକ ଗୁରୁ ଗୋବିନ୍ଦ ସିଂ ଏବଂ ବିଧବା ମାତା ଗୁଜରୀଙ୍କ ନିକଟକୁ ନିଆଯାଇଥିଲା । ନଭେମ୍ବର ୧୧, ୧୬୭୫ ମସିହାରେ ଆନନ୍ଦପୁର ସାହିବ ଠାରେ ଚନ୍ଦନ କାଠର ଏକ ଚିତା ପ୍ରସ୍ତୁତ କରାଯାଇଥିଲା ଓ ତା ଉପରେ ଗୋଲାପ ଫୁଲର ପାଖୁଡ଼ା ବିଛା ଯାଇଥିଲା ଏବଂ ଗୁରୁ ତେଗ୍ ବାହାଦୁରଙ୍କ ମସ୍ତକକୁ ଯୁବକ ଗୁରୁ ଗୋବିନ୍ଦ ସିଂଙ୍କ ଦ୍ୱାରା ଦାହ ସଂସ୍କାର କରାଯାଇଥିଲା ।

ଚନ୍ଦିନି ଚୌକର ଯେଉଁ ସ୍ଥାନରେ ଗୁରୁଙ୍କ ମସ୍ତକ ଛେଦନ କରା ଯାଇଥିଲା ସେହି ସ୍ଥାନ ରେ ଆଜି ଠିଆ ହୋଇଛି ଗୁରୁଦ୍ୱାରା ସିସ୍ ଗଞ୍ଜ ସାହିବ ଏବଂ ଯେଉଁ ପବିତ୍ର ସ୍ଥାନରେ ଗୁରୁଙ୍କ ଶବ ଦାହ କରିବା ପାଇଁ ଭକ୍ତ ଜଣଙ୍କ ନିଜ ଘରେ ନିଆଁ ଲଗାଇ ଦେଇଥିଲେ ସେହି ସ୍ଥାନରେ ଗୁରୁଦ୍ୱାରା ରାକାବ ଗଞ୍ଜ ସାହିବ ସ୍ଥାପିତ ହୋଇଛନ୍ତି ।

ଗୁରୁ ତେଗ୍ ବାହାଦୂର ବିଶ୍ୱ ଇତିହାସରେ ଏକ ଅଦ୍ୱିତୀୟ ଶହୀଦ ଭାବରେ ବିଶ୍ୱସ୍ତ ମାନଙ୍କ ଦ୍ୱାରା ସମ୍ମାନିତ ହୋଇଛନ୍ତି । ସେ ହିନ୍ଦୁମାନଙ୍କର ତିଳକ ଏବଂ ପବିତ୍ର ଉପବୀତର ସୁରକ୍ଷା ପାଇଁ ନିଜ ଜୀବନ ଉତ୍ସର୍ଗ କରି ଦେଇଥିଲେ । ସେ ଲୋକମାନଙ୍କର ପୂଜା ପାଠ ସ୍ୱାଧୀନତାର ଅଧିକାରର ଜଣେ ଦୃଢ଼ ବିଶ୍ୱାସୀ ଥିଲେ ।

ଗୁରୁ ତେଗ୍ ବାହାଦୁରଙ୍କ ବାଣୀ (Guru Tegh Bahadur's Teachings)

ଗୁରୁ ତେଗ୍ ବାହାଦୁରଙ୍କ ଜୀବନ ପ୍ରକୃତରେ ଏକ ନୈତିକତା ମୂଲ୍ୟବୋଧ, କରୁଣା, ସହନଶୀଳତା ଏବଂ ସର୍ବୋଚ୍ଚ ବଳିଦାନର ଏକ ଲମ୍ବା କାହାଣୀ ଥିଲା । ସେ ପ୍ରକୃତରେ ଶିଖ ଆଦର୍ଶର ଏକ ଉଦାହରଣ ରଖିଦେଇ ଯାଇଛନ୍ତି ।

ସେ କେବେହେଲେ କ୍ଷମତା, ଶକ୍ତି କିମ୍ବା ଆକର୍ଷଣର କେନ୍ଦ୍ର ବିନ୍ଦୁ ହେବାକୁ ଚାହିଁ ନ ଥିଲେ, କିନ୍ତୁ ଯେତେବେଳେ ସେ ସବୁ ଈଶ୍ୱର ଙ୍କ ଇଚ୍ଛାରେ ତାଙ୍କ ନିକଟକୁ ଆସିଥିଲେ, ସେ ସେମାନଙ୍କୁ ଅତ୍ୟଧିକ ବିନୟ ଏବଂ ସମ୍ମାନର ସହ ଗ୍ରହଣ କରିଥିଲେ, ଘଟଣା ଅନୁସାରେ ନିଜକୁ ଖାପ ଖୁଆଇ ନେଇଥିଲେ ଏବଂ ସବୁବେଳେ ସମୁହ ସ୍ୱାର୍ଥକୁ ତାଙ୍କ ବ୍ୟକ୍ତିଗତ ସ୍ୱାର୍ଥର ଆଗରେ ରଖିଥିଲେ ।

ତାଙ୍କର ସହନଶୀଳତା, ଧୈର୍ଯ୍ୟ ପରି ଗୁଣଗୁଡ଼ିକ ଥିଲା ଯାହାର ଗୁଣଗାନ ଗୀତାରେ କରାଯାଇଛି । ଏପରିକି ଯେତେବେଳେ ସେ କାରାଗାରରେ ଏକ ନିଷ୍ଠୁର ମୃତ୍ୟୁକୁ ଅପେକ୍ଷା କରିଥିଲେ, ସେତେବେଳେ ସେ ତାଙ୍କ ଆତ୍ମାର ଅନନ୍ତ ସ୍ୱାଧୀନତାର ଆନନ୍ଦରେ ବାସ କରୁଥିଲେ । ପ୍ରତିଦିନ ପ୍ରାତଃ କାଳରେ ସ୍ନାନ କରୁଥିଲେ, ତାଙ୍କର ଦୈନନ୍ଦିନ ପ୍ରାର୍ଥନା କରୁଥିଲେ, ଈଶ୍ୱରଙ୍କ ସହ ଯୋଗାଯୋଗ କରୁଥିଲେ ଏବଂ

ଗୁରୁ ନାନକଙ୍କର ବାଣୀକୁ ବାରମ୍ବାର ଆବୃତ୍ତି କରୁଥିଲେ ଏବଂ ଅତ୍ୟନ୍ତ ହୃଦୟସ୍ପର୍ଶୀ ଓ ରୋମାଞ୍ଚକର ଶାବାଦଗୁଡ଼ିକ ଗାନ କରୁଥିଲେ । ମୃତ୍ୟୁଦଣ୍ଡ କିମ୍ବା ମୃତ୍ୟୁ ଭୟରେ ସେ କେବେହେଲେ ତିଳେମାତ୍ର ବିଚଳିତ ହୋଇନଥିଲେ ।

ଗୁରୁ ତେଗ୍ ବାହାଦୁର ଙ୍କ ଶିକ୍ଷା ଏବଂ ଜୀବନ ର ଦର୍ଶନ ତାଙ୍କର ଭଜନ ରୁ ହିଁ ଜାଣି ହୋଇଯିବ । ତାଙ୍କ ପଦ୍ୟର ଛନ୍ଦ ରେ ଈଶ୍ୱର ଙ୍କୁ ହୃଦୟଙ୍ଗମ କରିବାର ଆନନ୍ଦରେ ହୃଦୟ ସ୍ପନ୍ଦିତ ହୋଇଯାଇଥାଏ ଏବଂ ଏହି ଆନନ୍ଦର ସମ୍ମୁଖରେ ଇନ୍ଦ୍ରିୟର ସମସ୍ତ ସୁଖ, ଏ ଦୁନିଆର ସମସ୍ତ ନିରାଶା ଏବଂ ଦୁଃଖ ଅଚିରେ ଅପସରି ଯାଇଥାଏ ।

ପ୍ରକୃତରେ ଈଶ୍ୱର-ଚେତନା ହେଉଛି ତାଙ୍କ ବାଣୀର ପ୍ରତୀକ : ସେ ଆମକୁ ବାରମ୍ବାର କହୁଥିଲେ, "ତୁମର ଈଶ୍ୱରଙ୍କୁ ମନେରଖ, ତୁମର ପ୍ରଭୁଙ୍କୁ ମନେରଖ, ଏହା ତୁମର ଗୋଟିଏ କର୍ତ୍ତବ୍ୟ, ତୁମର ଏକମାତ୍ର କର୍ତ୍ତବ୍ୟ ।" ତାଙ୍କ ଚକ୍ଷୁଦ୍ୱୟ ସଦା ସର୍ବଦା ଝରି ନ ଥିବା ଲୋତକରେ ଆର୍ଦ୍ର ଥାଏ - ସେ ଲୁହ ପ୍ରଭୁଙ୍କ ପ୍ରତି ଆସକ୍ତି ଏବଂ ପ୍ରେମ ର । ତାଙ୍କର ଦୃଷ୍ଟିକୋଣ ସବୁବେଳେ ଉପାସନା ଏବଂ ପ୍ରାର୍ଥନା ଉପରେ ଥାଏ ଏବଂ ତାଙ୍କର ମନ ସର୍ବଦା ପ୍ରଭୁ ଙ୍କ ଉପରେ ଅବିଚଳିତ ଧ୍ୟାନ ମଗ୍ନ ହୋଇ ରହିଥାଏ । ତାଙ୍କ ପାଇଁ ଇନ୍ଦ୍ରିୟ ମାନଙ୍କର ଦାସ ହୋଇ ଜଗତରେ ବାସ କରିବା ହେଉଛି ମୃତ୍ୟୁ ଏବଂ ଭଗବନ ହେଉଛନ୍ତି ଜୀବନ । ଭଗବାନଙ୍କ ବ୍ୟତୀତ ଆଉ କିଛି ବାସ୍ତବତା ନାହିଁ । ତାଙ୍କ ଭିତରେ ବଞ୍ଚିବା, ତାଙ୍କୁ ପ୍ରେମ କରିବା ହେଉଛି ଜୀବନର ସର୍ବୋଚ୍ଚ ଲକ୍ଷ୍ୟ, ଏହା ବ୍ୟତୀତ ଗୁରୁ ଅନ୍ୟ କୌଣସି କର୍ତ୍ତବ୍ୟର ନିର୍ଦ୍ଦେଶ ଦେଇ ନାହାନ୍ତି ।

ନବମ ଗୁରୁଙ୍କ ଶିକ୍ଷା ଗୁରୁ ନାନାକଙ୍କ ଶିକ୍ଷା ସହିତ ସମାନ ଥିଲା କାରଣ ଉଭୟ ଆତ୍ମ-ସାକ୍ଷାତ୍କାରକୁ ମୂଳ ଲକ୍ଷ୍ୟ ଭାବରେ ଗ୍ରହଣ କରିଥିଲେ ଏବଂ ଉଭୟ ସେହି ସର୍ବୋଚ୍ଚ ଲକ୍ଷ୍ୟ ହାସଲ କରିବା ପାଇଁ ତ୍ୟାଗକୁ ମାଧ୍ୟମ ଭାବରେ ପ୍ରାଧାନ୍ୟ ଦେଇଥିଲେ । ଗୁରୁ ତେଗ୍ ବାହାଦୁର ସମସ୍ତ ଦୁଃଖୀ, ପିଡ଼ୀତ ପୁରୁଷ ଏବଂ ମହିଳା ମାନଙ୍କର ଆଶ୍ରୟ ଥିଲେ । ଯେଉଁମାନେ ଏହି ମିଛ ମାୟା ଦୁନିଆ ରୁ ମୁହଁ ଫେରାଇ ନେଇଥାନ୍ତି ଏବଂ ଭଗବାନ ଙ୍କ ସାକ୍ଷାତ୍କାର ପାଇବାର ସର୍ବୋଚ୍ଚ ସୁଖ ଖୋଜୁଥାନ୍ତି, ସେମାନଙ୍କ ପାଇଁ ସେ ଧୈର୍ଯ୍ୟ ଏବଂ ସାନ୍ତ୍ୱନାର ଉତ୍ସ ହୋଇଥାନ୍ତି । ତାଙ୍କର ନିରାଶକ୍ତ ଏବଂ ଆତ୍ମ-ତ୍ୟାଗ ବିଶେଷ ଭାବରେ ଉଲ୍ଲେଖନୀୟ ଯେତେବେଳେ ଆମେ ବିବେଚନା କରୁ ଯେ ସେ ଜଣେ ଶକ୍ତିଶାଳୀ ତଥା ନିଷ୍ପାପର ସମ୍ପ୍ରଦାୟର ଆଦରଣୀୟ ଏବଂ ସମ୍ମାନିତ ନେତା ଥିଲେ ଏବଂ ପରିବାର ଓ ସମ୍ପର୍କୀୟ ମାନଙ୍କ ସହ ବାସ କରୁଥିଲେ ଏବଂ ଲୋକମାନଙ୍କର ନେତା ତଥା ଆଧ୍ୟାତ୍ମିକ ଗୁରୁ ଭାବରେ ସମସ୍ତ

ସାଂସାରିକ ଦାୟିତ୍ୱ ନିର୍ବାହ କରୁଥିଲେ ।

   ପବିତ୍ର ଗ୍ରନ୍ଥର ଶେଷରେ ଦିଆଯାଇଥିବା ଶ୍ଳୋକଗୁଡ଼ିକ, ଯାହାକି ଏକ ଅଖଣ୍ଡ ପାଠର ସମାପ୍ତିରେ ଏବଂ ଅନ୍ୟ କେତେକ କାର୍ଯ୍ୟକ୍ରମର ପରିସମାପ୍ତିରେ ପୂର୍ଣ୍ଣ ସମ୍ମାନର ସହ ପଠନ କରାଯାଇଥାଏ, ଅନେକ ସମୟରେ ସମସ୍ତଙ୍କ ବିବେକକୁ ସ୍ପର୍ଶ କରିଥାଏ ଏବଂ ମନୁଷ୍ୟ ମାନଙ୍କୁ ସେମାନଙ୍କ ଜୀବନର କ୍ଷଣସ୍ଥାୟୀତ୍ୱ ବିଷୟରେ ମନେ ପକାଇ ଦେଇଥାଏ ।

■

ଦଶମ ଗୁରୁ : ଗୁରୁ ଗୋବିନ୍ଦ ସିଂ

ଉପକ୍ରମଣିକା :

ଗୁରୁଦେବ ସାଧୁ ଭାସୱାନି ଥରେ କହିଥିଲେ, "ଯଦି ମୁଁ ଇତିହାସର ପୃଷ୍ଠାଗୁଡ଼ିକୁ ଓଲଟାଇବି ଏବଂ ହିନ୍ଦୁ ମାନଙ୍କ ଉପରେ ହୋଇଥିବା ଅତ୍ୟାଚାର ଏବଂ ଉତ୍ପୀଡ଼ନ ବିଷୟରେ ଆଲୋକପାତ କରିବି ତେବେ ତୁମ ମାନଙ୍କ ମଧ୍ୟରୁ ଅନେକଙ୍କ ଚକ୍ଷୁ ଲୋତକପୂର୍ଣ୍ଣ ହୋଇଯିବ ।"

ଯେତେବେଳେ ଶାସକଙ୍କ ଦ୍ୱାରା ଅତ୍ୟାଚାର ଏବଂ ନିଷ୍ଠୁରତା ଚରମ ସୀମାରେ ପହଞ୍ଚିଯାଇଥାଏ ସେତେବେଳେ ପ୍ରଜା ମାନଙ୍କ ପାଖରେ କେବଳ ଦୁଇଟି ବିକଳ୍ପ ରହିଥାଏ : ଭୀରୁ ମାନଙ୍କ ପରି ସମର୍ପଣ କରିଦେବା କିମ୍ବା ପୁରୁଷଙ୍କ ପରି ପ୍ରତିରୋଧ କରିବା । କିନ୍ତୁ ଯେତେବେଳେ ସମଗ୍ର ରାଷ୍ଟ୍ର ଏବଂ ଏହାର ନାଗରିକ ମାନେ କାଳକ୍ରମେ ଏହାକୁ ନିଷ୍କ୍ରିୟ ଭାବରେ ଗ୍ରହଣ କରିନେବାରେ ଏବଂ ସମର୍ପଣ କରିଦେବାରେ ଅଭ୍ୟସ୍ତ ହୋଇଯାଇଥାନ୍ତି, ସେତେବେଳେ ଏକ ଐତିହାସିକ ଆନ୍ଦୋଳନ, ଏକ ମହାନ ପ୍ରେରଣାର ଆବଶ୍ୟକତା ରହିଥାଏ, ସେମାନଙ୍କ ମଧ୍ୟରେ ଆତ୍ମ ସମ୍ମାନ, ଆତ୍ମ ଅଭିମାନ ଜାଗ୍ରତ କରି ଅନ୍ୟାୟ ବିରୁଦ୍ଧରେ ପ୍ରତିରୋଧ କରିବା ପାଇଁ ।

ଆମେ ବର୍ତ୍ତମାନ ଶିଖ ମାନଙ୍କର ଜଣେ ମହାନ୍ ଗୁରୁ-ଦଶମ ତଥା ଶେଷ ଗୁରୁ,ଙ୍କ ଜୀବନ ବିଷୟରେ ଜାଣିବା, ଯିଏକି ତାଙ୍କ ସମ୍ପ୍ରଦାୟର ସୁରକ୍ଷା ପାଇଁ ଈଶ୍ୱରଙ୍କ ଦ୍ୱାରା ପ୍ରେରିତ ହୋଇଥିଲେ ।

ଜଣେ ଯୋଦ୍ଧା, ଜଣେ କବି ଏବଂ ଜଣେ ଆଧ୍ୟାତ୍ମିକ ନେତା, ସେ ନିଜ ଲୋକ ମାନଙ୍କୁ ଉତ୍ସାହିତ କରିବା ଏବଂ ସେମାନଙ୍କ ମଧ୍ୟରେ ସାହାସ ସୃଷ୍ଟି କରିବା ପାଇଁ ନିଜ ଜୀବନକୁ ଉତ୍ସର୍ଗ କରିଦେଇଥିଲେ । ତାଙ୍କ ଦ୍ୱାରା ପ୍ରତିଷ୍ଠା କରାଯାଇଥିବା ସାମରିକ ସଂଗଠନ "ଖାଲ୍‌ସା", ଶିଖ ଇତିହାସରେ ଏକ ଅତ୍ୟବ ଗୁରୁତ୍ୱପୂର୍ଣ୍ଣ ଘଟଣା

ଭାବରେ ବିବେଚନା କରାଯାଇଥାଏ । ଶେଷରେ ସେ ସ୍ୱାଧୀନତା, ଧର୍ମ ଏବଂ ନ୍ୟାୟ ପାଇଁ ନିଜ ଜୀବନର ବଳିଦାନ ଦେଇଥିଲେ ।

ଶୈଶବ ଏବଂ ପ୍ରାରମ୍ଭିକ ଜୀବନ :

୧୬୬୬ ମସିହା ରେ ପାଟନାରେ ଗୋବିନ୍ଦ ସିଂଙ୍କର ଜନ୍ମ ହୋଇଥିଲା । ସେ ନବମ ଗୁରୁ, ଗୁରୁ ତେଗ୍ ବାହାଦୁର, ଏବଂ ତାଙ୍କ ଧର୍ମପତ୍ନୀ ମାତା ଗୁଜରୀଙ୍କର ଏକମାତ୍ର ପୁତ୍ର ଥିଲେ । ତାଙ୍କର ନାମ ଗୋବିନ୍ଦ ରାୟ ଦିଆଯାଇଥିଲା । ଏବଂ କୁହାଯାଇଅଛି ଯେ, ତାଙ୍କର ଜନ୍ମ ଏବଂ ତାଙ୍କର ଆଧ୍ୟାତ୍ମିକ ଶକ୍ତି ଜଣେ ମୁସଲମାନ ଫକୀରଙ୍କ ଦ୍ୱାରା ଭବିଷ୍ୟବାଣୀ କରାଯାଇଥିଲା, ଯିଏ ଘୋଷଣା କରିଥିଲେ ଯେ ପିଲାଟି ଧର୍ମର ତ୍ରାଣକର୍ତ୍ତା ହେବ । ତାଙ୍କୁ ଦେଖିବା ପାଇଁ ଏବଂ ଆଶୀର୍ବାଦ ଦେବା ପାଇଁ ସେହି ପୀର ମଧ୍ୟ ପାଟନା ଯାତ୍ରା କରିଥିଲେ । ଆଜି ମଧ୍ୟ ଏହି ଘଟଣା ଆମମାନଙ୍କ ପାଇଁ ଏକ ଚମତ୍କାର ପାଠ୍ୟ ହୋଇଥାଏ ।

ଯେତେବେଳେ ଜଣେ ରହସ୍ୟମୟ ମୁସଲମାନ ପୀର, ଭିକନ୍ ଶାହ, ପ୍ରାର୍ଥନା କରୁଥିଲେ ସେତେବେଳେ ରାତ୍ରୀର ଅନ୍ଧକାରରେ ଏକ ଚମତ୍କାର ଐଶରୀୟ ଆଲୋକ ପୂର୍ବ ଦିଗରେ ଝଲସି ଉଠିଥିଲା । ଏହି ସ୍ୱର୍ଗୀୟ ଆଲୋକ ଦ୍ୱାରା ପରିଚାଳିତ ହୋଇ ସେ ତାଙ୍କ ଅନୁଗାମୀ ମାନଙ୍କ ସହ ଯାତ୍ରା କରିଥିଲେ ଏବଂ ଶେଷରେ ସେ ପାଟନାରେ ପହଞ୍ଚିଥିଲେ ଯେଉଁଠାରେ ଶିଶୁ ଗୋବିନ୍ଦ ରାୟ ସେହି ସମୟ ରେ ଜନ୍ମ ହୋଇଥିଲେ । କୁହାଯାଇଅଛି ଯେ ପୀର ଭିକନ୍ ଶାହ ପିଲାଙ୍କ ନିକଟକୁ ଯାଇ ଦୁଇଟି ପାତ୍ରରେ କ୍ଷୀର ଏବଂ ଜଳ ଅର୍ପଣ କରିଥିଲେ ଯାହା ଦୁଇଟି ମହାନ ଧର୍ମ ହିନ୍ଦୁ ଏବଂ ଇସଲାମକୁ ସୁଚାଉଥିଲା । ଶିଶୁଟି ହସିଥିଲେ ଏବଂ ଦୁଇଟିଯାକ ପାତ୍ରରେ ତାଙ୍କର ହାତ ରଖିଦେଇଥିଲେ । ପୀର ଅତ୍ୟନ୍ତ ବିନମ୍ରତା ଓ ସମ୍ମାନର ସହ ଶିଶୁଙ୍କୁ ପ୍ରଣାମ କରି ପରିବାର ବର୍ଗଙ୍କୁ କହିଥିଲେ ଯେ, ଏହି ଶିଶୁ ସମଗ୍ର ମାନବିକତାର ନୂତନ ମାର୍ଗଦର୍ଶକ ହେବେ ।

ଗୁରୁ ନିଜେ ତାଙ୍କ ଆତ୍ମଜୀବନୀ ବଚିତର ନାଟକ (ଚମତ୍କାର ଡ୍ରାମା)ରେ ଆମକୁ କହିଛନ୍ତି ଯେ, ସେ ଜାଣିଥିଲେ ଯେ ଭଗବାନ ତାଙ୍କୁ ଏକ ଉଦ୍ଦେଶ୍ୟ ନେଇ ଏହି ପୃଥିବୀ ପୃଷ୍ଠକୁ ପଠାଇଛନ୍ତି । ତାଙ୍କର ପୂର୍ବ ଅବତାରରେ ସେ ସଂସାର ତ୍ୟାଗ କରି ଚିନ୍ତନ, ଧ୍ୟାନରେ ନିୟୋଜିତ ଥିଲେ । ସେ ଯେତେବେଳେ ସେହି ଅଦୃଶ୍ୟ ଶକ୍ତି ସହିତ ଏକ ହୋଇଯାଇଥିଲେ, ଈଶ୍ୱର ତାଙ୍କୁ ଆଦେଶ ଦେଇଥିଲେ, "ମୁଁ ତୁମକୁ ମୋ ପୁଅ ପରି ଭଲ ପାଏ ଏବଂ ତୁମକୁ ଏକ ଧର୍ମ ପ୍ରତିଷ୍ଠା କରିବା ପାଇଁ ତଥା ଜଗତକୁ

ମୂର୍ଖତାପୂର୍ଣ୍ଣ କାର୍ଯ୍ୟରୁ ନିବୃତ୍ତ କରିବା ପାଇଁ ସୃଷ୍ଟି କରିଅଛି ।" ତା ପରେ ଗୁରୁ କହିଛନ୍ତି, "ମୁଁ ଠିଆ ହୋଇଯାଇଥିଲି, ମୋର ହାତ ଯୋଡ଼ି, ମୁଣ୍ଡ ନୁଆଁଇ ପ୍ରଣାମ କରି ଉତ୍ତର ଦେଇଥିଲି । ପ୍ରଭୁ, ଯେତେବେଳେ ଆପଣଙ୍କର ସମର୍ଥନ ଅଛି, ଆପଣଙ୍କର ଧର୍ମ ସମଗ୍ର ବିଶ୍ୱରେ ପ୍ରଚଳିତ ହେବ ।"

ଗୁରୁ ଏହିପରି ଭାବରେ ତାଙ୍କର ବକ୍ତବ୍ୟ ସମାପ୍ତ କରିଛନ୍ତି, "କେବଳ ଏହି ଉଦ୍ଦେଶ୍ୟରେ ମୁଁ ଜନ୍ମ ନେଇଥିଲି । ସମସ୍ତ ଧର୍ମଭାବାପୂର୍ଣ୍ଣ ଲୋକ ଏହାକୁ ବୁଝିବା ଆବଶ୍ୟକ । ମୁଁ ଧାର୍ମିକତାକୁ ଆଗେଇ ନେବାକୁ, ଉତ୍ତମତ୍ତାକୁ ସମାନ ଅଧିକାର ଦେବାକୁ ଏବଂ ସମସ୍ତ କୁକର୍ମୀ ମାନଙ୍କର ମୂଳ ଏବଂ ଶାଖାକୁ ନଷ୍ଟ କରିବାକୁ ଜନ୍ମ ନେଇଥିଲି ।"

ଗୋବିନ୍ଦ ରାୟ ତାଙ୍କର ପିଲାଦିନ ପାଟନାରେ ଅତିବାହିତ କରିଥିଲେ । ଯେଉଁଠାରେ ସେ ଜନ୍ମ ନେଇଥିଲେ ଏବଂ ତାଙ୍କର ପିଲାଦିନ ବିତାଇଥିଲେ, ସେହିଠାରେ ବର୍ତ୍ତମାନ ଏକ ପବିତ୍ର ମନ୍ଦିର, ପାଟନା ସାହିବ ଗୁରୁଦ୍ୱାର, ଛିଡ଼ା ହୋଇଛି । ସମସ୍ତଙ୍କ ଧାରଣା ଅନୁସାରେ ଶିଶୁ ଜଣକ ଆନନ୍ଦ ଆବାହନକାରୀ ଏବଂ ଆନନ୍ଦ ପ୍ରଦାନକାରୀ ଥିଲେ । ତାଙ୍କର ଚିତ୍ତାକର୍ଷକ ପିଲାଦିନର ଘଟଣାବଳୀ ଖାଲ୍‌ସାଟ୍ରଷ୍ଟ ସୋସାଇଟ ଦ୍ୱାରା ପ୍ରକାଶିତ ଏକ ଆକର୍ଷଣୀୟ ପୁସ୍ତକ "ବାଲା ପ୍ରୀତମ"ରେ ବର୍ଣ୍ଣନା କରାଯାଇଛି । ସମ୍ପ୍ରଦାୟର ପ୍ରିୟ, ଗୋବିନ୍ଦ ରାୟଙ୍କୁ ଶ୍ରୀକୃଷ୍ଣଙ୍କ ସହିତ ତୁଳନା କରାଯାଇଛି, ଯାହାଙ୍କ ପରି ସେ ସମସ୍ତଙ୍କର ହୃଦୟ ଜିତି ପାରିଥିଲେ । ବାଳକ କୃଷ୍ଣଙ୍କ ପରି ସେ ମଧ୍ୟ ଦୁଷ୍ଟାମୀ କରୁଥିଲେ । ସ୍ଥାନୀୟ ଲଳନା ମାନେ ଯେଉଁ ମାଟିର ପାତ୍ରରେ ପାଣି ଭର୍ତ୍ତି କରି ନେଉଥିଲେ, ସେ ସେହିଥିରେ ତୀରନ୍ଦାଜ ଅଭ୍ୟାସ କରୁଥିଲେ ଏବଂ ମାଟିର ପାତ୍ରକୁ ଶରବିଦ୍ଧ କରି ଭାଙ୍ଗି ଦେଉଥିଲେ । ତାଙ୍କର ଅତ୍ୟନ୍ତ ସ୍ନେହଶୀଳା ମା, ମାତା ଗୁଜରୀ, ପ୍ରତ୍ୟେକ ଥର ଏହି ଘଟଣା ଘଟିବା ପରେ ମହିଳା ମାନଙ୍କୁ ନୂତନ ପାତ୍ର ପ୍ରଦାନ କରୁଥିଲେ ।

ଯିଏ ବି ଶିଶୁଟିକୁ ଦେଖିବାକୁ ପାଉଥିଲେ, ସେମାନେ ଅତ୍ୟଧିକ ଆନନ୍ଦ ଅନୁଭବ କରୁଥିଲେ । ତାଙ୍କର ସୀମାହୀନ ଦୁଷ୍ଟାମୀ ତାଙ୍କୁ ଅଧିକରୁ ଅଧିକ ଶ୍ରଦ୍ଧା ଭାଜନ କରିଥିଲା । ତାଙ୍କ ସହିତ ଖେଳିବାକୁ ଏବଂ ତାଙ୍କର ପିଲାଳିଆମି ଅସଂଗତ କଥାବାର୍ତ୍ତାକୁ ଉପଭୋଗ କରିବା ପାଇଁ ଲୋକମାନେ ତାଙ୍କୁ ଖୋଜି ଖୋଜି ଆସିଥାନ୍ତି । ସେ ନିଜକୁ ଲୁଚାଇ ରଖୁଥିଲେ ଏବଂ ସେମାନଙ୍କୁ କିଛି ମିନିଟ ପାଇଁ ଉତ୍କଣ୍ଠାର ସହ ଅପେକ୍ଷା କରାଉଥିଲେ ଏବଂ ତାପରେ ହଠାତ୍ ନିଜ ଲୁଚି ରହିଥିବା ସ୍ଥାନରୁ ଡେଇଁ ପଡ଼ି ଯୁଦ୍ଧ କଲାପରି ଚିତ୍କାର କରି ସେମାନଙ୍କୁ ହତମ୍ଭବ କରି ଦେଉଥିଲେ ଏବଂ ଏଥିରେ ଅଧିକ ଆମୋଦ ପ୍ରମୋଦ ସୃଷ୍ଟି କରିପାରୁଥିଲେ ।

କିଛି ବର୍ଷ ପରେ, ଯେତେବେଳେ ପାଟଣାର ଲୋକମାନେ ସେମାନଙ୍କର ବାଳ ପ୍ରୀତମଙ୍କର ଏକ ଝଲକ ପାଇଁ ଆନନ୍ଦପୁର ଆସୁଥିଲେ, ଯିଏକି ସେମାନଙ୍କର ଧର୍ମର ରକ୍ଷା ପାଇଁ ଗୁରୁତ୍ୱପୂର୍ଣ୍ଣ ଦାୟିତ୍ୱ ବହନ କରି ସାରିଥିଲେ, ସେତେବେଳେ ଗୁରୁ ସେମାନଙ୍କୁ ସ୍ୱାଗତ କରିବା ପାଇଁ ବହୁ ମାଇଲ ଯାତ୍ରା କରୁଥିଲେ । ପୂର୍ବପରି ଦୁଷ୍ଟାମୀ କରି, ସେ ନିଜକୁ ତୀର୍ଥଯାତ୍ରୀ ମାନଙ୍କ ଦଳରେ ଲୁଚେଇ ରଖୁଥିଲେ ଏବଂ ଗୁପ୍ତରେ ସେମାନଙ୍କ ର ନେତା ମାନଙ୍କ ପାଲିଙ୍କି ପଛକୁ ଯାଇ ତାଙ୍କର ପୁରୁଣା ପାଟନା ଚିତ୍କାରରେ ସମସ୍ତଙ୍କୁ ଚମତ୍କୃତ କରି ଦେଉଥିଲେ । ସେହି ମୁହୂର୍ତ୍ତରେ ସେମାନେ ଅନୁଭବ କରୁଥିଲେ ଯେପରି ବର୍ଷଗୁଡ଼ିକ ଦୂରେଇ ଯାଇଛି ଏବଂ ସେମାନେ ପୂର୍ବଦିନଗୁଡ଼ିକ ପରି ଅତ୍ୟନ୍ତ ଖୁସି ବ୍ୟକ୍ତ କରି ପରମାନନ୍ଦରେ ମଗ୍ନ ହୋଇଯାଉଥିଲେ ।

ତାଙ୍କୁ ଯେତେବେଳେ ପ୍ରାୟ ଆଠ ବର୍ଷ ବୟସ ହୋଇଥିଲା, ସେତେବେଳେ ତାଙ୍କୁ ତାଙ୍କ ପିତାଙ୍କ ଦ୍ୱାରା ପ୍ରତିଷ୍ଠିତ ଏକ ସହର ଆନନ୍ଦପୁର (ସେତେବେଳେ ଚକ ନାନକି ନାମରେ ଜଣାଶୁଣା)କୁ ନିଆଯାଇଥିଲା, ଯେଉଁଠାରେ ସେ ସଂସ୍କୃତ, ଆରବୀ, ପଞ୍ଜାବୀ, ବ୍ରଜ ଏବଂ ପାରସି ଭାଷା ଶିକ୍ଷାଲାଭ କରିଥିଲେ । ତାଙ୍କୁ ସାମରିକ କୌଶଳ ଏବଂ ଅଶ୍ୱ ଚଳନାରେ ତାଲିମ ଦେବା ପାଇଁ ଜଣେ ରାଜପୁତ ଯୋଦ୍ଧା ମଧ୍ୟ ନିୟୋଜିତ ହୋଇଥିଲେ । ପ୍ରକୃତରେ ଆନନ୍ଦପୁର ଅନେକ ବିଶେଷଜ୍ଞ ମାନଙ୍କର ଏକ କେନ୍ଦ୍ର ଥିଲା । ସେମାନେ ଏହି ବାଳକ ଙ୍କୁ ଜୀବନର କଳା ଏବଂ କୌଶଳ ର ସର୍ବୋତ୍ତମ ସମ୍ଭାବ୍ୟ ତାଲିମ ପ୍ରଦାନ କରିଥିଲେ ଯାହାକୁ ସେ ତାଙ୍କ ଲୋକମାନଙ୍କର ଏକ ମହାନ ନେତା ହିସାବରେ ଭବିଷ୍ୟତରେ ଆବଶ୍ୟକ କରିବେ । ସେହି ସମୟରେ ଆନନ୍ଦପୁର ଶିଖ ମାନଙ୍କର ଏକ ଦୁର୍ଗ ସହର ହୋଇ ସାରିଥିଲା, କାରଣ ଗୁରୁ ତେଗ ବାହାଦୁର ବିଶ୍ୱସ୍ତ ଶିଖ ମାନଙ୍କୁ ଚେତାବନୀ ଦେଇ କହିଥିଲେ ଯେ, ପ୍ରତ୍ୟେକେ ସେମାନଙ୍କ ର ଧର୍ମର ରକ୍ଷା ପାଇଁ ନିଜ ଜୀବନ ଦେବାକୁ ପ୍ରସ୍ତୁତ ରହିବା ଆବଶ୍ୟକ । ଯୁବକ ଗୋବିନ୍ଦ ରାୟ ଏହି ଯୁଦ୍ଧ ପରି ବାତାବରଣରେ ବଡ଼ ହୋଇଥିଲେ ଯେଉଁଠାରେ ତାଙ୍କ ପିତାଙ୍କ ଦ୍ୱାରା ରଚନା କରାଯାଇଥିବା ପ୍ରେରଣାଦାୟକ ଭଜନର ଶବ୍ଦ ପ୍ରତିଧ୍ୱନିତ ହେଉଥିଲା ଯାହା ତାଙ୍କ ଅନୁଗାମୀ ମାନଙ୍କ ମନରେ ସାହାସ ଏବଂ ନିର୍ଭୀକତା ସୃଷ୍ଟି କରିବା ପାଇଁ ଉଦ୍ଦିଷ୍ଟ ଥିଲା ।

ଏହି ବର୍ଷଗୁଡ଼ିକରେ ଗୋବିନ୍ଦ ରାୟ ତାଙ୍କ ପିତାଙ୍କୁ ବହୁତ କମ୍ ଦେଖିଥିଲେ କାରଣ ସେତେବେଳେ ଗୁରୁ ମୋଗଲ ମାନଙ୍କ ଦ୍ୱାରା ହିନ୍ଦୁମାନଙ୍କ ବିରୋଧରେ କାର୍ଯ୍ୟାନୁଷ୍ଠାନର ବିରୋଧରେ ସଂଘର୍ଷରେ ବ୍ୟସ୍ତ ଥିଲେ । କିନ୍ତୁ ଗୁରୁ ତାଙ୍କର ଯୁବ

ଉତ୍ତରାଧିକାରୀଙ୍କ ମନରେ ଗୁରୁ ଏବଂ ସେମାନଙ୍କର ଆଦର୍ଶ ପ୍ରତି ସମ୍ପୂର୍ଣ୍ଣ ଆସ୍ଥା ଏବଂ ଅତ୍ୟଧିକ ଭକ୍ତି ରଖିବା ପାଇଁ ଯତ୍ନବାନ ହୋଇଥିଲେ ।

ତାଙ୍କୁ ମାତ୍ର ନଅ ବର୍ଷ ହୋଇଥିଲା ବେଳେ ତାଙ୍କ ପିତାଙ୍କୁ ଔରଙ୍ଗଜେବଙ୍କ ଦ୍ୱାରା ମୃତ୍ୟୁ ଦଣ୍ଡ ଦିଆଯାଇଥିଲା । ନବମ ଗୁରୁ ଇସଲାମ ଧର୍ମ ଗ୍ରହଣ କରିବାକୁ ମନା କରି ଦେଇଥିଲେ ଏବଂ ସେ ହିନ୍ଦୁ ଓ ଶିଖ ମାନଙ୍କ ପାଇଁ ଧାର୍ମିକ ସ୍ୱାଧୀନତା ବିଷୟରେ ବୁଝାମଣା କରିବାକୁ ଚେଷ୍ଟା କରୁଥିବା ସମୟରେ ଔରଙ୍ଗଜେବଙ୍କ ଆଦେଶରେ ତାଙ୍କର ମସ୍ତକ ଛେଦନ କରାଯାଇଥିଲା । ଔରଙ୍ଗଜେବଙ୍କ ନୀତିକୁ ବିରୋଧ ନ କରିବା ପାଇଁ ଜନସାଧାରଣଙ୍କୁ ଚେତାଇ ଦେବା ନିମନ୍ତେ ତାଙ୍କର ମୁଣ୍ଡ କାଟ ସର୍ବସାଧାରଣରେ ହୋଇଥିଲା । ଗୁରୁ ତେଗ୍ ବାହାଦୁରଙ୍କ ମୁଣ୍ଡ କାଟ ହେବା ତାଙ୍କର ଅନେକ ଶିଷ୍ୟଙ୍କୁ ଅତ୍ୟନ୍ତ ଭୟଭୀତ କରିଥିଲା । ତାଙ୍କ ମୃତ୍ୟୁଦଣ୍ଡ ପରର ଅନ୍ଧକାର ଦିବସଗୁଡ଼ିକ ରେ ତାଙ୍କର କେତେକ ଶିଷ୍ୟ ତାଙ୍କର ଅନୁଗାମୀ ବୋଲି ସ୍ୱୀକାର କରିବାକୁ ମନାକରି ଦେଇଥିଲେ । ସେମାନେ ଅନୁଭବ କରିଥିଲେ ଯେ, ସେମାନେ ସମ୍ରାଟଙ୍କ ନିର୍ଯ୍ୟାତନା ସହ୍ୟ କରି ପାରିବେ ନାହିଁ । ଭାଇ ଜେଟା ନାମକ ଜଣେ ଶିଷ୍ୟ ଗୁରୁ ତେଗ୍ ବାହାଦୁରଙ୍କ ମସ୍ତକ ଟିକୁ ଆନନ୍ଦପୁର ନେଇ ଆସିଥିଲେ ଏବଂ ତାଙ୍କର ମୃତ୍ୟୁର କାହାଣୀ ଓ ଦିଲ୍ଲୀରେ ଗୁରୁଙ୍କ ଅନୁଗାମୀ ମାନଙ୍କ ମଧ୍ୟରେ ଭୟଙ୍କର ଭୟର ବାତାବରଣ ବିଷୟରେ ବର୍ଣ୍ଣନା କରିଥିଲେ ।

ଗୁରୁ ଭାବରେ ଘୋଷଣା - (Ordination as Guru)

ଏହିପରି ଭାବରେ ଦଶମ ଗୁରୁ କେବଳ ତାଙ୍କ ସମ୍ପ୍ରଦାୟ ପାଇଁ ନୁହେଁ ବରଂ ସମଗ୍ର ଦେଶର ଏକ ଘଡ଼ିସନ୍ଧି ସମୟରେ ସିଂହାସନ ଆରୋହଣ କରିଥିଲେ । ସର୍ବୋପରି, ଏତେ କମ୍ ବୟସରେ ପିତାଙ୍କୁ ହରାଇବା ମଧ୍ୟ ଗୁରୁଙ୍କ ପାଇଁ ଅତ୍ୟଧିକ ବ୍ୟକ୍ତିଗତ କ୍ଷତିର ସମୟ ଥିଲା । କିନ୍ତୁ ଭାରତରେ ଆମେ ଗ୍ରହଣ କରିନେଇଛୁ ଯେ, ଈଶ୍ୱରଙ୍କ ଇଚ୍ଛା ରହସ୍ୟମୟ ଏବଂ ଏକ ଐଶରୀୟ ଯୋଜନା ଅନୁଯାୟୀ ଘଟଣାଗୁଡ଼ିକ ଘଟିଥାଏ ଯାହାକୁ ଆମେ ମାନି ନେବାକୁ ବାଧ୍ୟ ।

ଗୁରୁ ତେଗ୍ ବାହାଦୁର ଶହୀଦ ହେଲାପରେ ଆନନ୍ଦପୁରରେ କୌଣସି ଶୋକ ପାଳନ କରାଯାଇନଥିଲା କିମ୍ବା କୌଣସି କାନ୍ଦ ବୋବାଳି ବା ଦୁଃଖ ପ୍ରକାଶ କରାଯାଇନଥିଲା । ନୂତନ ନାନକ, ଗୁରୁ ଗୋବିନ୍ଦ, ଯିଏ କି ଦିଲ୍ଲୀ ଅଭିମୁଖେ ଯିବା ପୂର୍ବ ରୁ ତାଙ୍କ ପିତାଙ୍କ ଦ୍ୱାରା ଯଥାବିଧି ଅଭିଷିକ୍ତ ହୋଇଥିଲେ, ତାଙ୍କ ଅନୁଗାମୀ

ମାନଙ୍କୁ କହିଥିଲେ, "ଆଜି ସମଗ୍ର ବିଶ୍ୱ ଦୁଃଖରେ ଅଭିଭୁତ ହୋଇପାରେ, କିନ୍ତୁ ସ୍ୱର୍ଗ ବିଜେତାଙ୍କୁ ସ୍ୱାଗତ କରିବା ପାଇଁ ଉତ୍ସବ ମୁଖର ହୋଇ ଉଠିଛି।"

ମାର୍ଚ୍ଚ ୨୯, ୧୬୭୬ ମସିହାର ବୈଶାଖୀ ଦିନ ଗୁରୁ ଗୋବିନ୍ଦ ସିଂ ଆନୁଷ୍ଠାନିକ ଭାବରେ ଗୁରୁ ଭାବରେ ଅଧିଷ୍ଠିତ ହୋଇଥିଲେ। ଜଣେ ସାଧାରଣ ଯୁବକ ରୁ ଆସ୍ତେ ଆସ୍ତେ ସେ ଏକ ବଡ଼ ନାୟକ ହୋଇ ପାରିଥିଲେ। ଯେତେବେଳେ ତାଙ୍କୁ ଅଠର ବର୍ଷ ହୋଇଥିଲା, ଲାହୋରର ଶ୍ରୀରାମ ଚରଣ ତାଙ୍କ ଝିଅ ସୁନ୍ଦରୀ ସହ ତାଙ୍କର ବିବାହ ପ୍ରସ୍ତାବ ଦେଇଥିଲେ। ଚାରି ବର୍ଷ ପରେ ସେମାନଙ୍କର ପ୍ରଥମ ପୁଅ ଅଜିତ ସିଂ ଜନ୍ମ ଗ୍ରହଣ କରିଥିଲେ। ଅଜିତଙ୍କ ପରେ ଆଉ ତିନି ପୁଅ, ଜୁଝାର ସିଂ, ଜୋରଓ୍ୱାର ସିଂ ଏବଂ ଫତେ ସିଂ ଜନ୍ମ ନେଇଥିଲେ।

ଗୁରୁ ଗୋବିନ୍ଦ ସିଂଙ୍କର ଉତ୍ତମ ତଥା ପ୍ରେରଣାଦାୟକ ଶାସନ ଅଧୀନରେ ଆନନ୍ଦପୁର ଏହାର ନାମକୁ ସାର୍ଥକ କରି ଏକ ସୁଖୀ ସହର ହୋଇପାରିଥିଲା। ପ୍ରକୃତରେ ଏହା ସେତେବେଳ ଶିଖ ରାଷ୍ଟ୍ରର ବୌଦ୍ଧିକ, ରାଜନୈତିକ ଏବଂ ଆଧ୍ୟାତ୍ମିକ ରାଜଧାନୀ ଥିଲା। ପଣ୍ଡିତ, କବି, ଚିତ୍ରକର ଏବଂ ସାଧକ ମାନେ ସେମାନଙ୍କ ଗୁରୁଙ୍କ ଚାରିପାଖରେ ଏକତ୍ରିତ ହେଉଥିଲେ। ସଂସ୍କୃତ ଶିଖିବା ପାଇଁ ଶିଖ ପଣ୍ଡିତ ମାନଙ୍କୁ ବନାରସକୁ ପଠାଯାଇଥିଲା ଏବଂ ଅନେକ ସଂସ୍କୃତ କାର୍ଯ୍ୟ ଗୁରୁମୁଖିରେ ଅନୁବାଦ କରାଯାଇଥିଲା। ଆନନ୍ଦପୁରରେ ସାହିତ୍ୟ, କଳା ଏବଂ ଶିକ୍ଷାର ଏକ ବିରାଟ ପୁର୍ନଉଥାନ ହୋଇଥିଲା ଯେଉଁଠାରେ ଗୁରୁ ଚର୍ତୁଦିଗରେ ଆନନ୍ଦ ଏବଂ ଆଲୋକ ବିଛାଇ ଦେଇଥିଲେ। ଏହା ମଧ୍ୟ ଏକ କେନ୍ଦ୍ର ଯେଉଁଠାରେ ସମସ୍ତ ଜାତି ଏବଂ ଧର୍ମ ନିର୍ବିଶେଷରେ ଏକ ଆନନ୍ଦମୟ ମଣ୍ଡଳୀରେ ମିଶ୍ରିତ ହୋଇଯାଇଥିଲେ।

ଗୁରୁ ତାଙ୍କର ଐଶରୀୟ ଜ୍ଞାନରେ ଜାଣି ପାରିଥିଲେ ଯେ, ସେ ଶିଖ ଧର୍ମର ଶେଷ ନେତା ଅଟନ୍ତି। ତେଣୁ ସେ ନିଜ ଅନୁଗାମୀ ମାନଙ୍କ ଭବିଷ୍ୟତ ବିଷୟରେ ଗଭୀର ଭାବରେ ଚିନ୍ତା କରିଥିଲେ। ଯେତେବେଳେ ମାନବ ରୂପରେ କୌଣସି ଗୁରୁ ନ ଥିବେ, ସେ କିପରି ତାଙ୍କ ସମ୍ପ୍ରଦାୟର ଶାରୀରିକ ଏବଂ ଆଧ୍ୟାତ୍ମିକ ସୁସ୍ଥତା ନିଶ୍ଚିତ କରି ପାରିବେ? ସେ ସେହି ସମସ୍ୟାର ଉତ୍ତର ଏହିପରି ଭାବରେ ସମାଧାନ କରିଥିଲେ : ଏବେଠାରୁ ପ୍ରତ୍ୟେକ ଶିଖ ଗୁରୁଙ୍କ ଶିକ୍ଷାର ବାହକ ହେବା ଆବଶ୍ୟକ : ଗୁରୁଙ୍କ ବାକ୍ୟ ଶିଖ ମାନଙ୍କ ହୃଦୟରେ ଲିପିବଦ୍ଧ ହୋଇଯିବା ଦରକାର; ସେମାନଙ୍କ ହୃଦୟ ଏବଂ ଆତ୍ମାରେ ସେହି ବାକ୍ୟର ଉପସ୍ଥିତି ସେମାନଙ୍କ ମଧ୍ୟରେ ଗୁରୁଙ୍କ ଶାରୀରିକ ଅନୁପସ୍ଥିତି ର କ୍ଷତି ପୂରଣ କରିପାରିବ।

ଗୁରୁ ଉପଲବ୍ଧି କରିପାରିଥିଲେ ଯେ, ହିନ୍ଦୁ ଏବଂ ଶିଖ ମାନଙ୍କୁ ମୋଗଲ

ମାନଙ୍କ ଅତ୍ୟାଚାରରୁ ମୁକ୍ତ କରିବାର ସମୟ ଆସି ଯାଇଛି । ସେ ସ୍ଥିର କରିଥିଲେ ଯେ, ଏହା କରିବା ପାଇଁ ସର୍ବୋତ୍ତମ ଉପାୟ ହେଉଛି ତାଙ୍କ ଅନୁଗାମୀ ମାନଙ୍କ ମଧ୍ୟରେ ସାମରିକ ପ୍ରବୃତ୍ତି ସୃଷ୍ଟି କରିବା ।

ଶିଖ ଧର୍ମ ପାଇଁ ଅବଦାନ (Contribution to Sikhism)

ଗୁରୁ ଗୋବିନ୍ଦ ସିଂ ତାଙ୍କ ଅନୁଗାମୀ ମାନଙ୍କର ଧାର୍ମିକ ଏବଂ ଆଧାତ୍ମିକ ଜୀବନରେ ବଡ଼ ପରିବର୍ତ୍ତନ ଆଣିଥିଲେ । ସେ ସମସ୍ତ ଲୋକ ମାନଙ୍କର ସମାନତା ଉପରେ ପ୍ରଚାର କରିଥିଲେ । ସେ ଲୋକମାନଙ୍କୁ ଶିକ୍ଷା ଦେଇଥିଲେ ଯେ ଉଚ୍ଚ ଓ ନୀଚ, ଧନୀ ଓ ଗରିବ ସମସ୍ତେ ଏକ । ଏହାକୁ କାର୍ଯ୍ୟରେ ପରିଣତ କରିବା ପାଇଁ, ଲଙ୍ଗର (ସମୁହ ଭୋଜନ)ର ବିଚାରଧାରାକୁ ସୁଦୃଢ଼ କରାଯାଇଥିଲା, ଯେଉଁଠାରେ ଜାତି, ଧର୍ମ, ବର୍ଣ୍ଣ ନର୍ବିଶେଷରେ ସମସ୍ତ ଲୋକ ଗୋଟିଏ ସ୍ଥାନରେ ଏକାଠି ବସି ଚଟାଣରେ ଭୋଜନ କରୁଥିଲେ । ବାସ୍ତବ ରେ, ଦଶମ ଗୁରୁ ନିଜ ଶିଷ୍ୟ ମାନଙ୍କୁ ନିଜ ନିଜର ଲଙ୍ଗର ରୋଷେଇ ଘର ସ୍ଥାପନ କରିବାକୁ ଉତ୍ସାହିତ କରିଥିଲେ, ଯାହା ଫଳରେ ଆନନ୍ଦପୁରକୁ ଆସୁଥିବା ଅଧିକରୁ ଅଧିକ ତୀର୍ଥଯାତ୍ରୀ ଏବଂ ଭକ୍ତଙ୍କୁ ଅବିଳମ୍ବେ ଭୋଜନ ଦିଆଯାଇ ପାରିବ ।

ସେ ନିର୍ଦ୍ଦେଶ ଦେଇଥିଲେ ଯେ, ଶିଖ ମାନେ କୌଣସି ମଧ୍ୟସ୍ଥି ବିନା ସିଧା ଆନନ୍ଦପୁର ଆସିବା ଉଚିତ । ଏହିପରି ଗୁରୁ ଶିଖମାନଙ୍କ ସହିତ ପ୍ରତ୍ୟକ୍ଷ ସମ୍ପର୍କ ସ୍ଥାପନ କରିପାରିଥିଲେ । ମାର୍ଚ୍ଚ ୩୦, ୧୬୯୯ ମସିହାରେ ଖାଲସା ସଂଗଠନକୁ ଏକ ମଜବୁତ ଆକାର ଦିଆଯାଇଥିଲା ଯେତେବେଳେ ବାର୍ଷିକ ବଇଶାଖୀ ପର୍ବ ପାଇଁ ଶିଖମାନେ ଆନନ୍ଦପୁର ଠାରେ ବହୁ ସଂଖ୍ୟାରେ ଏକତ୍ରୀତ ହୋଇଥିଲେ । ହଜାର ହଜାର ବିଶ୍ୱସ୍ତ ଶିଖ ତାଙ୍କ କଥା ଶୁଣିବା ପାଇଁ ଏବଂ ତାଙ୍କ ଆଦେଶ ପାଳନ କରିବା ପାଇଁ ଏକତ୍ରୀତ ହୋଇଥିଲେ । ଏକତ୍ରୀତ ଜନତା ମାନଙ୍କୁ ସେ ଅତ୍ୟଧିକ ବିପଦରେ ଥିବା ସେମାନଙ୍କର ଧର୍ମକୁ ରକ୍ଷା କରିବା ଏବଂ ଶିଖ ସାମରିକ ବାହିନୀ ଗଠନ ପାଇଁ ତାଙ୍କ ଐଶରୀୟ ଉଦ୍ଦେଶ୍ୟ ବିଷୟରେ ଏକ ଉତ୍ତେଜକ ଭାଷଣ ଦେଇଥିଲେ । ସେ ସେମାନଙ୍କୁ କହିଥିଲେ ଯେ ବର୍ତ୍ତମାନ ସେମାନେ ମହାନ ଏବଂ ବୀରତ୍ୱ କାର୍ଯ୍ୟ କରିବା ଆବଶ୍ୟକ । କିନ୍ତୁ ସେ ଦର୍ଶାଇଥିଲେ ଯେ, ପ୍ରତ୍ୟେକ ମହାନ କାର୍ଯ୍ୟ ସମାପନ ପୂର୍ବ ରୁ ସମାନ ଭାବରେ ମହାନ ବଳିଦାନ ଦେବାକୁ ପଡ଼ିଥାଏ । ପବିତ୍ର ଖଣ୍ଡା କେବଳ ସର୍ବୋଚ୍ଚ ବଳିଦାନ ପରେ ହିଁ ଏକ ପରାକ୍ରମ ରାଷ୍ଟ୍ର ସୃଷ୍ଟି କରିପାରେ, କାରଣ ଧର୍ମ ପ୍ରତିଷ୍ଠା ପାଇଁ ବଳିର ରକ୍ତ ଆବଶ୍ୟକ ଅଟେ । ସେତେବେଳର ଲେଖାଗୁଡ଼ିକ ଏହି ଐତିହାସିକ ସମ୍ମିଳନୀ ବିଷୟରେ ଅନେକ ହୃଦୟସ୍ପର୍ଶୀ ଘଟଣାମାନ ବର୍ଣ୍ଣନା କରିଛନ୍ତି ।

"ତୁମେମାନେ କିଏ ?" ସେ ସେମାନଙ୍କୁ ପଚାରିଥିଲେ ।

"ଆମ୍ଭେମାନେ ଆପଣଙ୍କର ବିଶ୍ୱସ୍ତ ଶିଷ୍ୟ ଅଟୁ", ସେମାନେ ଉତ୍ତର ଦେଇଥିଲେ ।

"ମୁଁ କିଏ ?", ସେ ସେମାନଙ୍କୁ ପଚାରିଥିଲେ ।

"ଆପଣ ଆମର ପ୍ରିୟ ଗୁରୁ ଏବଂ ଆମେ ଆପଣଙ୍କର ଆଦେଶ କାର୍ଯ୍ୟକାରୀ କରିବୁ ।" ସେମାନେ ଉତ୍ତର ଦେଇଥିଲେ ।

ହଠାତ୍ ଗୁରୁ ଗୋବିନ୍ଦ ସିଂ ତାଙ୍କ କୃପାଣ କୋଷମୁକ୍ତ କରି ଜଣେ ଭକ୍ତଙ୍କୁ ଚାହିଁଥିଲେ ଯାହାଙ୍କ ବକ୍ଷରେ ସେ ତାଙ୍କର ଖଣ୍ଡା ଭୁଷି ପାରିବେ । ଏହା ଦର୍ଶକ ମାନଙ୍କ ମଧ୍ୟରେ ଏକ ଭୟଙ୍କର ରୋମାଞ୍ଚ ଖେଳାଇ ଦେଇଥିଲା । ସେ ଏହାକୁ ଏକ କଠୋର ଏବଂ ସ୍ପଷ୍ଟ ଦୃଢ଼ ସ୍ୱର ରେ ପୁନରାବୃତ୍ତି କରିଥିଲେ । ସମସ୍ତେ ଭୟଭୀତ ହୋଇପଡ଼ିଥିଲେ ଏବଂ ପ୍ରଥମ ଓ ଦ୍ୱିତୀୟ ଆହ୍ୱାନର କୌଣସି ପ୍ରତିକ୍ରିୟା ଆସି ନ ଥିଲା । ସେଠାରେ କେବଳ ଏକ ଅସହଜ ନୀରବତା ରହିଥିଲା କିନ୍ତୁ ତା ପରେ ଜଣେ ଲୋକ ଉଠି ଠିଆ ହୋଇଥିଲେ । ସେ ଦୟା ରାମ ଥିଲେ ଯେ କି ଲାହୋର ନିକଟସ୍ଥ ଡାଲା ଗ୍ରାମର ଜଣେ କ୍ଷତ୍ରୀୟ ଥିଲେ । ସେ ନିଜ ଜୀବନ ଉତ୍ସର୍ଗ କରିଦେବା ପାଇଁ ଇଚ୍ଛା ପ୍ରକାଶ କରିଥିଲେ ।

ଗୁରୁ ତାଙ୍କୁ ଏକ ଚାରିପଟେ ନିବୁଜ ଥିବା ଜାଗାକୁ ନେଇଯାଇଥିଲେ । କିଛି ସମୟ ପରେ ଗୁରୁ ରକ୍ତ ରଞ୍ଜିତ ଖଣ୍ଡା ଧରି ସେହି ନିବୁଜ ସ୍ଥାନ ରୁ ବାହାରି ଆସିଥିଲେ ଏବଂ କିଏସେ ଦ୍ୱିତୀୟ ବଳିଦାନ ଦେବେ ପଚାରିଥିଲେ । ସେହିଭଳି ଜଣେ ତୃତୀୟ, ଜଣେ ଚତୁର୍ଥ ଏବଂ ଜଣେ ପଞ୍ଚମ ବ୍ୟକ୍ତି ତାଙ୍କ ଜ୍ୱଳନ୍ତ ଆହ୍ୱାନର ସ୍ୱୀକୃତୀ ପ୍ରଦାନ କରିଥିଲେ ।

ତା ପରେ ଗୁରୁ ବାହାରକୁ ଆସି ଘୋଷଣା କରିଥିଲେ ଯେ, ଏହି ଯେଉଁ ପାଞ୍ଚଜଣ ପ୍ରିୟ ବ୍ୟକ୍ତି ନିଜ ଜୀବନକୁ ବଳିଦାନ ଦେବାକୁ ଆଗେଇ ଆସିଥିଲେ, ସେମାନଙ୍କୁ ନେଇ ଖାଲସା ପନ୍ଥ ପ୍ରତିଷ୍ଠା କରାଯାଇଅଛି । ଏହି ପାଞ୍ଚଜଣ ସ୍ୱୟଂସେବକ ବର୍ତ୍ତମାନ ସେହି ନିବୁଜ ସ୍ଥଳ ରୁ ସୁରକ୍ଷିତ, ନିରାପଦ ଏବଂ ସୁସ୍ଥ ଭାବରେ ବାହାରି ଆସିଥିଲେ ଏବଂ ସେମାନଙ୍କୁ ପଞ୍ଚ ପ୍ୟାରେ ବା ପାଞ୍ଚଜଣ ପ୍ରିୟ ବ୍ୟକ୍ତି ବୋଲି ଘୋଷଣା କରାଯାଇଥିଲା ।

ସେମାନଙ୍କର ଭକ୍ତି ଏବଂ ବଳିଦାନ ଦ୍ୱାରା ପ୍ରଭାବିତ ହୋଇ ଗୁରୁ ଘୋଷଣା କରିଥିଲେ ଯେ, ବାବା ନାନକ ଗୁରୁ ଅଙ୍ଗଦଙ୍କ ପରି କେବଳ ଜଣେ ଶିଖ ଭକ୍ତ ପାଇଥିଲେ କିନ୍ତୁ ଗୁରୁଙ୍କ ଆଶୀର୍ବାଦ ରୁ ସେ ସେହିପରି ପାଞ୍ଚଜଣ ଶିଖ ଭକ୍ତ ପାଇ ପାରିଛନ୍ତି । ଜଣେ ପ୍ରକୃତ ଶିଷ୍ୟ ଙ୍କ ଭକ୍ତି ମାଧ୍ୟମରେ ଶିଖ ଧର୍ମ ଏହି ବର୍ଷଗୁଡ଼ିକରେ

ବୃଦ୍ଧି ପାଇଅଛି । ପାଞ୍ଚ ଜଣ ଶିଖଙ୍କ ସମର୍ପିତ ଭାବନା ଦ୍ୱାରା ତାଙ୍କର ଧର୍ମ ସାରା ବିଶ୍ୱରେ ବ୍ୟାପିବାକୁ ବାଧ୍ୟ ହେବ ।

ଗୁରୁ ତାଙ୍କ ଦଳକୁ ପବିତ୍ର ଜଳ "ଅମୃତ"ରେ ଅଭିଷେକ କରିଥିଲେ ଏବଂ ସେମାନଙ୍କୁ ସିଙ୍ଘ୍ ବା ସିଂହ ନାମ ଦେଇଥିଲେ । ସେତେବେଳେ ସେ ନିଜେ ମଧ୍ୟ ଗୋବିନ୍ଦ ସିଂ ନାମରେ ପରିଚିତ ହୋଇଥିଲେ । ପୃଥକ ଭାବରେ ପ୍ରତ୍ୟେକ ଶିଷ୍ୟଙ୍କୁ ସିଙ୍ଘ୍ କୁହାଯାଉଥିଲା ଏବଂ ସାମୁହିକ ଭାବରେ ସେମାନଙ୍କୁ ଖାଲ୍‌ସା ନାମ ଦିଆଯାଇଥିଲା । ସେ ଖାଲ୍‌ସା ମାନଙ୍କୁ ପାଞ୍ଚଟି 'କ'କୁ ଗ୍ରହଣ କରିବାକୁ ନିର୍ଦ୍ଦେଶ ଦେଇଥିଲେ ।

୧-କୃପାଣ ବା ଖଣ୍ଡା

୨-କଡ଼ା ବା ଲୌହ କଙ୍କଣ

୩-କେଶ ବା କଟା ହୋଇନଥିବା ବାଳ

୪-କଙ୍ଗ ବା ପାନିଆ

୫-କଛା ବା ଟାଇଟ (Tight) ଅନ୍ତବସ୍ତ୍ର

ସେହି ଘଟଣା ବହୁଳ ଦିନରେ ଗୁରୁଙ୍କ ତମ୍ବୁ ରୁ ସାଧୁ-ସୈନିକ ଭାବରେ ଶିଷ୍ୟର ଏକ ନୂତନ ଅବତାର ଆବିର୍ଭାବ ହୋଇଥିଲା । ସାଧୁ-ସୈନିକ ନିଜ ଗୁରୁଙ୍କ ଉଦ୍ଦେଶ୍ୟରେ ନିଜ ଜୀବନକୁ ଉତ୍ସର୍ଗ କରିଥିଲେ । ସେ ମୃତ୍ୟୁକୁ ପ୍ରେମ ରୂପରେ ଗ୍ରହଣ କରିଥିଲେ । ଗେରୁଆ ରଙ୍ଗର ପୋଷାକ ଏବଂ ଏକ ଗେରୁଆ ରଙ୍ଗର ପଗଡ଼ି ପିନ୍ଧି, ତାଙ୍କର ବର୍ଦ୍ଧିତ କେଶଗୁଡ଼ିକୁ ମୁଣ୍ଡ ଉପରେ ମୁକୁଟ ପରି ଗଣ୍ଠି ପକାହୋଇ ଓ ପଗଡ଼ି ଦ୍ୱାରା ଆଚ୍ଛାଦିତ ହୋଇ, ସେ ଏକ ସିଂହ ରୂପରେ ଉଭା ହେଇଥିଲେ ଏବଂ ଭଗବାନ, ଗୁରୁ ଓ ତାଙ୍କର ଭ୍ରାତା ମାନଙ୍କ ପାଇଁ ପ୍ରାଣ ତ୍ୟାଗ କରିବାକୁ ପ୍ରସ୍ତୁତ ଥିଲେ ।

ଗୁରୁ ମଧ୍ୟ ପ୍ରତ୍ୟେକ ଙ୍କୁ ଶପଥ କରାଇଥିଲେ ଯେ ସେମାନେ ପ୍ରତିଦିନ ଗୁରୁ ଗ୍ରନ୍ଥ ସାହିବ ପଠନ କରିବେ ଏବଂ ସମସ୍ତ ପୁରୁଷ ମାନଙ୍କୁ ସେମାନଙ୍କର ଭାଇ ଭାବରେ ଗ୍ରହଣ କରିବେ ଏବଂ ସାଧାରଣ ଲୋକ ମାନଙ୍କୁ ସାହାଯ୍ୟର ହାତ ବଢ଼ାଇବାକୁ ସର୍ବଦା ପ୍ରସ୍ତୁତ ରହିବେ ।

ଗୁରୁ ସେମାନଙ୍କୁ ତାଙ୍କ ସହ ନିମ୍ନ ପ୍ରକାରେ କହିବାକୁ କହିଥିଲେ : "ଜୋ ବୋଲେ ସୋ ନିହାଲ, ସତ୍ ଶ୍ରୀ ଅକାଲ !" (ଯିଏ "ଅମର ଦେବତା ସତ୍ୟ" କହିବ ସେ ଆଶୀର୍ବାଦ ପ୍ରାପ୍ତ ହେବ) ଏହିପରି ଭାବରେ ମହାନ ଶିଖ ଅଭିବାଦନ ପ୍ରଥମେ ଉଚ୍ଚାରଣ କରାଯାଇଥିଲା ।

ଖାଲସା ଆନ୍ଦୋଳନ ଦ୍ରୁତ ଗତିରେ ବୃଦ୍ଧି ପାଇଥିଲା । ହିନ୍ଦୁ ଏବଂ ମୁସଲମାନ ମାନେ ମଧ୍ୟ ସେମାନଙ୍କ ଶିଖ ଭାଇ ମାନଙ୍କ ସହିତ ତାଙ୍କ ସୈନ୍ୟବାହିନୀରେ ଯୋଗ

ଦେବାକୁ ଆଗେଇ ଆସିଥିଲେ । ଖାଲସା ପାଇଁ ଖଣ୍ଡା ଏବଂ ଛୁରୀ ତିଆରି କରିବା ପାଇଁ ଗୁରୁ ଆନନ୍ଦପୁର ଠାରେ ଏକ ଅସ୍ତ୍ର କାରଖାନା ନିର୍ମାଣ କରିଥିଲେ । ସେ ପୌଣ୍ଟା ସାହିବ ନାମକ ଏକ ନୂତନ ଗୁରୁଦ୍ୱାର ପ୍ରତିଷ୍ଠା କରିଥିଲେ, ଯେଉଁଠାରେ ତାଙ୍କର ରଣନୀତିର ଯୋଜନା ପ୍ରସ୍ତୁତ କରାଯାଉଥିଲା ଏବଂ ଦାସତ୍ୱର ବନ୍ଧନକୁ ଛିଣ୍ଡାଇ ଦେବାପାଇଁ ଏବଂ ନ୍ୟାୟ ପାଇଁ ଲଢ଼େଇ କରିବା ପାଇଁ ଏକତ୍ରୀତ ଜନତା ମାନଙ୍କୁ ଅନୁପ୍ରାଣିତ କରାଯାଉଥିଲା ।

ଔରଙ୍ଗଜେବ, ହିନ୍ଦୁ ଏବଂ ଶିଖ ମାନଙ୍କ ପାଇଁ ବିପଦ ଏବଂ ମୋଗଲ ରାଜବଂଶର ସବୁଠାରୁ ଘୃଣିତ ରାଜା ମାନଙ୍କ ମଧ୍ୟରୁ ଅନ୍ୟତମ, ତଥାପି ଲୋକମାନଙ୍କ ଉପରେ ଅତ୍ୟାଚାର ଜାରି ରଖିଥିଲେ । ଜଣେ ମଣିଷ ଭାବରେ, ଔରଙ୍ଗଜେବଙ୍କର ଅନେକ ଭଲ ଗୁଣ ଥିଲା । ସେ ଏକ ସରଳ ଜୀବନ ଯାପନ କରୁଥିଲେ, ସରଳ ଖାଦ୍ୟ ଖାଉଥିଲେ, ଏକ ପବିତ୍ର ଜୀବନ ବିତାଉଥିଲେ, ଶରୀରର ସମସ୍ତ ପ୍ରଲୋଭନ ରୁ ଦୂରେଇ ରହୁଥିଲେ ଏବଂ ସବୁବେଳେ ବ୍ୟସ୍ତ ରହୁଥିଲେ । ସେ ନିଜ ହାତରେ ଟୋପି ତିଆରି କରୁଥିଲେ, ବହି ପଢୁଥିଲେ ଏବଂ ପ୍ରତିଦିନ କୋରାନ ସରିଫ ପଠନ କରୁଥିଲେ । କିନ୍ତୁ ହାୟ ! ସେ ଧାର୍ମିକ ନିର୍ଯାତନା ଏବଂ ଜବରଦସ୍ତ ଧର୍ମ ପରିବର୍ତ୍ତନ ପାଇଁ ପ୍ରୋତ୍ସାହନ ଦେଉଥିଲେ । ସେ ଜଣେ ଧର୍ମାନ୍ଧ ବ୍ୟକ୍ତି ଥିଲେ । ସେ ବୁଝିବାରେ ବିଫଳ ହୋଇଥିଲେ ଯେ, ଈଶ୍ୱରଙ୍କ ଐଶରୀୟ ଆଲୋକ ସମସ୍ତ ଧର୍ମ, ସମସ୍ତ ବିଶ୍ୱାସ ଏବଂ ସମସ୍ତ ଶାସ୍ତ୍ରରେ ସମାନ ଭାବରେ ଝଲସି ଉଠିଥାଏ । ସେ ହିନ୍ଦୁ ଧର୍ମର ଘୋର ବିରୋଧୀ ଥିଲେ । ତାଙ୍କର ହିନ୍ଦୁ ଏବଂ ଶିଖ ମାନଙ୍କୁ ଇସଲାମ ଧର୍ମରେ ପରିଣତ କରିବା ପାଇଁ ଏକ କଟର ଧର୍ମାନ୍ଧତାର ମାନସିକତା ଥିଲା । ଜାଟ, ରାଜପୁତ, ସତନାମୀ, ମରାଠା ଏବଂ ଏପରିକି ସୁଫିଂ ପରି ଅଣରକ୍ଷଣଶୀଳ ମୁସଲମାନ ମାନେ ତାଙ୍କ ନିଷ୍ଠୁର ଶାସନ ସମୟରେ ଉତ୍ପୀଡ଼ିତ ତଥା ନିର୍ଯାତିତ ହୋଇଥିଲେ ।

ଯେତେବେଳେ ଧାର୍ମିକ ଅତ୍ୟାଚାରର ଅନ୍ଧକାର ସମଗ୍ର ଭାରତରେ ବ୍ୟାପି ଯାଇଥିଲା, ସେତେବେଳେ ସବୁ ଜାଗାରେ ଲୋକମାନେ ସେମାନଙ୍କ ଉପରେ ହେଉଥିବା ଉତ୍ପୀଡ଼ନ ଓ ଅତ୍ୟାଚାର ଯୋଗୁଁ ବିବ୍ରତ ହୋଇପଡ଼ିଥିଲେ । ତାଙ୍କ ଚାରି ପାଖରେ କ'ଣ ଘଟୁଛି ଗୁରୁ ଭଲଭାବରେ ଜାଣିପାରୁଥିଲେ ଏବଂ ଆଦି ଗୁରୁଙ୍କ କଥା ମନେ ପକାଇଥିଲେ ଯିଏ କି ତାଙ୍କ ସମୟର ସମ୍ରାଟ ମାନଙ୍କୁ ବାଘ ଓ କୁକୁର ମାନଙ୍କ ସହିତ ତୁଳନା କରିଥିଲେ । ଦୁଇଶହ ବର୍ଷ ପରେ, ଲାଗୁଛି ଯେପରି କିଛି ପରିବର୍ତ୍ତନ ହୋଇନାହିଁ । ଏପରି ପରିସ୍ଥିତିରେ ଶାନ୍ତିପୂର୍ଣ୍ଣ ସହବସ୍ଥାନ କଦାପି ସମ୍ଭବ ନ ଥିଲା । ଅହିଂସା, ବିନମ୍ରତା ଏବଂ ସହନଶୀଳତା ପରି ପୁରୁଣା ଭାରତୀୟ ଆଦର୍ଶଗୁଡ଼ିକର

କାର୍ଯ୍ୟପନ୍ଥା ଏହି ଦେଶରେ ଘୁରି ବୁଲୁଥିବା "ପାଗଳ କୁକୁର ଏବଂ ଜଙ୍ଗଲୀ ବାଘ" ମାନଙ୍କ ବିରୁଦ୍ଧରେ କାର୍ଯ୍ୟ କରି ପାରିବ ନାହିଁ । ଗୁରୁ ଜାଣିଥିଲେ, ଅତ୍ୟାଚାରର ଖରାପ କିନ୍ତୁ ଅତ୍ୟାଚାରର ଆଗରେ ସମର୍ପଣ କରିଯିବା ସମାନ ଭାବରେ ଗ୍ରହଣୀୟ ନୁହେଁ ।

ଅତ୍ୟାଚାରିତ ଲୋକ ମାନଙ୍କୁ ରକ୍ଷା କରିବା ପାଇଁ ସେମାନଙ୍କର କୌଣସି ସୈନ୍ୟବାହିନୀ ନ ଥିଲେ । ଜଣେ ଶିଖ ଐତିହାସିକ ଲେଖିଛନ୍ତି, "ମଥୁରା ଏବଂ ଦିଲ୍ଲୀର ସାହାସୀ ଜାଟ ମାନଙ୍କର ଜୋଶ, ଉନ୍ମାଦକୁ ଦମନ କରାଯାଇଥିଲା । ବୀର ସତନମୀ ମାନଙ୍କର ଅସ୍ତିତ୍ୱ ସମ୍ପୂର୍ଣ୍ଣ ରୂପେ ଲୋପ କରିଦିଆଯାଇଥିଲା । ରାଜପୁତ ମାନଙ୍କର ପ୍ରତିରୋଧକୁ ଭାଙ୍ଗି ଦିଆଯାଇଥିଲା । ସମ୍ଭ୍ରାନ୍ତ ଶିବାଜୀ ଅଳ୍ପ ବୟସ ରେ ମୃତ୍ୟୁବରଣ କରିଥିଲେ । ତାଙ୍କ ବଡ଼ ପୁଅ ସାମ୍ଭାଜୀଙ୍କୁ ଖଣ୍ଡ ଖଣ୍ଡ କରି ହତ୍ୟା କରାଯାଇଥିଲା । ତାଙ୍କ ନାତି ସାହୁ ବନ୍ଦୀ ଥିଲେ । ଗୁରୁଙ୍କ ନିଜ ଘର ମଧ୍ୟ ଏହାର ବ୍ୟତିକ୍ରମ ନଥିଲା । ଲାହୋର ଠାରେ ତାଙ୍କ ଅଣଜେଜେ, ଗୁରୁ ଅର୍ଜନଙ୍କୁ ନର୍ଯାତନା ଦେଇ ହତ୍ୟା କରାଯାଇଥିଲା । ତାଙ୍କ ଜେଜେ, ଗୁରୁ ହରଗୋବିନ୍ଦ, ବର୍ଷ ବର୍ଷ ଧରି କାରାଦଣ୍ଡ ଭୋଗିଥିଲେ । ତାଙ୍କର ପିତା, ଗୁରୁ ତେଗ୍ ବାହାଦୁରଙ୍କୁ ମୃତ୍ୟୁଦଣ୍ଡ ଦିଆଯାଇଥିଲା । ତାଙ୍କର ସବୁଠାରୁ ବିଶ୍ୱସ୍ତ ଅନୁଗାମୀ, ଭାଇ ମାଟି ଦାସଙ୍କୁ ମୁଣ୍ଡ ରୁ ଅଣ୍ଟା ପର୍ଯ୍ୟନ୍ତ କରତରେ କଟା ଯାଇଥିଲାବେଳେ ଅନ୍ୟମାନଙ୍କୁ ଗରମ ପାଣିରେ ଫୁଟା ଯାଇଥିଲା କିମ୍ବା ଖଣ୍ଡ ଖଣ୍ଡ କରି କାଟି ଦିଆଯାଇଥିଲା...."

ଥରେ ପର୍ବତ ଶିଖରରେ ଧ୍ୟାନ କରୁଥିବା ସମୟରେ ଗୁରୁ ଏକ ସ୍ୱର ଶୁଣିଥିଲେ, "ମୋର ପ୍ରିୟ, ବର୍ତ୍ତମାନ ତୁମର ଯୁଦ୍ଧ କ୍ଷେତ୍ରକୁ ଆସିବାର ସମୟ ଆସିଯାଇଛି ।" ସେ ତାଙ୍କର ଧ୍ୟାନ ଛାଡ଼ି ସେହି ସ୍ୱରଙ୍କ ପଥରେ ଚାଲିଥିଲେ । ସେ ହୃଦୟଙ୍ଗମ କରିଥିଲେ ଯେ, ଔରଙ୍ଗଜେବଙ୍କ ଦ୍ୱାରା କରାଯାଉଥିବା ଏହି ନିର୍ଯାତନା ବିରୁଦ୍ଧରେ ଠିଆ ହେବା ତାଙ୍କର କର୍ତ୍ତବ୍ୟ । ସେ ବିଶ୍ୱସ୍ତ ଲୋକ ମାନଙ୍କୁ ସୁରକ୍ଷା ଦେବା ପାଇଁ ଯୁଦ୍ଧକ୍ଷେତ୍ରକୁ ଓହ୍ଲାଇଥିଲେ, ଏହା କରି ସେ ଏକ ଶକ୍ତିଶାଳୀ ଆନ୍ଦୋଳନ ଆରମ୍ଭ କରିଥିଲେ ।

ଖାଲ୍‌ସାର ଆରମ୍ଭ ସିଭଲିକ୍ ପାର୍ବତ୍ୟ ଅଞ୍ଚଳରେ ଥିବା ରାଜପୁତ ସର୍ଦ୍ଦାର ମାନଙ୍କୁ ସତର୍କ କରି ଦେଇଥିଲା । ଗୁରୁ ପ୍ରଥମରୁ ସମସ୍ତଙ୍କୁ ଖାଲ୍‌ସାରେ ଯୋଗ ଦେବାକୁ ଆମନ୍ତ୍ରଣ କରିଥିଲେ, ଯାହାଦ୍ୱାରା ଏହା ଅତ୍ୟାଚାରୀ ସାମ୍ରାଜ୍ୟ ବିରୁଦ୍ଧରେ ଅଧିକ ଶକ୍ତିଶାଳୀ ହୋଇପାରିବ । କିନ୍ତୁ ସେମାନଙ୍କର ସଂକୀର୍ଣ୍ଣ ଧାରଣାରେ, ସେମାନେ ବୃଦ୍ଧି ପାଉଥିବା ଶିଖ ସୈନା ବାହିନୀକୁ ସେମାନଙ୍କ ଶକ୍ତି ପ୍ରତି ବିପଦ ଭାବରେ ଦେଖିଥିଲେ । ସେମାନେ ବିଲାସପୁର ରାଜାଙ୍କ ନେତୃତ୍ୱରେ ଏକତ୍ରିତ ହୋଇଥିଲେ ଯାହାଙ୍କ ରାଜ୍ୟ ର ସୀମା ଭିତରେ ଆନନ୍ଦପୁର ଆସୁଥିଲା, ଗୁରୁ ଗୋବିନ୍ଦ ସିଂଙ୍କୁ ତାଙ୍କ ପାର୍ବତ୍ୟ ଦୁର୍ଗ ରୁ

ଜବରଦସ୍ତ ବାହାର କରିବା ପାଇଁ। ୧୭୦୦-୦୪ ମଧ୍ୟରେ ସେମାନଙ୍କର ବାରମ୍ବାର ଅଭିଯାନ ନିଷ୍ଫଳ ଯାଇଥିଲା। ଏପରିକି ସେମାନେ ସମ୍ରାଟ ଔରଙ୍ଗଜେବଙ୍କୁ ସାହାଯ୍ୟ ପାଇଁ ନିବେଦନ କରିଥିଲେ। କିନ୍ତୁ ଦୀର୍ଘ ଦିନ ଧରି ଅବରୋଧ ଯୋଗୁଁ ଖାଦ୍ୟର ଅଭାବ ସତ୍ତ୍ୱେ, ଗୁରୁ ଏବଂ ତାଙ୍କ ଶିଖ ମାନେ ସେମାନଙ୍କର କ୍ରମାଗତ ଆକ୍ରମଣକୁ ଦୃଢ଼ ଭାବରେ ପ୍ରତିହତ କରିଥିଲେ। ଗୁରୁ ଗୋବିନ୍ଦ ସିଂଙ୍କ ସୈନ୍ୟବାହିନୀ ବହୁତ ଛୋଟ ଥିଲା କିନ୍ତୁ ତାଙ୍କର ସୈନ୍ୟ ମାନେ ଅତ୍ୟନ୍ତ ମଜବୁତ ଏବଂ ସାହାସୀ ଥିଲେ। ସେମାନେ ତାଙ୍କର ନିର୍ଭିକ ନେତୃତ୍ୱରେ ପ୍ରାୟ ଛଅଟି ଯୁଦ୍ଧ ଲଢ଼ିଥିଲେ ଏବଂ ସମସ୍ତ ପ୍ରତିକୂଳ ପରିସ୍ଥିତି ସତ୍ତ୍ୱେ ବିଜୟ ହାସଲ କରିଥିଲେ। କିନ୍ତୁ ଏହି ବିଜୟ ପାଇଁ ଗୁରୁ ବହୁତ ମୂଲ୍ୟ ଦେଇଥିଲେ। ତାଙ୍କର ଦୁଇ ଯୁବକ ପୁଅ ଯୁଦ୍ଧରେ ନିହତ ହୋଇଥିଲେ। ଅନ୍ୟ ଦୁଇଜଣ ଅବିଶ୍ୱାସୀ ମାନଙ୍କ ବିଶ୍ୱାସଘାତକତା ଦ୍ୱାରା ମୃତ୍ୟୁଦଣ୍ଡ ପାଇଥିଲେ। ଗୁରୁଙ୍କ ମାତା ଦୁଃଖରେ ପ୍ରାଣତ୍ୟାଗ କରିଥିଲେ। କିନ୍ତୁ ଗୁରୁ ଧୈର୍ଯ୍ୟହରା ହୋଇ ନଥିଲେ। ତାଙ୍କ ପତ୍ନୀ ପୁଅମାନଙ୍କର କୁଶଳ ସମାଚାର ଜାଣିବାକୁ ଚାହିଁବାରୁ ସେ କହିଥିଲେ, ଚାରିଜଣ ମରିଗଲେ କଣହେଲା, ଆମର ହଜାର ହଜାର ପୁତ୍ର ଏବେବି ଜୀବିତ ଅଛନ୍ତି।"

ଆମେ ଯଦି ଇତିହାସରେ ପଛକୁ ଫେରିଯିବା ତେବେ ଦେଖିବା ମୋଗଲ ସାମ୍ରାଜ୍ୟ ଯାହାପାଇଁ ଔରଙ୍ଗଜେବ ଏତେ ଗର୍ବ କରୁଥିଲେ, ତାହା ଏବେ ଆଉ ନାହିଁ। କିନ୍ତୁ ଯେଉଁ ସାମ୍ରାଜ୍ୟ ପାଇଁ ମହାନ ଗୁରୁ ଯୁଦ୍ଧ କରିଥିଲେ ତାହା ଆଜି ମଧ୍ୟ ଜୀବନ୍ତ ହୋଇ ସ୍ପନ୍ଦିତ ହେଉଛି। ଆଜି ବି ସେ ଲକ୍ଷ ଲକ୍ଷ ସିଂହାସନରେ ବସିଛନ୍ତି, କାରଣ ପ୍ରତ୍ୟେକଟି ଭକ୍ତର ହୃଦୟ ହେଉଛି ତାଙ୍କର ଗୋଟିଏ ଗୋଟିଏ ସିଂହାସନ।

ସମ୍ରାଟଙ୍କ ମୃତ୍ୟୁ ପରେ, ତାଙ୍କ ପୁତ୍ର ମାନଙ୍କ ମଧ୍ୟରେ ଉତ୍ତରାଧିକାର ପାଇଁ ଯୁଦ୍ଧ ଆରମ୍ଭ ହୋଇଯାଇଥିଲା। ତୃତୀୟ ପୁତ୍ର ମହମ୍ମଦ ଆଜାମ (କିମ୍ବା ଆଜିମ) ନିଜକୁ ସମ୍ରାଟ ବୋଲି ଘୋଷଣା କରିଥିଲେ। ଦ୍ୱିତୀୟ ପୁତ୍ର ମୁଆଜମ୍ ସିଂହାସନ ଦଖଲ କରିବା ପାଇଁ ଗୁରୁଙ୍କ ସାହାଯ୍ୟ ଚାହିଁଥିଲେ ଏବଂ ଅଣ-ମୁସଲମାନ ମାନଙ୍କ ପ୍ରତି ଧାର୍ମିକ ସହନଶୀଳତା ନୀତି ଆପଣାଇବାକୁ ପ୍ରତିଶୃତି ଦେଇଥିଲେ। ମୁଆଜମ୍‌ଙ୍କୁ ସିଂହାସନ ଜିତିବାରେ ସାହାଯ୍ୟ କରିବାକୁ, ଗୁରୁ ତାଙ୍କ ଅନୁଗାମୀ ମାନଙ୍କର ଏକ ଦଳ ଭାଇ ଧରମ ସିଂଙ୍କ ନେତୃତ୍ୱରେ ପଠାଇଥିଲେ। ଯେତେବେଳେ ମୁଆଜମ୍ ଶେଷରେ ବାହାଦୁର ଶାହା-୧ ଭାବରେ ସିଂହାସନ ଆରୋହଣ କରିଥିଲେ, ସେ ଗୁରୁଙ୍କୁ ଜୁଲାଇ ୨୩, ୧୭୦୭ ରେ ଆଗ୍ରା ଠାରେ ଏକ ସାକ୍ଷାତକାର ପାଇଁ ନିମନ୍ତ୍ରଣ କରିଥିଲେ। ଗୁରୁଙ୍କୁ ସମ୍ମାନର ସହ ଅଭ୍ୟର୍ଥନା କରାଯାଇଥିଲା ଏବଂ ତାଙ୍କୁ "ହିନ୍ଦ କା ପିର" (ଭାରତର ସାଧୁ) ଉପାଧି ପ୍ରଦାନ କରାଯାଇଥିଲା।

ଶେଷ ଦିନଗୁଡ଼ିକ

ବର୍ତ୍ତମାନ ଗୁରୁ ଦକ୍ଷିଣର ଡେକାନକୁ ଯାତ୍ରା କରି ଜୁଲାଇ ୧୭୦୮ ମସିହାରେ ନାନ୍‌ଦେଦରେ ପହଞ୍ଚିଥିଲେ ।

ଗୁରୁ ଗୋବିନ୍ଦ ସିଂ ଏବଂ ବାହାଦୁର ଶାହା-୧ ମଧ୍ୟରେ ବୃଦ୍ଧି ପାଉଥିବା ଉତ୍ତମ ସମ୍ପର୍କକୁ ନେଇ ସିରହିଣ୍ଡର ନବାବ ୱାଜିର ଖାନ ଖୁସି ନ ଥିଲେ । ଗୁରୁଙ୍କୁ ହତ୍ୟା କରିବା ପାଇଁ ସେ ତାଙ୍କର ଦୁଇ ଜଣ ବିଶ୍ୱସ୍ତ ପଠାଣ, ଜାମସେଦ ଖାନ ଏବଂ ୱାସିଲ ବେଗ୍‌,ଙ୍କୁ ଆଦେଶ ଦେଇଥିଲେ । ଦୁହେଁ ଗୁପ୍ତରେ ଗୁରୁଙ୍କୁ ଅନୁସରଣ କରୁଥିଲେ ଏବଂ ତାଙ୍କୁ ନାନ୍‌ଦେଦରେ ଆକ୍ରମଣ କରିବାକୁ ସୁଯୋଗ ପାଇଥିଲେ ।

ଦିନେ ଗୁରୁ ଗୋବିନ୍ଦ ସିଂ ସନ୍ଧ୍ୟା ପ୍ରାର୍ଥନା ପରେ ବିଶ୍ରାମ ନେଉଥିବା ସମୟରେ ଦୁଇ ପଠାଣ ଲୁଚି କରି ଧୀର ପାଦରେ ତାଙ୍କ ତମ୍ବୁ ଭିତରକୁ ପଶିଥିଲେ । ସେମାନଙ୍କ ଭିତରୁ ଜଣେ ଗୁରୁ ଗୋବିନ୍ଦ ସିଂଙ୍କୁ ଛୁରୀରେ ଭୁଷି ଗୁରୁତର ଆହତ କରିଥିଲେ । ଶୀଘ୍ର ସେ ଆଉ ଏକ ଆଘାତ ପାଇଥିଲେ । କ୍ଷତଟି ତୁରନ୍ତ ସିଲେଇ କରାଯାଇଥିଲା କିନ୍ତୁ ଗୁରୁ ଗୁରୁତର ଭାବେ ଆହତ ହୋଇଥିଲେ - କୁହାଯାଏ ଯେ, ବାହାଦୁର ଶାହ-୧ ଅସୁସ୍ଥ ଗୁରୁଙ୍କ ଚିକିତ୍ସା ପାଇଁ ନିଜର ଚିକିତ୍ସକ ମାନଙ୍କୁ ପଠାଇଥିଲେ, କିନ୍ତୁ ଶେଷରେ ତାଙ୍କୁ ରକ୍ଷା କରାଯାଇ ପାରିନଥିଲା ।

ସେ ବର୍ତ୍ତମାନ ଜାଣି ପାରିଥିଲେ ଯେ ତାଙ୍କର ଶେଷ ସମୟ ପାଖେଇ ଆସୁଛି ଏବଂ ତାଙ୍କ ଶିଷ୍ୟ ମାନଙ୍କୁ ତାଙ୍କ ମୃତ୍ୟୁରେ ଶୋକ ନକରିବାକୁ ନିର୍ଦ୍ଦେଶ ଦେଇଥିଲେ । ସେ ଘୋଷଣା କରିଥିଲେ ଯେ, ପରବର୍ତ୍ତୀ ସମୟରେ ଆଉ ମାନବ ଗୁରୁ ରହିବେ ନାହିଁ, ଏହା ପରିବର୍ତ୍ତେ ତାଙ୍କ ପରେ ଗୁରୁ ଗ୍ରନ୍ଥ ସାହିବ ଶିଖମାନଙ୍କର ଅନନ୍ତ କାଳ ପାଇଁ ଗୁରୁ ହୋଇରହିବେ ।

ସେ ଗ୍ରନ୍ଥ ସାହିବ ଖୋଲିଥିଲେ, ତାଙ୍କ ଉପରେ ପାଞ୍ଚଟି ତାମ୍ର ମୁଦ୍ରା ରଖିଥିଲେ ଏବଂ ତାଙ୍କ ଉତ୍ତରାଧିକାରୀ ହିସାବରେ ସତ୍ୟନିଷ୍ଠ ଭାବରେ ଏହାଙ୍କୁ ପ୍ରଣାମ କରିଥିଲେ । "ୱାହେଗୁରୁ ଜି କା ଖାଲସା, ୱାହେଗୁରୁ ଜି କି ଫତେ" ଜପ କରି ସେ ଗୁରୁ ଗ୍ରନ୍ଥ ସାହିବଙ୍କୁ ପ୍ରଦକ୍ଷଣ କରିଥିଲେ ଏବଂ ତାଙ୍କର ଅନୁଗାମୀ ମାନଙ୍କୁ ଘୋଷଣା କରିଥିଲେ ଯେ, "ହେ ପ୍ରିୟ ଖାଲସା ! ଯିଏ ମୋତେ ଦେଖିବାକୁ ଇଚ୍ଛା କରୁଛନ୍ତି, ସେ ଗୁରୁଗ୍ରନ୍ଥ ସାହିବଙ୍କୁ ଦେଖନ୍ତୁ । ଗୁରୁ ଗ୍ରନ୍ଥ ସାହିବଙ୍କୁ ମାନନ୍ତୁ । ଏହା ଗୁରୁ ମାନଙ୍କର ଦୃଶ୍ୟମାନ ଶରୀର ଅଟେ ଏବଂ ଯିଏ ମୋତେ ସାକ୍ଷାତ କରିବାକୁ ଇଚ୍ଛା କରେ, ସେ ମୋତେ ଭଜନରେ ଖୋଜନ୍ତୁ ।"

ସେହି ମୁହୂର୍ତ୍ତରେ ସେ ତାଙ୍କର ଏକ ଅମର ଭଜନ ରଚନା କରିଥିଲେ ଏବଂ

ଗାନ କରିଥିଲେ: "ସେହି ଅମର ଆତ୍ମାଙ୍କ ନିର୍ଦ୍ଦେଶ ରେ ପନ୍ଥର ସୃଷ୍ଟି ହୋଇଥିଲା। ଗୁରୁ ଗ୍ରନ୍ଥ ସାହିବଙ୍କୁ ଗୁରୁ ଭାବରେ ଗ୍ରହଣ କରିବାକୁ ସମସ୍ତ ଶିଖ ମାନଙ୍କୁ ନିର୍ଦ୍ଦେଶ ଦିଆଯାଉଛି। ଗୁରୁ ଗ୍ରନ୍ଥ ସାହିବଙ୍କୁ ଗୁରୁ ମାନଙ୍କର ପ୍ରତୀକ ଭାବରେ ବିବେଚନା କର। ଯେଉଁମାନେ ଈଶ୍ୱରଙ୍କୁ ଭେଟିବାକୁ ଚାହୁଁଛନ୍ତି, ସେମାନେ ତାଙ୍କୁ ଏହାଙ୍କ ଭଜନରେ ପାଇପାରିବେ। ଖାଲ୍‌ସା ଶାସନ କରିବ ଏବଂ ଏହାର ବିରୋଧୀ ମାନେ ଆଉ ରହିବେ ନାହିଁ। ଯେଉଁମାନେ ପୃଥକ ହୋଇ ଯାଇଛନ୍ତି ସେମାନେ ଏକତ୍ରିତ ହେବେ ଏବଂ ସମସ୍ତ ଭକ୍ତ ଉଦ୍ଧାର ପାଇବେ।"

ଶିଖ ମାନଙ୍କର ଦଶମ ଗୁରୁଙ୍କର ଅକ୍ଟୋବର ୭, ୧୭୦୮ରେ ନାନ୍‌ଦାଦ ଠାରେ ଦେହାନ୍ତ ହୋଇଥିଲା। ଗୁରୁ ଗୋବିନ୍ଦ ସିଂଙ୍କୁ ସମାଧି ଦିଆଯାଇଥିବା ସ୍ଥାନରେ ଏକ ସୁନ୍ଦର ମନ୍ଦିର "ତଖ୍‌ତ ଶ୍ରୀ ହଜୁର ସାହିବ" ନିର୍ମାଣ କରାଯାଇଛି। ଏହାର ଭିତର କୋଠରୀକୁ ଏବେ ବି ଅଙ୍ଗିଠା ସାହିବ କୁହାଯାଇଥାଏ।

ଗୁରୁ ଗୋବିନ୍ଦ ସିଂଙ୍କ ବାଣୀ (Guru Gobind Singh's Teachings)

ଗୁରୁ ଗୋବିନ୍ଦ ସିଂଙ୍କ ଜୀବନ ଏବଂ ଶିକ୍ଷା, ଶିଖ ମାନଙ୍କର ବିଚାରଧାରା ତଥା ଦୈନନ୍ଦିନ ଜୀବନରେ ପ୍ରଚଣ୍ଡ ପ୍ରଭାବ ପକାଇ ପାରିଥିଲା। ୧୬୯୯ ମସିହାରେ ତାଙ୍କ ଦ୍ୱାରା ପ୍ରତିଷ୍ଠିତ ଖାଲ୍‌ସା, ଶିଖ ଇତିହାସରେ ଏକ ଗୁରୁତ୍ୱପୂର୍ଣ୍ଣ ଆନ୍ଦୋଳନ ଭାବରେ ଗଣା ଯାଇଥିଲା। ଜଣେ ଯୋଦ୍ଧା, କବି ଏବଂ ଦାର୍ଶନିକ ଭାବରେ ସେ ତଥାପି ଶିଷ୍ଟତା, ପାଣ୍ଡିତ୍ୟ, ସାହାସିକତା, ଉଦାରତା ଏବଂ ମାନବିକତା ର ଏକ ଅନନ୍ୟ ଉଦାହରଣ ଭାବରେ ପରିଗଣିତ ହେଉଛନ୍ତି।

ତାଙ୍କ ଜୀବନ କାଳ ମଧ୍ୟରେ ଗୁରୁ ତାଙ୍କ ସମ୍ପ୍ରଦାୟକୁ ପରିମାର୍ଜିତ ଏବଂ ଅନୁଶାସନ କରିବା ପାଇଁ ଅନେକ ସଂସ୍କାର ଆଣିଥିଲେ। ପୁରୋହିତ ଏବଂ ମାସାଣ୍ଡ ମାନଙ୍କ ବିରୁଦ୍ଧରେ ଅନେକ ଅଭିଯୋଗ ପାଇଲା ପରେ, ଯେଉଁମାନେ ଗରିବ ଶିଖ ମାନଙ୍କୁ ଲୁଣ୍ଠନ କରୁଥିଲେ ଏବଂ ସଂଗୃହିତ ଧନ ରାଶିକୁ ଆତ୍ମସାତ କରୁଥିଲେ, ସେ ଶୀଘ୍ର ମାସାଣ୍ଡ ମାନଙ୍କର ପଦବୀକୁ ଉଚ୍ଛେଦ କରିବାକୁ ନିଷ୍ପତ୍ତି ନେଇଥିଲେ ଏବଂ ଲୋକ ମାନଙ୍କୁ ପ୍ରତାରଣା କରିଥିବା ସମସ୍ତ ବଦମାଶ ମାନଙ୍କୁ ଦଣ୍ଡିତ କରିଥିଲେ। ତା ପରେ ସେ ଆଦେଶ ଦେଇଥିଲେ ଯେ, ବିଶ୍ୱସ୍ତ ଶିଖ ମାନେ ସେମାନଙ୍କର ଉପହାରଗୁଡ଼ିକ ବାର୍ଷିକ ବୈଶାଖୀ ମେଳାରେ ସିଧାସଳଖ ଆନନ୍ଦପୁରକୁ ଆଣିପାରିବେ।

ମାସାଣ୍ଡ ପ୍ରଣାଳୀକୁ ଉଚ୍ଛେଦ କରି, ଗୁରୁ ନିଜ ଶିଷ୍ୟ ମାନଙ୍କୁ ମଧ୍ୟସ୍ଥି ମାନଙ୍କ ଆଗରେ ନିଜକୁ ଅପମାନିତ କରିବା ଠାରୁ ମଧ ମୁକ୍ତ କରି ପାରିଥିଲେ ଏବଂ ଏହିପରି

ସେମାନଙ୍କର ଆତ୍ମସମ୍ମାନ ବୃଦ୍ଧି କରିପାରିଥିଲେ । ସେ ତାଙ୍କ ଅନୁଗାମୀ ମାନଙ୍କୁ ସ୍ପଷ୍ଟ କରିଦେଇଥିଲେ ଯେ, ସେ ଜଣେ ମଣିଷ ଅଟନ୍ତି। ତାଙ୍କର ଆତ୍ମଜୀବନୀରେ ସେ ଆମକୁ କହିଛନ୍ତି :

ମୁଁ ପ୍ରଭୁ ଅଟେ ଯିଏ କୁହନ୍ତି;
ନର୍କର ଗର୍ତ୍ତରେ ସେ ପଡ଼ିବେ ନିହାତି ।
ମୋତେ କେବଳ ଈଶ୍ୱରଙ୍କ ସେବକ ଭାବରେ ଚିହ୍ନନ୍ତୁ;
ଏହି ବିଷୟରେ ସର୍ବୋପରି ନିସନ୍ଦେହ ରୁହନ୍ତୁ ।
ମୁଁ ସେହି ସର୍ବ ଶକ୍ତିମାନଙ୍କ ସେବକ;
ତାଙ୍କ ଆଶ୍ଚର୍ଯ୍ୟଜନକ ସୃଷ୍ଟିର ଜଣେ ଦର୍ଶକ ।

ଏହି ଦୃଷ୍ଟିକୋଣ ଅନୁସାରେ, ଶିଷ୍ୟତ୍ୱ ପ୍ରାରମ୍ଭର ଦୀକ୍ଷା ସମାରୋହକୁ ଗୁରୁ ଗୋବିନ୍ଦ ସିଂ ମଧ୍ୟ ପରିବର୍ତ୍ତନ କରିଥିଲେ । ଶିଷ୍ୟମାନଙ୍କ ଦୀକ୍ଷା ଦାନରେ ବ୍ୟବହୃତ ଜଳରେ ପୂର୍ବ ରୁ ଗୁରୁଙ୍କ ପାଦ ଆଙ୍ଗୁଠି ବୁଡ଼ାଇ ଦିଆଯାଉଥିଲା । ବର୍ତ୍ତମାନ, ଏହା ଏକ ସାଙ୍କେତିକ ଖଣ୍ଡା ଦ୍ୱାରା ଗୋଳାଇ ଦିଆଯାଉଥିଲା । ଗୁରୁ ତାଙ୍କ ଅନୁଗାମୀ ମାନଙ୍କର ମହତ୍ତ୍ୱ ଏବଂ ମୂଲ୍ୟକୁ ଗଭୀର ଭାବରେ ପ୍ରଶଂସା କରୁଥିଲେ। ସେ ସବୁବେଳେ ପ୍ରେମ, ସମ୍ମାନ ଏବଂ ପ୍ରଶଂସା ସହିତ ନିଜ ମଣ୍ଡଳୀକୁ ସମ୍ବୋଧନ କରୁଥିଲେ । ଯଦିଓ ସେ ଜଣେ ସମ୍ମାନୀୟ ତଥା ଆଦରଣୀୟ ନେତା ଥିଲେ, ସେ ନିଜକୁ ନିଜ ସମ୍ପ୍ରଦାୟର ସେବକ ଭାବରେ ବିବେଚନା କରୁଥିଲେ । ସେ କହିଥିଲେ ଯେ, "ଲୋକଙ୍କ ସେବା କରିବା ମୋର ହୃଦୟକୁ ସନ୍ତୁଷ୍ଟ କରିଥାଏ; କାରଣ ଅନ୍ୟ କୌଣସି ସେବା ମୋ ପ୍ରାଣ ପାଇଁ ଏତେ ପ୍ରିୟ ନୁହେଁ, ମୋ ଘରେ ଥିବା ସମସ୍ତ ପଦାର୍ଥ, ମୋର ପ୍ରାଣ ଏବଂ ଶରୀର ମଧ୍ୟ ସେମାନଙ୍କ ପାଇଁ ଉତ୍ସର୍ଗ କରିଦେଇଛି ।"

ତାଙ୍କର ଉଦ୍ଦେଶ୍ୟ ଥିଲା ଏକ ଶକ୍ତିଶାଳୀ, ଆତ୍ମ-ସମ୍ମାନକାରୀ ସମ୍ପ୍ରଦାୟ ସୃଷ୍ଟି କରିବା । ଏଥିପାଇଁ ସେ ଶିଖମାନଙ୍କୁ ସାହାସ ଏବଂ ବୀରତ୍ୱର ପ୍ରେରଣା ଦେଇଥିଲେ ଏବଂ ଜୀବନରେ ସରଳତା ଏବଂ କଠିନ ପରିଶ୍ରମକୁ ଆଦର୍ଶ ଭାବରେ ଗ୍ରହଣ କରିବାକୁ ଅନୁରୋଧ କରିଥିଲେ। ଏଥି ସହିତ, ସେ ଖାଲ୍‌ସା ଗଠନ କରି ସମ୍ପ୍ରଦାୟକୁ ମଜବୁତ କରିଥିଲେ । ପ୍ରଥମ ଅମୃତ ସମାରୋହର ଏକ ସଂକେତାତ୍ମକ ଆକର୍ଷଣୀୟ ଚିତ୍ରରେ ଦୁଇଟି ମୃତ ବାଜ (ଇଗଲ) ପକ୍ଷୀ ସେମାନଙ୍କ ପିଠି ପଟରେ ଭୂମି ଉପରେ ପଡ଼ିଛନ୍ତି ଏବଂ ସେମାନଙ୍କର ହତ୍ୟାକାରୀ ଦୁଇଟି କପୋତ, ଅମୃତ ପାତ୍ର ଉପରେ ବସିଛନ୍ତି । ସାଙ୍କେତିକ ଭାବରେ ଏହା ଦର୍ଶାଇଥିଲା ଯେ, ଶିଖମାନେ ଯେଉଁମାନେ ଶାନ୍ତ, ଶିଷ୍ଟ କପୋତ ପରି ଥିଲେ ସେମାନେ ସେମାନଙ୍କ ଚର୍ତୁଦିଗରେ

ବାସ କରୁଥିବା ଶକ୍ତିଶାଳୀ, ଉଗ୍ରପନ୍ଥୀ ଲୋକମାନଙ୍କର ବାଜପକ୍ଷୀ ପରି ଶକ୍ତି ହାସଲ କରିପାରିଥିଲେ ।

ବୋଧହୁଏ ଦଶମ ଗୁରୁଙ୍କର ସବୁଠାରୁ ଗୁରୁତ୍ୱପୂର୍ଣ୍ଣ ସଫଳତା ହେଉଛି ଶିଖ ମାନଙ୍କ ମାନସିକତାର ପରିବର୍ତ୍ତନ କରିପାରିବା । ସେ ଲୋକମାନଙ୍କୁ ଜୀବନର ସାମ୍ନା କରିବାକୁ ଏବଂ ପ୍ରତିରୋଧ କରି ଅତ୍ୟାଚାରକୁ ପ୍ରତିହତ କରିବାକୁ ସାହାସ ଦେଇଥିଲେ । ଖାଲସା ସୃଷ୍ଟି ହେବାଟା ହିଁ ଏକ ପ୍ରମୁଖ ସଫଳତା ଥିଲା, ଯାହା ଶିଖ ଧର୍ମକୁ ସଂଗଠିତ କରିପାରିଥିଲା ।

ଗୁରୁ, ତାଙ୍କ ପୂର୍ବସୁରୀ ମାନଙ୍କ ପରି, ଜାତି ବିଭାଜନର ସମସ୍ତ ଧାରଣାକୁ ପ୍ରତ୍ୟାଖାନ କରିଥିଲେ । ଝାଡୁଦାର ଏବଂ ଭଣ୍ଡାରୀ, କ୍ଷତ୍ରୀୟ ଏବଂ ବ୍ରାହ୍ମଣ ମାନେ ସ୍ୱତପ୍ରବୃତ ଭାବରେ ଖାଲସାରେ ଯୋଗ ଦେଇଥିଲେ । ଜ୍ଞାନୀ ତଥା ଐତିହାସିକ ଡ. ଗୋପାଳ ସିଂ ବ୍ୟାଖ୍ୟା କରିଛନ୍ତି ଯେ ଗୁରୁଙ୍କ ସଫଳତାର କାରଣ "ଆଧାତ୍ମିକ ଭାବରେ ଜାଗ୍ରତ ହୋଇଥିବା କିନ୍ତୁ ବୈଶିକ ଜାଗରୁକତା ଥିବା ଏକ ସାମାଜିକ-ରାଜନୈତିକ ସଂସ୍ଥାକୁ ସଂଗଠିତ କରିବାରେ, ଯେଉଁମାନେ ସମାଜର ମୁକ୍ତି ପାଇଁ ଏହି ଆନ୍ଦୋଳନର ନେତୃତ୍ୱ ନେଇଥିଲେ ।" ଏହି ଅର୍ଥ ରେ ସେ ତାଙ୍କ ସମୟରେ "ଧର୍ମରେ ଗଣତାନ୍ତ୍ରିକ ଧର୍ମ ନିରପେକ୍ଷତା" ଆଣି ପାରିଥିଲେ ।

ସେ କବିତା ରଚନା କରିଥିଲେ ଯାହା ଏହାର ଗଭୀରତା ଏବଂ ଭକ୍ତି ପାଇଁ ଉଲ୍ଲେଖନୀୟ ଥିଲା । ସେ ତାଙ୍କ କବିତା ମାଧ୍ୟମରେ ପ୍ରେମ, ସମାନତା ଏବଂ ଏକ କଠୋର ସଦାଚାର ଓ ନୈତିକ ଆଚରଣ ବିଧି ପ୍ରଚାର କରିଥିଲେ । ସେ ତାଙ୍କର ସମସ୍ତ କାର୍ଯ୍ୟରେ ସେହି ଏକମାତ୍ର ସର୍ବଶକ୍ତିମାନ ଈଶ୍ୱରଙ୍କୁ ପୂଜା କରିବାକୁ ଗୁରୁତ୍ୱ ଦେଇଥିଲେ ଏବଂ ମୂର୍ତ୍ତି ପୂଜା ଓ ଅନ୍ଧବିଶ୍ୱାସକୁ ଆଗ୍ରାହ୍ୟ କରିଥିଲେ । କୃପାଣକୁ ଭଗବତୀ ନାମରେ ଗୌରାନ୍ୱିତ କରିଥିଲେ ଏବଂ ତାହା ଭଗବାନଙ୍କ ନ୍ୟାୟ ପୂରଣ ପାଇଁ ଉଦ୍ଦିଷ୍ଟ ଥିଲା । ଖଣ୍ଡା କେବେହେଲେ ଆକ୍ରମଣର ପ୍ରତୀକ ଭାବରେ ଗ୍ରହଣ କରାଯାଇନଥିଲା ଏବଂ ଏହା କଦାପି ନିଜର ଶକ୍ତି ବୃଦ୍ଧି ପାଇଁ ବ୍ୟବହାର କରିବାକୁ ଦିଆଯାଇ ନ ଥିଲା । ଏହା ପୁରୁଷତ୍ୱ ଏବଂ ଆତ୍ମ ସମ୍ମାନର ପ୍ରତୀକ ଥିଲା ଏବଂ ଶେଷ ପନ୍ଥା ଭାବରେ କେବଳ ଆତ୍ମରକ୍ଷା ପାଇଁ ବ୍ୟବହାର କରାଯାଉଥିଲା । ଏହିପରି ଗୁରୁ ଗୋବିନ୍ଦ ସିଂ ଏକ ପାରସୀ ଦୋହାରେ କହିଛନ୍ତି :

"ଯେତେବେଳେ ଅନ୍ୟ ସମସ୍ତ ଉପାୟ ବିଫଳ ହୋଇଗଲା,
କୃପାଣକୁ ଧାରଣ କରିବା ଆଇନଗତ ହୋଇଗଲା ।

ଗୁରୁଦେବ ସାଧୁ ଭାସୱାନୀ ଯଥାର୍ଥ ଭାବରେ କହିଛନ୍ତି ଯେ; ଗୁରୁ ଗୋବିନ୍ଦ ସିଂ

ଏକ ଦିଗରେ ଜଣେ ଯୋଗୀ ଥିଲେ ଏବଂ ଅନ୍ୟ ଦିଗରେ ଜଣେ ମହାନ ଯୋଦ୍ଧା ଥିଲେ । ସେ ୮୦,୦୦୦ ଯୁବକ ମାନଙ୍କୁ ନେଇ ଏକ ସୈନ୍ୟ ବାହିନୀ ଗଠନ କରିଥିଲେ । ସେ ଚାରିଟି ଦୁର୍ଗ ନିର୍ମାଣ କରିଥିଲେ । ଗୁରୁ ଗୋବିନ୍ଦ ସିଂ ଜଣେ କବି ମଧ୍ୟ ଥିଲେ । ତାଙ୍କର ଭଜନ ଏବେ ମଧ୍ୟ ଭକ୍ତି ଓ ଉତ୍ସାହର ସହିତ ଗାନ କରାଯାଇଥାଏ । ସେ ଈଶ୍ୱରଙ୍କ ପ୍ରତି ସମର୍ପିତ ଥିଲେ ଏବଂ ଏହି ଭକ୍ତିରେ ସେ ଅପାର ସୁଖ ପାଉଥିଲେ ।

ଗୁରୁ ଗୋବିନ୍ଦ ସିଂ ଜଣେ ପ୍ରକୃତ ନେତା ଥିଲେ । ଆମେ ଯାହା ଜାଣୁ, ଜଣେ ପ୍ରକୃତ ନେତା ସେହି, ଯିଏ ନିଜ ସାଥୀମାନଙ୍କ ପାଇଁ ବଞ୍ଚିଥାନ୍ତି । ଜଣେ ପ୍ରକୃତ ନେତା ହେଉଛନ୍ତି ତାଙ୍କ ସାଥୀ ମାନଙ୍କର ପିତାପରି । ଗୁରୁ ଗୋବିନ୍ଦ ସିଂ ଶିଖ ମାନଙ୍କୁ ବହୁତ ଭଲ ପାଉଥିଲେ । ସେ ଜଣେ ସାଧୁ ଥିଲେ । ସେ ଗରିବ ଲୋକଙ୍କର ସେବା କରୁଥିଲେ ଏବଂ ଦୁଃଖୀ ଓ ବେସାହାରା ଲୋକଙ୍କର ବନ୍ଧୁଥିଲେ; ସେଥିପାଇଁ ତାଙ୍କୁ ଜଣେ ରାଜା କୁହାଯାଉଥିଲା । ତାଙ୍କ ଜୀବନ ଭଲ ପାଇବା ଏବଂ ହସରେ ପରିପୂର୍ଣ୍ଣ ଥିଲା । ତାଙ୍କ ଚାରିପାଖରେ କବି, ଚିତ୍ରକର, ବିଦ୍ୱାନ ମାନେ ଏକତ୍ରିତ ହେଉଥିଲେ । ଆନନ୍ଦପୁର ଲୋକମାନଙ୍କ ପାଇଁ ଏକ ଆଧ୍ୟାତ୍ମିକ, ଶାରୀରିକ ଏବଂ ଭାବପ୍ରବଣ କେନ୍ଦ୍ରରେ ପରିଣତ ହୋଇଥିଲା । ଆନନ୍ଦପୁରରେ ପ୍ରତ୍ୟେକ ଦିନ ଏକ ନୂଆ ବର୍ଷର ଦିନ ଭଳି ଥିଲା । ଏହା ଏକ ସମନ୍ୱୟ ଏବଂ ଆନନ୍ଦର କେନ୍ଦ୍ର ଥିଲା ।

ମାତ୍ର ୪୨ ବର୍ଷ ବୟସରେ ତାଙ୍କୁ ଉପରୁ ଡାକରା ଆସିଯାଇଥିଲା କିନ୍ତୁ ଏହି ସ୍ୱଳ୍ପ ସମୟ ମଧ୍ୟରେ ସେ ଶିଖ ଧର୍ମରେ ଏକ ବିପ୍ଳବ ସୃଷ୍ଟି କରିପାରିଥିଲେ । ସେ ଗୁରୁ ଗ୍ରନ୍ଥ ସାହିବଙ୍କର ଅନ୍ତିମ ସଂକଳନ ସମାପ୍ତ କରିଥିଲେ, ସେ ଜଣେ ମହାନ ଯୋଦ୍ଧା, କବି ଏବଂ ଆଧ୍ୟାତ୍ମିକ ନେତା ଥିଲେ । ତାଙ୍କର ଖାଲ୍‌ସାର ପ୍ରତିଷ୍ଠା ଏବଂ ତାହାର ସାମରିକ କରଣ, ଶିଖ ଇତିହାସରେ ଏକ ଗୁରୁତ୍ୱପୂର୍ଣ୍ଣ ଘଟଣା ଭାବରେ ବିବେଚନା କରାଯାଏ । ଆମେ ଯାହା ଦେଖିଲୁ, ସେ ମୋଗଲ ଏବଂ ସେମାନଙ୍କର ସହଯୋଗୀ ମାନଙ୍କ ସହିତ ଅନେକ ଯୁଦ୍ଧ ଲଢ଼ିଥିଲେ ଏବଂ ସବୁଥିରେ ଜୟଯୁକ୍ତ ହୋଇଥିଲେ କିନ୍ତୁ ସେ କୌଣସି ଅଞ୍ଚଳ ଦଖଲ କରିବାକୁ କିମ୍ବା ନିଜ ରାଜ୍ୟରେ ମିଶାଇ ଦେବାକୁ ଚେଷ୍ଟା କରିନଥିଲେ । ଏହି ଯୁଦ୍ଧ ସମୟରେ ସେ ତାଙ୍କର ସମସ୍ତ ଚାରି ପୁଅଙ୍କୁ ହରାଇଥିଲେ, ତଥାପି ନ୍ୟାୟ ଏବଂ ଧାର୍ମିକ ସ୍ୱାଧୀନତା ପାଇଁ ସଂଗ୍ରାମରେ ଦୃଢ଼ ରହିଥିଲେ । ସେ ପ୍ରକୃତରେ ଜଣେ ମହାନ ହୃଦୟର ନେତା ତଥା ପ୍ରେରଣାଦାୟକ ଗୁରୁ ଥିଲେ ।

■

ଅନନ୍ତ ଗୁରୁ : ଗୁରୁ ଗ୍ରନ୍ଥ ସାହିବ

ଗୁରୁ ଗ୍ରନ୍ଥ ସାହିବ ବା ଆଦି ଗ୍ରନ୍ଥ, ଯେପରି ଏହାର ନାମ କରଣ ପ୍ରଥମେ କରାଯାଇଥିଲା, ହେଉଛି ଶିଖ ଧର୍ମର ପବିତ୍ର ଶାସ୍ତ୍ର । ଏହା ଶେଷ ତଥା ଅନନ୍ତ ଗୁରୁ ଭାବରେ ପବିତ୍ରତା ଲାଭ କରିଥିଲେ, ଯେତେବେଳେ ଶିଖ ଧର୍ମର ଜୀବନ୍ତ ଗୁରୁ, ଦଶମ ଗୁରୁ, ଗୁରୁ ଗୋବିନ୍ଦ ସିଂ,ଙ୍କର ମୃତ୍ୟୁ ସହିତ ମାନବ ଗୁରୁ ମାନଙ୍କର ଉତ୍ତରାଧିକାରୀ ଚୟନ ପ୍ରକ୍ରିୟା ସମାପ୍ତ ହୋଇଯାଇଥିଲା । ଏହିପରି ଏହା ସମ୍ପୂର୍ଣ୍ଣ ଭାବରେ ଅନ୍ୟ ମହାନ ଶାସ୍ତ୍ର ମାନଙ୍କ ଠାରୁ ସ୍ପଷ୍ଟ, ପୃଥକ ଏବଂ ସ୍ୱତନ୍ତ୍ର ପରିଚୟ ଧାରଣ କରିଥାନ୍ତି : ଯାହା ଶେଷ ମାନବ ଗୁରୁଙ୍କର ଅନ୍ତିମ ଉଚ୍ଚାରଣ ବୋଲି ବିଶ୍ୱାସ କରାଯାଇଥାଏ, ଏହାର ସ୍ୱତନ୍ତ୍ରତା ସ୍ପଷ୍ଟ ଭାବରେ ଦର୍ଶାଯାଇଛି :

ମୋର ସମସ୍ତ ଶିଖ ମାନଙ୍କୁ ଆଦେଶ ଦିଆଯାଉଛି ଯେ ସେମାନେ ଗ୍ରନ୍ଥଙ୍କୁ ନିଜର ଗୁରୁ ଭାବରେ ବିଶ୍ୱାସ କରନ୍ତୁ ।

ତୁମର ଗୁରୁ ଭାବରେ ପବିତ୍ର ଗ୍ରନ୍ଥଙ୍କ ଉପରେ ବିଶ୍ୱାସ କର ଏବଂ ଏହାଙ୍କୁ ଗୁରୁ ମାନଙ୍କର ଦୃଶ୍ୟମାନ ଆକୃତି ରୂପେ ବିବେଚନା କର । ଯାହାର ଶୁଦ୍ଧ ହୃଦୟ ଅଛି, ସେ ପବିତ୍ର ବାକ୍ୟ ମାନଙ୍କରୁ ମାର୍ଗଦର୍ଶନ ପାଇପାରିବେ ।

ସର୍ବୋଚ୍ଚ ନ୍ୟାୟାଳୟର ଏକ ବେଞ୍ଚ ଗୁରୁ ଗ୍ରନ୍ଥ ସାହିବଙ୍କୁ ଜଣେ ନ୍ୟାୟିକ ବ୍ୟକ୍ତି ଭାବରେ ସମାନ କରୁଥିବା ଏକ ନିଷ୍ପତ୍ତି ଶୁଣାଇ ଏହିପରି ଭାବରେ ଅନୁଧ୍ୟାନ କରିଥିଲେ :

ଶେଷ ଜୀବନ୍ତ ଗୁରୁ, ଗୁରୁ ଗୋବିନ୍ଦ ସିଂ କୌଣସି ସନ୍ଦେହ ନ ରଖି ପ୍ରକାଶ କରିଥିଲେ ଯେ, ତାଙ୍କପର ଠାରୁ ଆଉ କୌଣସି ଜୀବନ୍ତ ଗୁରୁ ରହିବେ ନାହିଁ । ଗୁରୁ ଗ୍ରନ୍ଥ ସାହିବ ଏକ ଚଳନ୍ତି ଗୁରୁ ହେବେ । ସେ ଘୋଷଣା କରିଥିଲେ ଯେ, "ବର୍ତ୍ତମାନ

ଠାରୁ ଏହା ତୁମର ଗୁରୁ ହେଲେ ଯାହାଙ୍କ ଠାରୁ ତୁମେ ତୁମର ସମସ୍ତ ମାର୍ଗଦର୍ଶନ ଏବଂ ଉତ୍ତର ପାଇ ପାରିବ ।" ଏହି ବିଶ୍ୱାସ ସହିତ ଏହାଙ୍କୁ ଜୀବନ୍ତ ଗୁରୁଙ୍କ ପରି ପୂଜା କରାଯାଉଛି । ଏହି ବିଶ୍ୱାସ ଏବଂ ଆସ୍ଥା ସହିତ ଯେତେବେଳେ ଏହା କୌଣସି ଗୁରୁଦ୍ୱାରରେ ସ୍ଥାପିତ ହୋଇଥାଏ, ତାହା ଏକ ପବିତ୍ର ଉପାସନା ସ୍ଥଳରେ ପରିଣତ ହୋଇଯାଇଥାଏ । ଗୁରୁଦ୍ୱାରର ପବିତ୍ରତା କେବଳ ଏଥିରେ ଗୁରୁ ଗ୍ରନ୍ଥ ସାହିବଙ୍କ ସ୍ଥାପନା ଯୋଗୁଁ ହୋଇଥାଏ । ଏହି ପୃଷ୍ଠ ଭୂମିରେ ଏବଂ ସାମଗ୍ରିକ ଭାବରେ ବିଚାର ପରେ, ଗୁରୁ ଗ୍ରନ୍ଥ ସାହିବ ଜଣେ ନ୍ୟାୟିକ ବ୍ୟକ୍ତି ବୋଲି ଧରିନେବାକୁ ଆମର ଦ୍ୱିଧା ନାହିଁ... । ଏହିପରି ସ୍ୱୀକୃତିପ୍ରାପ୍ତ ହେବାପାଇଁ ତାଙ୍କର ସମସ୍ତ ଗୁଣ ଅଛି ।

ଗୁରୁ ଗ୍ରନ୍ଥ ସାହିବଙ୍କର ସ୍ଥାପନା ହେଉଛି ଯେ କୌଣସି ଗୁରୁଦ୍ୱାରର କେନ୍ଦ୍ର ବା ଅମୃତ । ଯେଉଁ ଗୁରୁଦ୍ୱାରରେ ଗୁରୁ ଗ୍ରନ୍ଥ ସାହିବ ନାହାନ୍ତି, ତେବେ ତାହାକୁ ଗୁରୁଦ୍ୱାର ବୋଲି କୁହାଯାଇ ପାରିବ ନାହିଁ । ଯେତେବେଳେ ଜଣେ ଗୋଟେ କୋଠାକୁ ଗୁରୁଦ୍ୱାର ବୋଲି କହିଥାନ୍ତି, ସେ ତାହାକୁ ଏପରି କହିଥାନ୍ତି କାରଣ ଗୁରୁ ଗ୍ରନ୍ଥ ସାହିବ ସେହିଠାରେ ସ୍ଥାପିତ ହୋଇଥାନ୍ତି । ଯଦି ଜଣେ ଗୁରୁଦ୍ୱାରକୁ ଆଇନଗତ ବ୍ୟକ୍ତି ଭାବରେ ଗ୍ରହଣ କରନ୍ତି, ତାହାର କାରଣ ହେଉଛି ଏହା "ଗୁରୁ ଗ୍ରନ୍ଥ ସାହିବ"ଙ୍କୁ ଧାରଣ କରିଛି ।

ଦଶମ ଗୁରୁଙ୍କ ପରେ ଏହି ଗ୍ରନ୍ଥ ଗୁରୁଙ୍କ ସ୍ଥାନ ନେଇଛନ୍ତି ।

ଆମେ ବିନା ଦ୍ୱିଧାରେ ଗୁରୁ ଗ୍ରନ୍ଥ ସାହିବଙ୍କୁ ଜଣେ ନ୍ୟାୟିକ ବ୍ୟକ୍ତି ଭାବରେ ଗ୍ରହଣ କରିନେଇଛୁ ।

ଶିଖ ଶାସ୍ତ୍ରଙ୍କୁ ଜଣେ "ନ୍ୟାୟିକ ବ୍ୟକ୍ତି" ଭାବରେ ଦର୍ଶାଇବା ଅନେକ ଭକ୍ତ ଶିଖଙ୍କୁ ଦ୍ୱନ୍ଦରେ ପକାଇଥିଲା । ସେମାନେ ଭୟ କରୁଥିଲେ ଯେ, ସେମାନଙ୍କର ଧର୍ମ ଗ୍ରନ୍ଥ ପୂଜା କରାଯାଉଥିବା ଏକ ପ୍ରତିମା ସହିତ ସମାନ କରାଯାଇଛି । ପ୍ରକୃତ ରେ, ଏହା ଏପରି ଘଟଣା ନଥିଲା । ସୁପ୍ରିମ କୋର୍ଟ ସେହି କଥାକୁ ହିଁ ଦୋହରାଇଥିଲେ ଯାହାକୁ ପିଢ଼ି ପରେ ପିଢ଼ି ଶିଖ ଭକ୍ତ ମାନେ ଜୀବନ୍ତ ସତ୍ୟ ବୋଲି ମାନି ନେଇଥିଲେ : ଦଶମ ଗୁରୁଙ୍କ ପରେ ଗୁରୁ ଗ୍ରନ୍ଥ ସାହିବ ଧର୍ମର ଜୀବନ୍ତ, ଅନନ୍ତ ଗୁରୁ ଥିଲେ । ଦଶ ଜଣ ଗୁରୁ ମହାନ ଆତ୍ମାର ସାଧୁ ଥିଲେ କିନ୍ତୁ ସେମାନେ କେବେହେଲେ ଐଶରୀୟତା ଦାବି କରିନଥିଲେ । ସେମାନେ ମଣିଷ ଭିତରେ ମଣିଷ ପରି, ଭକ୍ତ ସମ୍ପ୍ରଦାୟର ସଦସ୍ୟ ପରି ରହିଥିଲେ ଏବଂ କାର୍ଯ୍ୟ କରୁଥିଲେ ଯଦ୍ୟପି ସେମାନେ ନେତା ତଥା ଗୁରୁ ମଧ୍ୟ ହୋଇଥିଲେ । ଅନ୍ୟ ଅର୍ଥରେ କହିବାକୁ ଗଲେ, ସେମାନେ ମଣିଷ ଥିଲେ - କିନ୍ତୁ ଉତ୍ତମ, ପାପହୀନ, ଆଦର୍ଶ ମଣିଷ । ସେମାନେ ଧର୍ମାନ୍ଧତା, ଅନ୍ଧବିଶ୍ୱାସ, ଅନ୍ୟାୟ ଏବଂ ଅତ୍ୟାଚାର ବିରୁଦ୍ଧରେ ଲଢ଼ିବାକୁ ଠିଆ ହୋଇଥିଲେ । ସେମାନେ ନିସ୍ୱାର୍ଥପର

ସେବା, କରୁଣା, ବିଶ୍ୱାସ ପ୍ରଭୃତି ଭଲଗୁଣଗୁଡ଼ିକରେ ଅଭ୍ୟସ୍ତ ଥିଲେ। ସେମାନେ ଚମତ୍କାର ପ୍ରଦର୍ଶନ କରି ସେମାନଙ୍କର ମହାନତା ପ୍ରଦର୍ଶନ କରିବାକୁ ମନାକରି ଦେଉଥିଲେ। ସେମାନେ ସେମାନଙ୍କର ଅନୁଗାମୀ ମାନଙ୍କ ପାଇଁ ପ୍ରେରଣାଦାୟକ ନେତା ଏବଂ ଆଦର୍ଶ ଥିଲେ। ଯଦି ସେମାନଙ୍କୁ ମାନବ ଏବଂ ବ୍ୟକ୍ତି ଭାବରେ ସମ୍ମାନ ଏବଂ ଶ୍ରଦ୍ଧାର ଯୋଗ୍ୟ ବୋଲି ବିବେଚନା କରାଯାଇପାରେ ତେବେ ତାହା ମଧ୍ୟ ଶାସ୍ତ୍ର ପାଇଁ ସଂରକ୍ଷିତ ହେବା ଉଚିତ, ଯାହା ଭକ୍ତ ମାନଙ୍କ ମଧ୍ୟରେ ସେମାନଙ୍କର ସ୍ଥାନ ନେଇ ପାରିଥିଲେ।

ଗୁରୁ ଗୋବିନ୍ଦ ସିଂ ତାଙ୍କ ଅନୁଗାମୀ ମାନଙ୍କୁ ଚେତାବନୀ ଦେଇଥିଲେ ଯେ, ସେ ଋହୁଁନାହାନ୍ତି, ତାଙ୍କୁ ପରମେଶ୍ୱର ବୋଲି କୁହାଯାଉ। ତାଙ୍କର ଶିଷ୍ୟ, ଭାଇ ଗୁରୁଦାସ ଦ୍ୱିତୀୟ ତାଙ୍କୁ ମର୍ଦ ଆଗାମ୍ରା (ଆଦର୍ଶ ବ୍ୟକ୍ତି) ବୋଲି ଡାକୁଥିଲେ। ଏପରିକି ଏପରି ଏକ ପ୍ରତିଷ୍ଠା ଗୁରୁ ଗ୍ରନ୍ଥ ସାହିବଙ୍କୁ ଦିଆଯାଇଛି।

ଗୁରୁ ଗ୍ରନ୍ଥ ସାହିବ, ଗୁରୁମୁଖୀ ଭାଷାରେ ଲେଖା ଯାଇଛି, ଯାହା ଦ୍ୱିତୀୟ ଗୁରୁ, ଗୁରୁ ଅଙ୍ଗଦ ଙ୍କ ଦ୍ୱାରା ସମ୍ପୂର୍ଣ୍ଣ ତ୍ରୁଟି ରହିତ ହୋଇଥିଲା। କିନ୍ତୁ ଶାସ୍ତ୍ରର ଭଜନଗୁଡ଼ିକ ଏକାଧିକ ଭାଷା ଏବଂ ଉପଭାଷାରେ ଅଛି। ଜଣେ ପ୍ରସିଦ୍ଧ ପଣ୍ଡିତ, ହାର୍ନିକ ଦେଓଲ କହିଛନ୍ତି : "ଉଲ୍ଲେଖନୀୟ ବିଷୟ ହେଉଛି ଯେ, କୋରାନ ଉର୍ଦ୍ଦୁ ଭାଷାରେ ଲେଖାଯାଇନାହିଁ କିମ୍ବା ହିନ୍ଦୁ ଶାସ୍ତ୍ରଗୁଡ଼ିକ ହିନ୍ଦିରେ ଲେଖାଯାଇନାହିଁ, କିନ୍ତୁ ଶିଖ ପବିତ୍ର ପୁସ୍ତକ, ଆଦି ଗ୍ରନ୍ଥ,ର ରଚନାଗୁଡ଼ିକ ବିଭିନ୍ନ ଭାଷାର ମିଶ୍ରଣ ଅଟେ, ପ୍ରାୟତ 'ସାନ୍ତା ଭାଷା' ଭାବରେ ସାମୁହିକ ନାମ ଦିଆଯାଇଥାଏ। ସାନ୍ତା ଭାଷା ବାସ୍ତବରେ ଉତ୍ତର ଭାରତର ମଧ୍ୟଯୁଗୀୟ ସାଧୁ-କବି ମାନଙ୍କ ଦ୍ୱାରା ବ୍ୟବହୃତ ଏକ ପ୍ରକାର ସମ୍ପର୍କ ଭାଷା। ଏଥିରେ ପଞ୍ଜାବୀ, ବ୍ରଜ ଭାଷା, ଖାରିବୋଲି, ସଂସ୍କୃତ ଏବଂ ପାରସି ଏବଂ ଅନ୍ୟାନ୍ୟ ସ୍ଥାନୀୟ ଉପଭାଷା ଅନ୍ତର୍ଭୁକ୍ତ ଥିଲେ। ଅନେକ ଭଜନ ବିଭିନ୍ନ ଭାଷା ଏବଂ ଉପଭାଷାର ଶବ୍ଦ ଧାରଣ କରିଥାନ୍ତି, ବୋଧହୁଏ ଲେଖକଙ୍କର ମାତୃଭାଷା ଦ୍ୱାରା ତାହା ନିର୍ଣ୍ଣୟ ହୋଇଥିଲା କିମ୍ବା ସେହି ଅଞ୍ଚଳ ଯେଉଁ ଅଞ୍ଚଳରେ ସେମାନେ ପ୍ରଥମେ ରଚିତ ହୋଇଥିଲେ ତାହା ଦ୍ୱାରା।

ମହାନ ଶିଖ ଗୁରୁମାନଙ୍କର କୌଣସି ଭାଷା ପ୍ରତି କୌଣସି ପ୍ରକାରର ପକ୍ଷପାତ ନ ଥିଲା। ଗୁରୁ ନାନକ ଶିକ୍ଷା ଦେଇଥିଲେ ଯେ, ଈଶ୍ୱରଙ୍କ ପ୍ରଶସ୍ତି ଗାନ କରିବା ପାଇଁ କୌଣସି ନିର୍ଦ୍ଦିଷ୍ଟ ଭାଷା ଅନ୍ୟମାନଙ୍କ ତୁଳନାରେ ଅଧିକ ଉପଯୁକ୍ତ ନୁହେଁ। ଯେ ପର୍ଯ୍ୟନ୍ତ ଜଣେ ସଚ୍ଚୋଟ ଥାଆନ୍ତି, ସେ ଯେ କୌଣସି ଭାଷାରେ ପ୍ରାର୍ଥନା କରି ପାରିବେ ଏବଂ ଯେ କୌଣସି ନାମରେ ଈଶ୍ୱରଙ୍କୁ ଉପାସନା କରିପାରିବେ। ଏହିପରି ଯଦିଓ

ପୁରା ଶାସ୍ତ୍ର ଗୁରୁମୁଖୀ ଲିପିରେ ଲେଖା ହୋଇଛି, ତଥାପି ପ୍ରତ୍ୟେକ ବିଭାଗର ଭାଷା ଭିନ୍ନ ଅଟେ ।

ଏହି ଗୁରୁ ଗ୍ରନ୍ଥ ସାହିବଙ୍କର ପ୍ରଥମ ସଂକଳନରେ ପ୍ରଥମ ପାଞ୍ଚଜଣ ଗୁରୁଙ୍କ ଗୁରୁବାଣୀ, ପନ୍ଦର ଶିଷ୍ୟ (ଭଗତ)ଙ୍କ ଦ୍ୱାରା ରଚିତ ଭଜନ ଏବଂ ଅନ୍ୟ ପବିତ୍ର ଲେଖକଙ୍କ ଅବଦାନ ଅନ୍ତର୍ଭୁକ୍ତ ଥିଲା । ଏହା ୧୬୦୪ ମସିହାରେ ଗୁରୁ ଅର୍ଜନ ଦେବଙ୍କ ଦ୍ୱାରା ସଂକଳିତ ହୋଇଥିଲା ଏବଂ ଭାଇ ଗୁରୁଦାସଙ୍କ ଦ୍ୱାରା ଲିପିବଦ୍ଧ ହୋଇଥିଲା । ଗୁରୁ ଗ୍ରନ୍ଥ ସାହିବ ୧ ସେପ୍ଟେମ୍ବର ୧୬୦୪ରେ ଅମୃତସରର ହରମନ୍ଦିର ସାହିବ (ସୁବର୍ଣ୍ଣ ମନ୍ଦିର)ରେ ସିଂହାସନ ଆରୋହଣ କରିଥିଲେ ଏବଂ ବାବା ବୁଦ୍ଧ ପ୍ରଥମ ଗ୍ରନ୍ଥି ହୋଇଥିଲେ । କୁହାଯାଏ ଯେ ଏହି ଶାସ୍ତ୍ରର ମୂଳ ଖଣ୍ଡ ବର୍ତ୍ତମାନ କର୍ତାରପୁରରେ ଅଛି ଏବଂ ଗୁରୁ ଅର୍ଜନ ଦେବଙ୍କ ଦସ୍ତଖତ ତାହା ବହନ କରୁଛି ।

ଗୁରୁ ଗ୍ରନ୍ଥ ସାହିବଙ୍କର ଅନ୍ତିମ ରୂପ ଗୁରୁ ଗୋବିନ୍ଦ ସିଂଙ୍କ ଦ୍ୱାରା ୧୭୦୬ ମସିହାରେ ଦମଦାମା ସାହିବ ଠାରେ ସମ୍ପାଦିତ ହୋଇଥିଲା ଏବଂ ଭାଇ ମନି ସିଂଙ୍କ ଦ୍ୱାରା ଲିପିବଦ୍ଧ ହୋଇଥିଲା । ନବମ ନାନକ (ଗୁରୁ ତେଗ୍ ବାହାଦୁର)ଙ୍କ ଦ୍ୱାରା ରଚିତ ଗୁରୁବାଣୀ ମଧ୍ୟ ଏହି ଅନ୍ତିମ ସଂସ୍କରଣରେ ଅନ୍ତର୍ଭୁକ୍ତ କରାଯାଇଥିଲା । ଏହି ପବିତ୍ର ସଂକଳନର ନକଲଗୁଡ଼ିକ ଭାରତର ସମସ୍ତ ପ୍ରମୁଖ ଶିଖ କେନ୍ଦ୍ରଗୁଡ଼ିକୁ ପଠାଯାଇଥିଲା ।

ଗୁରୁ ଗ୍ରନ୍ଥ ସାହିବ ଏହାର ପ୍ରଥମ ରୂପରେ ପୋଥୀ ସାହିବ ନାମରେ ନାମିତ ହୋଇଥିଲେ ଯାହାର ଅର୍ଥ ହେଉଛି ପବିତ୍ର ଶାସ୍ତ୍ର । ଯେତେବେଳେ ଗୁରୁ ଗୋବିନ୍ଦ ସିଂ, ନାନ୍ଦେଦ ଠାରେ ତାଙ୍କର ମାନବ ଶରୀର ପରିତ୍ୟାଗ କରିବା ପୂର୍ବରୁ, ଗୁରୁବାଣୀରେ ଆନୁଷ୍ଠାନିକ ଭାବରେ ଗୁରୁଗଦିକୁ ସଂଯୋଗ କରିଥିଲେ, ସେତେବେଳେ ଏହା ବର୍ତ୍ତମାନ ନାମ ଗୁରୁ ଗ୍ରନ୍ଥ ସାହିବ ଭାବରେ ପରିଚିତ ହୋଇଥିଲେ ।

ଗୁରୁ ଗ୍ରନ୍ଥ ସାହିବରେ ପ୍ରାୟ ଛଅ ହଜାର ଭଜନ ରହିଛି । ପ୍ରମୁଖ ଯୋଗଦାନ ପ୍ରଥମ ଏବଂ ପଞ୍ଚମ ଗୁରୁଙ୍କ ଠାରୁ ହୋଇଅଛି । ସମଗ୍ର ମାନବ ଜାତିର ଆଧ୍ୟାତ୍ମିକ ମାର୍ଗଦର୍ଶିକା ଭାବରେ ଏବଂ ସମସ୍ତ ମାନବିକତା ର ଭବିଷ୍ୟତ ପାଇଁ ଏହାଙ୍କୁ ସମ୍ମାନ କରାଯାଇଥାଏ । ଆଜି ପର୍ଯ୍ୟନ୍ତ ଏହା ଶିଖ ଜୀବନଶୈଳୀର ମାର୍ଗଦର୍ଶନ କରିବାରେ ଏକ ଗୁରୁତ୍ୱପୂର୍ଣ୍ଣ ଭୂମିକା ଗ୍ରହଣ କରିଛନ୍ତି । ଶିଖ ଧର୍ମର ଐତିହାସିକ ମାନେ ଆମକୁ କହିଛନ୍ତି ଯେ, ଶିଖ ଭକ୍ତି ଜୀବନରେ ଏହାର ସ୍ଥାନ ଦୁଇଟି ମୌଳିକ ନୀତି ଉପରେ ପର୍ଯ୍ୟବେସିତ : ଏହି ଶାସ୍ତ୍ର ହେଉଛନ୍ତି ଐଶରୀୟ ପ୍ରକଟିକରଣ ଏବଂ ଏହାଙ୍କ ମଧ୍ୟରେ ଧର୍ମ ଏବଂ ନୈତିକତା ସମ୍ବନ୍ଧୀୟ ସମସ୍ତ ଉତ୍ତର ଆବିଷ୍କୃତ ହୋଇପାରିବ । ଏହାଙ୍କର

ଭଜନ ଏବଂ ଶିକ୍ଷାକୁ ଗୁରୁବାଣୀ ବା "ଗୁରୁଙ୍କ ଶବ୍ଦ" କୁହାଯାଇଥାଏ ଏବଂ ବେଳେବେଳେ ଗୁରୁ କି ବାଣୀ କିମ୍ବା "ଈଶ୍ୱରଙ୍କ ଶବ୍ଦ" ବୋଲି କୁହାଯାଇଥାଏ। ଏହିପରି, ଶିଖ ଧର୍ମଶାସ୍ତ୍ର ଅନୁଯାୟୀ, ଐଶରୀୟ ଶବ୍ଦ ବା 'ବାଣୀ' ମହାନ ଗୁରୁ ମାନଙ୍କ ନିକଟରେ ପ୍ରକାଶିତ ହୋଇଥିଲା ଏବଂ ସେମାନଙ୍କ ଦ୍ୱାରା ଏହି ପବିତ୍ର ଶାସ୍ତ୍ରରେ ସ୍ଥାପିତ କରାଯାଇଥିଲା ।

ଗୁରୁ ଗ୍ରନ୍ଥ ସାହିବଙ୍କର ଇତିହାସ ଏବଂ ସଂକଳନ

ଶିଖ ଧର୍ମର ପ୍ରତିଷ୍ଠାତା ଯାହାଙ୍କୁ ଆଦି ଗୁରୁ କୁହାଯାଏ, ଗୁରୁ ନାନକ, ଜଣେ ବିକଶିତ ଆତ୍ମା ଥିଲେ ଯାହାଙ୍କୁ ଭଗବାନ ତାଙ୍କର ଐଶରୀୟ ଜ୍ଞାନକୁ ସିଧାସଳଖ ପ୍ରକାଶ କରିଥିଲେ । ସେ ଏହି ମହାନ ସତ୍ୟଗୁଡ଼ିକୁ ତାଙ୍କର ଅନୁଗାମୀ ମାନଙ୍କୁ ଶକ୍ତିଶାଳୀ, ରହସ୍ୟମୟ ଉଚ୍ଚାରଣ ଦ୍ୱାରା ପ୍ରକାଶ କରିଥିଲେ ଯାହା ଶୁଣିଥିବା ସମସ୍ତଙ୍କ ଉପରେ ଏକ ଅତ୍ୟନ୍ତ ମହତ୍ତ୍ୱପୂର୍ଣ୍ଣ ପ୍ରଭାବ ପକାଇଥିଲା । ଏହି ସ୍ୱତ ପ୍ରବୃତ ବାକ୍ୟଗୁଡ଼ିକର ଅଭିବ୍ୟକ୍ତ ପ୍ରକୃତରେ ପ୍ରେରଣାଦାୟକ ଥିଲା ଏବଂ ଲୋକମାନଙ୍କୁ ସତ୍ୟ, ଭକ୍ତି, ସଚ୍ଚୋଟ ଏବଂ ଧାର୍ମିକ ଜୀବନଯାପନ କରିବାକୁ ଅନୁରୋଧ କରାଯାଇଥିଲା । ଏହି ଗୁରୁବାଣୀର ମୂଳ ଲେଖକ ମାନେ ଥିଲେ ଆଦି ଗୁରୁଙ୍କର ପିଲାଦିନର ବନ୍ଧୁ ଏବଂ ବିଶ୍ୱସ୍ତ ସାଥୀ, ମର୍ଦ୍ଦାନା ଏବଂ ଭାଇ ବାଲା । ଗୁରୁଙ୍କ ଜ୍ଞାନର ବାଣୀ ଶୁଣିବା ପାଇଁ ବହୁ ସଂଖ୍ୟାରେ ଏକତ୍ରିତ ହେଉଥିବା ମଣ୍ଡଳୀମାନେ ତାଙ୍କୁ ମର୍ଦ୍ଦାନାଙ୍କ ସହିତ ତାଙ୍କ ଐଶ୍ୱରୀୟ ଭଜନ ଗାଇବା ଶୁଣୁଥିଲେ । ମଣ୍ଡଳୀର ଅନେକ ସଦସ୍ୟ ଏହି ଭଜନକୁ ଯତ୍ନର ସହ ଲେଖି ନେଉଥିଲେ ଏବଂ ସେମାନଙ୍କୁ ଲାହୋର ପରି ଦୂର ସ୍ଥାନକୁ ନେଇ ସେଠାର ନୂଆ ଶିଖ ମଣ୍ଡଳୀର ଏକ ଅଂଶ ଭାବରେ ଯୋଗ କରିଥିଲେ । ଗୁରୁ ତାଙ୍କର ଶେଷ ବର୍ଷଗୁଡ଼ିକରେ କରତାରପୁରରେ ବସବାସ କରିବା ବେଳକୁ, ମଣ୍ଡଳୀରେ ପ୍ରତିଦିନ ଏହିଥିରୁ କିଛି ଭଜନ ଗାଇବା ଅଭ୍ୟାସ ହୋଇଯାଇଥିଲା । ଦ୍ୱିତୀୟ, ତୃତୀୟ ଏବଂ ଚତୁର୍ଥ ଗୁରୁମାନେ ଶାବାଦ୍ ରଚନା ଜାରି ରଖିଥିଲେ ଯାହାକୁ ଭକ୍ତ ମାନଙ୍କ ଦ୍ୱାରା ଲିପିବଦ୍ଧ କରାଯାଇଥିଲା ଏବଂ ସାବଧାନତାର ସହ ଛୋଟ ଛୋଟ ଆକାରରେ ସଂରକ୍ଷିତ କରାଯାଇଥିଲା ଯାହାକୁ ପୋଥି ବୋଲି କୁହାଯାଉଥିଲା । ଗୁରୁ ଅର୍ଜନ ଦେବଙ୍କ ସମୟ ବେଳକୁ, ଏହିପରି ବିଭିନ୍ନ ପୋଥି ବିଭିନ୍ନ ଲୋକଙ୍କ ପାଖରେ ଉପଲବ୍ଧ ଥିଲା । କିନ୍ତୁ ଚିନ୍ତାର ବିଷୟ ହେଉଛି ଯେ, ଭୁଲ ଉଦ୍ଧୃତି ଏବଂ ଭୁଲ ପଢ଼ିବା ଆସ୍ତେ ଆସ୍ତେ ଗୁରୁବାଣୀ ଭିତରକୁ ପଶିଯାଇଥିଲା । ଏହା ଅନୁମାନ କରାଯାଏ ଯେ ପଞ୍ଚମ ଗୁରୁଙ୍କ ବେଦଖଲ ହୋଇଥିବା ବଡ଼ଭାଇ, ପ୍ରିତି ଚାନ୍ଦ, ପ୍ରକୃତରେ ନିଜର ରଚନାକୁ ଗୁରୁବାଣୀ

ଭାବରେ ଉପସ୍ଥାପନା କରିବାକୁ ଆରମ୍ଭ କରିଦେଇଥିଲେ । ଆଦି ଗ୍ରନ୍ଥଙ୍କର କ୍ଷତି ପହଞ୍ଚାଇବା ପାଇଁ ହେଉଥିବା ଦୁର୍ନୀତିର ବିପଦକୁ ହୃଦୟଙ୍ଗମ କରି ଗୁରୁ ଅର୍ଜନ ଦେବ ଗୁରୁବାଣୀର ଏକ ମାନକୀକରଣ ଏବଂ ସମ୍ପୂର୍ଣ୍ଣ ପ୍ରାମାଣିକ ସଂଗ୍ରହ ସଂକଳନ ପ୍ରସ୍ତୁତ କରିବାକୁ ନିଜେ ଦାୟିତ୍ୱ ବହନ କରିଥିଲେ । ଏହା କରିବା ତାଙ୍କର ଉଦ୍ଦେଶ୍ୟ ଥିଲା ପବିତ୍ର ଶାସ୍ତ୍ରର ଅଖଣ୍ଡତା ରକ୍ଷା କରିବା ଏବଂ ଏହାର ଭିତରେ ପଶିଯାଉଥିବା ବାହ୍ୟ ଶବ୍ଦଗୁଡ଼ିକରୁ ରକ୍ଷା କରିବା । ଏହି କାର୍ଯ୍ୟରେ ତାଙ୍କୁ ଜ୍ଞାନୀ ଭାଇ ଗୁରୁଦାସ ଏବଂ ଆଦି ଗୁରୁଙ୍କ ପିଲାଦିନ ରୁ ଭକ୍ତ ସମ୍ମାନିତ ଭାଇ ବୁଦ୍ଧ, ନିପୁଣତା ପୂର୍ବକ ସାହାଯ୍ୟ କରିଥିଲେ । ଏକତ୍ର ସେମାନେ ପୂର୍ବ ଗୁରୁ ମାନଙ୍କର ଘନିଷ୍ଠ ଅନୁଗାମୀ ଏବଂ ବଂଶଧର ମାନଙ୍କୁ ସେମାନଙ୍କ ସଂରକ୍ଷିତରେ ଥିବା ପାଣ୍ଡୁଲିପିଗୁଡ଼ିକ ସେମାନଙ୍କୁ ହସ୍ତାନ୍ତର କରିବା ପାଇଁ ପ୍ରବର୍ତ୍ତାଇ ଥିଲେ, ଯାହାଦ୍ୱାରା ବର୍ତ୍ତମାନ ଥିବା ସମସ୍ତ ପବିତ୍ର ଶାବାଦଗୁଡ଼ିକ ଏକ ପ୍ରାମାଣିକ ସଂକଳନରେ ଏକାଠି ହୋଇ ପାରିବ ।

ବର୍ତ୍ତମାନ, ପ୍ରଚଳିତ ଥିବା ପାଣ୍ଡୁଲିପିଗୁଡ଼ିକ ସଂଗ୍ରହ କରିବାର କଠିନ କାର୍ଯ୍ୟ ସମାପ୍ତ ହେବା ପରେ, ଗୁରୁ ଅର୍ଜନ ଦେବ ଶାବାଦ୍‌ଗୁଡ଼ିକୁ ଏକ ଗ୍ରନ୍ଥରେ ସଂକଳନ କରିବା ଆରମ୍ଭ କରିଦେଇଥିଲେ ଯାହାକୁ ଆଦି ଗ୍ରନ୍ଥ କୁହାଯାଇଥିଲା । ସେ ସମସ୍ତ ଶାବାଦ୍‌ଗୁଡ଼ିକୁ ସାବଧାନତାର ସହ ପଢ଼ିଥିଲେ, ପ୍ରଥମ ଚାରି ଗୁରୁଙ୍କ ପାଖରୁ ଗଡ଼ିଆସୁଥିବା ଶାବାଦ୍‌ଗୁଡ଼ିକୁ ବାଛିକରି ରଖିଥିଲେ ଏବଂ ବାହାର ବ୍ୟକ୍ତି ମାନଙ୍କ ଦ୍ୱାରା ଯୋଗ କରାଯାଇଥିବା ଶାବାଦ୍‌ଗୁଡ଼ିକୁ ବାହାର କରିଦେଇଥିଲେ । ଗୁରୁ ଅର୍ଜନ ଦେବଙ୍କ କଥାକୁ ଭାଇ ଗୁରୁଦାସ ଲିପିବଦ୍ଧ କରିଥିଲେ, ଯାହାକୁ ସେ ମୂଳ ପୋଥିରୁ ଡାକୁଥିଲେ । ଏକ ସମୟରେ ସେ ଗୁରୁଙ୍କୁ ପଚାରିଥିଲେ ଯେ, ସେ କିପରି ଅସଲି ଏବଂ ନକଲି ଶାବାଦ୍ ମଧ୍ୟରେ ପାର୍ଥକ୍ୟ ଜାଣି ପାରୁଛନ୍ତି । ଗୁରୁ ଅର୍ଜନ ଦେବ ଉତ୍ତର ଦେଇଥିଲେ, "ଗାଈ ଏବଂ ବାଛୁରୀ ମାନଙ୍କର ଏକ ବଡ଼ ଦଳରେ ମଧ୍ୟ ମା' ଗାଈ ନିଜ ବାଛୁରୀର ଆବାଜ୍‌କୁ ଅନ୍ୟମାନଙ୍କ ଆବାଜ୍ ଭିତରୁ ଜାଣି ପାରିବ । ଠିକ୍ ସେହିପରି, ପ୍ରକୃତ ଶାବାଦ୍‌ରୁ ସତ୍ୟତାର ପ୍ରତିଧ୍ୱନି ଆସିଥାଏ ଏବଂ ନକଲି ଠାରୁ ଏହା ସହଜରେ ଜାଣି ହୋଇଯାଇଥାଏ ।"

ଗୁରୁ ଅର୍ଜନ ଦେବ ନିଜର ଶାବାଦ୍‌ଗୁଡ଼ିକ ଗୁରୁ ନାନକ, ଗୁରୁ ଅଙ୍ଗଦ, ଗୁରୁ ଅମରଦାସ ଏବଂ ଗୁରୁ ରାମଦାସଙ୍କ ସହ ଯୋଗ କରିଥିଲେ । ସେ ମଧ୍ୟ ଛତିଶ ଜଣ ହିନ୍ଦୁ, ମୁସଲିମ ସାଧୁଙ୍କ ଶାବାଦ୍ ଯୋଡ଼ିଥିଲେ, ସେମାନଙ୍କ ମଧ୍ୟରେ କବୀର, ରବିଦାସ, ନାମଦେବ, ତ୍ରିଲୋଚନ ଏବଂ ସେଖ ଫରିଦ ଥିଲେ । ଏହା ପ୍ରକୃତରେ ପଞ୍ଚମ ଗୁରୁଙ୍କ ଦ୍ୱାରା ନିଆଯାଇଥିବା ଏକ ଐତିହାସିକ ଏବଂ ମହତ୍ୱପୂର୍ଣ୍ଣ ନିଷ୍ପତ୍ତି ଥିଲା । କାରଣ

ଇତିହାସରେ ଏହା ପ୍ରଥମ ଥର ହୋଇଥିଲା ଯେ, କୌଣସି ଧର୍ମର ଧର୍ମ ଗ୍ରନ୍ଥରେ ଅନ୍ୟ ଧର୍ମର ସାଧୁ ଏବଂ କବି ମାନଙ୍କ ର କାର୍ଯ୍ୟକୁ ଅନ୍ତର୍ଭୁକ୍ତ କରାଯାଇଥିଲା । ଏହା ପ୍ରକୃତରେ ସେମାନଙ୍କ ମନର ଉଦାର ମନୋଭାବ ଏବଂ ସର୍ବବ୍ୟାପି ଚିନ୍ତାଧାରାକୁ ପ୍ରତିଫଳିତ କରିଥାଏ ଯାହା ସେମାନଙ୍କର ଏକ ଈଶ୍ୱର ବିଶ୍ୱାସ ଏବଂ ସମଗ୍ର ମାନବ ଜାତି ଈଶ୍ୱରଙ୍କର ଗୋଟିଏ ପରିବାରର ଆଧାରରେ ହୋଇଥାଏ ।

ଆମକୁ କୁହାଯାଇଛି ଯେ, ଗୁରୁ ଅର୍ଜନ ଦେବ ତାଙ୍କ ଲେଖକଙ୍କୁ ଗ୍ରନ୍ଥରେ କିଛି ଖାଲି ପୃଷ୍ଠା ଛାଡ଼ିଦେବାକୁ କହିଥିଲେ । ଯେତେବେଳେ ଭାଇ ଗୁରୁଦାସ ତାଙ୍କୁ ଏହି ନିଷ୍ପତ୍ତି ପଛର କାରଣ ବୁଝାଇବାକୁ କହିଥିଲେ, ସେ ଉତ୍ତର ଦେଇଥିଲେ ଯେ, ତାଙ୍କ ପରେ ହେବାକୁ ଥିବା ଗୁରୁ ମାନଙ୍କ ମଧ୍ୟରୁ ଜଣେ ଉପଯୁକ୍ତ ସମୟରେ ଶାବାଦ୍‌ଗୁଡ଼ିକ ଉପଯୁକ୍ତ ଜାଗାରେ ଯୋଗ କରିବେ । ଏବଂ ଠିକ୍ ସମୟ ରେ ତାହାହିଁ ଘଟିଥିଲା ଯାହା ଗୁରୁ ଅର୍ଜନ ଦେବ ଭବିଷ୍ୟ ବାଣୀ କରିଥିଲେ । ନବମ ଗୁରୁ, ଗୁରୁ ତେଗ୍ ବାହାଦୁରଙ୍କ ଶାବାଦ୍‌ଗୁଡ଼ିକ ଗୁରୁ ଗୋବିନ୍ଦ ସିଂଙ୍କ ଦ୍ୱାରା ଉପଯୁକ୍ତ ସ୍ଥାନରେ ଭର୍ତ୍ତି କରାଯାଇଥିଲା ଏବଂ ଏହିପରି ଗୁରୁ ଗ୍ରନ୍ଥ ସାହିବଙ୍କ ସଂକଳନ ସମାପ୍ତ ହୋଇଥିଲା । ଉଲ୍ଲେଖଯୋଗ୍ୟ ଯେ, ଗୁରୁ ଗୋବିନ୍ଦ ସିଂ ମୂଳ ଶାବାଦ୍ ମାନଙ୍କ ମଧ୍ୟରେ ନିଜ ଶାବାଦ୍ ଅନ୍ତର୍ଭୁକ୍ତ କରି ନ ଥିଲେ, ଏହା ପରିବର୍ତ୍ତେ ସେ ସେମାନଙ୍କୁ ଦଶମ ଗ୍ରନ୍ଥ ନାମକ ଏକ ପୃଥକ ବିଭାଗରେ ରଖିଥିଲେ ।

ଆଦି ଗ୍ରନ୍ଥ ମୂଳତ ପଞ୍ଚମ ଗୁରୁଙ୍କ ଦ୍ୱାରା ସଂକଳିତ ହୋଇଥିଲା ଏବଂ ୧୬୦୪ ମସିହାରେ ସଂପୂର୍ଣ୍ଣ ହୋଇ ସୁବର୍ଣ୍ଣ ମନ୍ଦିରରେ ସ୍ଥାପିତ ହୋଇଥିଲା । ବାବା ବୁଦ୍ଧ ଙ୍କୁ ପ୍ରଥମ ଗ୍ରନ୍ଥି ଭାବରେ ନିଯୁକ୍ତି ଦିଆଯାଇଥିଲା । ଗୁରୁ ଅର୍ଜନ ଦେବ ତାଙ୍କ ଶିଖ ମାନଙ୍କୁ କହିଥିଲେ ଯେ, ଆଦି ଗ୍ରନ୍ଥ ଗୁରୁଙ୍କ ପ୍ରତୀକ ଅଟେ, ଏବଂ ତାଙ୍କୁ ସେହିପରି ଭକ୍ତି ଓ ସମ୍ମାନର ସହିତ ବ୍ୟବହାର କରାଯିବା ଉଚିତ ଯେଉଁପରି ଗୁରୁଙ୍କୁ ଦିଆଯାଇଥାଏ । ନିଜ ନିୟମ ଅନୁଯାୟୀ, ଯେତେବେଳେ ଆଦି ଗ୍ରନ୍ଥ ସମାପ୍ତ ହୋଇଯାଇଥିଲେ, ଗୁରୁ ଅର୍ଜନ ଦେବ ତାଙ୍କୁ ନିଜ ଶଯ୍ୟା ଉପରେ ରଖିଥିଲେ ଏବଂ ସେ ନିଜେ ଚଟାଣରେ ଶୋଇଥିଲେ ।

ମୂଳ ସଂକଳନଟି କୌଣସି ଜାଗା ନ ଛାଡ଼ି, କୌଣସି ପାରା ନ କରି ଏକ ନିରନ୍ତର ଲିପି ଭାବରେ ଲେଖାଯାଇଥିଲା ଯାହାକୁ ଆଜିକାଲି ଅଧିକାଂଶ ଲୋକଙ୍କର ପଢ଼ିବା କଷ୍ଟକର ହୋଇପଡ଼ିବ ।

ଗୁରୁ ଗୋବିନ୍ଦ ସିଂ, ଶିଖ ଗୁରୁମାନଙ୍କର ଦଶମ ତଥା ମାନବ ରୂପ ନେଇଥିବା ଶେଷ ଗୁରୁ, ତଲୱାଣ୍ଡି ସାବୋରେ ପୁରା ଗୁରୁ ଗ୍ରନ୍ଥ ସାହିବଙ୍କୁ ଲିପିବଦ୍ଧ କରିବା ପାଇଁ

ଡାକିଥିଲେ, ଯାହାକୁ ବର୍ତ୍ତମାନ ଦମଦମା ସାହିବ କୁହାଯାଉଛି । ବାବା ଗୁରୁଦିତ୍ତଙ୍କ ପୁତ୍ର ଏବଂ ଗୁରୁ ହରଗୋବିନ୍ଦଙ୍କ ନାତି ଧୀର ମଲ ଆଦି ଗ୍ରନ୍ଥକୁ ଅଧିକାର କରିନେଇଥିଲେ । ଯେତେବେଳେ ଗୁରୁ ଗୋବିନ୍ଦ ସିଂ ଏହା ମାଗିଥିଲେ ସେତେବେଳେ ସେ ତାହା ଗୁରୁଙ୍କୁ ଦେବାକୁ ମନା କରିଦେଇଥିଲେ । ବାସ୍ତବରେ ଧୀର ମଲ ଗୁରୁଙ୍କୁ ଉପହାସ କରି କହିଥିଲେ, "ଯଦି ତୁମେ ଜଣେ ଗୁରୁ, ତେବେ ତୁମେ ତୁମ ନିଜର ଗ୍ରନ୍ଥ ପ୍ରସ୍ତୁତ କର ।"

ଦଶମ ଗୁରୁ ଏହି ଆହ୍ୱାନକୁ ଗ୍ରହଣ କରିଥିଲେ । ପୁରା ଗ୍ରନ୍ଥଟିକୁ ସେ ତାଙ୍କର ସ୍ମୃତି ରୁ ଭାଇ ମଣି ସିଂଙ୍କୁ ଡାକିଦେଇଥିଲେ, ଯିଏ କି ଏହାକୁ କାଗଜରେ ଲିପିବଦ୍ଧ କରିଥିଲେ । ଏହି ଘଟଣାର ସତ୍ୟତା ଉପରେ ପ୍ରଶ୍ନ କରିବା ଆମ ପାଇଁ ଆବଶ୍ୟକ ନୁହେଁ, କାରଣ, ଭାରତ ରେ ମୌଖିକ ପରମ୍ପରା ସର୍ବଦା ଶକ୍ତିଶାଳୀ ଏବଂ ବିଶ୍ୱାସନୀୟ ଅଟେ । କୁହାଯାଇଛି ଯେ ସମଗ୍ର ଦିବ୍ୟ ପ୍ରବନ୍ଧନ, ଯାହାକି ଦକ୍ଷିଣ ଭାରତର ଅଲଓ୍ୱାର ସାଧୁ ମାନଙ୍କ ଦ୍ୱାରା ପ୍ରସ୍ତୁତ ହୋଇଥିବା ଚାରିହଜାର ରୁ ଅଧିକ ଭଜନର ସମାହାର,କୁ ମୌଖିକ ଭାବରେ ମଦୁରାକଭି ଅଲଓ୍ୱାରଙ୍କ ନିକଟରେ ପ୍ରକାଶ କରାଯାଇଥିଲା ଏବଂ ସେ ତାହାକୁ ତାଳପତ୍ର ପାଣ୍ଡୁଲିପିରେ ସଂକଳନ କରିଥିଲେ । ଆଜି ପର୍ଯ୍ୟନ୍ତ, ଅନେକ ହିନ୍ଦୁ ବିଦ୍ୱାନ ସ୍ମୃତି ରୁ ସମଗ୍ର ବେଦ ଆବୃତ୍ତି କରିପାରିଥାନ୍ତି । ସମାନ ଭାବରେ, ଅନେକ ହାଜି ସେମାନଙ୍କ ସ୍ମୃତି ରୁ ସମଗ୍ର କୋରାନ ଆବୃତ୍ତି କରିପାରିଥାନ୍ତି । ଆମେ ଏପରି ଏକ ସଂସ୍କୃତିରେ ଅଛୁ ଯେଉଁଠାରେ ଲିଖିତ ଏବଂ ରେକର୍ଡ଼ ହୋଇଥିବା ଗ୍ରନ୍ଥଗୁଡ଼ିକ ଠାରୁ ମୌଖିକ ଏବଂ ବାଖ୍ୟା କରାଯିବାକୁ ପ୍ରାଧାନ୍ୟ ଦିଆଯାଇଥାଏ । ଏହିପରି ମୌଖିକ ପରମ୍ପରା ଆମ ପାଇଁ ସର୍ବଦା ଗୁରୁତ୍ୱପୂର୍ଣ୍ଣ ରହିଆସିଛି ଏବଂ ଆମେ ଏ ପର୍ଯ୍ୟନ୍ତ ଏହି ପରମ୍ପରାକୁ ଉତ୍ସାହିତ କରିଚାଲିଛୁ ।

ଦଶମ ଗୁରୁ ଅକ୍ଟୋବର ୨୦, ୧୭୦୮ ମସିହାରେ ଗୁରୁ ଭାବରେ ଆଦି ଗ୍ରନ୍ଥର ନୂତନ ବିସ୍ତାରିତ ସଂସ୍କରଣଙ୍କୁ ସ୍ଥାପନ କରିଥିଲେ । ଏବେ ଏହି ଦିନଟି ଗୁରୁ ଗଦି ଦିବସ (ସିଂହାସନ ଦିବସ) ଭାବରେ ପାଳନ କରାଯାଏ । ତାଙ୍କ ମୃତ୍ୟୁ ସମୟ ରେ, ଶେଷ ମାନବ ଗୁରୁ ସ୍ପଷ୍ଟ ଭାବରେ ଘୋଷଣା କରିଥିଲେ ଯେ, ଭଗବାନଙ୍କ ବାକ୍ୟ ସମାବିଷ୍ଟ ହୋଇଥିବା ଗୁରୁଗ୍ରନ୍ଥ ସାହିବ ସବୁ ଦିନ ପାଇଁ ଗୁରୁ ହୋଇ ରହିବେ । ସେ କହିଥିଲେ, "ହେ ମୋର ପ୍ରିୟ ଖାଲସା ! ଯିଏ ମୋତେ ଦେଖିବାକୁ ଇଚ୍ଛା କରେ ସେ ଗୁରୁ ଗ୍ରନ୍ଥ ସାହିବଙ୍କୁ ଦେଖନ୍ତୁ । ଗୁରୁ ଗ୍ରନ୍ଥ ସାହିବଙ୍କୁ ମାନନ୍ତୁ, କାରଣ ଏହା ଗୁରୁଙ୍କର ଦୃଶ୍ୟମାନ ଶରୀର ଅଟେ । ଯିଏ ମୋତେ ଭେଟିବାକୁ ଇଚ୍ଛା କରନ୍ତି,

ସେ ଏହାଙ୍କର ବାଣୀକୁ ପରିଶ୍ରମ କରି ଖୋଜନ୍ତୁ ।" ଏହିପରି ଭାବରେ ଈଶ୍ୱରଙ୍କ ବାକ୍ୟ, ଯାହା ମୂଳତ ନାନକଙ୍କ ଠାରେ ଗୁରୁ ଭାବରେ ପ୍ରକାଶ ପାଇଥିଲା ଏବଂ ଗୁରୁମାନଙ୍କର ଦଶ ଅବତାର ଦେଇ ଗତିକରିଥିଲା, ବର୍ତ୍ତମାନ ଶବ୍ଦ, ବାଣୀ, ଶାବାଦ୍ ଭାବରେ ତାହାର ମୂଳ ରୂପକୁ ଫେରି ଆସିଥିଲା ।

ଗଠନ ଏବଂ ବିଷୟବସ୍ତୁ :

ଗୁରୁ ଗ୍ରନ୍ଥ ସାହିବ ଚଉଦ ଶହ ତିରିଶ ପୃଷ୍ଠା ବିଶିଷ୍ଟ ଏକ ପୁସ୍ତକ ଯାହା ଭକ୍ତ ମାନଙ୍କ ଦ୍ୱାରା ଅଙ୍ଗ (Limbs) ଭାବରେ ଜଣାଶୁଣା । ମୋଟାମୋଟି ଭାବରେ କହିବାକୁ ଗଲେ, ଏହି ଶାସ୍ତ୍ର ତିନୋଟି ବିଭାଗରେ ବିଭକ୍ତ :

୧- ଆରମ୍ଭ ଭାଗରେ ଗୁରୁ ନାନକଙ୍କ ଦ୍ୱାରା ରଚିତ ମୂଳ ମନ୍ତ୍ର, ଜାପ୍‌ଜୀ ସାହିବ ଏବଂ ସୋହିଲା ରହିଅଛି ।

୨- ରାଗ ଭାଗରେ ବିଭିନ୍ନ ଗୁରୁଙ୍କର ଏବଂ ଅନ୍ୟାନ୍ୟ ଧର୍ମର ସାଧୁ ସନ୍ୟାସୀ ମାନଙ୍କର ରଚନା ସ୍ଥାନ ପାଇଅଛି । ଏଗୁଡ଼ିକ ଗୁରୁମାନଙ୍କ କ୍ରମ ଅନୁଯାୟୀ ନୁହେଁ ବରଂ ରାଗ ମାନଙ୍କ କ୍ରମରେ ସଜାଯାଇଅଛି ।

୩- ତୃତୀୟ ଭାଗରେ ମୁଣ୍ଡାବାଣୀ (The closing Seal), ଗୁରୁ ଅର୍ଜନ ଦେବଙ୍କ ଦ୍ୱାରା ଏକ ଶ୍ଳୋକ ଏବଂ ରାଗ ମହଲ ର ଅନ୍ତିମ ରଚନା ରହିଛି ।

ଗୁରୁ ଗ୍ରନ୍ଥ ସାହିବ ଏହି ଅମର ମୂଳ ମନ୍ତ୍ର ରୁ ଆରମ୍ଭ ହୋଇଛନ୍ତି । "ଏକ ଓଁକାର ସତ୍‌ନାମ କର୍ତ୍ତା ପୁରଖ ନିର୍ଭବ ନିର୍‌ଭୈର ଅକାଳ ମୁରତ, ଅଜୁନି ସାଇଭାଙ୍ଗ ଗୁରୁପ୍ରସାଦ ଜପ...."

ଏହାର ଆନୁମାନିକ ଓଡ଼ିଆ ଅନୁବାଦ ଆମକୁ ଯାହା ଦିଆଯାଇଛି ତାହା ହେଲା : "ଏଠାରେ ଏକ ଏବଂ କେବଳ ଏକମାତ୍ର ଈଶ୍ୱର ଅଛନ୍ତି ଯିଏ ସର୍ବଶ୍ରେଷ୍ଠ ଏବଂ ସର୍ବବ୍ୟାପୀ ଅଟନ୍ତି । ତାଙ୍କର ନାମ ପ୍ରକୃତ ସତ୍ୟ ଏବଂ ଅନନ୍ତ । ସେ ସୃଷ୍ଟିକର୍ତ୍ତା ଏବଂ ବ୍ୟକ୍ତି ଅଟନ୍ତି । ବିନା ଭୟରେ ଏବଂ ଶତ୍ରୁତା ବିନା । କାଳହୀନ ରୂପ, ଅବିନାଶ, ଆତ୍ମ-ବିଦ୍ୟମାନ । ଈଶ୍ୱରଙ୍କ ଅନୁଗ୍ରହ ଦ୍ୱାରା ହୃଦୟଙ୍ଗମ କରାଯାଇପାରେ ।"

ଏହା ପରେ ଗୁରୁ ନାନାକଙ୍କ ଦ୍ୱାରା ରଚିତ ଜାପ୍‌ଜୀ ସାହିବ ଅଛନ୍ତି । ଏହା ଭକ୍ତ ଶିଖ ମାନଙ୍କ ଦ୍ୱାରା ସକାଳର ପ୍ରାର୍ଥନା ଭାବରେ ଆବୃତ୍ତି କରାଯାଇଥାଏ । ପରବର୍ତ୍ତୀ ରଚନାରେ ଦୁଇଟି ଅଂଶ ଅଛି - ସୋ ଦାର ଏବଂ ସେ ପୁରଖ । ଏହା ସନ୍ଧ୍ୟା ପ୍ରାର୍ଥନାରେ ଉପଯୋଗ ହୋଇଥାଏ ଏବଂ ଏହାକୁ ରେହରାସ କୁହାଯାଇଥାଏ । ଏହା ପରେ ସେହିଲା ନାମକ ବାଣୀ ଆସେ ଯାହା ଶଯ୍ୟା ସମୟର ପ୍ରାର୍ଥନା ।

ଶାସ୍ତ୍ରରେ ଛଅ ଜଣ ଶିଖ ଗୁରୁଙ୍କର ରଚନା ସନ୍ନିବେଶ ହୋଇଛି : ଗୁରୁ ନାନକ, ଗୁରୁ ଅଙ୍ଗଦ, ଗୁରୁ ଅମର ଦାସ, ଗୁରୁ ରାମଦାସ, ଗୁରୁ ଅର୍ଜନ ଦେବ ଏବଂ ଗୁରୁ ତେଗ୍ ବାହାଦୁର (ଯଥା, ପ୍ରଥମ ପାଞ୍ଚ ଗୁରୁ ଏବଂ ନବମ ଗୁରୁ) ।

ଶାସ୍ତ୍ରରେ ମଧ୍ୟ ସତର ଜଣ ଅନ୍ୟ ଧର୍ମର ସାଧୁ ବା ଭଗତ ମାନଙ୍କର ବାଣୀକୁ ଅନ୍ତର୍ଭୁକ୍ତ କରାଯାଇଛି : ସେମାନଙ୍କ ମଧ୍ୟରେ କବୀର, ଶେଖ ଫରିଦ, ନାମଦେବ, ରବିଦାସ, ବେଣି, ତ୍ରିଲୋଚନ, ଜୟଦେବ, ସୁରଦାସ, ପରମାନନ୍ଦ, ସାଧନା, ରାମାନନ୍ଦ, ଧାନା, ପିପା, ସାଇନ, ଭିଖାନ, ସୁନ୍ଦର ଏବଂ ମର୍ଦ୍ଦାନା ଅଛନ୍ତି ।

ଗୁରୁ ମାନଙ୍କ ପ୍ରଶଂସାରେ ଗାନ କରାଯାଇଥିବା ଭଜନଗୁଡ଼ିକର ମଧ୍ୟ ଗୋଟିଏ ବିଭାଗ ଅଛି ଯାହାକୁ ଗୁରୁଙ୍କ ଦରବାରର ଗାୟକ ମାନଙ୍କ ଦ୍ୱାରା ଗୁରୁଙ୍କ ଉପସ୍ଥିତିରେ ରଚନା କରାଯାଇଥିଲା : ବଲଓ୍ୱନ୍ତ ଏବଂ ସଟ୍ଟା ଏବଂ ଶିଖଗୁରୁ ମାନଙ୍କର ଅନ୍ୟ ଏଗାର ଜଣ ଭଟ୍ଟ ବା କବି ଯଥା, ଭଟ୍ଟ ବାଲହ, ଭଟ୍ଟ ଭାଲହ, ଭଟ୍ଟ ଭିକା, ଭଟ୍ଟ ଗୟାନ୍ଦ, ଭଟ୍ଟ ହରବଂଶ, ଭଟ୍ଟ ଜଲାପ, ଭଟ୍ଟ କାଲସାର, ଭଟ୍ଟ କିରାଟ, ଭଟ୍ଟ ମଥୁରା, ଭଟ୍ଟ ନାଥ ଏବଂ ଭଟ୍ଟ ସାଲହ ।

ମୋଟ ଉପରେ ଗୁରୁ ଗ୍ରନ୍ଥ ସାହିବରେ ୫୮୯୪ଟି ଭଜନ ବା ଶାବାଦ୍ /ଶ୍ଲୋକ ଅଛି । ସେଥି ମଧ୍ୟରୁ :

- ୯୭୪ଟି ଭଜନ ପ୍ରଥମ ଗୁରୁ, ଗୁରୁ ନାନକଙ୍କ ଦ୍ୱାରା ଲେଖା ଯାଇଅଛି ।
- ୬୨ଟି ଦ୍ୱିତୀୟ ଗୁରୁ, ଗୁରୁ ଅଙ୍ଗଦଙ୍କ ଦ୍ୱାରା
- ୯୦୭ଟି ତୃତୀୟ ଗୁରୁ, ଗୁରୁ ଅମର ଦାସଙ୍କ ଦ୍ୱାରା
- ୬୭୯ଟି ଚତୁର୍ଥ ଗୁରୁ, ଗୁରୁ ରାମଦାସଙ୍କ ଦ୍ୱାରା
- ୨୨୧୮ଟି ପଞ୍ଚମ ଗୁରୁ, ଗୁରୁ ଅର୍ଜନ ଦେବଙ୍କ ଦ୍ୱାରା
- ୧୧୫ଟି ନବମ ଗୁରୁ, ତେଗ୍ ବାହାଦୁରଙ୍କ ଦ୍ୱାରା
- ୫୪୧ଟି ଭଜନ ଭଗତ କବୀରଙ୍କ ଦ୍ୱାରା
- ୩୮୧ଟି ଭଜନ ଉପରଲିଖିତ ଅନ୍ୟ ଭଗତ, ଭଟ୍ଟ ଏବଂ କବି ମାନଙ୍କ ଦ୍ୱାରା ଲେଖା ଯାଇଅଛି ।

ଏଗୁଡ଼ିକ ରାଗ ବିଭାଗରେ ମିଳି ପାରିବ ଯେଉଁଠାରେ ୩୧ଟି ରାଗ ବା ସଂଗୀତ ଶ୍ରେଣୀର ସଂଯୋଜନା ହୋଇଅଛି :-

ଶ୍ରୀ ରାଗ, ମନ୍ଝ୍, ଗଉରୀ, ଆଶା, ଗୁଜରୀ, ଦେବଗାନ୍ଧାରୀ, ବିହଗରା, ଓ୍ୟାଦାହଂସ, ସୋରାଥ, ଧନଶ୍ରୀ, ଜେଟଶ୍ରୀ, ତୋଡ଼ି, ବୈରାରୀ, ତିଲାଙ୍ଗ, ସୁହି, ବିଲାଭାଲ, ଗୋଣ୍ଡ (ଗଉଣ୍ଡ), ରାମକଲୀ, ନୁତ-ନାରାୟଣ, ମାଲିଗୌରା, ମାରୁ,

ତୁଖାର, କେଦାର, ଭୈରବ (ଭୈରୋ),ବସନ୍ତ, ସାରଙ୍ଗ, ମଲାର, କନ୍‌ରା, କଲ୍ୟାଣ, ପ୍ରଭାତି ଏବଂ ଜୈଜଓ୍ୱନ୍ତି ।

ଏଗୁଡ଼ିକ ପରେ ଶ୍ଳୋକ ଏବଂ ଭାର (ପଞ୍ଜାବୀ ନାୟକ ଏବଂ ଐତିହାସିକ ଘଟଣାଗୁଡ଼ିକର ପଦ୍ୟ ଆକାରରେ ରଚନା)ଗୁଡ଼ିକ ଅବସ୍ଥାପିତ ହୋଇଅଛି ।

ଗୁରୁ ଗ୍ରନ୍ଥ ସାହିବଙ୍କର ପବିତ୍ରତା

ପଞ୍ଜାବୀ ଶବ୍ଦ ଗୁରୁଦ୍ୱାରର ଆକ୍ଷରିକ ଭାବରେ ଅନୁବାଦ କଲେ 'ଗୁରୁଙ୍କ ବାସସ୍ଥାନ' ବା 'ସେହି ଦ୍ୱାର ଯାହା ଗୁରୁଙ୍କ ଆଡ଼କୁ ଯାଇଥାଏ' ହେବ । ଆଧୁନିକ ଗୁରୁଦ୍ୱାରରେ ବାସ କରୁଥିବା ଗୁରୁ, ଗୁରୁ ଗ୍ରନ୍ଥ ସାହିବଙ୍କ ବ୍ୟତୀତ ଆଉ କେହି ନୁହନ୍ତି । ପ୍ରକୃତରେ, ଏହି ପବିତ୍ର ଶାସ୍ତ୍ରର ଉପସ୍ଥିତି ହିଁ ଗୁରୁଦ୍ୱାରଙ୍କୁ ଏହାର ଧାର୍ମିକ ମାନ୍ୟତା ଦେଇଥାଏ ।

ପୂଜାପାଠ ସ୍ଥାନ ଭାବରେ ଗୁରୁଦ୍ୱାର ଅନନ୍ୟ : ତୁମେ ଏଠାରେ ପ୍ରତିମା, ମୂର୍ତ୍ତି କିମ୍ବା ଧାର୍ମିକ ଚିତ୍ର ପାଇବ ନାହିଁ, କାରଣ ଶିଖ ମାନେ ବିଶ୍ୱାସ କରନ୍ତି ଯେ ଏକ ଈଶ୍ୱରଙ୍କର କୌଣସି ଶାରୀରିକ ରୂପ ନାହିଁ । କିମ୍ବା ଆପଣ ଦୀପ, ମହମବତୀ, ଧୂପ, ଘଣ୍ଟି କିମ୍ବା ରୀତିନୀତି ପ୍ରଥା ସହିତ ଜଡ଼ିତ ଅନ୍ୟ କୌଣସି ଉପକରଣ ପାଇବେ ନାହିଁ ।

ପବିତ୍ରତାର କେନ୍ଦ୍ର, ଧ୍ୟାନର କେନ୍ଦ୍ରବିନ୍ଦୁ ଏବଂ ମୁଖ୍ୟ ହଲ (କିମ୍ବା ଦରବାର ସାହିବ)ରେ ଏକମାତ୍ର ସମ୍ମାନର ବିଷୟ ହେଉଛନ୍ତି ପବିତ୍ର ଶିଖ ଶାସ୍ତ୍ର, ଗୁରୁ ଗ୍ରନ୍ଥ ସାହିବ, ଯାହାଙ୍କୁ ଜଣେ ମାନବ ଗୁରୁଙ୍କ ପରି ସର୍ବତ୍ର ଭକ୍ତି ଏବଂ ସମ୍ମାନର ସହ ବ୍ୟବହାର କରାଯାଇଥାଏ ।

ଗୁରୁ ଗ୍ରନ୍ଥ ସାହିବଙ୍କୁ ରାତି ସମୟରେ ତାଙ୍କର ନିଜ କୋଠରୀରେ ରଖାଯାଇଥାଏ ଏବଂ ଦିନର ପୂଜା ଆରମ୍ଭରେ ମୁଖ୍ୟ ହଲକୁ ଶୋଭାଯାତ୍ରାରେ ନିଆଯାଇଥାଏ । ଏହାକୁ ଏକ ଉଚ୍ଚ ମଞ୍ଚ (ତଖତ୍ କିମ୍ବା ମଞ୍ଜି ସାହିବ, ଯାହାର ଅର୍ଥ "ସିଂହାସନ") ଉପରେ ଏବଂ ଏକ ଚାନ୍ଦୁଆ (ଚନାନି) ତଳେ ରଖାଯାଇଥାଏ ଏବଂ ଯେତେବେଳେ ପଢ଼ାଯାଉନଥାଏ ଏକ ମୂଲ୍ୟବାନ କପଡ଼ାରେ ଆବୃତ ହୋଇ ରଖାଯାଇଥାନ୍ତି ।

ଏକ ସେବା ସମୟରେ ପଙ୍ଖା ଧରିଥିବା ଜଣେ ବ୍ୟକ୍ତି ଯାହାଙ୍କୁ ଚଉର କୁହାଯାଇଥାଏ, ଗୁରୁ ଗ୍ରନ୍ଥ ସାହିବଙ୍କ ଉପରେ ଚାମର ଚାଳନ କରୁଥାନ୍ତି । ଯାହାହେଉ, ଶାସ୍ତ୍ରଙ୍କୁ ଦେଖାଯାଉଥିବା ସମସ୍ତ ସମ୍ମାନ ଏହାଙ୍କର ବିଷୟବସ୍ତୁ ଏବଂ ଏଥିରେ ଥିବା ପ୍ରାର୍ଥନାଗୁଡ଼ିକର ଗଭୀର ଆଧ୍ୟାତ୍ମିକ ମହତ୍ତ୍ୱ ହେତୁ ମିଳିଥାଏ କିନ୍ତୁ ପୁସ୍ତକକୁ ଏକ ବସ୍ତୁ ଭାବରେ ନୁହେଁ, ପ୍ରକୃତ ପୁସ୍ତକ ହେଉଛନ୍ତି ପ୍ରାର୍ଥନାର ପ୍ରତୀକ ବା ଦୃଶ୍ୟମାନ ଅଭିବ୍ୟକ୍ତି ।

ଗୁରୁଦ୍ୱାରକୁ ଯାଉଥିବା ସମସ୍ତ ପରିଦର୍ଶକ, ଦରବାର ସାହିବରେ ପ୍ରବେଶକରିବା ପୂର୍ବରୁ ସେମାନଙ୍କର ଯୋତା କାଢ଼ି ଥାନ୍ତି ଏବଂ ସେମାନଙ୍କ ମସ୍ତକ ଆଚ୍ଛାଦିତ କରିଥାନ୍ତି । ଏଠାରେ ଧୂମ୍ରପାନ ନିଷେଧ ଏବଂ ମଦ୍ୟ କିମ୍ବା ଡ୍ରଗର ପ୍ରଭାବରେ ଥିଲାବେଳେ କୌଣସି ପରିଦର୍ଶକ ଗୁରୁଦ୍ୱାରରେ ପ୍ରବେଶ କରିପାରିବେ ନାହିଁ ।

ମୁଖ୍ୟ ହଲରେ ପ୍ରବେଶକରିବା ପରେ ଧାର୍ମିକ ଶିଖ ମାନେ ଗୁରୁ ଗ୍ରନ୍ଥ ସାହିବଙ୍କ ଆଗରେ ଶ୍ରଦ୍ଧାର ଚିହ୍ନ ସ୍ୱରୂପ ଚଟାଣରେ କପାଳ ଲଗାଇ ପ୍ରଣାମ କରିଥାନ୍ତି । ଏହା କେବଳ ସମ୍ମାନର ବାହ୍ୟ ପ୍ରଦର୍ଶନ ନୁହେଁ ବରଂ ଶାସ୍ତ୍ରରେ ଦର୍ଶାଯାଇଥିବା ସତ୍ୟଗୁଡ଼ିକ ଉପରେ ସେମାନଙ୍କର ସମ୍ପୂର୍ଣ୍ଣ ଆସ୍ଥାର ଏକ ସଙ୍କେତ ।

ଶିଖ ଧର୍ମରେ ଆନୁଷ୍ଠାନିକ ଭାବରେ ନିର୍ଦ୍ଦେଶିତ କୌଣସି ପୁରୋହିତ ନାହାନ୍ତି । କିନ୍ତୁ ପ୍ରତ୍ୟେକ ଗୁରୁଦ୍ୱାରରେ ଜଣେ ଗ୍ରନ୍ଥି ଥାନ୍ତି ଯିଏ କି ଦୈନନ୍ଦିନ ସେବାର ଆୟୋଜନ କରିଥାନ୍ତି ଏବଂ ଗୁରୁ ଗ୍ରନ୍ଥ ସାହିବ ରୁ ପଠନ କରିଥାନ୍ତି । ସେ ଜଣେ ପୁରୋହିତ ନୁହନ୍ତି କିନ୍ତୁ ଆଦି ଗ୍ରନ୍ଥ ର ପାଠକ ବା ରକ୍ଷକ ଅଟନ୍ତି । ସେ ଗୁରୁମୁଖୀ ଭାଷାରେ ପାରଙ୍ଗମ ହେବା ଦରକାର ଏବଂ ଗୁରୁ ଗ୍ରନ୍ଥ ସାହିବଙ୍କ ସମସ୍ତ ପ୍ରକାର ଯତ୍ନ ନେବାରେ ସଠିକ୍ ଭାବରେ ତାଲିମ ପ୍ରାପ୍ତ ହେବା ଆବଶ୍ୟକ । ସେ ଜଣେ ଦିକ୍ଷୀତ ହୋଇଥିବା ସଦସ୍ୟ ହୋଇଥିବେ ବୋଲି ଆଶା କରାଯାଏ ଯିଏକି ଖାଲସା ମାନଙ୍କର ଆଦର୍ଶରେ ଅନୁପ୍ରାଣୀତ ହୋଇ ଜୀବନ ନିର୍ବାହ କରୁଥିବେ ।

ସକାଳର ପୂଜା ଗୁରୁ ନାନକଙ୍କ ଦ୍ୱାରା ଲିଖିତ ଭଜନ 'ଆଶା ଦି ବାର' ଗାଇବା ସହ ଆରମ୍ଭ ହୋଇଥାଏ । ତା ପରେ ଗୁରୁ ଗ୍ରନ୍ଥ ସାହିବଙ୍କ ଅନ୍ୟାନ୍ୟ ଭଜନ ବାଦ୍ୟଯନ୍ତ୍ର ସହିତ ଗାନ କରାଯାଇଥାଏ । ଏହି ଭଜନ ଗାନ କରିବା ଅଧିବେଶନକୁ କୀର୍ତ୍ତନ କୁହାଯାଏ ଏବଂ ଏହା ଶିଖ ପୂଜା ପଦ୍ଧତିର ଏକ ଅତ୍ୟାବଶ୍ୟକ ଅଂଶ ଅଟେ । ଶିଖ ଇତିହାସର କୌଣସି ଏକ ବିଷୟବସ୍ତୁ ଉପରେ ଆଧାର କରି ଏହା ପରେ ଏକ ପ୍ରବଚନ ବା କଥାବାର୍ତ୍ତା ହୋଇଥାଏ । ଏହା ପରେ ଆନନ୍ଦ ସାହିବ ରୁ ଭଜନ ଗାନ କରାଯାଇଥାଏ ଯାହା ତୃତୀୟ ଗୁରୁ, ଗୁରୁ ଅମରଦାସଙ୍କ ଦ୍ୱାରା ଲେଖାଯାଇଥିଲା । ଏକତ୍ରୀତ ହୋଇଥିବା ଭକ୍ତ ବୃନ୍ଦ ତା ପରେ ଅର୍ଦାସ (ପ୍ରାର୍ଥନା) ପାଇଁ ଗୁରୁ ଗ୍ରନ୍ଥ ସାହିବଙ୍କ ଆଡ଼କୁ ମୁହଁ କରି ଆଖି ବନ୍ଦ କରି ଠିଆ ହୁଅନ୍ତି । ପ୍ରାର୍ଥନା ପରେ ଗୁରୁ ଗ୍ରନ୍ଥ ସାହିବଙ୍କର ଏକ ଅନିୟମିତ ପୃଷ୍ଠା ଖୋଲାଯାଇଥାଏ ଏବଂ ବାମହାତୀ ପୃଷ୍ଠାର ଉପରିଭାଗରେ ଥିବା ଭଜନ ପାଠ କରାଯାଇଥାଏ । ଏହି ପାଠଟି ସେହି ଦିନ ପାଇଁ ଏକ ପ୍ରାସଙ୍ଗିକ ଶିକ୍ଷା (ଭାକ୍ କିମ୍ବା ହୁକମ୍) ଭାବରେ ବିବେଚନା କରାଯାଇଥାଏ । ଏହା ପରେ ମଣ୍ଡଳୀର ସମସ୍ତ ସଦସ୍ୟ ମାନଙ୍କୁ କରହ (ପବିତ୍ର ବିନା ମିଠା ଖାଦ୍ୟ) ପ୍ରସାଦ ବଣ୍ଟନ କରାଯାଇଥାଏ ।

ଗୁରୁ ଗ୍ରନ୍ଥ ସାହିବ ସର୍ବଦା ଗୁରୁଦ୍ୱାରରେ ଆନୁଷ୍ଠାନିକ ଭାବରେ ଖୋଲା ଯାଇଥାନ୍ତି । ସେବା ପରେ ଯେ ପର୍ଯ୍ୟନ୍ତ ଗ୍ରନ୍ଥି ଉପସ୍ଥିତ ଥାନ୍ତି କିମ୍ୱା ଭକ୍ତମାନେ ଦର୍ଶନ କରିବାକୁ ଏବଂ ପ୍ରଣାମ କରିବାକୁ ଧାଡ଼ିରେ ଠିଆ ହୋଇଥାନ୍ତି ସେ ପର୍ଯ୍ୟନ୍ତ ଏହା ଖୋଲା ରହିଥାନ୍ତି । ଅନ୍ୟ ସମୟରେ ଏହାଙ୍କୁ ବନ୍ଦ କରି ଦିଆଯାଇଥାଏ । ସ୍ୱତନ୍ତ୍ର ଜରୁରୀ କାର୍ଯ୍ୟ ବ୍ୟତୀତ, ଯେତେବେଳେ ଗୁରୁ ଗ୍ରନ୍ଥ ସାହିବଙ୍କୁ ରାତିରେ ଖୋଲା ରଖିବା ଆବଶ୍ୟକ ହୋଇଥାଏ, ସେତେବେଳେ ଏହାଙ୍କୁ ରାତିରେ ଯତ୍ନର ସହିତ ରଖାଯାଇଥାଏ। ରେହରାସ (ସନ୍ଧ୍ୟା ଶାସ୍ତ୍ର ପାଠ) ସମାପ୍ତ ହେବା ପରେ ଏହାଙ୍କୁ ଆନୁଷ୍ଠାନିକ ଭାବରେ ବନ୍ଦ କରାଯାଇଥାଏ ।

ଗୁରୁ ଗ୍ରନ୍ଥ ସାହିବଙ୍କ ବାର୍ତ୍ତା :

ସଂକ୍ଷିପ୍ତ ଆକାରରେ କୌଣସି ମହାନ ଶାସ୍ତ୍ରର ମହତ୍ତ୍ୱ ବ୍ୟାଖ୍ୟା କରିବା ଅସମ୍ଭବ । କିନ୍ତୁ ଅନେକ ବିଦ୍ୱାନ ମାନେ ଗୁରୁ ଗ୍ରନ୍ଥ ସାହିବ ଙ୍କ ଶିକ୍ଷା ରୁ ନିମ୍ନଲିଖିତ ସିଦ୍ଧାନ୍ତରେ ଉପନୀତ ହୋଇଛନ୍ତି :

୧-ସମସ୍ତଙ୍କ ପାଇଁ କେବଳ ଜଣେ ମାତ୍ର ଈଶ୍ୱର ଅଛନ୍ତି ।

୨-ଜଗତର ସମସ୍ତ ଲୋକ ସମାନ ।

୩-ମହିଳା ମାନଙ୍କୁ ସମାନ ଭାବରେ ସମ୍ମାନ ଦିଆଯିବା ଉଚିତ ।

୪-ଜଣେ ସର୍ବଦା ସତ୍ୟ କହିବା ଏବଂ ସତ୍ୟର ଜୀବନ ବଞ୍ଚିବା ଆବଶ୍ୟକ ।

୫-ପାଞ୍ଚଟି କୁକର୍ମକୁ ନିୟନ୍ତ୍ରଣ କରିବା ଜରୁରୀ : ଗର୍ବ, କ୍ରୋଧ, ଲୋଭ, ମୋହ ଏବଂ ବାସନା ।

୬-ଜଣେ ପ୍ରକୃତ ଶିଖ ସର୍ବଦା ଗୁରୁମାନଙ୍କର ଆଦେଶ ମାନିବା ଉଚିତ ଏବଂ ଏକ ସନ୍ତୁଷ୍ଟି ତଥା ଚର୍ଢ଼ିକାଲା (ସାକାରାତ୍ମକ ମନୋଭାବ) ଜୀବନ ଯାପନ କରିବା ଉଚିତ । ଶିଖ ଧର୍ମ ଅନେକ ଗୁଣ ଉପରେ ଗୁରୁତ୍ୱ ଦେଇଥାଏ, ଯାହା ମଧ୍ୟରୁ ନିମ୍ନ ଲିଖିତଗୁଡ଼ିକ ଗୁରୁତ୍ୱପୂର୍ଣ୍ଣ, ସତ୍ୟ(ସତ୍) ସନ୍ତୋଷ(ସନ୍ତୋଖ), ପ୍ରେମ (ଇସ୍କ), କରୁଣା (ଦୟା), ସେବା, ଦାନ, କ୍ଷମା, ମାନବିକତା (ନିମ୍ରତା), ଧୈର୍ଯ୍ୟ(ଧୀରଜ), ମୋହ ତ୍ୟାଗ (ବୈରାଗ୍ୟ) ଏବଂ ତ୍ୟାଗ ।

ଏହି ବିଭାଗ କୁ, ଏହି ପୁସ୍ତକକୁ ଏବଂ ଶିଖ ମାନଙ୍କର ମହାନ ଗୁରୁ ମାନଙ୍କ ପ୍ରତି ମୋର ବିନମ୍ର ଶ୍ରଦ୍ଧାଞ୍ଜଳିକୁ ସମାପ୍ତ କରିବା ପାଇଁ ଗୁରୁଦେବ ସାଧୁ ଉସୱାନିଙ୍କର ଏହି ଶବ୍ଦ ବ୍ୟତୀତ ଆଉ କ'ଣ ଭଲ ହୋଇପାରେ ବୋଲି ମୁଁ ଭାବିପାରୁନାହିଁ :

ଏକ ସୁନ୍ଦର ଶିଖ ବିଶ୍ୱାସ ଆମକୁ କହିଥାଏ ଯେ, ଗୋଟିଏ ଆଲୋକ ସମସ୍ତ ଶିଖ ଗୁରୁମାନଙ୍କ ମଧ୍ୟରେ ପ୍ରବେଶ କରିଥିଲା । ଏବଂ ମୋତେ କହିବାକୁ ଅନୁମତି

ଦିଆଯାଉ ଯେ, ସେହି ଗୋଟିଏ ଆଲୋକ କେବେ ବି ନିର୍ବାପିତ ହୋଇ ଯାଇନାହିଁ । ଏହା ଆମ ସମସ୍ତଙ୍କ ମଧ୍ୟରେ ଅଛି । ଆମକୁ କେବଳ ଭାବପ୍ରବଣତା, ପକ୍ଷପାତିତା, ଭିନ୍ନତା, ସାମ୍ପ୍ରଦାୟକତା ଏବଂ ସଂଘର୍ଷର ପ୍ରତିବନ୍ଧକ ଭାଙ୍ଗିବାକୁ ପଡ଼ିବ । ଆସନ୍ତୁ ଆମେ ବାଧାବିଘ୍ନଗୁଡ଼ିକୁ ହଟାଇଦେବା, ଯାହାଫଳରେ ଆଲୋକ ପୂର୍ଣ୍ଣ ସୌନ୍ଦର୍ଯ୍ୟ ସହ ଜାଜ୍ୱଲ୍ୟମାନ କରି ଉଠିବ । ଭାରତ ଆଲୋକ ଆବଶ୍ୟକ କରେ, ରାଷ୍ଟ୍ରଗୁଡ଼ିକ ଆଲୋକର ଆବଶ୍ୟକ କରନ୍ତି । ସଭ୍ୟତା ଆଲୋକ ଆବଶ୍ୟକ କରେ । ଏବଂ ଯେଉଁମାନେ ବିକିରଣ କରିଥାନ୍ତି ସେହିମାନଙ୍କ ମାଧ୍ୟମରେ ଆଲୋକ ଆଲୋକିତ ହୋଇ ଚମକି ଉଠିଥାଏ । ଗୁରୁ ନାନକଙ୍କ ଆହ୍ୱାନ ଆମ ସମସ୍ତଙ୍କୁ ଏକ ଆହ୍ୱାନ – ସହାନୁଭୂତି, କରୁଣା ଏବଂ ପ୍ରେମ ର ।

ଦାଦା ଜେ.ପି. ବାସୱାନୀଙ୍କ ଅନ୍ୟ କେତେକ ଜୀବନ ପରିବର୍ତ୍ତନକାରୀ ପୁସ୍ତକ (ଓଡ଼ିଆ)

୧. ଆତ୍ମିକ ପୋଷଣ (୪ଭାଗ)
(ବର୍ଷର ୩୬୫ ଦିନ ପାଇଁ ୩୬୫ଟି ଜୀବନିକା ଗଳ୍ପ)
୨. କ୍ରୋଧକୁ ଜଳାଅ ନିଜକୁ ନୁହେଁ
୩. ଭଲଲୋକ ଦୁଃଖ ପାଆନ୍ତି କାହିଁକି ?
୪. ହସ ଚିକିତ୍ସା
୫. କ୍ଷମାର ଚମତ୍କାରିତା
୬. ପ୍ରେମର ପଥିକ (ଦାଦାଙ୍କ ସଂକ୍ଷିପ୍ତ ଜୀବନୀ)
୭. ଭୟରୁ ମୁକ୍ତି
୮. ମୃତ୍ୟୁ ଆର ପାରିରେ ଜୀବନ
୯. ପ୍ରାର୍ଥନାର ଶକ୍ତି
୧୦. ତୁ ତୋହର ନିଜ ଗୁରୁ
୧୧. ବୌଦ୍ଧିକ ଭୋଜନ

ଯୋଗାଯୋଗ

ବ୍ରଜ କୁମାର ଶତପଥୀ
୩୫, ଲକ୍ଷ୍ମୀ ବିହାର, ପୋ:ଅ: ସୈନିକ ସ୍କୁଲ, ଭୁବନେଶ୍ୱର-୭୫୧୦୦୫
ଭ୍ରାମ୍ୟଭାଷ - ୯୪୩୭୬୩୦୫୭୪

www.ingramcontent.com/pod-product-compliance
Lightning Source LLC
Chambersburg PA
CBHW060607080526
44585CB00013B/718
* 9 7 8 1 6 4 5 6 0 6 9 2 5 *